FUTURE

FUTURE

FUTURE

FUTURE

NUMBERS AND MODERN NUMEROLOGY

KNOW YOURSELF, DEVELOP YOUR POTENTIAL,
AND FULFILL YOUR LIFE MISSION

倪端 生命靈數 全書

重新認識自我 ╳ 開發內在天能 ╳ 創造豐盛未來

倪端
NI DUAN

著

自 序

重生，
印證了我美好人生的
命運地圖

　　人生是一場自己的賽事，你無須在意身旁有多少人超越或落後你，你只需要專心在自己的賽道上，繼續奔馳……

　　二〇二一年的三月，在為父親做告別式的前一天，我因為心臟脈搏急速飆高，被當時的門診醫師緊急轉入了急診室，搶救過程中，經歷著我永生難忘的這些畫面：床邊圍滿的醫護人員操作著各種儀器、朝我大聲確認急救的說明、準備執行電擊的倒數聲，和一次又一次被電擊時幾乎彈飛到空中的撕裂身體……

　　當下，我承受前所未有的折磨與痛楚已然來到了臨界點，我幾乎要窒息，感覺無力呼吸，以為下一秒就會掛掉了，我的心跳緩降後又急速拉升，繼續飆高。不可思議的是，在一片嘈雜聲中，我跳出自己的身軀，像個旁

觀者，清醒地目睹自己如何被電擊的過程，但內心卻沒有一絲恐懼慌張。

　　這時，被電擊後極為虛弱且顫抖的身體，卻感受到周遭被天使們所圍繞，祂們正安撫著我，眼前還出現一片強烈卻溫煦的金色光芒，隱約看見剛剛去世的父親就在光的前方，他正看著我，當時我產生一個念頭，以為他是來帶我走的；但他其實是來陪伴我的，一如他在世時，始終安靜地在我身邊，給我安全感和溫暖的力量。

　　忽然間，我意識到自己正在被急救中，處於生死之間的拉扯拔河。光裡，父親用幾乎聽不到的聲音，慈祥地對我說：「回去吧！」在這同一時間，醫護人員們正對我施以第三次的電擊。幸運地，我在鬼門關口被拉了回來。

　　重生後，我對生命又更為敏感更充滿敬意，對未來也更加清晰無畏了。這次經歷讓我有更多時間對「內在的自己」再一探究竟，也能回頭好好檢視自己，是如何走過這些歲月人生的!?

　　多年來，我的生活與工作一直都順其自然，隨性而做，其中雖有不少驚喜，但並無太大的壯觀波瀾。大難後的修復期間，我運用自己最熟悉的「生命數字學」作為考證，重新查照自己與親愛家人們的彼此關聯，在對應我們一生共同經歷的所有事蹟，結果讓我再次像三十年前剛接觸這門學問時所得到的啟發和震撼，我發現我們的生命航向，似乎早已呈現它必然性的安排與發展，這讓我更加的感動和讚歎。

　　和許多人一樣，我常以好奇求知者的心情穿梭在廟宇和教堂之間，也會隨俗雙手合十，誠心感謝無形的神奇力量。但我並沒有特定的宗教信仰，也不是無神論者，我敬仰天地自然，然而我堅定的信仰來自內心強大的信任，也來自父母給我全然的愛。我生性不受拘束，無所畏懼，能夠平安順心走到過半人生，也都要感謝父母對我的寬容與支持，感恩他們對我的理解，讓我能順應天性做自己。

童年是我美好人生的開始，父母愛我、縱我以及對我的平權順性教育，無意間也造就了我往後追求美好生活的基礎。在重新審視自己的成長軌跡和靈數命盤時，我依舊止不住地發出驚嘆與笑聲。我的父母完全不知道，他們對我的教養方式，無形中讓一個反抗權威、無法受控的 8 號性格孩子，順利面對進入人生第一高峰期童年時光的 9 數挑戰；比如，他們如何引導我的──強烈的同理心、保護弱小的正義感，和經常路見不平、拔刀相助的衝突行為等。

還記得十歲那年，某天我又為了見義勇為，狠狠地咬了那個比我高大的男孩，隨即這個受災戶從隔壁眷村被他媽媽領來家裡討公道。結果，母親跟對方不斷道歉，並把家裡剛收到的一盒金雞餅乾轉送給他們賠罪。但無論我在外闖了什麼禍，母親從不在他人面前數落責備我，而是會閉門秋後算帳。

那天，受災戶離開後，我非常不甘心，反問母親：「明明是那傢伙欺負弱小，為何我就不能教訓他？」母親當時冷靜地問我：「妳一輩子都要靠打架，來打抱不平嗎？」結果，我被禁足了。

又有一回，我偷偷帶著鄰居女孩溜到附近橋下抓魚，結果我們玩得太瘋狂而忘了時間，她也把她母親交代買醬油的錢給搞丟了。

天色漸晚，我們知道家人到處在找人。鄰居女孩害怕被嚴厲的父親處罰，哭著死都不敢回家。我知道早晚都要面對，於是先陪著她回家，並說是我在河裡不小心推了她，就把醬油錢弄丟了……

事後，我回家跟母親說要賠鄰居醬油錢。母親二話不說，拿了錢給我，並對我說：「如果妳想當老大，就一定要付出代價。」結果，整晚我被罰在小院裡思過。

多年後，我問母親是否還記得醬油事件，她淡淡地說：「我當然記得。我也知道，錢不是妳弄掉的……妳是為了保護她。」

　　每每想起童年往事，都會不覺莞爾。尤其回憶起與父母的對話，以及他們對我的教育方式，時時都感到無比溫暖，它深深地影響了我後來面對人生的態度。

　　許多人好奇，我的人生為何能在不同階段順利轉換多重角色？從年輕時的戲劇編劇、媒體採訪、表演藝術經紀、國際公關，出版寫作到創作畫家！事實上，這都與我的性格有關。當然，不同工作的內涵積累和我因應社會的能力，也都是我孩提時候的生活背景和生活訓練養成有關，父母對我特殊的開放信任態度，構建了我豐厚的心靈場域。

　　過去三十年，我沒有任何了不起的建樹，倒是樂在自己熱愛的事務裡，心態上完全不隨著社會標準走，只求按照自己的喜好與節奏去做理想中的事。從另一個角度來看，這種自足的心理狀態，也同時要面對世俗成敗標準要求的現實做挑戰，比如我只顧心靈滿足的追求，而不在意物質取得的累計。換言之，這個橫跨人生中最重要的黃金階段，我花了大量的時間與精力獨處，並且專注打磨探究未知的自己，而非務實地努力發展事業去獲得實際的物質回饋，這個過程是非常脫離現實感的。即便到了這個年齡，我總是覺得自己還沒有學習足夠，沒有準備好面對更大的未知。我常想，雖然對他人而言我好似完成不少階段性成果，但我卻始終無法感到一絲一毫的滿足。

　　為什麼，我始終在未知與不滿的「自我探求」裡找尋答案？

　　我享受獨處，而且藉由工作旅行的移動，來完成每一個獨處探索身心的過程；我老是覺得自己的知識不夠，幾乎無時無刻不沉浸在各種範疇的書堆裡，我大量閱讀數據密碼，研究其中的振動和共鳴，我積極地在書寫和繪畫創作中與自己對話……但為何我總是自覺不足？

　　經歷大難後，我再次閱讀自己生命的靈數，就排列出來的各個循環峰

期和流線，以及各靈動數字此消彼長的相互牽制與推進，我才真正恍然大悟，當中佐證了生命軌跡一直是其來有自地發展進行著；我童年時的自由開放、狂野不羈與成年後大半生的自我探索低調內求，原來都已然在生命靈數命盤中排定好了大綱章節，它如同推理小說的鋪成一樣精采，經細細比對命盤與各階段的真實遭遇事件後，讓我簡直啞口無言。

夜深人靜時，我回首一路走來的成長足跡：年少追夢的狂野之心，青年離鄉背井的旅行發現，戀愛婚姻的煙花燦爛，大隱於市的離群索居，喧囂後的彩繪第二人生。這些看似自然發展、順理成章，但其實早有它發展的脈絡可循。而我一道道的人生關卡與奇蹟破解，其實也都在我的命運地圖裡，清楚對照著所有回應的微笑密碼。

閱讀自己，一如觀察春夏秋冬的季節變化，時而大川澎湃激流，時而小河靜靜流淌，這些美麗的人生風景，都恰恰在我的靈數命盤與生命循環的高低峰譜裡，伴和我內在的覺醒，朝著既定的方向開枝散葉，葉片發芽掉落再生，都是生命階段性的必然變化；它就像我們的生命音符，隨著樂章呈現出不同曲調、節奏、能量與振動，你若能仔細傾聽，就能聽到自己內在與自然清晰的對話，而後在面對生命的未知，也就少點恐慌和迷茫了。

十年前，我出版了二十多本與「生命數字」相關的書籍，但卻突然不想再繼續寫了。原因是，我不確定分享這些內容，到底能否真正幫助別人！? 尤其在五年前，經歷母親的突然離世，我感到世界崩裂，也才真正看見自己內在對母親難以分割的依賴。之後，我又再次退回到內在的世界，反覆在記憶裡來回，尋找我無解的答案和真相。

我頑強的排斥迷信，卻臣服於大自然的暗示與蛛絲馬跡。每一個人的生命樣貌與發展，各自形成，各自獨立。但在熱鬧的外場交流後，我們終究要回歸獨我與自己對話。三十年前，在異鄉意外接觸了「生命數字學」，

我頓悟式的快速吸收精進，對宇宙與數字間的振動有濃厚的研究熱情；我甚至還發展出能在工作職場上提供人資的評量工具，和全世界第一個中文版本的占數萬年曆，以及兒童語言教學用的遊戲等等。但是，這些都無法滿足我對研究數字與生活影響的目標。

二〇二一年，全球依舊在疫情與天然災難下接受極大考驗，但同時也會有新的奇蹟發生的。我想藉由這本書的分享，用我更多的時間和方式提供需要的人，重新認識自己，找回希望和勇氣。當然，這不是件容易的事，但我們可以一起努力。

我深入探索，不再揮霍片刻時光，我熱情愛我所愛，並持續追求我的夢想，對一切都深深地充滿了感激。這本書，我要獻給深愛的父母，也送給重生的自己。

希望在未來的某一天，你我相遇時，我們一切都能安好自在，美麗幸福！

祝福你，我的朋友！

倪端　寫於 台北二〇二一年七月

目　錄

✳

CHAPER 3　「生日數」：你是幾號人？

CHAPER 4　「命運數」、「天賦數」解讀

CHAPER 5 「生命三大周期」的生命航向

CHAPER *6* 四大「高峰期」的
人生高峰與挑戰

CHAPER 7 「固定數」對成功與運勢的影響

CHAPER 8 「流年」、「流月」的任務與運勢分析

CHAPER 9　顯性力量與隱性力量

CHAPER 10　畫出你的靈數命盤九宮格

CHAPER 11　你的靈數命盤連線意義

CHAPER 12　靈數命盤的進階解讀

CHAPER *13* 善用生活數字，找到幸運密碼

CHAPTER

「希臘占數學」
對生命的影響

　　人生中，沒有一件事比「認識自己」更具挑戰了。因此，**「瞭解自己」**
是人生必備的一種能力。

　　只是，你對自己到底瞭解多少？知道自己該在生命的歷程中何時轉
彎、何時放慢腳步、何時加速前進嗎？

　　幸福和快樂都是學習而來的，至於人生的學習道路上，沒有哪一條路
有好壞輕重的差異，再者，就算我們外在條件多麼不同，都同樣要面對來
自生活的恐懼不安與身體疾病的威脅，這是自然定律的結果，沒有人可以
脫離。儘管如此，我們仍然可以選擇用不同的方法和態度去面對自己的生
活，比方，看是要選擇負面消極地過日子，還是活得正面積極，一切都由
我們自己做決定。

　　事實上，透過「希臘占數學」，從我們的出生年、月、日就能找出每

一個人的生命意義和人生方向，並藉此真正的瞭解自己，只要我們能瞭解自己了，自然能找出自己的生命地圖，真正掌握自己的命運。

關於「希臘占數學」

「希臘占數學」（Numerology）是最早的數字神祕學，在希臘哲人、數學之父畢得哥拉斯於西元前六年，結合了數字、幾何與算術的原理後得出的生活統計科學，這套理論也成為了「現代靈數學」的源頭。

美國加州大學計量經濟學教授暨諾貝爾經濟學得主 Cliv W. J.Granger，曾在受邀的「二○○五年諾貝爾獎得者北京論壇」演說中，以其對時間序列的統計學方法，用數字預測未來，深獲專家及大眾歡迎，他以實例詮釋「數」對人類生活密不可分的影響，這些內容也都證明了 Granger、愛因斯坦與蘇格拉底等大師們對於「數，支配宇宙」的理論。

在「希臘占數」的世界，1 不再只是簡單的 1，2 不再只是簡單的 2，1357 的數字串不只是表面的簡單代表和用法，而是每個數字擁有各自的能量與振動，也帶給人不同的感覺和效應；換個角度說，「希臘占數」是一門研究數字能量的科學。

由於古希臘的數學家暨哲學家畢得哥拉斯（Pythagaras）在數字方面的成就，被公認為是希臘占數最早的創始者，像是哲學家蘇格拉底（Socrates）和亞里士多德（Aristotle）都曾傾心於占數術的研究。

也因此，我們談到「數字」，不可不提「希臘占數學」創始人畢得哥拉斯。

他是古希臘數學家、天文學家、哲學家、音樂理論家，其最為人稱道的是數學方面的研究與貢獻，當時還創立了「畢得哥拉斯學派」，是那時擁有傳授相關專業知識的專門學院。

身為西方理論數學的創始者，畢得哥拉斯深深影響了西方邏輯思維的

發展。其中最為人熟悉的「畢氏定理」（配圖 1）、幾何學的「黃金分割」（配圖 2），以及由他證明的三角形內角和為 180 度等理論，對後世科學極具貢獻，他不只是個偉大的數學家，在哲學方面對後世也有著深遠的影響。

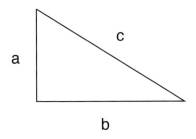

「畢式定理」 a²+b²=c²

畢得哥拉斯在數學方面的成就，被視為現代數學的始祖，常見的三角「畢式定理」，就是出自畢得哥拉斯的研究與心血，並將之發揚光大。

黃金分割
當線段 AB : AC ＝ AC : BC 之比例
稱為黃金比例

　　畢得哥拉斯學派以正五邊形中間為五角星的圖案為學派的標誌，此圖案正是一個黃金分割的例子，將正五邊形的五點與非相鄰的對點相連，即成一個五角星，而五角星中間圍成的圖形又恰恰是一個正五邊形，如此可以一直分割下去。

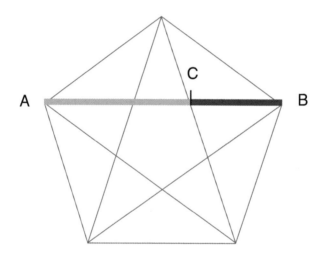

圖中的線段、三角型正是由黃金比例所構成的。

　　畢得哥拉斯曾以「哲學家」（philo - sopher）形容自己，據說這是史上首次出現「哲學家」一詞。他認為獻身於發現生活本身的意義和目的，並設法揭示自然的奧祕、熱愛知識的人就是哲學家，而他熱衷於挖掘宇宙的規律與真理，真正實踐了「生活哲學」的本色。

　　畢得哥拉斯以數學來解釋自然現象，相信萬物由數所組成，他認為每個數字都有其獨特的個性和代表意義，有善也有惡，能量也有大小不同。畢氏的**「數字，支配宇宙」**理論所帶來的影響，遠超過文字表面的意義，

在當時帶來極大的震撼。

畢得哥拉斯學派認為，因為有了一個個的數，才有幾何學上的點，有了點才有線、面和立體，有了立體，才有火、水、氣、土這四種元素，然後才構成萬物。它顛倒了先有物體才產生數的順序，指出萬物是由所有的數所組成的，是數支配了宇宙。

這套理論背後，將人類所處的世界劃分為**「可解釋的」**及**「可感知的」**兩大層面。畢得哥拉斯認為「可解釋的」事物，如科學、邏輯等可驗證的事物是永恆的、完美的；而「可感知的」事物，如精神感召、神話經驗則有其缺陷，需要更多的印證。這套理論也深深影響柏拉圖的宇宙觀，柏拉圖相信在感知的世界之外，尚有一個靠理智與邏輯運作的完美模式，宇宙才得以運行得如此井然有序，而這套理性的模式正繼承了畢得哥拉斯學派的數字之說。

「感知世界」與「邏輯世界」的分野對後世的科學發展影響極大，在探究其真正的起源後也發現，人類歷史中的理性與邏輯的突破發展，正是由數字的運用開始。

「希臘占數學」如何幫助我們

「希臘占數學」是瞭解自己與他人的最快途徑，從簡單的阿拉伯數字開始瞭解數字背後所具備的邏輯性的意義。當你熟悉數字的使用之後，就可以將「希臘占數學」發揮在你的人際關係與生活上。

這套方法會帶領你打開生命奧妙之門，更重要的是，它讓人明白原來你也能成功擁美麗的人生。

「希臘占數學」與「生命數字學」

你想知道這一生所為何來？你瞭解自己多少？你知道自己的天賦是什麼？想知道如何成功嗎？

「希臘占數學」將世間萬物的能量以數字 1 ～ 9 作為分類符號，並將研究得到的固定公式，用來解釋數字能量，同時也廣泛運用於醫藥、物理、生化、心理、社會等科學，乃至人文藝術、建築美學的範疇。

在「希臘占數學」中所談到的「生命數字學」就像星座學一樣，多年來引發許多人對自我生命探索的興趣與好奇，當中最讓大家感興趣的，莫過於運用數字的意義和能量來解讀我們的出生年、月、日；我們從許多管理學院、醫學遺傳基因中心、心理學與社會學家的研究報告來看，一個人的成功與否，有百分之五十是源於遺傳，另外的一半機會則來自我們後天的環境與學習成長因素。因此，若能先了解百分之五十自己出生時所帶有的原生個性特質與天賦能量，對於後天人生的發展方向與成就，將會起到影響的關鍵。

透過「希臘占數學」的詮釋，明白了每一個人天生的性格與潛在能量後，就足以改變自己行使命運的路徑和方式。

雖然我們不能改變出生日，但可以透過「希臘占數學」對自己有更多體悟，比方去學習我們所欠缺的部分，讓我們成為更好更優秀的人；也許我們不能改變命運的航向，但可以透過「希臘占數學」知道怎麼運用正確有效的方法，讓生命的內容與過程變得更充實、更有意義。

常有人問：「為何同月同日生的人，有人可以成為大師？有些卻只是一般的平凡人？」

道理很簡單，所謂的「大師」手中握有的，是每個人都同樣擁有的神祕力量，只是大師有找到揭開神祕力量的鑰匙。而那些成功的人相信自己的眼睛和直覺，也比別人更清楚如何運用自己手中的力量，他們徹底發揮

與生俱來的天賦,並堅持信念和夢想。

其實,我們每個人都擁有特殊的能量,這也是在我們出生的那一剎那便隨之而來。因此,唯有從瞭解自己擁有什麼力量和天賦開始,我們才能真正找到手中所握有的那一道神祕匙鑰!

「希臘占數學」協助你更瞭解自己

想發現你需要完成的工作、需要接納的現實?想知道有什麼事情是你窮極一生要去努力追求的?有什麼是還沒達到的目標?這些都可以透過學習、運用「希臘占數學」所教導的方法獲得有效的詮釋。

比方「生日數」代表每個人的個性特質與性格,瞭解生日數,能掌握一個人的思考模式與行為表現。其他,像是一個人的潛在慾望與性格表象,還可以透過名字獲得答案,這部分我會在後面單元與大家說明。

「希臘占數學」讓我們理解,出生年、月、日能反應我們的基本個性、天生的潛能和天賦,以及我們這一生必須努力的目標及命運航向;比方該做什麼樣的努力,該學習什麼樣的課業,我們這一生所擁有的以及所沒有的,都能在生日數字裡看出端倪。

「希臘占數學」有說不盡的影響,不管是命運數、生日數、姓名靈數,甚至是個人相關的幸運數等等,當你越瞭解它,你越深切體悟到它對一個人精確的剖析,在在都讓人感到無比的驚嘆與不可思議。「希臘占數學」是最好的識人工具,也是極佳的助人法寶,只要你善用並正確運用它,就能從生命數字學中獲得無盡的人生智慧與寶藏。

熟悉數字所代表的能量意義,是進入「希臘占數學」最基本的方法,一旦你能夠充分瞭解數字的律動與能量,再經過許多的實習和生活應證,便可掌握生活的平衡步調。最重要的是,你可以藉由對「希臘占數學」的理解,更明白自己到底擁有什麼樣的個性與力量,這對你想完善一生的學

習課題，有極大的幫助。

總體來說，「希臘占數學」是我所知道的，可以快速且精準掌握並認識自己的統計科學工具，它提供的生活幫助還包括：

一、如何與各種不同個性的人相處，加強社交與人際關係的和諧。

二、掌握在對的時間做對的事情，並獲得最有效的成果，可以事半功倍。

三、協助你瞭解自我與他人的內心慾望，追求並完善我們的人生目標。

四、協助你擁有和諧的名字，為新生兒取一個適合個性發展的好名。

五、瞭解自己的天賦才能，尋找合適的工作，發揮夢想。

六、瞭解過去，掌握當下，預視未來，達到趨吉避凶的和諧生活。

無論如何，我們都希望能將生命的本質完全展現，以豐富我們的生活，完成我們的使命。

數字能量，無所不在

在我們的日常生活中，舉凡電話機號碼、身分證號碼、提款卡密碼、今天的日期、現在幾點鐘、你的出生年、月、日、住家門牌號碼，甚至網路帳號密碼等，在在都證明數字與我們的日常生活關係是密不可分的。

學會「希臘占數學」，將生活中各種事物的數字簡單換算出以阿拉伯數字 1～9 為代表的「靈數代碼」，你也能開始善用數字，學會理解他人，並且真正的認識自己，甚至藉數字改變你的人生。

不過要特別注意的是，有的人可能會誤解，他擁有怎樣的數字就一定是怎樣的人，其實不然，請別忽略我們擁有的自由意志，**自由意志足以改變我們人生的所有選擇**，它會決定我們生活的行進方向與觀看世界的角度，會對我們產生巨大的影響。

　　數字就像磚塊材料一樣擁有它的特性和能量，我們期望如何建構我們心中的房子時，便會影響我們怎麼去運用手上的這些磚塊。

　　因此，我們要來學習「希臘占數學」，它將教導你如何善用你與生俱來的潛在能量，並且將它的磚塊素材好好發揮運用。

　　透過「希臘占數學」，你得以將自己的數字能量好好檢視一番，學會如何將這些屬於你的數字加以整合，比方，如果相同的能量太多，學會如何將之消弱；又如果某一方面的能量太少了，你可以怎麼補足。

　　雖然改變自己需要極大的勇氣，不過，一旦你能清楚看到自己手中握有的能量籌碼，知道如何開發與生俱來的天賦，相信你一定會更具信心和勇氣，突破現狀，開創未來。

輪迴，是不同的生命學習

　　相信大家一定聽過關於輪迴、宿命方面的故事，我們也能從「希臘占數學」的系統中，透過個人的出生年、月、日不同的數字振動，瞭解有關我們這一生來到這個世界應該學習的功課到底是什麼。透過「希臘占數學」的科學統計，我們更可以回顧過往、預測未來。

　　簡言之，「希臘占數學」能讓我們瞭解，什麼叫做生命的品質，由於每個人的天賦各不相同，因此在學習瞭解自己的過程中，方法有深、有淺、有快、有慢，但不管什麼情況，重要的是，經由學習讓我們知道，如何修正缺點、發揮我們的優點，讓天賦能夠完全發揮出來。

　　這世間上所發生的事情沒有絕對，也絕非偶然，所有事情的發生都有其可檢視追尋的脈絡，沒有所謂的意外。如果我們去深入研究，會發現在生命歷程中，許多獲得與失去的戲碼，都會在我們的生命中不斷重複上演。所以，一生中我們會經歷很多事情的變化和挑戰，這些都值得我們用心去學習、去面對，並且接受它、改造它。如果能夠集中力量，懷抱對生命謙

卑的心，就能將生命最好的本質實現出來。

　　每一個人來到這世界上，都帶有一個使命與目的，最終就是要完成自我、協助他人，讓自己的生命達到一個更真、更美、更高的境界。

　　淺談數字的意義之後，我們都要瞭解，不論數字具有的意義與律動能量為何，它都不是絕對的正面或負面。

　　因此，選擇適當的能量，讓我們的生活獲得平穩的均衡境界，是我們學習「希臘占數學」的最終目的。

CHAPTER

2

數字的基本意義

　　「希臘占數學」是一門研究數字特性的統計科學，它同時是非常有趣的學問；從美學、哲學、藝術、天文、物理、生物等範疇，都可以見到數字學被廣泛應用的脈絡。「希臘占數學」經過結合心理學、社會學長期的觀察與驗證累積而成，最終得到如何詮釋各數字所含有其固定特殊能量的意義。

　　畢得哥拉斯認為宇宙萬物都是來自於數字的振動，而給予這些數字振動具體的意義，便能讓所有人更容易瞭解數字的能量。因此，不論你希望將數字應用在哪裡，想要進一步學習「希臘占數學」，瞭解數字的基本意義，便是你首要的功課。

　　每一個數字，都有正反兩面的意義和能量，換句話說，你我所擁有的出生年、月、日都同時代表了數字的正反特性。

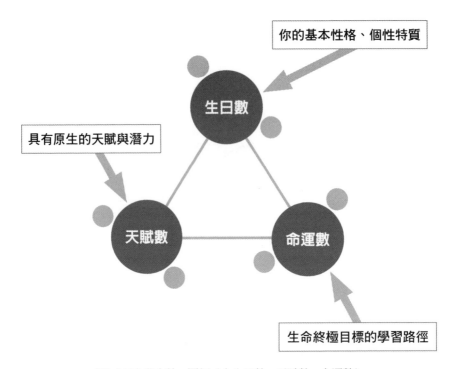

「畢式三角黃金數」圖解（含生日數、天賦數、命運數）

　　在這樣雙重性的選擇下，我們要如何應用這些正面的能量或是避免負面的影響？如何讓負面能量或是狀態走向正面呢？

　　不論數字具有的意義與振動能量為何，它都不是絕對的正面或負面。學習如何將負面轉為更多的正向能量與特性，成了我們人生極具挑戰的課題，這也是我們學習「希臘占數學」的最大目的。

靈數基本算法

　　在正式進入數字世界之前，我先簡單概說幾個數字的基本算法。

　　不管哪一種數字換算，都是將所有數字組合逐項相加，計算到最後一位數，即可找出代表的數字，唯「大師數」及部分特殊情況除外。

關於生日數、天賦數與命運數各自算法，我將在它們各自的單元詳細解說。

這裡有幾項算法要特別提出的，像是英文字母與星座，有其較特別的數字換算，在「希臘占數」中，原則上每逢9為一個周期，然後依次做循環。

英文字母的數字換算（附對照表）

所有的英文名或特別代號，也是依希臘占數計算為規則，像是英文字母，便是把二十六個字母排開，直接將字母換算成數字，如，A＝1、B＝2、C＝3……依次類推。規則是，每到第九個字母就從頭再一次循環。

1	2	3	4	5	6	7	8	9
A	B	C	D	E	F	G	H	I
J	K	L	M	N	O	P	Q	R
S	T	U	V	W	X	Y	Z	

星座的數字換算（附對照表）

星座亦是「希臘占數學」的參考要素之一，每一個星座亦有其特定的數字代表。如水瓶座與金牛座在「希臘占數學」中的排位代表為2，其他依此類推。

1	2	3	4	5	6	7	8	9
摩羯 牡羊	寶瓶 金牛	雙魚 雙子	巨蟹	獅子	處女	天秤	天蠍	射手

「年」與「月」的 靈數換算法

　　年份與月份也有代表的數字意義，尤其在計算數字流年、流月時經常使用。一樣是將所有數字相加後計算至個位數，便為年份、月份的代表數。至於其它，像是命運數、天賦數或生命周期數等，方法相同。我將在個別單元詳細說明如何換算。

年份換算

西元 1887 年＝ $1 + 8 + 8 + 7 = 24$ ； $2 + 4 = 6$

西元 1996 年＝ $1 + 9 + 9 + 6 = 25$ ； $2 + 5 = 7$

月份換算

1 月＝ 1 ； 2 月＝ 2

10 月＝ 10 ； $1 + 0 = 1$

11 月＝ 11 ； $1 + 1 = 2$

其他數字計算

【範例 1】

　　一份證件號碼為 U229033890，它代表什麼數字意義呢？

$U = 3$

$3 + 2 + 2 + 9 + 0 + 3 + 3 + 8 + 9 + 0 = 21$ ；

$2 + 1 = 3$

此證件的「靈數代表」是 3

【範例2】

美國城市 NEW YORK，她又代表什麼數字意義呢？

N＝5；E＝5；W＝5；Y＝7；O＝6；R＝9；K＝2

5＋5＋5＋7＋6＋9＋2＝39；3＋9＝12；1＋2＝3

紐約 NEW YORK 的「靈數代表」是3

【範例3】

英文名字 Linda Cheng 又代表什麼數字意義呢？

L＝3；I＝9；D＝4；A＝1；C＝3；H＝8；E＝5；N＝5；G＝7

3＋9＋4＋1＋3＋8＋5＋5＋7＝45；4＋5＝9；

Linda Cheng 的「靈數代表」是9

數字 1 ～ 9 的基本意義與關鍵詞

數字本身也跟人一樣擁有不同的個性特質，這些個性特質同時還擁有正面與負面的能量，你如何運用則決定了你的生活樣貌。

我整理了數字1到9的正面與負面的「雙面性格」和意義，這些也是「希臘占數學」入門應用的基礎。多年來我在職場生活中接觸各行各業、形形色色的人，眾多精采的個體給了我很深刻的印象，也為我的生活不斷地注入感動與驚喜，長年來我拿「希臘占數學」對數字能量的深入詮釋去印證身邊的例子，其準確度令我深深折服與相信。

簡言之，數字能幫助我們發掘自身的弱點強項，也揭示每個人獨特且無法取代的生命能量。以下，我將簡介希臘占數學中各個數字在生活中的具體表現，並且將每個數字都整理出一組關鍵詞，希望讀者能夠透過不斷的印證來熟悉這些內容。

數字的基本意義與雙面性格

1	正面意義：獨立、積極、開創、**自主**、領導、能量 負面意義：強勢、獨斷、浮躁、自私、懶散、吹牛
2	正面意義：敏感、**成全**、體貼、柔順、和諧、合作 負面意義：情緒不定、優柔寡斷、難以捉摸、膚淺不安
3	正面意義：行動、樂觀、自信、表現、社交、**創意** 負面意義：欺瞞誇大、虛榮浮華、憤世嫉俗、漫不經心
4	正面意義：忠誠、**務實**、秩序、效率、助人、自律 負面意義：獨斷獨行、心胸狹隘、容易緊張、不易妥協
5	正面意義：聰穎、**自由**、冒險、適應強、多變化、學習快 負面意義：博而不精、持續力差、毫不在乎、索求無度
6	正面意義：穩定、信賴、熱情、**責任**、正義、服務 負面意義：缺乏自信、不切實際、好強爭辯、強行干涉
7	正面意義：內省、沉默、直覺、真理、**探究**、理想 負面意義：冷漠傲慢、自我放縱、鬼鬼祟祟、冷嘲熱諷
8	正面意義：忠貞、持續、**權威**、果斷、遠見、慷慨 負面意義：唯物主義、無道德感、心高氣傲、排除他議
9	正面意義：人性、啟發、活力、**可親**、關懷、靈性 負面意義：卑躬屈膝、毫無原則、善於批評、沒有耐性

● 粗體者，是該數字最主要的基本特性。

● 數字 1

關鍵詞：領導者、獨立自主、開發創造

數字 1 是每個人一生中遇到的第一個課題。一個人若想要與他人有所區別，就得顯現出自己獨特的「個性化」，這不只讓我們在群體中顯得鮮明而特殊，也讓我們獲得如何看待自己的角度，有了這種「自我定位」，我們才能衡量與他人相處的分寸。換句話說，一個勇於嘗試新思維和新方法的人，會經常學習如何獨立完成某項工作，而且有機會開創出令人耳目一新的格局，也正是這種獨立性成就了一切。

【正面能量】

獨立、創意、積極、領導，是數字 1 正面能量的核心。

數字 1 具有獨自完成事物的能力，亦有發號施令和動員群體的領導魅力。數字 1 的內在外在都相當活潑，1 數在行動上的活力是來自積極的特性，思考上的靈動則源於創意想像十足的特質，這是個敢想、敢做的數字，擁有正向積極的主動態度。正面的 1 可以讓自己成為一個出類拔萃的佼佼者，同時也能夠鼓勵帶動大家，成為團隊中的發電廠，是眾人跟隨的領導型人物。

【負面能量】

太過自我，是數字 1 的負面能量特質。

一旦數字 1 的獨立與自主過多，凡事皆以「自我」為出發點時，就會變得自私自利、不願分享，甚至還會呈現過度掌控他人的傾向。此外，也會因為好面子而誇大不實、無理取鬧，將人推向急躁不安、缺乏耐性、固執己見的情況。

● 數字 2

關鍵詞：隨從者、平和謙恭、敏感體貼

　　有的人喜歡獨自搞定許多事情，有的人傾向團隊工作、互相合作。無論如何，「完全獨立」終究是有界限的，不管個人的意願如何，人生所有事情的發生都與外在環境息息相關，因此，每個人都得學習「彈性」。

　　2 數的彈性合作，不僅讓一個人有機會經歷不同的豐富內容，也更加完整我們的生活歷練，在合作過程中能讓人鍛鍊出更完美的性格。其實，無論是分享經驗、提供服務，或是跟他人互動往來的學習，都是每個人生命中必定會面對的課題。因此，世界要運作圓滿，需要仰賴合作。

【正面能量】

　　合群、成全、和諧、協調，是數字 2 正面能量的核心。

　　數字 2 擁有融入團體的極高配合度，有接納、成全他人的胸襟與氣度，會為了整體的和諧氣氛去努力。數字 2 常常露出親和可愛的態度，樂於輔佐他人，對人的觀察相當細微，情緒反應十分敏感，待人也體貼溫柔且處處為他人著想，是個很好的生活伴侶和工作夥伴。正面的 2 具有細膩的沉思性格，懂得在人際關係中維持和諧的應對技巧，為人非常溫暖有耐性，顯得格外體貼迷人，是一個很好的外交家。

【負面能量】

　　缺乏自我主張，是數字 2 負面能量的特性。

　　數字 2 一旦過度成全，就會變得盲從跟風、猶豫不決和極度依賴，甚至會顯現被奴役的服從性格。數字 2 也可能由於過度的敏感，顯得害羞、神經緊張、缺乏自信，導致行事缺乏勇氣與決斷力，而容易造成太多的心理壓力。

● 數字 3

關鍵詞：溝通者、純真友善、赤子之心

　　無論是獨處或成為團體的一份子時，我們都有許許多多的機會藉由發現、開創來表達自己的見解。流暢無礙的表達情愛、關懷、熱情，乃至於適當的釋放憤怒、積怨等情緒，都是在經營人際關係時不可或缺的。數字 3 的力量是能夠有傑出的情感表達及感受性的呈現。除此之外，這個數字還擁有純粹的情感，以及天真浪漫的情懷，是最能夠感受到歡愉與喜悅的能量。

【正面能量】

　　樂觀、社交、才華、表達，是數字 3 正面能量的核心。

　　數字 3 相當熱愛生活，充滿了想像力和幽默感，在生活中總是扮演帶給大家趣味、歡樂的開心果。數字 3 天生對美感的事物、對兒童、寵物擁有強烈的愛好，這讓數字 3 呈現赤子般的純真和友善，是個充滿活力、溫暖的數字。正面的 3 在各方面的表達都顯現十足的藝術性與創意，它總是可以透過與眾不同的媒介平台來表達自己，是個很好的演說者與表演者。

【負面能量】

　　愛出鋒頭，是數字 3 負面能量的特性。一旦數字 3 不斷汲汲營營想成為眾人的焦點，便會過於在意他人眼光，會變得容易產生忌妒、膚淺、做作、誇張、患得患失的情況，久而久之淪為譁眾取寵，行事注意力無法集中，態度變得消極散漫，且容易沉溺於虛浮無度的事物與情緒當中。

● 數字 4

關鍵詞：建造者、腳踏實地、理性行事

　　人不可能終其一生都非常順遂，或者完全沒有苦惱憂煩，生活中雖然充滿了無窮無盡的機會，但是也充滿艱困與限制，而數字 4 會面對許多人生大小不同的困難狀況。面對生活的難題，最徹底的解決之道是學習如何因應並與之相處，甚至勇敢去挑戰他們。碰到跟 4 相關的時段和處境時，意味著我們要學習有系統的組織，在次序感中自我訓練，從而發展出自律的精神和習慣。接著在學習所有的規範之後，讓我們能運用這些良好的組織能力服務他人。

【正面能量】

　　務實、穩固、謹慎、忠誠，是數字 4 正面能量的核心。數字 4 有如一個穩固的根基，提供基礎、安全的保障，是個安全感極強的數字。同時，數字 4 也十分自我要求，擁有自我穩定的原則，對於崇高的理想和道德，也會傾其全力去追隨，是一個內心平穩堅強的數字，擁有審慎內斂的行事作風，能夠有效掌握所有細節。正面的 4 面對事物的態度相當精確，絲毫不浮誇，加上能吃苦耐勞、忠誠且低調行事，是個非常務實和有效率的執行者。

【負面能量】

　　固執，是數字 4 負面能量的特性，過於堅持、不知變通的數字 4，會有心胸狹窄、無趣的缺點，也會因為過於嚴苛而顯得殘忍、不人道。負面的 4 很極端，不是極度緊繃、過度工作、要求嚴苛，就是異常散漫、怠惰，甚至會變得毫無忠誠紀律可言。

● 數字 5

關鍵詞：冒險家、熱愛自由、喜好新奇

自由並非無拘無束，不受任何限制，事實上要將一個人的潛能發揮到極致，自由必須是具有制約架構的，這就是數字 5 的課題。此外，這個數字也代表突如其來的變化，或冒險犯難的精神。數字 5 特質突出的人通常興趣廣泛，多才多藝，但有些人也因不知節制、精力過度分散，徒然將天賦浪費在縱情聲色、酒精與藥物上。這些人應該要學習有創造性的自由，才能有所謂的產能。

【正面能量】

自由、改變、發掘、冒險，是數字 5 正面能量的核心。數字 5 因開放性的態度，而容易擁有多采多姿的生活經驗，對於學習和體驗新事物有很大的興趣，有好奇心，適應能力也很強，非常適合從事旅遊與媒體方面的工作。值得一提的是，數字 5 對羅曼史和性擁有超乎常人的熱情。正面的 5 是一個聰明靈巧、多才多藝、充滿想像的快樂能量，樂於接受變動和挑戰，對新的事物求知若渴，是很好的冒險家和情報家。

【負面能量】

不安定，是數字 5 負面能量的特性。一旦數字 5 太過濫用自由意識，會變得縱慾過度、放蕩不羈，無法對任何人、事、物忠誠專一，對不屬於自己的事物也會產生強烈的忌妒心。快速變動的 5，行事總是缺乏延續性和責任感，很容易被新奇的事物吸引，不專心也不細心，以致於令人難以信任。

● 數字 6

關鍵詞：仲裁者、公平正義、無私奉獻

數字 6 最大的力量與影響是，能在和諧與平衡中釋放我們的能量，同時與他人的關係會牽涉到很多責任。當我們能力比較有限時，學著先去愛自己身邊的家人朋友；當我們能力更有餘裕時，則可以對整個社會甚至世界盡更大的心力。簡言之，犧牲自身部分利益，為大環境奉獻己力，生活才能夠更為美好與和諧。數字 6 還會運用創意的方式進行表達，比如藝術領域事務、抽象表達能力等，都跟這個數字密不可分。

【正面能量】

公正、關懷、責任、奉獻，是數字 6 正面能量的核心。數字 6 是一個內心非常堅強的數字，具有強烈責任感和正義感，對人充滿同情與關懷，在服務人群方面有很強的自信心，願意不斷付出與奉獻。數字 6 同時也是擁有美感的能量，對於服飾、設計、藝術、音樂都特別偏愛，也特有天分。

正面的 6 與美的、溫暖的事物相關，面對不平之事會立刻挺身而出，尤其特別願意花心思照顧家庭和弱勢族群，對於家庭與社區發展有特殊情感和責任感。

【負面能量】

過度掌控，是數字 6 負面能量的特性。堅強的數字 6 也極易演變成自傲、自我中心和好管閒事，甚至好批評和愛爭辯，對家庭的關心照顧也可能變成過度掌控的暴君。過分的完美主義，常會讓數字 6 做出不合常理的要求，一旦內心掌控慾望無法滿足，就會一改原本積極熱情的模樣，轉變成消沉的面孔。

● 數字 7

關鍵詞：孤獨者、追尋真理、分析探究

數字 7 代表的是，尋求真理。它不斷提醒我們，反躬自省探索內在的世界，進而尋求心靈的平靜。在經歷過生活的種種之後，我們必須轉化內在深層的潛意識以獲得領悟，也才能對世事有更深刻的瞭解能力，這就是數字 7 的課題。這是為什麼數字 7 常常跟教育、諮詢、分析或純粹的探索研究這類工作有關。此外，7 數也常跟獨處的時間、空間有巧妙的連結。

【正面能量】

探索、邏輯、自省、心靈內省，是數字 7 正面能量的核心。數字 7 對追求心靈層面的事物很感興趣，喜歡獨處和冥想，熱衷挖掘事實的真相和探究真理。數字 7 不僅分析其他事物，也愛分析自己，因而擁有強烈的自省特質，行事較為保守內斂，多半都是完美主義者。正面的數字 7 邏輯分析能力很強，這讓數字 7 對萬物多了一份特殊的理解力，是個跳脫世俗框架的觀察者。

【負面能量】

疏離，是數字 7 負面能量的特性。一旦數字 7 過於沉溺於冥想獨處的世界時，將與真實世界的人事物發生疏離感，變得孤僻冷淡，不愛社交、疏忽群體關係，因而也容易造成誤解，這也讓數字 7 顯得不切實際，喜歡用自己的哲學去處理事情，造成更多的複雜和混淆。

● 數字 8

關鍵詞：野心專家、財富權利、慈善擴充

　　數字 8 跟財務工作的滿足感、權力慾的追求等緊密連動，它可能造成我們對於某些事物過度執著，甚至因此限制了自己的眼界。物質是一個人安身立命最基礎的條件，因此沒有必要視之為邪惡，而數字 8 是要我們學習用卓越的管理能力，讓人在追求到物質上的滿足後，要很有智慧的去運用這些資財，也就是學習放空對財務的依戀，不要讓物質限制我們的心性發展。

【正面能量】

　　權勢、組織、靈性、敏銳，是數字 8 正面能量的核心。數字 8 對權力、財富、領導、成功有超乎常人的慾望，對於目標非常執著，擁有很強的管理能力與執行能力，在商場上也具備高瞻遠矚的獨到視野，對物質與金錢方面的敏感度都很高，擁有在商業、政治、權力方面稱王的條件。正面的數字 8 擁有強烈的勇氣、自制力和自信心，能堅持不懈達到完美境界，在管理組織上的手腕高人一等，是天生的經營管理者。

【負面能量】

　　貪婪，是數字 8 負面能量的特性。一旦數字 8 變成完全的唯物主義，在物質上可能會過於揮霍而造成困苦的窘境，即使成功了也從不知滿足和停止。此外，數字 8 對成功的渴望，也會讓他們為了達到目的而不擇手段，變得詭計多端、濫用職權、誇大不實，若未能如願成功，數字 8 容易變得極端頹廢。

● 數字 9

關鍵詞：人道主義、同理利他、博愛分享

　　數字 9 意味著無私的給予，一個人可以從自身的成就中感到快樂，但快樂更大的泉源主要是來自無私奉獻、幫助他人。特別注意，數字 6 同樣是講奉獻，但它跟數字 9 的不同之處，在於數字 6 可能多多少少得到回報，但數字 9 則是無私的奉獻與大愛，因此這是非常艱難的功課。此外，這個數字非常正面陽光，具創意的表達能力，很多救災工作、協助人類發展更大工程等，都跟它有直接的關係。

【正面能量】

　　樂天、分享、服務、寬容，是數字 9 正面能量的核心。數字 9 對生命有寬廣的視野，願意接受包容一切，樂於和不同的人相處。數字 9 在藝術方面擁有充滿靈性的天賦，對世界宇宙充滿大愛，善於教導、啟發他人，行跡常常隨著他們對世界的關懷、對人的探索而遍及各地。正面的 9 對於人類的心靈和大自然有特別的感應，具有強烈的同理心與同情心，樂於給予付出，大方不自私，是強烈的利他主義者。

【負面能量】

　　自私，是數字 9 負面能量的特性。一旦數字 9 空有熱情卻不懂得分享和包容，就會顯得喜歡抱怨與諷刺，行事往往毫無道德感，情緒也易淪於鬱鬱寡歡或神經質。當數字 9 缺少了那份對大眾付出的大愛時，行事常不切實際且粗心大意，很容易變成尖酸刻薄的討厭鬼。

大師數（Master Number）11 與 22

在「希臘占數學」中，經計算過後的數字，依其組合的方式分成兩大類：第一種是「雙重數」（Double Number）其中包括「大師數」（Master Number），是由兩個相同數字所組成的新數，如 $1 + 1 = 2$、$2 + 2 = 4$、$3 + 3 = 6$、$4 + 4 = 8$ 這四種是「希臘占數學」中典型的「雙重數」；另外一種是所謂的「複合數」即「組合數」，就如 $1 + 2 = 3$、$2 + 5 = 7$ 等其他組合。

由兩個相同的數字組合而成的雙重數，在能量振動上較特別，有時我們會在「天賦數」中看到 11 ／ 22 ／ 33 ／ 44 等，而這類數字在生活中也會出現，比如門牌號碼當中出現 11 號等。基本上，由兩個相同的數字組成，在占數的振動上比一般的組合數具有更大的能量，這樣的雙重天賦數所組成的命運數，會比其他的組合數具有更強烈的天賦能量。因此，「雙重數」在數字本身的意義與命運上，其所展現的正面與負面的影響力，也比其他更為強烈明顯。

許多人都誤以為天賦若具有「雙重數」的人，必定天生註定功成名就。事實上，具有雙重數的「大師數」的人，雖然帶有雙重數字的超大能量，但也同時得面臨雙倍的困境和挑戰。我們要能夠瞭解數字本身的真意，並且完全發揮其雙重的能量特長，在克服雙重的困境障礙後，才能獲得比別人更難以企及的大成功。

【特別提醒】

在「命運數」的計算過程中，雖然會遇到 11 ／ 22 ／ 33 ／ 44 這些雙重數，但基本上我們僅將 11 與 22 列為「大師數」解釋。而 33、44 並不列入「大師數」，它們是歸類為「雙重數」解釋。

● 大師數 11 ／ 2

關鍵詞：開創者、獨立、企圖心、靈性直觀、理想主義

　　遇到雙重數 11，我們就以 11 ／ 2 來表達。它具有高度的直覺和心理能力，是所有數字中最直觀的。關於 11 ／ 22 大師數，其高能量可以拿來使用或開發潛能，但並不表示必定會用得上。就如同我們追求「成功生活」是指一個人喜歡的生活，而不一定是世俗中被人認定的生活。

　　11 ／ 2 象徵更高心靈層次的力量，擁有這個數字的人一生中重要的課題之一是，將卓越的直覺能力引導到深刻的心靈層次上，並逐漸成為他人的經驗導師。這一類人在年少時通常不太能感受到這種特殊的力量有什麼好處，相反地，由於過度理想化的傾向，他常常覺得生活充滿了阻礙和困擾。生命航向是 11 ／ 2 的人，擁有高遠的理想，注定得不斷改進自己，讓自己成為他人的榜樣或領導者，因此，如何導引運用這種特殊的天賦能量去啟發他人，以幫助自己及他人從世俗環境中解脫，是他這一生的重大課題。

　　大師數 11 ／ 2 在精神和身體上均富有令人難以置信的獨立、企圖、耐力、動能、魅力和感召力，是非常的理想主義。11 ／ 2 最適合成為一位自然界的顧問和外交官，他可以把人們團結起來，共同促進平等與人權，也善於展現奇蹟並保護自己免受危險。

　　11 ／ 2 傾向完美主義的表現和目標遠景的追求，然而，過度使用直覺而造成神經疲勞或精神分裂，讓他也可能會對某些物質或狀況有上癮的情形，比如成為工作狂熱份子或對某些政治主義瘋狂投入等，這些也連帶影響身體的過敏與消化不良，11 ／ 2 的人需要靠每日固定的運動，與特定的營養來支持精神與精力的大量耗損。

【正面特質】

11／2數字組合的正面能量，可以帶來高於一切的靈性、智慧與直覺，甚至有為全人類服務犧牲的胸懷，也有比其他人更敏感的自我認知。

雙重數11／2的組合，代表一種理想主義，是一個充滿夢想的築夢者，能帶來更多的靈感，因為11也被形容為代表上帝的能量，11所組成的2數（1＋1＝2）代表了創造、發明與宗教情懷，擁有11／2雙重數（大師數）的人通常具有成為宗教、政治界的領導人，他們具有社會服務的工作傾向，很容易成為各個領域的佼佼者。

【負面特質】

在負面性格上，11產生最大破壞力的影響就是自私自利。這樣的負面能量會讓11所組成的2（1＋1＝2），比其他組合的2所發生的能量來得更為嚴重，因為這樣的組合含有兩個1，因此受到負面能量影響時，會產生巨大的複雜度，比如不誠實、幻想、不實際、過度刻薄、懦弱，有時候甚至會像個應聲蟲。

【特別提醒】

11／2（1＋1＝2）的正負面影響力，請同時參考數字2的解釋。

● 大師數 22／4

關鍵詞：實用主義、完成、合作、建造者

遇到雙重數22，我們就以22／4來表達。4的數字代表限制、次序和服務，22／4則教導我們更高一層的功課，它讓我們用最實際的能力完成所有理想性的事物與念力。反之，有傑出的能力卻沒有理想，或空

留美麗高遠的理想，卻沒有與之相應的執行能力，都很難達成大師數 22 ／ 4 派給我們的任務。其實能完成數字 22 ／ 4 功課的人少之又少，但我們不能因此就不去嘗試這個數字帶給我們的功課。當我們的生活中遇到 22 ／ 4，代表的狀況是我們需要邊做邊想，邊進行邊調試，然後慢慢發展出更好的方法、能力以及技術，以完成高規格的夢想。22 ／ 4 是每個人一生最高的學習境界。

　　22 ／ 4 是將夢想變為現實的建設者，也是所有數字中最強大的。22 ／ 4 的人非常理想且具有道德觀，是天生的領導者，能善用組織並領導團隊合作，具有巧妙的技能和商業頭腦，總是充滿活力和競爭力。對所有的學習他傾向從頭開始並將其系統化，他不信任一步登天的捷徑，也不願意冒險參與不確定的事情，而且他希望所有人都能和他們一樣辛勤的努力工作。

　　因為擁有雙數 2，所以也特別敏感直覺，有能力成為超級心靈導師和靈療諮商師。雙數 2 具有巧妙的技能和商業頭腦，充滿活力和競爭力。但因為過度堅持，有時候會顯得過於固執、頑強、不知變通。

　　22 ／ 4 的生活環境往往與合作和完成事情有關，可能會雄心勃勃、務實、目標明確，並專注於為安全的未來奠定基礎。加上 22 的本質是所有數字中最強大的，它傾向與其他人合作，也有強烈的動力為將來建立有價值的東西。22 ／ 4 的人生活步調較為緊張，容易引起神經過勞等問題，需要多接觸大自然的空氣和淨水，並放鬆心情。

【正面特質】

　　充滿正面能量的雙重數 22 ／ 4，代表的是實踐者的意涵，具有此 22「雙重數」的人，對自己的想法與創意會務實地將它們執行製作出來。正面能量的 22 ／ 4，會是一個很好的架構創造者，具有極為實際的宇宙觀。由 22 組成的 4（2 ＋ 2 ＝ 4），性格上其實很像數字 9 的正面力量，是包

含了 1 到 9 所有數字的正面特性。擁有 22 ／ 4 的人，喜歡接觸人群也熱愛自己的工作，在專業領域中具有相當高的能量與寬廣的服務目的，會呈現誠懇態度與理想主義的特質，是一個很有效率的實踐者。這樣的人通常對於政府事務、國際關係有相當大的興趣。

【負面特質】

22 組合的負面特質，會把數字 4（2 ＋ 2 ＝ 4）的負面特質與能量更加強化，會吝於去協助別人，充滿著仇恨與暴力的傾向，尤其負面焦慮不安的精神狀態，會使此種組合的人，生命充滿極大的困難。當然，焦慮不安在各種數字的組合都會出現，但在 22 數字組合者的身上發展得更加明顯，會對 22 數組合的人造成極大的威脅。

【特別提醒】

22 ／ 4（2 ＋ 2 ＝ 4）的正負面影響力，請同時參考數字 2 的解釋。

雙重數（Double Number）33 與 44

● 雙重數 33 ／ 6

關鍵詞：家庭、和諧創意、自我表達、樂觀、唯心主義

遇到雙重數 33，我們就以 33 ／ 6 來表達。它對社區乃至世界的無私服務，是所有數字中最具影響力的。33 ／ 6 特別能凸顯出其人格特質與展現愛的力量，他們是勇敢的理想主義者。尤其在專業權威和溝通方面可以看到 33 ／ 6 的表現，比如教育、公共事務、宗教團體等。33 ／ 6 很有說服力，它的口才來自創造性表達，因為雙數 3 的影響，在社交方

面加倍發達，33／6也出現許多傑出的作家、音樂家和藝術家。

　　33／6的人很有正義感，是我所認識最聰明且勤奮的一族，他們擁有自覺的權威感，個性頑強，紀律嚴明。他們善於表達，樂於社交，具有特殊亮點的表現力，應對有趣且喜歡冒險。在工作方面很有上進心，是個快速學習者，而且在環境壓力中，反而促使他們的同情心能夠更有成效地發揮。33／6有非常強烈的孩子性格，也樂於擁有自己的家庭，他們對內在慾望的表達具有豐富的想像力，也很懂得快速找到方法獲得結果。

　　然而，33／6擁有「好為人師」的性格，所以很難真正聽信他人的意見，除非對方擁有令人刮目相看的特殊才能、知識專業或較高的社經地位。我遇到一些聰明的33／6孩童，因為很難接受平凡老師的教導，最後都成了在家自學的孩童。33／6很少能充分發揮其潛力，一個不如意的33／6會不斷地自我批評，甚至在太負面情緒的影響下，33／6可能會成為一個難以想像的破壞者，甚至會在他人的不幸中找到個人的滿足感。

【正面特質】

　　雙重數33／6的正面能量，代表的是慈愛、關懷、還有極端的自信，具有此種組合數字的人，通常很愛家庭，對兒童也非常疼愛。雙重數33／6的正面振動能量可以是一個很好的代言者或發言人，也會是一個很棒的博愛家、人道主義者。33／6的數字組合振動會被完美所吸引，並追求理想與美感，在任何的環境中，33／6數可以成功地影響群體，朝共同的目標邁進。具有33／6數字的人，通常對兒童、婦女等相關工作領域很有興趣，也對醫療或社區活動工作等具有相當的影響力與專長。

【負面特質】

33／6組合的人，在負面特質出現時會非常頑強，讓任何人都難以面對應付，同時很容易產生爭執、狡辯的情形，因為33／6的內在具有很強的自信心，如果受到負面能量影響，容易變成冥頑不靈的抗拒者，甚至會用奇異的冷戰方式讓人不知所措。因為33／6的性格非常好強，想法與意見非常多，加上太要求完美，在負面情緒發生時，很容易過度要求自己，並讓周遭的人也產生極大的壓力。

● 雙重數 44／8

關鍵詞：建造、商業、效率、焦點、盡責、物質主義

遇到雙重數44時，我們就以44／8來表達，這個數字比例上較少，擁有44／8者需要更長的時間配合內在與外在條件才能成熟，要獲得成功必須完成平衡、堅實的基礎。44／8是出色的問題解決高手，能夠完全控制自己的情緒和神經，事實上情況越混亂他們越鎮定，也絕不會逃避挑戰。44／8的人可以成為出色的律師、銀行家、醫生、首席執行官、工程師和軍事人員，他們也會將聰明的頭腦與專業精神、慈善事業結合在一起。

雖然44／8的人有超強的堅定意志，但他們仍時常在人生道路上徘徊，會在負面的反向摧毀基礎的情況下蹣跚前進。44／8雖然天生非常有力量且具積極性，但也可能有非常消極的傾向，他們會陶醉於成功和財富，並採取極端措施以達到目標。許多44／8的人內在雖然常處於自我建設中，但外在世界卻有能力輕易接觸許多人，因此，如果他們濫用權力就會造成嚴重後果。

44／8想要贏得一個具有同樣振動的人非常困難，因為他們太專注

在自我感覺的控制，所以在愛的表達與奉獻度上很難被他人掌握住。但是當他們對愛臣服了，他們就會安頓下來，並堅守承諾做個對愛忠誠的人。44／8 容易工作上癮，所以平衡健康的生活方式特別重要，需要花時間多做鍛煉和冥想，以保持穩定的內心平靜。

【正面特質】

正面的 44／8 具有比任何數字組合都還要強勢的能量，同時，44 產生的 8（4＋4＝8）具有超強的工作能量、持恆耐力與戰鬥力，綜合這些因素可以輕而易舉處理與權力相關的事務。44／8 組合的人，不但具有超強的意志力，也具有比一般人更敏銳的洞察力和眼界。由於 44／8 有高瞻遠矚的想法，加上對遠大目標的設定，是個具有天生權威感的最佳領導者。

【負面特質】

負面的 44／8，具有雙重的 4 數，而 4 本身帶有「限制」的能量，因此雙重 44 的限制能量超強，反而會拖垮具有無限能量的 8，甚至將 8 數的權威感完全瓦解。具有 44／8 數字組合的人比例較少，但此種數字組合的負面能量極為驚人，如果運用不當，可能會帶來很多的仇恨與限制，同時也會相當頑固及無理取鬧，具有無法掌握和預知的毀滅性的負面特質。

占 數 心 理 測 驗

1）測試看看，何處可以覓得好姻緣？
我們用 2、6、8 排列出六種不同的數字組合，請依直覺選出下列一個組合：268、286、628、682、826、862。（答案請參考附錄一）

CHAPTER

「生日數」：你是幾號人？

關於「畢氏黃金三角數」

阿拉伯數字 1 到 9 代表著不同能量的符號，擁有不同的能量振動和意義。如前面數字基本意義中所提到的，我們常看到的奇數、偶數、單數、複合數與雙重數（11／22）等等，都有其特定的對應能量。

也就是說，不同時間日期出生的人是由不一樣的能量所組成，而這些組成人類重要的能量，則藉由生日數字來代表，我稱它們為影響人類性格的**「生命數字 DNA」**，它是「畢氏黃金三角數」形成的重要元素，當中包含每一個人的**「個性 DNA」**、**「潛能 DNA」**與**「命運 DNA」**（即生日數、天賦數與命運數）。

本章節先從「生日數」開始談起，而這也是我們對一個人基本認識的

生日數：從生日數可以看出一個人的基本性格特質，如果你的生日數是1，你就是1號人。

天賦數：天賦數是你天生最具能量的潛能，若能朝自己的天賦數發揮，將最容易獲得成功。

命運數：命運數是你一生追求的目標，你終生學習的課題。

「畢氏黃金三角數」完整算式

黛安娜王妃的生日為 1961.07.01

將出生年、月和日個別相加，得：

年：1 + 9 + 6+ 1=17

月：7

日：1 ← **1** 就是黛妃的 生日數

再將年月日數字相加

```
     17
      7
+ )   1
_____
    25
```

25 ← **2,5** 兩數就是黛妃的 天賦數

將數字加至最後個位數

2 + 5 =7 ← **7** 就是黛妃的 命運數

開始。

　　「生日數」又為性格數，它對一個人的性格掌握有相當準確的研判，在古今中外的歷史人物身上，我也找到了印證。

　　大師與凡人間的差異不是靠智商來決定，而是由性格主宰一切；成功的人掌握了正向性格，並讓潛在能量全然發揮，他們有堅強的理想信仰、有實踐抱負的堅持，他們能勇敢面對一切挑戰，絕不輕言放棄！在學習「生命靈數」的過程，讓我更深入地看到自己的內在，以及重新選擇人生功課的方向。

　　「生日數」這一天與其他每一個數字都緊密地連結，我們的性格、個性特質都可以從「生日數」中瞭解。因此，談到「生命靈數」或「希臘占數」時，總是把「生日數」當作是瞭解自我最重要的開門鑰匙。

　　也許有人一生中改過一兩次名字，甚至有小名、乳名、藝名、筆名和外號等等，但唯獨不能改變的就是生日，因此，出生日這一天對你的影響，是從你出生的當下就開始產生了。「生日」這一天，可以清楚引導我們的未來方向，尤其是從 28 歲到 56 歲這段時間，對於感情戀愛、身體健康、工作事業、財務金錢、人際社交、家庭親子關係等等，都跟生日數字有絕對的關聯。

　　換句話說，「出生日」其實已經提供了一個非常有價值且重要的關鍵點，它為我們打開一扇大門，讓我們瞭解原來有這樣的特性、這樣的性格，也會讓我們產生不一樣的想法和思考方式，同時也提供了我們如何看待生活、看待人生的一個起點和標準。

　　生日這一天提供了個性特質、潛在的天賦與行為模式，還包括我們選擇工作事業的方向以及情感的價值觀念。只要你瞭解生日數的振動能量特性，就可以運用這個強而有力的影響來決定一生努力的方向，它會帶來很多的機會，讓我們學習如何做對的選擇，讓生命與生活更為充實美好。比方，你知道可以選擇做一個善良大方且關懷他人的人，或是選擇做一個人

見人惡且不合群的人？事實上，透過「生日數」，是可以看出一個人到底有什麼樣的傾向。

「生日數」這一天還可以顯示出你的幸運數字和健康狀態，甚至影響你對色彩、顏色、線條、幸運物、寶石的選擇。就健康來說，透過生日數，你可以瞭解，哪一種病原可能會對你的身心造成比較大的威脅。所以，瞭解自己的起步，我們可以先從「生日數」這一天開始。

另外要提醒大家的是，「生日數」是在「人生三大周期」中的第二階段，是對於我們從青壯年進入中年這段期間的工作、事業、愛情、家庭、金錢、財物、身體健康、疾病方面等都具有非常重要的影響，所以「生日數」對我們所謂的「人生黃金數」有絕對的影響關鍵，千萬不可忽視它。

雖然不是每一個人都能成為大師，但是我們可以選擇成為更優秀的人，透過對生日數性格的瞭解，至少我們可以掌握自己，決定自己是誰！

● 「生日數」運算

生日數的計算公式，是由你的生日數字相加，取至個位數。

【範例1】

戴安娜王妃的生日為 1961 年 07 月 01 日

年——1961

月——07

日——01 ⟶ 1 是她的生日數

【範例2】

比爾 · 蓋茲的生日為 1958 年 10 月 28 日

年——1958

月——10

日——28 ⟶ 2 + 8 = 10；1 + 0 = 1 是他的生日數

「你是幾號人」／生日數	
1 號人／生日數 1	每月出生於 1 日、10 日、19 日、28 日者
2 號人／生日數 2	每月出生於 2 日、11 日、20 日、29 日者
3 號人／生日數 3	每月出生於 3 日、12 日、21 日、30 日者
4 號人／生日數 4	每月出生於 4 日、13 日、22 日、31 日者
5 號人／生日數 5	每月出生於 5 日、14 日、23 日者
6 號人／生日數 6	每月出生於 6 日、15 日、24 日者
7 號人／生日數 7	每月出生於 7 日、16 日、25 日者
8 號人／生日數 8	每月出生於 8 日、17 日、26 日者
9 號人／生日數 9	每月出生於 9 日、18 日、27 日者

各生日數性格特質

● 瞭解你的 1 號性格～天生魅力領導者

　　身為 1 號人的你，對這個屬於你的數字，應當絲毫不感驚奇，因為不論你表現得多麼灑脫，你內心想當 No.1 的念頭始終比其他人來得強烈！

　　在精神方面，1 數具有獨立、直接、開創與領導的特性，而且重視發展擴充並擁有強烈的慾望，喜歡單刀直入的快感。

　　1 號人希望能夠快速發現新的想法、概念與成就任何事務的可能性。1 號人的腦力需要不斷地受到刺激，所以時刻都需要透過一些新的挑戰，和大量的資訊投入來影響腦波，以獲得快速的自我成長。

　　1數本身具有催化能力，有能力促使其他事件發生的種子能量。當然更重要的是，1數本身所產生的一些相關效應，主要還是來自於以自我為中心和主體的向外延伸擴張。1數在所有的數字能量裡，擁有開發無限可能的能力，明白地說，1號人可以為自己創造截然不同、煥然一新的空間和未來。

　　很幸運的，在成為 No.1 上，你也的確有得天獨厚的條件，你不僅能堅定自己的目標，也有一套屬於自己的原則，而你那不凡的體力，總是能順從你的意志，支持你的一切行動，一點小小的變化和障礙是無法輕易讓你動搖的！1號人對事物的看法與對未來的願景，往往與他人不同。也因為1號人的獨樹一格勇於表現，所以也容易成為他人嚮往與追求的對象。

　　1號人唯我獨尊的強勢風格，正是你的魅力所在，但是當心啊，並不是每個人都像你一樣，有時你過度的投入與高標準，會形成其他人的壓力，為了你所愛的人，有時還是將身段放軟一點吧！

你是哪種 1 號人

■ 每月 1 日出生的人

　　1數本身就是個獨立、堅強的數字，1日出生的1號人，更是這項特點的極致表現，是所有1數中意志力最堅強的。在許多事情上，你不僅要求自己能夠具備獨立完成的能力，還要透徹瞭解每一個細節，因為唯有如此，你才能因掌握全局，進而獲得安全感及自信。

　　有的人會說你實在想得太多，也把自己搞得太忙了！因為你不允許事情在任何一個關卡直接跳過或含糊了事，你給人的感覺就是異常認真、不容一絲差錯。從另一個角度觀看，你也是個不愛說空話的人，對事情總是很實際又積極投入實踐，認為世界就是靠著「動起來」才能運作，你會認

為「不能做的事情，就不要花力氣去想它、去煩惱它」。也因此，你是個很好的問題處理者，因為你不會花太多時間在疑惑、懊惱等情緒中，而是馬上就知道自己下一步該怎麼做。加上你也具備不屈不撓的精神，從不會輕易放棄，因此問題交到你的手上，幾乎可以保證一定能找出快速且有效的解決方案。

在多數人眼裡，用「精準的機械」來比喻 1 日出生的你實在非常恰當，你做事相當理性，有的人會誤以為你是「腦子極度發達」、「心靈極度匱乏」的類型，事實上「創意發想」一直是你最重大的資產，講求實際的你，常常會看不見自己這方面的潛力。

不過，你自己仍得瞭解，雖然做起事來你總是不顧一切、埋頭苦幹，但其實你還是很需要他人的掌聲和鼓勵！

■ 每月 10 日出生的人

10 日出生的你興趣很廣泛，在許多方面你都小有涉獵，因此常給人見多識廣的感覺，不論是在團體中或私底下，大家都相信你所做的決定，一有疑難雜症，也總是想聽聽你的意見。不過，當你遇上麻煩或情緒低落的時候，很少會有人主動向你伸出援手，因為你總像超人一般，好像沒有可以難倒你的事，就算是感冒生病，身體也因為你旺盛的活力而顯得特別容易痊癒。你說說看，這樣誰敢說他們有能力幫助你呢？

孤獨是 10 日出生的你特別需要面對的課題，在許多時候，你會覺得自己好像被世界孤立，這是你在極為堅強的外表下「不為人知的另一面」。基本上你和 1 日出生的人很相像，你們總是做的比說得多，也總是積極去實踐理念、想法。在某種程度上，你的孤獨和距離感也是你選擇的，尤其是在規劃自己的理念時，你其實只願意把實現的空間留給自己，不希望他人插手。

10 日出生的人擁有豐沛的創意，在商業方面可以做出相當好的發揮，並以你卓越的敏銳和直覺，適切地將創意套用在商業體系中，同時賦予不同事物、產品全新的價值。受這樣強烈的天賦驅使，即使你的事業不在這個範圍，相關的職業也很容易成為你的副業。

10 日出生的人出門在外總是應對得宜，面對客人時，你們是很盡責、很周到的好主人。但私底下的你並不是居家型的人，柴米油鹽醬醋茶對你來說是莫大的負擔，你可以處理天大的事情，卻希望減少這些瑣事纏身。

■ 每月 19 日出生的人

19 日出生的你，受到 1 到 9 所有數字對你的影響，你的性格呈現許多面向，時而顯示 4 號人的理性邏輯，時而具備 1 號人的堅忍不拔，有時更集所有特質於一身。你情緒起伏很大，特別容易有極端的表現。

也因為你受所有數字振動的影響，你體內的能量讓你特別獨立，也不輕易屈就於現有的標準和限制中，你會極力挑戰任何可能性，盡力將你的創意想像伸展，也因此你常有超乎極限的成績。

跟所有 1 號人一樣，你不怎麼喜歡時時和一大群人交際、湊熱鬧，你們需要擁有自己的私生活。但是 19 日出生的你，是所有 1 號人當中交際手腕最強的一群，你總是能將公、私的生活尺度拿捏得很好，讓你在人前廣受歡迎，私底下又能保有自己的空間。在生活各方面你都是如此，總能處理得面面俱到。

19 日出生的人，總被形容成擁有廣闊的「世界觀」，因為你的生日數涵蓋所有數字的特性，為你拓展了視野和包容性，你天生就適合擁有多樣性的發展。值得一提的是，19 日出生的人和政治也特別有緣，由於天性中的責任感使然，19 號人特別容易在政治生涯中脫穎而出，成就卓越。

■ 每月 28 日出生的人

　　28 日出生的你，是由 2 和 8 兩個數字組成的 1 號人，擁有與其他 1 號人不太相同的特質。比起其他的 1 號人，你的性格更為柔軟、圓滑，但是當你遇上有所堅持的事物時，你也不輕易退讓。由於平時的你是那麼地好說話，因此當你堅持起來時，兩者的落差一比較，在他人眼中你會顯得格外固執。

　　你和其他的 1 號人一樣，認為「做」比「說」重要，因此，對於你心中的理想，你永遠甘願去做任何犧牲。但是比起其他的 1 號人，你的理想夾帶較多夢幻的色彩，加上你的表現又相當隨性，因此你的一生就像是跟著自己的直覺行進般，常常變得只是作白日夢而已。對你來說，能讓想像空間自由奔馳特別重要，一旦你被現實的壓力，諸如工作、經濟、情感所綑綁，你的生活會變得既痛苦又煎熬。

　　1 號人絕對有能力將理想達成，只是 28 日出生的你，由於思考、行事比較柔性，因此表現上會顯得比較隨緣且不夠積極。提醒你，千萬別因小小的惰性而讓自己的創想落空，尤其是對你畢生的願望，你應時時提醒、振奮自己，要分外積極，加緊腳步實現才是。

　　「實踐、實踐、時時不斷地實踐」，是 28 日的你特別需要學習的。有時你對現實的期望太過於夢幻，一旦現實與夢境間的落差過大時，你的失望也就越深。因此提醒 28 日出生的你，一有任何想法，就趕緊讓自己的身體動起來吧！只要你多分配點時間給實際的行動，不切實際的幻想也會相對減少，只要想像與現實之間能獲得平衡，就能朝著你的願望邁進一大步。

● 瞭解你的 2 號性格～和平浪漫外交官

2 數的溫柔、平和與和諧，通常與情感方面有密不可分的關係。2 號人希望在一個非常安全的理想狀態下，建立緊密的關係連結，同時也希望透過穩定、安全的關係，來發展生活、工作的連結。2 號人特別希望能夠建立親密感與被需要感，不喜歡被催促、被激化，也傾向親自處理個人的私事。2 數基本上是一個非常需要獲得支持的數字，而不是去強調自己的領導地位。

溫和、體諒的神情是 2 號人最佳的識別標誌，2 號人可以輕易贏得他人的信任，因為他們也真的值得！信任感與依賴感對 2 號人來說比什麼都重要，透過全然的信任，2 號人會獲得更大的鼓勵和自信。2 號人外表上看起來非常柔和，渴望圓融於所有的人際關係。但其實 2 號人也是主觀且具選擇性的，因此想與 2 號人建立深切親密的感情，要先從建立彼此的信任開始。

2 號人很清楚自己的情緒有多敏感，大半時間你們的猶豫不決，不是因為沒有主見，而是因為有顆柔軟的心，怎麼也不願意看到任何一方有所傷害。對於自己的情緒，2 號人都像是刻意忽略似的，一心只為成全他人。對 2 號人來說，沒什麼不能退讓的，2 號人特別注重細節與觀察，會將許多簡單的事物變得更綿密，甚至增加了複雜度。

2 號人最大的人生課題就是學習獨立，建立自信心，減少恐懼和空虛感。2 號人在寫作、繪畫藝術方面有很好的直覺與天賦，只是許多人並未發現和發展，翻開中外歷史名人冊，會發現許多詩人、作家、畫家、戲劇家和音樂家都是 2 號人。

柔情似水的特質，讓 2 號人一直是最佳的調停人和仲裁者，由於受人信賴，大家都愛向 2 號人傾吐心事，不知不覺中，2 號人其實很容易成為祕密與八卦的流通中心哩！

你是哪種 2 號人

■ 每月 2 日出生的 2 號人

2 日出生的人相當受歡迎，你擁有一顆柔軟的心，與他人相處時也極為體貼熱情，幾乎可說是個有求必應的好伙伴，和你相處起來沒有什麼壓力。但 2 日出生的人，一顆心常常繫在他人身上，他人的遭遇、困難都會對你造成情緒上的影響，明明不是你的事，但你常常比當事人來得煩惱，因此，2 日出生的人要盡量避免庸人自擾的情況發生呀！

這天出生的人，在性格上特別多愁善感，你的問題就是在「想太多」了！你常常能察覺其他人忽略的小細節，卻也容易變成「緊張大師」，甚至常小題大作。加上過度思慮的性格，往往將情況朝壞的方向推演，讓自己的情緒上上下下像坐雲霄飛車似的，想要改善這毛病，你必須適時轉移自己的注意力。2 日出生的你稍稍缺乏自信，他人的善意或小禮就足以讓你大受鼓舞。

提醒你，對事物多朝正面樂觀方向看，避免恐怖的想像，盡量專注在實際的事物上，因為抽象和模糊的事物容易讓你情緒緊張。

2 日出生的人在音律、協調性方面特別出色，歷史上許多作家、詩人、作曲家都是 2 日出生的，音樂、詩歌在你生命中占有重要的位置，朝藝文的領域發展會為你帶來莫大的滿足感。

■ 每月 11 日出生的 2 號人

比起其他天生柔軟的 2 號人，11 日出生的人特別獨立、堅強。受兩個 1 的振動影響，11 日出生的人擁有相當豐富的創造力與想像力。此外，你的行動相當敏捷，有很好的直覺反應，但 2 號人的缺乏自信有時會產生影

響，讓你懷疑起自己的直覺是否正確。學習減壓，不讓過多的理智和邏輯訓練掩蓋你天生的敏銳直覺，因為這是你無以倫比的天賦啊！

2號人相當在意他人的反應，但是讓11日出生的人情緒大幅起落的，並非環境的變化或他人的反應，而是你自己對事物的過度想像。在你的潛意識裡，你有許多夢幻的、不切實際的期待，這使你在面對事物時出現異於常人的疑慮和反應。2號人天生豐沛且易於起伏的情緒，讓11日出生的人在思考行動以及情緒上有戲劇性的表現。不過這種情緒起伏和思考，也會使11日出生的人經常有靈光乍現的情形，畢竟你的思慮發展是特別快速的。

11日出生的人通常會面臨雙重性格的掙扎，容易讓自己過度緊繃，一來因為你本身是一個能獨立思考、有自我原則的人，尤其在道德標準上特別執著。但你天生受數字2敏感、體貼的影響，對人性脆弱的一面你也特別能體會，兩相衝突的結果，最後會讓你排斥自己的情緒。

基本上，你不喜歡意志薄弱的表現，而你對他人積極正向的激勵，往往也成為他人沉重的壓力，建議你適當接受自己的情緒，對自己的弱點稍微寬容而不需過度矯正，偶爾讓自己處於自在輕鬆的隨意狀態吧！

■ 每月 20 日出生的 2 號人

這一天出生的人比較不能忍受獨處，你喜歡和一堆人一起工作，不喜歡需要一肩挑起責任的孤立感，如果必須要你獨自完成使命或任務，你會感受到異常的壓力。你也絕對不是激進、力求表現的人，因此20日出生的人雖有良好的表達能力，但你偏好以書寫的方式，至於面對人群講演，或是像業務這種需積極挑戰、不斷擴大事業版圖的工作，都會讓你深感吃不消。

20日出生的人在各方面都相當圓滑，你對融洽的氣氛特別依賴，因此

你特別會用友善、溫情的方式讓身邊的人聚合在一塊兒。因熱愛人群的關係，讓 20 日出生的人擁有高度的同理心和敏銳度，你對情感、家庭、人際方面的事物特別投入，也擁有在政治、外交方面的柔性優勢。

天性柔和、熱情的部分讓你對許多事物都樂於參與、瞭解，你不僅表現出良好的應對禮節，也因此累積很多經驗和知識，給人有教養、懂禮貌的印象。你天生適合處理細節的事務、法律條文、不動產細節等，此外在音樂方面，你也特別有靈感，獨奏的表演方式雖然不太符合你的個性，但是合奏或合唱的表演你都很樂意參與。

■ 每月 29 日出生的 2 號人

29 日出生的人通常具有心靈方面的能量，而 2 + 9 = 11，因此 11 的數字也對 29 日出生的人擁有相當程度的影響。比起其他人，你天生擁有更強烈的能量，其顯示你有特殊的能力，能將許多不同的力量整合起來。

29 日出生的人在體內有許多不同的能量串流，外在也有許多不同面向的人事物和機緣在你身上發生，整合得當的話，如此多的資源會為你帶來很好的結果；反之，你則會受這些事物影響而感到混亂、失去方向。你必須依靠堅強的意志力，才能帶領你走向正確的目標。

受天生能量振動的影響，29 日出生的人會有很極端的想法，表現也大起大落，態度也會顯得有些偏激，不像其他的 2 號人那般容易相處。這天出生的人可以被稱做是標準的「激進派」，你的判斷被強烈的熱情和情緒左右，常因此造成氣氛的緊張。因為天生處於複雜的兩處搖擺，思慮和情緒起落轉變急速，讓 29 日出生的人常常來不及顧到他人的感受。

穩定規律的生活工作對你來說非常重要，這會讓你學習自然中庸的處世態度，以尋得生命的平衡定律。此外，家庭關係對你的影響巨大，如果 29 日出生的人擁有美滿幸福的家庭，通常在情緒和想法上都會比較和緩。

● 瞭解你的 3 號性格～多才多藝開心果

　　3 號人可以靠自己的視覺力量和想像力，創造一個嶄新的世界和空間，去夢想它、感受它，甚至以此表達自己內在的慾望。3 號人在發揮視覺想像的能力上，往往超出所有人的標準和能耐。3 號人都比較具有創意和藝術眼光，屬於比較活耀的一群，非常懂得享受當下美好。

　　如果有人嫌日子枯燥無聊，找 3 號人準沒錯！因為 3 號人永遠有讓人哈哈大笑的本事，具「人來瘋」的傾向，在人群中十分受歡迎，你也總是能自由自在地活出自己想像的理想人物。

　　3 號人天生浪漫純真，特別容易沉溺於戲劇表演的情境裡，因此會把生活跟想像摻合在一起，而忽略了應該面對的現實狀態。

　　因為天生正面陽光、歡樂的氣質，讓許多 3 號人在情感上太過純真浪漫，在抱持相信一切的基本態度下，一旦情況不如想像那般理想或稍有不順心，就會產生極大的失望感。情感方面，3 號人需要透過外在的鼓勵來激化本身的想像力，並加強自我信心，以取得夢想與發展的動機。3 號人比較沒有太多懸念和過度煩惱，所以比較容易鬆懈防禦心，能與外面世界坦率溝通、直接交流。

　　作為 3 號人，你清楚自己的優點在哪裡，你玩耍起來就像個孩子般投入，不論旁人發出多大的笑聲，其實最樂在其中的是你自己！3 號人在困境的時候，往往能以比較輕鬆、正面且樂觀地去看待事情，不會像一般人那樣的憂鬱、負面。得提醒的是，要避免裝腔作勢，畢竟困難依舊需要解決，不妨讓情緒適度展現出來。事實上當一個真正的開心果，需要足夠的自信和發自內心的平衡，才能放開心胸盡興演出！

你是哪種 3 號人

■ 每月 3 日出生的 3 號人

你是天生的開心種子，3 日出生的 3 號人有一種令人難以置信的活力，你的心裡不斷處於活潑、亢奮的狀態，對什麼事情都具有熱情，而你的身體也深深感染這股活力，即使疲憊或染上疾病也都特別容易痊癒。

3 日出生的你想像力特別豐富，任何平凡的事物你都可以從中創造出屬於你的意義和樂趣，加上天生擁有不斷活動、玩樂的本錢，因此你也特別容易滿足。3 日出生的人總是一派笑嘻嘻、悠閒的樣子，旁人很少聽到你的抱怨，因為你最大的優點就是樂天知足，並懂得以現有的環境來經營合乎現實的理想。不過這股熱情也正是你情緒上的危機來源，在任何事物上你都可以找到屬於自己的意義，因此你也總是格外投入，這讓你在處理事務與思考時都極易產生強烈的情感，一旦遭遇阻礙或拒絕時，你也較其他人更為失落、難以承受。

基本上 3 日出生的人擁有良好的社交能力，你能清楚且適切地表達對事物的情感與看法，因此在對公眾講演的場合，你的表現特別出色。在文學方面，你也具有相當水準的能力和品味，思想上你擁有自己獨特的評判和見解，因此你的生活需要多樣的刺激和興趣，以發揮你天生的才能，好讓你在更多事物上保有你一貫的熱情。

■ 每月 12 日出生的 3 號人

12 日出生的 3 號人是個標準的生活玩家，你在設計、藝術方面頗具天分，因此你特別容易接觸建築、室內設計方面的事物，而你也相當注重生活的品質，能以一種偏向藝術的觀點去看待日常生活，很自然地也比別人

多了一股浪漫感性的氣息。

12 日出生的人可說是高標準的理想家，你深具使命感，認為自己的生命就是來達成某項任務，這讓你擁有強烈的熱忱。這一天出生的人非常聰明機智，具有正向、積極的人格特質，你天生擁有很好的表達能力，不僅有機會成為出色的演說家，也很能藉言詞激發他人積極向上。因此，12 日出生的你，往演員或廣告行銷方面發展，將會有出色的表現；此外，你也適合在法庭上當辯護律師，因為你對處理爭執或氣氛僵硬的場面相當有一套。

12 日出生的人相當熱愛人群，喜歡建立各種不同的人際關係。不過，你在不知不覺中很容易發生挑逗他人的情形，也許你認為僅止於朋友之間的友好表現，但卻被他人解讀成另有他圖，不少人甚至認為你的性格帶有風流的種子！數字 3 是相當好奇、活潑的，對 12 日出生的人來說，某些方面你要盡量避免自己受 3 這個數字的上下波動影響，要盡量讓自己擁有沉穩的態度，要特別學習專注和耐性，避免自己東一點、西一點地隨意嘗試，到頭來會毫無累積、沒有建樹。

■ 每月 21 日出生的 3 號人

21 日出生的人，是所有 3 號人裡最害羞、內斂的，基本上你的個性比較容易緊張，因此對於掌控事物的慾望也比其他 3 號人強烈，你希望凡事能夠盡量照計畫運作，討厭無法預測掌握的更動及變化。

21 日出生的人多半擁有美妙的聲音與歌喉，也擅於舞蹈，你們天生擁有強烈的音樂細胞和藝術細胞，對美的、藝術的事物特別愛好，在對美感的敏銳度，也讓你擁有容易激動、亢奮的性格。

和其他 3 號人最大不同的是，21 日出生的人不太習慣表達自己的情感及想法，不論在友誼的好感或是愛情的情愫發生時，你都顯得比較被動並

採取較高的姿態，讓人不易察覺你的熱情。你的不夠坦率，這讓你在許多
關係中無法順利和諧進行，也常常因眼前的變動而有沮喪或沉默的反應，
加上你豐富的想像力，往往將情況幻化成更艱難的處境；而你對什麼事都
產生懷疑，讓事後的處理更難進行，這種情形尤其在婚姻關係中最容易發
生危機，這些都是 21 日出生的人需要學習面對與改變的課題。

　　隱藏情感、無法直接表達的個性，讓你對書籍、文字等表現方式特別
有共鳴。出版、編輯是一個很好的管道，你在相關事務上也容易有優異的
表現。運用文字、書籍和藝術方面的管道來獲得知識或教學工作，非常適
合你。

■ 每月 30 日出生的 3 號人

　　30 日出生的你是標準的「健康寶寶」，健康的身體是你最大的本錢，
病痛不易找上你，這點讓許多人都相當羨慕，也因為有健康的身體為後盾，
你比其他 3 號人更投入工作，更像個「工作狂」。

　　你很看重友誼，會以謹慎、珍惜的態度面對友誼的發展，對朋友相當
忠誠，是好朋友的最佳人選之一，也會是一個成熟穩重、足以在生活中指
引方向的好老師，因為關心他人的特質，讓你容易成為好的觀察者或社會
工作者。你待人非常誠懇，從不吝惜付出，也懂得對細微的小事感動和感
激，但這種一股腦兒對人掏心掏肺的做法，有時讓人覺得有點挑逗的意味，
一般人需要充分的時間才能瞭解你單純真誠的本色。

　　這一天出生的人直覺與想像力特別豐富，你可以將生活中小小的經驗
化為堅定的真理，讓你對生活有一套獨立且堅定的主張。和其他 3 號人一
樣，你很容易產生亢奮、高漲的情緒，並對周遭的事物投入太深、太重的
情感，因此外界事物會大大影響你的情緒，你必須學習放輕你的關心、看
淡世間的事情。

你很容易受暗示影響而陷入茫然、混亂的狀態，盡量避免因為好玩而去接觸過多，如算命、碟仙等神祕學相關的事物，不要輕易讓特例、少見的事物打亂了自己原本確信的價值。

● 瞭解你的 4 號性格～標準實幹模範生

「悶騷」這詞，應該是為 4 號人所創的吧！4 號人循規蹈矩，卻又希望自己有那麼一些特別，你們有自戀的傾向，希望出點風頭但又不要做得太明顯招搖！在生活態度和交友工作方面，如果 4 號人獲得合作夥伴的信任，將權力交付給 4 號人，4 號人會盡一切力量將它們完成。

4 數代表了持之以恆、努力不懈、平穩信賴的特性，對結構組織和經營方面嚴格要求，這練就了 4 號人在生活中能創造屬於自己的紀律、規矩。4 號人一生都在力求平穩的狀態，對於社會環境的動態有著超乎其他數字的敏銳，甚至可以說是不安，你們總是謹慎行事，以避免因變動而帶來的損失或傷害。

4 號人天生對結構性的組織特別擅長，總是能確實而有效的達成目標，加上強烈的責任感，讓人能夠很放心地交辦事務。4 號人在完成工作事項上有很強烈的企圖心，所以，你無法在沒有良好規劃的情況下，開始進行新的事務。換言之，想要 4 號人參與冒險，就必須先提出難以抗拒的事項去說服他。

相信一步一腳印的努力，4 號人不會好高騖遠，需要堅定可靠和信賴感支撐，在挑選合作的對象上，也需要有相近特質的人共同完成事務。4 號人不在意完成工作的分量和繁複度，因為完成事物的過程本身就是一項成就。對於成功，4 號人是有計畫的，只要決心計畫要進行的任務，4 號人可以花盡體力和時間，付出所有代價去完成它，這個精神常令人讚歎不已。

　　不過在這小心翼翼行徑的另一面，4 號人的心底其實對新奇、特殊的事物也產生著嚮往，也是個渴望打破制約與規矩的人啊，像是有人突然向你大膽表達愛意時，雖令你招架不住，可是又好生期待。

你是哪種 4 號人

■ 每月 4 日出生的 4 號人

　　比起一般嚴謹的 4 號人，4 日出生的人又更為正直、保守和講求紀律，你非常相信自制、自律的重要性，其他人可以輕易發現你的生活中充滿了規矩，你時時在訂定生活目標，無時無刻不在訓練自己。

　　問題是，你訓練自己的目的是什麼呢？

　　因為，你希望成為一個有說服力、可被信任的對象或權威人士，私底下你很享受說服別人的感覺，總是喜歡用你腦子裡的那套想法對別人洗腦，這對你來說有種莫名的快感。因此你會願意花許多精力在生活的小細節上，以建立可信的形象，在你內心深處，希望自己是所有事物最後的評斷者、衝突的審判長，就連美與醜的定義，最好也能由你審核。簡單地說，你希望成為大家最終信服的那套標準和模範。

　　4 日出生的你對工作表現相當要求，很容易成為標準的工作狂，加上你不擅表達情感，對於自己的情緒問題也相當苦惱，若再埋首於工作中，並承受過度壓力的話，恐怕難以避免一場劇烈的情緒大爆發！建議你要多為自己安排娛樂，適時疏解壓力。

　　這一天出生的人通常對自然、家庭、鄉村等簡單又不奢華的氣氛特別喜好；而音樂與雕塑，不僅特別容易成為你們閒暇時的興趣，也有發展副業的可能，建議你可以從這兩方面進行，幫自己的身心找到平衡的方法。

■ 每月 13 日出生的 4 號人

13 日出生的 4 號人比較讓人摸不透，因為你們既希望生活保持規律、有條理，又希望時時享有創新的樂趣；這兩種矛盾的態度，常常讓人覺得你是謎樣的人物。其實，有時連你自己都搞不清自己要的是什麼！

13 日出生的，是 4 號人當中最為敏感的，你的敏感是你創意的泉源，卻也是你情緒不穩定的主因。你的情緒常常受到周遭環境的影響，卻也常將情感壓抑下來，因此當許多的感覺交雜在心中時，你反而會難以控制、亂發脾氣。因此，人們常覺得你古怪，難以理解，這也是因為你的情感缺乏適當抒發管道，得獨自承受許多困擾的原因。

對你來說，世事非黑即白，你對事物的看法很兩極，很少有灰色地帶。這樣的處世態度讓你的立場相當明確，但也缺少了應有的彈性和柔軟度。但你那穩健踏實的性格，加上對事物有明確的標準態度，可以讓你成為一個相當成功的經理人，尤其，將事業朝地質、環境、建築發展的話，表現會特別出色。

4 號人普遍追求的是平穩規律的生活，但 13 日出生的人總在擁有穩定生活時又抱怨無聊；要滿足 13 日出生的人，必須巧妙地在動靜之間找到平衡點。一般來說，如果生活中太多的意外和驚喜，你也承受不起，覺得太過刺激；你們非常需要從家人、親密的朋友身上得到活絡的能量，適量的情感對你們來說是恰恰好的調味劑，穩定的生活模式是你安全感的來源，而溫暖、親密的情感則是你快樂的泉源。

■ 每月 22 日出生的 4 號人

22 日出生的 4 號人，是兩個 2 數的雙重振動，在精神情緒上會比一般人亢奮、激動；由於 4 號人的表現較為沉穩、內斂，因此內心澎湃 22 日

出生的你，堪稱最壓抑的 4 號人。這天出生的你，**擁有極高的直覺感應**，通常你們對事物的理解和判斷，往往是以第一印象為根據。有時候，你會出現極強烈的直覺，但你會盡力用一種邏輯、合理的方式表現出來，因此你這項超感應的特質鮮少為人所發現。22 日出生的人天生認為自己對社會、自然和宇宙有使命感，你很拼命地工作，但有些人或許會覺得你是為了功利汲營，殊不知你的內心期望造福更多的人。

22 日出生的人非常在乎他人的眼光和看法，也因此容易顯得猶豫不決，常在關鍵的時刻做不出決定，錯過了許多時機。你要學習果決的處世方式，盡量透過自己的眼睛去觀察事物，而不是全盤接收他人的意見，如此你才能做出快速明確的決定。

數字 4 並不是外向、開放的數字，4 代表了方方正正、結構穩固、有所限制的意義。而 22 日出生的人特別尊重他人的想法，也格外受到限制和牽絆，雖然這些限制是受到他人的影響，但設定界線的都還是你自己。因此對 22 日出生的人來說，能為自己開放多少空間，就是你能為自己帶來多大的成功；你不論處理主觀或非主觀的事務都相當出色，問題只在你允許自己表現到何種程度。

在某些時刻，22 日出生的人需要短暫的離群生活，可以在休閒時安排一些時間獨處，這將幫助你沉澱平日亢奮的情緒，回歸身心平衡，獲得更大的心靈能量。

■ 每月 31 日出生的 4 號人

規矩的 4 號人中，就屬 31 日出生的最不安定、也最不按牌理出牌了！

4 號人天生的理智和邏輯能力，好像只被你放在心裡面，你必須藉由不斷地累積、重複相同的經驗，以提高自我的穩定性和耐性，也才能將天生的特質徹底發揮。屬於跟著感覺行進的你，情緒方面錯綜複雜，因此你

的言行舉止常常讓大家看得一頭霧水，也很容易遭到誤解。

這種隨性、不按牌理出牌的性格，常常讓你在不經意的把玩、拼湊之中，創造出新的事物，因此你很擅長藥物、化學藥品的混合，因此特別適合朝化學、醫藥、室內設計、寫作等領域發展。你的思考常從另類的方式切入，也擁有很不錯的商業頭腦，可是你對金錢的使用卻不怎麼謹慎，因為 31 日出生的人經常不自覺地把錢財花掉，這是你要特別謹慎的地方。

你們的記性非常好，不論美的、好的、傷害的、虛幻的事物全都記得，「遺忘」對你來說幾乎是不曾發生的事。值得注意的是，31 日出生的人對靈異神學的事物相當感興趣，建議你好奇歸好奇，僅當作興趣或學問研究就好，以你生日數字的天生振動能量，對於靈異現象最多只是紙上談兵，切切不要親身嘗試，而 31 日出生的人特別適合家庭與婚姻。

● 瞭解你的 5 號性格～熱愛自由冒險家

5 號人能夠吸引群眾並展現極大的魅力，是天生的社交能手。自由，是你的生活哲學，也是你的正字標誌！5 號人天生熱愛自由，也一樣希望給予別人自由，因此你們總是可以輕易結交朋友，而且是三教九流各式各樣的朋友都會出現在你的電話聯絡簿上。

5 號人對新環境的適應力，比其他人表現更為傑出自然。無論環境如何改變，或工作如何臨時變動，這些對你來說都能臨機應變、順勢解決。然而想要束縛你，根本就是吃力不討好的事情，你比其他數字更熱愛旅行，心思寬廣難以捉摸；正因你極為聰明多才多藝，學習新鮮事物又很快上手，所以不會甘於按部就班的規律工作，若不是追求新鮮熱門的工作，就是選擇需要大量動腦或創意十足的行業，這些才能滿足你追求變幻刺激的挑戰。你很能製造幽默感，也很能自得其樂。

5 號人對於突如其來或出乎常態的局面，有時會做出令人感到不可思

議的荒唐行徑和反應。因為非常強調個人的自由與親自體驗跟探索，很能融入人群歡樂的氛圍，對於在精神上能產生刺激的藥物、酒精或者尼古丁等，可能會有非常大的興趣，甚至在讓精神與肢體放鬆的性事上也會有很大的期待。

　　5 號人可以在玩樂當中同時完成手邊的工作，這是你的特殊能力，許多 5 號人能身兼數職，又能進行數個任務，如果 5 號人有機會參與旅遊、銷售這方面的生活體驗，這對你的精神本能發展、興趣與好奇心的開發，會有相當好的成果。

　　雖然，速度和變化可以為你充電，但專心一意與持恆在某個專業上發展，才是你成功的致勝關鍵。

你是哪種 5 號人

■ 每月 5 日出生的 5 號人

　　5 號人喜歡不斷嘗新，對新事物的接受度很高，甚至到了迷戀新奇的地步。5 號人練就不錯的適應能力，其中以 5 日出生的人最為明顯。你會發現不論將你丟到什麼樣的環境，你都能融入其中，享受當下隨之而來的樂趣和快感。

　　你渴望在生活中追求一種熱度，希望每一刻都能過得盡興，因此當你喜愛的事物出現時，你馬上就會全心投入，甚至有一些誇張的情緒表現。看在他人眼裡，大家不禁會納悶：明明是做一樣的事情，為什麼你可以做得這麼開心？

　　5 日出生的人天生有種亢奮的基因，你希望生活被快樂填滿，而身邊的人也常受到你的感染。你的腦袋非常聰明，生活又充滿豐富的經驗，常運用豐沛的想像力和絕妙的口才，為大家表演精采萬分的故事，換句話說，

只要有你在身邊，就歡樂不斷，世界也會變得一片光明、充滿希望，因此大家都非常喜歡有你同行。

天性嚮往自由的 5 號人，基本上不喜歡被各種規範束縛，但是 5 日出生的你卻非常適合婚姻，從中你可以得到莫大的幸福和樂趣！5 日出生的人也擁有很好的嗓音，天生就適合歌唱或演講，這能為你添加許多個人魅力。特別提醒，這一天出生的人若負面能量上身，千萬不可陷於獨處太久，你需要陽光和人群做你的觀眾。

■ 每月 14 日出生的 5 號人

14 日出生的 5 號人相當多才多藝，你的表演和才華讓大家都嘖嘖稱奇，不過也由於你快速在各種不同的才藝、角色中切換，常讓人覺得你若不是多了一雙手腳，就是擁有多重性格。

5 號人經常覺得這個世界太新奇、太有趣，因此難得靜下來。特別是14 日出生的你更需要靠大量持續的變動，才不致深陷敏感的情緒漩渦。你要避免容易上癮的事情，像是藥物、酒精或是性方面的過度放縱；基本上你的腦子對身體有很大的操控力，你很需要強化意志力，因為當你的腦子傾向健康、積極的生活，你的身體和行為自然就會健康陽光；反之，當你的思緒傾向放棄或頹廢時，你的身體就會遵從指令，步向自我毀滅。

你有一套比較獨特的價值觀，善於將生活周遭的事物丟進入腦子消化一遍，然後變成你可以接受的合理樣貌，加上你天生擁有某種預知能力，這讓你在事前就能準確掌握住發展狀況的結局。

14 日出生的人從不是個愛抱怨的叛逆份子，相反地這些天賦反而成就了你寬大的包容力和強烈的同理心，並更進一步影響你的情緒。你一向不擅於隱藏，所有的情緒總是老老實實地寫在臉上，因此你需要更多管道去發洩過剩的精力和情感，透過藝術、消遣娛樂的方式都很適合。

「幸運」是你生命中很重要的角色，你就像個天生賭徒，喜歡比賽、競爭的遊戲，因此生活中時時都像在下注，這種性格有利於你在事業方面的發展，尤其是面對大格局的事業時，你天生的賭性讓你展現大將的氣魄，獲得更大的成功。

■ 每月 23 日出生的 5 號人

23 日出生的人，是擁有 2 與 3 特質的 5 號人，這天出生的人頗具社交手腕，還有獨立自主、不隨便麻煩他人的性格，這也讓許多人覺得和你相處很愉快。23 日出生的人比較不會產生自卑的情緒，也因為你能自己在各種環境中發掘快樂，因此你從不抗拒任何責任與際遇。不管在什麼情況下，你總是帶著興致勃勃的模樣，讓許多人都將你視為最佳夥伴。

23 日出生的人相當聰明、機智，雖然你擁有強烈的同情心和敏感度，但你不會因此感情用事，很少失去該掌握的分寸和尺度，總是理智地做出判斷。你擁有極具邏輯性的一面，這樣的特性讓你對化學、法律、股票、證券產生興趣，但也因太過講求邏輯性，反而讓你失去了在藝術中盡情揮灑的自由，很難在藝術領域中獲得成功，但你缺乏的並不是藝術細胞，而是缺乏經營「藝術的特質」。你天生具備的邏輯能力較多放在其他專業上，較少放在藝術領域的發展。

23 日出生的你，體內擁有非常豐富的能量，同時也讓你擁有許多方面的才能；這股豐沛的能量在身體方面帶給你不少優勢，比方在其他人身上很嚴重的病痛，到了你身上症狀通常減輕許多，尤其是慢性疾病以及身體失調的部分，病情常隨著時間很快就消退痊癒。而這方面的能量經驗，讓你很適合選擇醫藥學界、電腦資訊、媒體行銷等行業工作，但外科手術方面的工作最好避免，結果會是呈現兩極化，大好大壞之間的風險太大。

● 瞭解你的 6 號性格～公平正義戀家子

6 號人對社交互動相當重視，親密的家庭、友誼關係的建立與維護，對你來說絕對是人生首要。你對家人和自己親密的朋友具有相當大的依賴程度，而周遭的親密夥伴必定也是你喜歡與信任的人。

6 號人非常重視自我形象，希望保有豐富的精神生活。由於數字 6 集合所有美好的元素於一身，所以你對美好有極高的品味和鑑賞標準；凡是與色彩、設計、裝潢、戲劇、音樂、舞蹈和繪畫等表現與其他形式的表演藝術，都強烈吸引你的目光，並影響你日常生活的態度感受。許多 6 號人的內心其實是為美感和藝術而活的。在商業方面，你也能因為優良技藝而發展出很好的成績。6 號人會透過各種藝術形式表現在實際的生活美學上，比如園藝、烹調、家居擺設等等，不但能滿足你內心的慾望，也同樣以務實的生活演繹來鼓勵大家追求幸福，激發眾人成為更美善的人。

你具有濃烈的情感，喜歡主動幫助他人，常會仗義直言，擁有公平正義與悲天憫人的情懷，特別注意社會底層被忽視的弱勢族群和老弱婦孺們，你會願意付出更多的照料和護衛。你很會照顧家人與朋友，也同樣關心那些和平組織與醫療救助單位的狀況；6 號人在生活中通常扮演滋養他人的照顧角色，你善於激勵他人提供靈感，可以成為很好的醫護人員、學校教師、心靈導師、諮商顧問，與幫助社區發展的義工人員。

6 號人有強烈的社會責任感，願意全心全意貢獻自我，從保護弱勢者到愛護動物、大自然等議題，只要是維護公眾利益、成就更好社會的事，對你來說都是心之所向，你認為大家必須貢獻一己之力，如直接參與義工行列，或是金錢贊助。你是最能將「愛」以具體行動實踐出來的人。

你是哪種 6 號人

■ 每月 6 日出生的 6 號人

　　6 日出生的 6 號人特別重感情，你認為和諧的人際關係是生命裡最重要的事，這天出生的人很容易對事物產生強烈的認同、祝福、感激等正面情緒，也特別喜歡小孩。這一天出生的人有一股能瞬間加溫的熱情，大多數人在初見你的時候都認為你非常容易親近，甚至會向你傾訴心事。

　　不過，一項有趣的統計發現，6 日出生的人在人際關係方面，相識的頭六週是甜蜜的高峰期，因為你會對剛認識的新朋友相當體貼，甚至讓對方產生一種幸福感覺；可是一過了第六個星期，你的熱情就大幅降溫，態度會轉變得令人難以置信。這種表現讓不少人對你感到疑惑，有人認為你純粹只是衝動和喜新厭舊罷了，不過，一旦能與你建立了真正親密的關係，你會時時關心照顧對方，也會努力維持這段美好的情誼。

　　你對人的態度明顯且極端，喜歡一個人的時候，你會表現得相當熱情，甚至變得很偏心；一旦你不欣賞一個人的時候，就會變得冷漠令人不適，有時你還會出現找碴的情況。總之，你的喜惡很強烈，會讓人清楚感受到他們和你究竟是不是同一國的。

　　此外，這天出生的人在經濟方面常有一種危機意識，你總是擔心自己的金錢不夠用，因此在任何事物的決定上，金錢常是你私下衡量的首要。6 日出生的人天生就有表演、藝術的細胞，因此你在舞台、演藝上有很好的發展，在文學、藝術方面也頗有天分，如果努力經營，是可以累積財富的。至於機械方面的事物，你就不在行了。

■ 每月 15 日出生的 6 號人

15 日出生的人是最溫馴、和諧的 6 號人，與你相處，就像沐浴在春風裡非常舒服、沒有壓力。

這天出生的人天生可以吸引許多的能量，你身邊經常會聚集友誼、機會、財富等豐富的機緣，而你的身體也會聚集許多能量與元氣，讓你在青春、保健、養生方面特別感興趣，也特別注重。此外，你的思考、知識層面也有如一張大網，可以輕輕鬆鬆地從各方面吸收常識與新知，一般人需要刻意研讀吸收的知識，你總是能簡單地從生活中獲得。

不過，這樣的機運與天賦並不會讓你恃寵而驕，15 日出生的人天生懂得成全他人的美德，為了朋友你總是願意做很大的犧牲，對家人更是不惜付出一切，你是個相當慷慨大方的人，身邊的人幾乎都受過你的關懷與照料；在社會公益方面，不論是擔當義工或金錢捐贈，你都是很樂意以個人的方式付出奉獻。

「音樂」與 15 日出生的人有密切的關係，你擁有理智的思維，很擅長用音樂性的方式來表達，你可以藉由音樂賦予事物全新的樣貌，並傳達你的情感。就統計數字上來看，音樂特別能為你帶來事業上的成功，即使你不以音樂相關事務為主要工作，但音樂在你生活中永遠扮演重要的角色。

■ 每月 24 日出生的 6 號人

24 日出生的人會感受到自己充滿了愛與能量，這會讓你具有不斷付出、不斷發揮的特性，在行為處世上，你都相當積極。整體說來，這項特質主宰了你的生活，你喜歡不斷地活動，積極提升自己或他人的生活，也努力求得工作上的表現，基本上 24 日出生的人，雖然自認懶散，但天生

就不是這樣的個性，你會努力尋求最佳表現，工作的目的也不是為了退休。

你對藝術、表演方面容易產生共鳴，你深知自己在這方面具有天賦，也時常思考如何將這些興趣、特質發揮出來。24日出生的人常在某一個時期特別專注於某一件事情上，可是你的成功是來自於不斷的變化，因此你要懂得培養並擴大你的興趣範圍。

你懂得區分生活中不同面向，就像你的實際成果通常來自商業行為，但能滿足你實際需要的則是來自家庭與親情。對24日出生的人來說，你不求極致、亮麗的外在表現，你認為那只是一種生存的手段。相對地，你也不太受社會化制式的時間、金錢價值影響，你有一套戲劇性的人生觀，家庭才是滿足你自信、自尊、情感的重要場所。24日出生的人在情感上對家庭極為依賴，你比其他人更容易從家庭獲得強烈的能量，更懂得觀察家庭中的細微事物，也比別人更熟悉家務的運作。家庭是一種溫暖、扶持、情感的象徵，是你最強的正面能量來源。提醒你，對於沮喪、妒忌、擔憂的情緒要特別小心處理，盡量將你的正面能量發揮出來。

● 瞭解你的 7 號性格～真理至上心靈師

7數與直覺、內觀有強烈的連接。7號人在生活中，需要更多時間來面對自己、與自己對話，最好能安排時間做冥想，對自我的觀察力與洞察力開發有很大的幫助，而7號人喜歡獨處，也非常享受孤獨狀態。

7數代表了一種深刻神祕的鏈接，許多7號人在外觀、行為和表達上呈現的是，活潑且極度融入社會群體的面向，這是因為邏輯理性的思維知道，瞭解人群與現實融合之於生活的必要性與重要性。難怪大家對7號人感到好奇，因為你在公領域跟私領域之間總能如魚得水，取得平衡。若想要跟7號人交往或成為夥伴關係，就必須先對其獨處與內心安靜的特性進行瞭解。

在 7 號人的世界裡，沒有一套絕對的世俗標準可循。你對人事總抱著一種懷疑探究的態度，對表面的答案永遠無法滿足，你會不斷去挖掘最底層的核心意義和動機。7 號人擁有自己建構的一套價值信仰，你衡量世俗的角度不同，行事偏向低調，對於是非標準的認定，態度上也比其他人來得保留。

7 號人喜歡做一些專業的學習跟研究，尤其在形而上的科學知識或生命學領域的探討。你可以成為很好的知識作者或文學作家，甚或是特殊專業領域的調查人員，這都與大量獨處、自我探索的邏輯思維有關。7 號人非常注重大自然與心靈層次的追求，能為他人帶來寧靜和慰藉。對你來說，精神方面的提升比實際的事物來得更迫切需要，因此你們需要更多時間獨處思考，並與思想中的上帝對話。某種程度而言，7 號人不是特別喜歡群聚，和他人也保持一定的安全距離。當然，你的沉默也常常使你遭受誤解。

你是哪種 7 號人

■ 每月 7 日出生的 7 號人

7 號人擁有很強烈的「探究」特質，7 日出生的你這種特質更為強烈。你很擅長利用腦力分析事物，不過也不是樣樣精通，比如你最好少碰賭博、投機的事情。你會花許多時間做「真正」的調查，是一個很好的分析幕僚，但很難扮演像 007 特派員那般親身經歷冒險、衝鋒陷陣的角色。

你直覺敏銳、感應力強，很多時候可以憑藉著強烈的第六感意識到情況的好壞，這種天生的才能讓你擁有不少好運，可以幫你躲掉許多不必要的災難。直覺告訴你不該做的事，無論他人怎麼用言語、行動刺激和挑釁，你都千萬不要受到影響。

　　數字 7 天生有獨居的傾向，你不是嗜愛孤獨，而是需要有獨自思考、冥想的空間，尤其 7 日出生的人在這方面會特別明顯，也因此需要花更多心力和方法來經營婚姻關係，即便結了婚，你最好每天仍安排一些時間獨處，如此才能真正在心靈上獲得平衡紓解和釋放。

　　這一天出生的人，追求的並不是很現世、很實際的物質，相對地，你最想要完成的目標通常無須過度積極爭取就能到手。換句話說，7 日出生的人相信隨緣隨性，你們最大的資產就是耐性和等待，雖然外表看起來你們並沒有大力爭取的表現，但內心卻相當熱烈地渴望精神品質的提升，當然，你仍會採取符合自然律動的步調，靜待內心的想望結果從生命中自然浮現。

■ 每月 16 日出生的 7 號人

　　在所有的 7 號人中，16 日出生的你是最為敏感、最不能被勉強的。我們常說 7 號人活在另外一個世界裡，但 16 日出生的你卻很容易受現實的環境影響。你一方面企求離群索居、遺世獨立，偏偏又想著現實責任未了，內心有著不少矛盾與衝突呀！

　　7 號人常給人一種距離感，但 16 日出生的你卻是標準的「外冷內熱」，特別在面對家人的時候，你有一股強大的熱情，只是 7 號的天性讓你不知道如何表達。出生於 16 日的你比較矛盾，既需要私人空間，也需要關懷與熱情；但你不主動顯露對情感的需要，常讓他人誤以為你冷若冰霜，其實這天出生的 7 號人根本談不上冷漠。

　　你很有文學、藝術方面的天賦，對於事物前因後果的分析能力也很出眾，不過為了發揮這些天賦，需要更為實際的商業訓練，將創意轉化為具體可行的方案，如此可以幫助你獲得實質的成功。

　　你是一個不愛強求、討厭競爭的人，隨遇而安的你也甚少抱怨，你的

堅持就在於希望事情照著自己心中的計畫輕鬆進行，你的步調是順從「天時、地利、人合」的自然規律，不會去強硬扭轉情勢，要等到萬事都具備的狀態，你才會積極補上最後的臨門一腳。減少迂迴形式並主動積極爭取，是你特別需要學習的功課，學著張開雙手接納更多的事物，主動表現內在情感的熱忱。

你對家庭和朋友的愛與情誼，能讓你的生命更完整，同時激發你在文學藝術領域的敏銳及深度。

■ 每月 25 日出生的 7 號人

25 日出生的 7 號人，擁有超強的直覺性和預言能力。

你對自然有一股特殊的感受力，這種特質都是因為 7 號人重視自然心靈，與對形而上事物長期深入觀察所得來的默契回應，25 日出生的你特別相信命運，對超自然、神祕學、玄學等知識也特別熱衷參與研究。

7 號人的個性內斂，深藏不露，25 日出生的人更會將自己真實的感情隱藏起來。這樣的表現常會引發許多誤解，尤其是那些在乎你的人，會覺得對你付出的關懷像是投入無底的黑洞。久而久之，別人對你的熱情會漸漸呈現疲乏狀態，嚴重的甚至會影響彼此的信任關係，因此，學習適時表露情感和回應他人，是你人生中的一大課題和考驗。

25 日出生的人擁有藝術細胞，更重要的是，你擁有將天賦落實並將之商業化的能力，在專業領域或政治溝通上，你也能一展長才，獲得顯著的成功。

不過這天出生的你也承襲了 7 號人一貫不夠積極的性格，因此你需要利用工作讓自己的身體和腦力不斷運作，避免閒置、渙散，工作經驗會成為你最好的成果驗收單。

● 瞭解你的 8 號性格～成就大業候選人

8 號人給人的第一印象是嚴肅的距離感，讓人感覺你自視甚高，不易親近。其實你內心熱情又溫暖，嚴肅表情是用來掩飾內心害羞的面具。8 數隱含了權力、平衡、執行、經營還有權威的象徵，它已經到達了一個能自我富足的能力。8 數在個人期許與目標設定上，擁有強於其他數字的意志力跟決心，期望掌握周遭情勢，在團體中塑造權威感，甚至有能力去經營、監督執行任務的流程，8 號人在執行任務階段時，可以進入完全忘我境界。

要成就富足能力，必須完善另外一個更高層的自我發現。對於成功的渴望、事情的安排與規則設定，8 號人都有一套超強的企圖心。8 號人主張正義與公平，這為其帶來一種精神上領導者的形象，在合作談判上，是會顧及對方利益，希望達到雙贏結果。

比起其他數字，戲劇性的人生遭遇總會在你身上發生，因此籠罩在 8 號人身上的一股神祕感，讓原本孤獨色彩更加鮮明傳奇；或許是習慣了孤軍奮戰的關係，你的判斷力和商業的直覺比其他數字來得更為敏銳精準，一旦能發掘自己的潛能也引爆企圖心了，金錢、名聲、成功就很容易向你聚集而來。金錢財務對 8 號人而言非常重要，金錢多寡不只代表是否可達成世俗的目標，它還證明了 8 號人的賺錢能力，許多有錢的 8 號人不喜揮霍，但喜歡大量捐贈。如果 8 號人擁有慈悲的胸懷，就會積極參與慈善救濟、服務社會，進而成為首屈一指的慈善家。

自我控制是 8 號人很重要的學習課題，因為 8 號人的意志力強大，在設定目標之後，就會義無反顧去進行。加上 8 號人有激勵他人發揮潛能的天賦，常主動去幫助他人成功，不過到頭來可能只是一廂情願，造成適得其反的結果。因此學習自我控制，減少強制力，才是發揮仁慈心達到平衡美好的最佳狀態。

8 號人的倔強頑強，可以從習慣挑戰高難度的事情窺探一二，你不容易滿足於小小的成功，需要大成就來安身立命。但相對的，目標不夠明確的 8 號人，也比其他數字容易淪為一無所有。

你是哪種 8 號人

■ 每月 8 日出生的 8 號人

8 日出生的人通常都很能幹且創意豐富，態度上你也相當積極，尤其在生意方面擁有絕佳的敏銳度和判斷力。在生活中，你特別傾向大的動作與表現，對你來說，只做些小事情實在沒什麼意思，還不如不做；真的要做，就要做點轟轟烈烈的事，因此你對體制大的事務特別感興趣，你是一個「不鳴則已，一鳴驚人」型的人。

8 日出生的人天生適合擔任決策的角色，在人前你也一直擁有良好專業的形象。不過當你在處理事務時，要避免為了求全求公平，而影響了你直覺、決斷的魄力；你要特別提醒自己，世事並無全然的公平，要避免因顧及公平的形象，反倒失去決策、發言的權利。要以誠懇的態度面對事務，保持高尚的情操，是這一天出生的人保持成功的要訣。

8 日出生的人為了看起來體面，常會打腫臉充胖子，因而失去了信用，甚至常發生要家人為你擔保的情形，因此，千萬要自我提醒，盡量避免這方面的習慣。根據統計，8 日出生的人對書籍有一種特別的愛好，你對出版書籍的慾望更甚閱讀；此外，如果你相當富有的話，通常也容易捐一筆龐大的金錢給慈善機關。

■ 每月 17 日出生的 8 號人

在 17 日出生的人身上，容易看到一些極端的特質，這一天出生的人在理性邏輯、心靈層次方面有卓越的天分，你會因此感到自傲，但你的行徑又顯得特別保守內斂。你有時極為奢侈，有時又極為節儉，許多兩極的特質都可在你身上看見。

受到數字 1 的影響，這天出生的人在想法、觀念上比較穩固，很少有人或事可以令你動搖、退讓；在工作專業方面，你有獨道的見解才能，很容易成為一個懂得帶領部下的主管，而你所領導的團隊通常都能完整執行任務、表現出色。你自然也擁有和其他 8 號人一樣的特質，喜歡格局大的事物，對過於繁瑣細節的事，期望能避而遠之，或由他人代勞。

受到數字 7 的影響，心靈層次的事務很能吸引這一天出生的人，你喜歡在事物的真假、是非之間辯證，也熱衷於發現並獲得新的知識。17 日出生的人在歷史與技術專業領域方面的寫作相當出色，你擁有獨特的寫作風格。你一生當中有所成就的事業，大多與土地有關，如土地買賣、礦產、石油、牲畜等，在這些領域中，特別容易有一番創舉。

■ 每月 26 日出生的 8 號人

26 日出生的人，是 8 號人當中最柔性的代表。你溫暖、柔和的天性，讓你樂於照顧身邊的人，大家常從你身上得到不少幫助。這一天出生的人非常愛家，對住家環境的營造也相當具有美學天分，同時你也是個極愛小孩的人，希望為全天下的小孩建立一個樂園，對於弱勢族群和老人特別願意提供關懷與呵護，基本上 26 日出生的人非常適合婚姻和家庭。

對 26 日出生的人來說，滿足他人才是你最大的願望和成就感，不過，你通常對他人極盡呵護，卻對自己有相當高的標準，甚至有些嚴苛！你的

心中常有許多目標，恨不得自己有三頭六臂可以同時進行很多事，至於結果也往往很極端，和所有的 8 號人一樣，不是轟轟烈烈，極度光采，就是輸得徹底，全軍覆沒。

26 日的 8 號人懂得內省、反覆思考。你喜歡活在過去的想像裡，對古老的、具歷史感的東西感興趣，因此當你清楚地意識到自己身處於現在與面對未來的時空交錯時，常會有如老靈魂穿梭古今的強烈身心感受。

受到最具美感天分的數字 2 和 6 雙重影響，加上數字 8 的決斷力和執行力，26 日出生的人對於音樂具有心靈之耳，你能成功地將所有藝術轉化為商業價值。而這天出生的人也天生擁有絕佳的外交手腕，一如 2 號人，可以輕鬆處理人際關係，若能在教育背景部分多下工夫，這項優勢會更無往不利。

● 瞭解你的 9 號性格～世界大同好鬥士

9 數在東西方的社會都代表「人道主義」的鏈接，是一個非常圓滿的形象。9 號人會努力追隨自己的信念，很容易不自覺地掉入自我犧牲的境遇。9 號人非常懂得討好他人，有時會為了成全大局而做犧牲。這與 9 數本身一直抱有「利他主義」的性格有關。9 數擁有包容、同情、同理的特質，比較懂得原諒和寬恕的意義，因此也為自己帶來許多方便之門。

9 號人毫不掩飾內心的積極熱情，讓所有人都願意為你加油打氣，希望奇蹟能夠眷顧你。在別人眼裡，你們可愛純真、善良大方，憑著一股直覺和衝動，永遠保持蓬勃的朝氣，但你容易只看到其他人良好的一面，又因為耳根軟，常被未經證實又以為是第一手資料的影響，而遭遇欺騙。

9 號人較樂觀與客觀，他能夠運用自己的天賦，在困境裡找尋出路，並且發現新的轉型方案。正面的性格幫助 9 號人在數次失敗或沮喪的道路上繼續前行，你那高尚的理念未曾動搖過，許多貴人也願意協助你，因此

你的成功機率比其他數字來得高。

你對生命充滿希望，也很有感染他人的能量，身邊的人都會被你樂天達觀的態度所吸引；你有強健的精神和體魄，能堅持生命應該有的方向，9 號人以完成計畫獲得成功為主要的生命目標。9 號人有時會因為無法達到目標而情緒失控，對許多事情常抱著極大的願望，但有時過度用力了，讓自己在過程中成為一個殉道者的角色，這一點讓 9 號人不乏自怨自艾的情況。如果能學習放慢腳步，規律性的運動，可以讓你的身心靈獲得平靜、紓解。

此外，一種異於常人的「預視能力」，讓 9 號人可以看到別人所看不到的未來景象，所以無論遇到什麼困難，9 號人只要保持信心，就能跨越困難，記得，胸懷世界的付出，才是你真正的天命課業。

你是哪種 9 號人

■ 每月 9 日出生的 9 號人

9 日出生的人能彰顯出 9 號人的最多特質，你的思想開放，有同理心，對大眾的博愛是你們最珍貴的優點。9 日出生的人對天體運行及各種大自然的現象非常感興趣，常常認真思考著：「這個世界究竟需要什麼？」你對大環境與世界的變動相當關心，甚至激發你藉由寫作的方式來呈現你的感受和觀點。

這一天出生的人可以說是天生的領導者，也常在藝術方面獲得成功，在寫作、知識教導、法律諮商、神職佈道的工作上展現出特殊的天賦。這一天出生的人需要遼闊的視野和多方位的教育訓練，方能幫助你在生涯規劃中有更明確清楚的定位。你清楚意識到自己是宇宙運行的一個部分，對於世界有著強烈的參予感和責任感，你希望自己能夠帶領大家，並成為貢

獻社會人類的實踐者。

正因為數字9的「大方」、「分享」特性，你對每一件事都抱持正面樂觀的期待，對世界存有一份「敬畏」與「大愛」，你認為人類不能獨立生存，必須與地球上所有的生物共生共息、互相依靠與分享資源。除了感到孤獨生活的困難外，對於婚姻關係也有經營上的阻礙。據統計，這一天出生的人在婚姻關係中容易有戲劇性的變化，但這並不會影響你一生對「愛」的執著和付出，即使經歷大風大浪，你的愛永遠都像初生之犢般熱情、純真且樂觀正面。

■ 每月 18 日出生的 9 號人

18 日出生的你，生命充滿許多驚奇變化，你常有旅遊的機會，也容易接觸許多性質不同的社區和團體，你很喜歡被他人需要的感覺，對他人伸出援手或照顧的同時，你也從他人身上獲得不少寶貴的資源和經驗。

18 日出生的人受 1 和 8 的影響，擁有數字 1 的獨立性和數字 8 優異的行事效率，你不喜歡接受任何建議，也常會被大的形式、體制和事業所吸引，比如政治、法律、宗教等任何擁有權勢、影響力等等，或是可實際參予管理的位置都很吸引你。雖然，人生的路上不是所有的努力都會有結果，然而你一旦下定決心要做的事情，終究會獲得最後的勝利。聰明的 9 號人在過程中要學習不斷嘗試、努力和自我調整心性，堅持贏得最後一刻的豐收。

就統計數字看來，18 日出生的人都有濃烈而激動的情感，在智力上的表現也相當傑出，你喜歡以不斷質疑、爭論、辯駁的方式來表達你的想法和感受，這樣的天賦使你容易成為傑出的戲劇評論、藝術評論、作家和演說家。18 日出生的人的金錢運十分平順，謹慎的責任感讓你不致於陷入經濟窘迫的狀態，你鮮少覺得金錢匱乏，也不需要汲汲營營追求財富。不過，

在婚姻方面你卻容易出現狀況，很需要多花點心思去經營維護。

■ 每月 27 日出生的 9 號人

27 日出生的人，是 9 號人中是最物質化的，比起 9 日、18 日出生的人，你更在意自己擁有的物質條件，也更願意花心力去賺取。光從表面判斷的話，很難發現你是個挺強勢的人，看似默許般地不發一語，但其實你十分堅持自己的立場。不過，外在的強勢固執並不代表你決斷，因為內心的反覆無常、拿不定主意也常在你身上發生。

你多才多藝，頗有藝術家的性格，在文學方面有獨特的天賦，適合成為記者、作家、文學家或教師。此外，你也是個極度熱情的人，27 這個數字擁有婚姻方面的動盪，你對婚姻關係很嚮往，對家人也願意傾力付出，不過就統計資料來看，你的婚姻關係往往不如你所預期的理想。

27 日出生的人是天生的領導者，你很難屈就於副手的角色。在團體當中，你會用自己獨到的方式指揮他人且樂在其中。你有特殊、獨到的理念，因此在宗教信仰方面，你特別容易支持具爭議性的教派，一般正規傳統的反而令你興趣缺缺、索然無味。

生日數的因緣宿命與今生學習

生日數除了點出一個人最突出的性格、特質外，它還告訴了我們前世的故事——關於我們前世所未完成的功課——必須在這個輪迴繼續修煉圓滿，也就是說，生日數提示了我們這一生的性格弱點與重要的人生課題。

這一章要介紹的是生日數前世的經歷、體驗，以及它帶來的今生課題，但是請謹記，生命靈數的作用是積極的、正面的，在瞭解因緣所造成的宿命後，我們該做的仍是自己掌舵，更積極往正面發展，而不是認命地放棄

所有作為。

1 號人（每月出生於 1 日、10 日、19 日、28 日者）

在過去幾個輪迴，你的人際關係（友情、愛情、家庭關係等）或許曾遭受重大挫折，甚至完全崩潰。來到了這一世，你的人際關係可能仍舊必須面臨大挑戰。然而過去幾世所遭受的挫敗，也許會讓你學到教訓，重新整理自己，期望能在這一世好好的修補人際關係。就宿命來看，1 號人是非常目的導向的，總是希望所有事情能夠清清楚楚，沒有模糊地帶，行事方面習慣設立目標，這也是你這一世所要建立的結果。

你對具有生命力、有潛力的事物有極高的興趣，因為它們可以幫助你達到你想要的結果。1 號人看起來總是非常獨立自信，但是在人前人後，你模樣並不是那麼的一致，事實上你的內心充滿恐懼，也是這個緣故，你必須設定明確的目標跟方向，希望能夠將各個環節整合起來。不過，這不表示你的目標會一以貫之的執行，其實你經常做許多改變，比如，你可能在還沒把事情的意義或主要目的搞清楚前，就已經設定好目標了，然後也想盡一切辦法去執行它，可是到頭來卻發現，結果不是你想要的，徒然枉費許多精力和時間。

1 號人擅長整合所有關係，對於處理各種人際關係具有非常好的創意和能量，你能夠以過去的經驗為師，往前邁進。此外，你有能力運用與生俱來的特質和天賦，協助身邊的人發展更有創意、更具遠景的未來。無論是在生活上，還是玩樂上，1 號人具有相當豐富的想像力，這比起其他生日數的人更具有優勢。

1 號人的豐沛精力與能量，通常來自大腦的想像力，我常常形容 1 號人是「身體在腦子的後面」，意思是說，1 號人的想像力多半比一般人會快上幾步。1 號人如果想要確實達到目標，最重要的是在各種關係中好好

發揮天賦的創意和精力，尤其是在愛情方面，你會有相當大的收穫。

2 號人（每月出生於 2 日、11 日、20 日、29 日者）

在過去幾世，你的智慧主要來自生命中的各種體驗與經歷。生活是你的第一手資料，在前世，你透過不一樣的生活環境、關係和立場，逐漸累積智慧。2 號人的智慧跟同理心（與同情心）通常都有非常緊密的關聯，智慧會讓你的心胸更開闊，正因如此，許多時候你的無力感、挫敗感都不會激發出憤怒或悲傷，因為你會以真心的愛，誠懇地接納體諒所有的事情。

如果不能深入瞭解周遭朋友的關係，那麼透過智慧去瞭解行為模式，對彼此關係的確立，反而是一種極大的挑戰。唯有運用數字 2 的智慧，才能解決許多潛在的慾望所希望達到的方向。數字 2 的震動，使得 2 號人比其他生日數的人來的更為敏感，也特別能體會別人的感受。2 號人經常因為太過重視心靈夥伴的親密，而忽略了其他關係，有時你放太多的精力在心靈方面的成長，也會讓你忽略其他關係的連結。

2 號人因為前幾世宿命輪迴的緣故，一直受到非常大的困擾，這讓你覺得今世的生活會被操控，都是因為前幾世對你的影響。不過，你如果能夠善用過往幾世所累積的智慧，就能大大地改善你的生活、工作以及各種關係。

3 號人（每月出生於 3 日、12 日、21 日、30 日者）

在前幾世，3 號人通常與神祕的事物（比如奇特生物、特殊宗教）有關。過去幾個輪迴中，你的工作身分可能是巫師、出家人、神職人員，或是從事心靈治療等工作。因此，這一世你會有特別強烈的第六感，而且在跟別人接觸時有特別的感應能量，能夠做很好的溝通。不妨好好運用你這

樣的天賦，好比說你可以投入研究性靈、靈魂方面的議題，或者與有這方面天賦的人共事，一起協助需要幫助的人。

如果你能善用自己的神祕天賦，在跟工作夥伴和生活伴侶溝通時，往往會有意想不到的結果。許多 3 號人跟著自己的私密伴侶相處時，會很直覺地運用一些特殊的精油來增進關係的和諧，性生活上的互動更是渾然天成，不需要別人教你，你自然而然就知道怎麼做。

跟某些人第一次見面的時候，你可能會強烈的感應到舒服或不舒服，這有可能在前世你們已經交往過。如果有任何讓你覺得不舒服的感應，你也會很快地藉由各種方式逃離這個人。不過，有的時候你為了要印證說不出來的感應，會利用一些機會讓對方進入你的生活圈，無論這樣的關係維持多久，你都可以從跟對方的互動中學著經營彼此的關係，從中獲得更多的智慧。

受到數字 3 的影響，通常 3 號人很容易與人交朋友，甚至不管你跟對方有沒有關係，你都可以把別人當做親人看待，這是因為在前世裡，你花了相當多的時間建立家庭關係的親密經驗，所以在這一世你會獲得更多的友誼。你跟家人、情人的磨擦爭論，不太會影響你們彼此之間深層的關係連結。或許你會發現，你特別需要從緊密的家庭關係中掙脫，以爭取需要的自由度。自由的空間、自由的想像，無論是身體上的或心靈上的自由度對你來說都非常的重要。

前面提到，3 號人很容易結交朋友，也很容易將自己的愉悅帶到所有地方，另外，3 號人有非常強烈的自我表達慾望，非常希望能夠透過各種不一樣的形式（比如寫作、表演、音樂、演說等），表達自身的想法和意向。

4 號人（每月出生於 4 日、13 日、22 日、31 日者）

在過去幾個輪迴中，你已經累積一些俗世生活與物質內容，比如家庭、

房產，乃至於事業體，甚至某種形式的帝國、王國等。也許「法律上的維護」、「秩序的維持」也曾在你過往的生命中占有極其重要的份量，你也希望透過這些方式成就他人，為大家謀福利。

在這一世，你要成就過往幾世所沒有完成的功課，就是所有關於數字4數未完成的部分。比如，在前世你曾經因為生存條件匱乏，奮鬥的非常辛苦，那時生活必需品的匱乏是你的極大隱憂。因此，對4號人而言，在這一世賺取更多物質來彌補物質匱乏的不安感是很重要的。為了過得舒服安穩，你願意比別人花費更多心力，投注更多時間努力。在這一世，即便你已經擁有足夠的物質，甚至生活相當享受，你仍然經常缺乏安全感，還是相當努力工作。許多4號人對於物質有較一般人更為強烈的需求，賺得再怎麼多還是覺得不夠，總想要賺得更多。爭取豐裕的物質，不只能讓你產生更多的信心與責任感，對於增進你與伴侶的穩定關係也有相當程度的幫助。

另外一個重要課題，是跟生活伴侶維持良好的互動，建立溫馨的關係。4號人期待建立穩固的家庭連結，希望它能長長久久，好讓自己跟伴侶都能舒適自在的面對未來，然而對4號人來說，家庭關係一直是個相當艱難的功課，遇到這方面的問題，你每每只想逃離。不過一旦你能面對並解決這些問題了，在處理其他事務上也會跟著順風順水更具有信心智慧。

人生中，每個人在不同的階段都會遇到不一樣的問題。當你瞭解生活的必然波動，你與伴侶就會產生更濃烈、更親密的關係。無論如何，在你所經營的各種人際關係中，家庭與婚姻關係是最重要的，一旦這方面的關係能夠被你妥善掌握、穩固維持，其他的事對你而言也將不成問題。

5號人（每月出生於5日、14日、23日者）

5這個數字受到「耽溺」影響，經常讓人聯想到許多與沉溺性質有關

的事情，例如酒癮、煙癮、縱情聲色等。在過去幾個輪迴中，5號人或許曾經沉溺於各種歡娛和酒精、性愛等方面，甚至有極度依賴、難以自拔的情況，而這些「癮頭」，也將你牽扯進許多事情裡，讓許多關係搞得相當複雜混亂。

在這一世你要特別注意，過去幾世的經歷，使得你期待能夠在工作上找到一個特定模式與他人相處。你確實很有本事吸引別人，也容易將對方帶入你的生活當中，而對你的生活形態產生特別的共鳴與鍾情。另一方面，你跟伴侶都能協助彼此充實自己的內在，並提供對方幫助。比方，有時你和伴侶其中一人覺得有點頹喪時，另外一人就能即刻展現出強大的正面能量，就像丟出一道非常豔麗的陽光，讓彼此幽暗低盪的心情很快平復。

更重要的是，你必須好好整理過去幾個輪迴中那些負面且令人深感傷痛的事情，重新學習並試著保持正面樂觀的態度。

在過去的輪迴當中，5號人可能需要花費相當大的精力克服生活上的困境，也許你生活中有許多事情會顯得非常不合邏輯，又毫無道理，比如說逃離家庭、拋棄戀人等等。即便過去的你們擁有非常安定富裕的生活環境，伴侶仍無法掌握你，無法將你留在身邊。在這一世，你們會希望共同面對這樣的困難，學習釐清錯誤、不合邏輯的事。

總之，5號人在這一世最重要的課題，就是學習如何在現實生活中運用邏輯來思考問題，並協助自己及身邊的人在各方面都更為和諧、更合情合理。記得，你要先學會協助自己找到目標，並且理出清楚的觀點來瞭解自己的生活。總的來說，一般的常識就能夠對你們起相當重要的引導力。

6號人（每月出生6日、15日、24日者）

在過去的輪迴中，你們曾經捲入法律糾紛，或者面臨仲裁有關的事，比如說為某塊土地與鄰人起爭執，或者與他人競相爭取子女權利，又或者

你曾經是社會上頗具聲望的公證人，是個非常慈愛而明理，言行能夠成為周遭親朋好友的好榜樣，你希望能將公平慈愛盡可能地給予所有你能影響的人。

數字6對於公平、正義以及彼此關係的平衡非常敏銳，舉例來說，在工作場合，你會期望工作夥伴跟你一樣認真努力，工作時間和成果都能相當。當然，在各方面條件大致相同的情況下，你也希望獲得公平的待遇，唯有公平，才會讓你們覺得大家對工作都負起了應該負的責任，這也才會讓你覺得心理平衡。如果工作環境中某個人的貢獻比較少，卻獲得比其他人更多的報酬，你會覺得相當不公平，甚至帶頭議論。

生日數為6的人，在生活諸多環節上，比如工作態度、與人相處等，都會希望將人放在「天秤」上評估衡量，企圖能找出最為合理公平的狀態。有時候你會在一件事當中扮演極端的角色，那不是黑就是白，不是左就是右，你無法忍受所有可能性同時發生，也難以在兩種選項中進行抉擇。你要非常小心自己這樣的傾向，在許多情境中，你會憑感覺判定事情是否公平與對錯，但你的看法也未必完全正確，事實上很多情況是無法用「非黑即白」這種絕對標準來判定的。

解讀人與人之間的各種關係，你得試著更有彈性才行。對6號人來說，這一世你最重要的課題是：如何深刻細膩地體會生命的各種滋味，如何樣尋求並理解「灰色地帶」的意義，因為「灰色地帶」沒有絕對的正確標準，但對於一向強調公平合理的你來說，卻能夠藉此學習調整自己，避免太過兩極化的態度是非常重要的。事實上，你這一世所面臨的所有的生活挑戰和人際關係，都會讓你學到如何退讓調和，讓你回頭審視自我認識的公平正義，在他人眼裡是不是同樣那麼不容置疑，並且能夠接受挑戰。

7號人（每月出生於 7 日、16 日、25 日者）

在過去幾世當中，你可能曾經貴為王公貴族，或許是一國的公主、王子。你也曾經離群索居，獨自生活在許多童話故事裡，我們看過公主、王子遭人背叛、欺騙、遺棄，或者被剝奪皇室身分等相關皇室的故事，那一切都可能對你造成了影響。在這一世，你依舊希望能表現的像皇室成員般的尊貴，潛意識或前世的經歷使得你面對人際關係時（特別是親密關係），常無法完全配合生活伴侶的需求，你希望保有自己的步調與特色。

旁人經常覺得 7 號人相當神祕，猜不透你究竟在想些什麼，你給人的感覺常常像是將頭探進雲端裡，有時又好像鴕鳥般將頭鑽進地面的沙洞。7 號人總是一副靈魂出竅的樣子，經常透露出一股神祕感，因此很容易引發別人的好奇，覺得你非常特殊。

從輪迴上來說，你們也可能曾是出家人、講道的傳教士、先知、社會賢達、經驗豐富而老練的智者等，所以，你們的性格透露著深謀遠慮，有種可以直接透視事件本質的能力。在這一世，或許你能善用這種能量和天賦，幫助彼此在生活中尋找更美好的方向。

即使在過去幾世中，你們不曾身為皇室貴族也不曾出家，但都已經藉由不斷的努力與學習，發展出特殊的直覺和敏銳的感應力。到了這一世，你們所要學習的是，透過這樣敏銳的天賦去瞭解他人的需求，特別是在人際關係上，隨時表現出你的誠懇謙卑，以及對世事的感激，這些對你來說是非常重要的。不過事情總是一體兩面，對於某些事你非常的敏感，直覺判斷也相當準確。但對於其他一些事情，你卻又非常的遲鈍、神經大條。如何整合調整這個部分，是 7 號人必須學習的。

總的來說，7 號人這一世最重要的功課，就是好好發揮直覺天賦，將它運用在各類關係上，以這樣的能力來協助自己乃至周遭的朋友。由於 7 號人跟其他人的關係通常有點疏離，所以能夠突破這一點，走向大眾，也

是非常重要的學習。

8 號人（每月出生於 8 日、17 日、26 日者）

　　8 這個數字是所有數字中最受宿命影響的，在過去的幾世裡，8 號人生活中有很多事情都是環環相扣、綁在一起，因此到了這一世會有許多「大豐收」。不過，那不全然都是好事，比如說在這一世裡，有可能會因為過去幾世的負面作為而遭受相當大的報復、責罰，無論如何，8 號人要好好學習怎麼開創自己的命運──你可以將過去、現在與未來綁在一起；也可以將過去、現在和未來一刀斬斷，從頭來過。

　　在你的人生歷程中，宿命臍帶非常明顯，有時很多事看起來好像是注定的，但是你要記住，你絕對可以選擇自己往後的人生要往哪個方向發展，像是，你可以全然投入過往的關係，看是要讓它繼續發展，或是完全捨棄、開啟新的關係也可以。事實上，一個強而有力且正面的關係，往往能教當事人從宿命的泥沼中跳脫出來，因此你得先學習深刻地瞭解自己，然後去理解各種人際關係的連結，最後再訂定自己這一生該走的路。

　　8 這個數字始終跟「權力」與「力量」無法分割，這兩件事在 8 號人的宿命中扮演相當重要的角色；比如說，有些時候 8 號人無意凌駕對方，不希望主導一段關係，但事情就是無法照著自己的意思進行，最後 8 號人乾脆將一切都交給上帝，也就是將命運交給上天決定。因此有些時候，8 號人會覺得自己一直在錯綜複雜的權力和力量間遊走。事情涉及金錢和名望時，是會牽扯到誰才是真正的領導者，而這也可能讓 8 號人的人際關係面臨很大的挑戰。

　　有意思的是，有些時候你們會刻意（當然也可能是真誠的），想要拋開自己所擁有的權力和名利，放棄你所有的主張和見解，但你越是想要拋棄他們，他們似乎越會跟著你。

對 8 號人而言，「責任感」是你這一生最重視的殊榮，你們可以把責任感當作與生俱來的天賦，同樣地，你可以運用這巨大的天賦能量，在各種關係上給出尊重，即尊重他人的權益，能這樣的付出終會得到回饋，你會得到他人的尊重。

9 號人（每月出生於 9 日、18 日、27 日者）

在過去幾個輪迴中，9 號人可能曾經是教師、藝術家、宗教領袖、政治家等，你很有可能參與過教育、引導人類的工作，最重要的是，你可能曾是一個精神領袖、心靈導師。因此，在這一世中，你有可能會從事上面提及的行業或與相關性質類似的工作，特別是教育體系的工作。你們會在教導他人的過程中，將自己豐富的學問以及對生命的認識傳授給其他人，如果你天生是來這個世間遊玩一遭的，對於研究有趣的議題與學問通常也會令你樂在其中。

受到數字 9 的影響，對於自己在意的事，你會表現出非常在乎、極度關心的態度。你們習慣以熱情的方式表達關愛，在與人交往的過程當中，也會以自己有多麼的聰明、學識有多麼豐富、有多麼關心對方等標準，來衡量彼此的關係有多緊密。

對 9 號人來說，學習體諒對方是很重要的事，有時你會有意無意地表現出不將對方放在心上的樣子，或是在面臨挑戰時，以激烈的言行刺激對方，這對經營一段關係常有很大的負面影響，你一定要學習避免用過於苛責的言語傷害對方的情感。

你的伴侶會對你表現出相當大的理解體諒，因為他們非常清楚，你之所以會暴跳如雷、大聲斥責，通常是因為心理受創的緣故，對方的瞭解對你而言不啻為最大的禮物。假若你曾脫口說出傷人的言辭，或做出略顯激烈的行為，似乎也都是感受到強大的傷痛所致。唯對方的寬容會使你誠心

地檢討自己的作為，讓你願意進一步去改善它，成為自制力更好的人。重點還是，彼此要能做最大的容忍與退讓，這是 9 號人在這一生中特別要學習的事。

各號人適合的職業與開運妙方

每個數字都跟其周遭的環境有著奇妙的互動與感應，不妨活用生日數與周遭互動，或可為你帶來幸福與幸運的生活。

● 「1 號人」適合的職業
具有開創性的領導與打破成規的職業。

（每月出生於 1 日、10 日、19 日、28 日者）

1 號人完全是個天生領導者，擁有比他人強大的勇氣創意和改革的意願。1 號人最適合成為發明家、製片人、設計師、導演和獨立事業的開創者。當然，帶頭領先搖旗吶喊的革命家或社會運動者，也不乏激情衝動與能量充沛的 1 號人！

1 號人的開運妙方	
1 號人的幸運期	3 月 21 日～ 4 月 28 日 7 月 21 日～ 8 月 28 日
1 號人的幸運日	每週的星期日和星期一 每月的 1、2、4、7、10、11、13、16、20、22、25、28、29、31 日

1號人的幸運食品	藥草類、根莖類、草本類：甘菊、番紅花、丁香花苞、荳蔻、酢漿草、璃苣、薰衣草、月桂樹葉、百里香、沒藥、麝香、馬鞭草和薑 特別愛好：蜂蜜 穀類：大麥
1號人的幸運對象	出生日為 1、2、4、7、10、11、13、16、20、22、25、28、29、31 日的人
1號人的幸運裝扮	所有屬於金色系列，如黃色、橘黃色、金咖啡色是第一選擇 其次考慮綠色、藍色與深紅色
1號人的幸運飾物	紅寶石、黃寶石和琥珀 金屬物為金器

● 「2號人」適合的職業
具有服務、創意特質的工作。

（每月出生於 2 日、11 日、20 日、29 日）

　　2號人具有獨特的創意與思考能量，因此在考慮工作與發展時，要記住這些特長。2號人從事政治工作、外交官、律師、社會工作者、顧問、心靈醫療、護理人員，或是任何與發展和平運動相關的工作都很適合。當然，2數所代表的創意潛能，也非常適合成為出色的作家、藝術家、作曲家、舞蹈家！

2 號人的開運妙方	
2 號人的幸運期	6 月 20 日～ 7 月 27 日 7 月 28 日～ 8 月 20 日
2 號人的幸運日	每週的星期日、星期一和星期五 每月的 1、2、4、7、10、11、13、16、19、20、29 日
2 號人的幸運食品	藥草類、根莖類、草本類、番紅花、丁香花苞、荳蔻、酢漿草、璃苣、薰衣草、月桂樹葉、 百里香、沒藥、麝香、馬鞭草和薑 蔬菜類：萵苣、甘藍、蘿蔔、黃瓜、甜瓜、菊苣和菊萵苣
2 號人的幸運對象	出生日為 1、2、4、7、10、11、13、16、19、20、29 日的人
2 號人的幸運裝扮	所有奶油色、白色和綠色系列，都是第一選擇 藍色與黃色，為第二選擇
2 號人的幸運飾物	月亮石、珍珠、翡翠和貓眼石 金屬物為銀器

● 「3 號人」適合的職業
具有思考性與銷售性的工作。

（每月出生於 3 日、12 日、21 日、30 日者）

　　3 號人是一個非常具有原創性與藝術性的號碼，許多出色的創意者和表演家幾乎都與 3 數有關。我們熟知的優秀作家、表演藝術家（特別是幽

默喜劇的脫口秀與模仿秀）、諧星和音樂家們，生命數字中都少不了 3 數。任何與創造夢想、行動藝術、肢體表演相關的活動，如音樂、繪畫、舞蹈、時尚、網路等工作，都與 3 數相關。

3 號人的開運妙方

3 號人的幸運期	2 月 19 日～ 3 月 27 日 11 月 21 日～ 12 月 27 日
3 號人的幸運日	每週的星期二、星期四和星期五 每月的 3、12、21、30 日
3 號人的幸運食品	藥草類、根莖類、草本類：甘菊、番紅花、丁香花、琉璃苣 蔬菜類：甜菜、蘆筍、菊萵苣、大黃 堅果類：榛子與核桃 穀類：小麥 水果類：櫻桃、蘋果、桃子、橄欖、鳳梨、葡萄、無花果、石榴
3 號人的幸運對象	出生日為 3、6、9、12、15、18、21、24、27、30 日的人
3 號人的幸運裝扮	所有屬於紫色、淺紫色、青紫色都是最佳的選擇 藍色與深紅，是第二選擇
3 號人的幸運飾物	紫晶石與任何紫色系列的寶石 金屬物為錫器

● 「4 號人」適合的職業
具有組織、建造、規劃等相關的工作。

（每月出生於 4 日、13 日、22 日、31 日者）

所有與身體和心理建造的工作，都與結構性強的 4 數有關。比如，農作者、礦工、砌牆工人、藝品匠、占術師、星象師、化工人員和財務分析顧問等工作，都非常吸引生日數 4 的人。想到有機會可以從細節開始規劃，會讓 4 號人有十足的安全感。4 號人同時對舉辦活動和社會福利方面的工作感到興趣，正好可以發揮其緊密組織規劃的強項。

4 號人的開運妙方	
4 號人的幸運期	6 月 21 日～ 7 月 27 日 7 月 20 日～ 8 月 30 日
4 號人的幸運日	每週的星期六、星期日和星期一 每月的 1、2、4、7、10、11、13、16、19、20、22、25、28、29、31 日
4 號人的幸運食品	藥草類、根莖類、草本類：鼠尾草、黃精、白芷、鹿蹄草、枸杞 蔬菜類：菠菜
4 號人的幸運對象	出生日為 1、2、7、8 日的人
4 號人的幸運裝扮	藍色、灰色與柔和的中間色系，是第一選擇 黃色與橘色，是第二選擇
4 號人的幸運飾物	藍寶石和黃寶石 金屬物為鈾器

● 「5 號人」適合的職業
具有創意點子與彈性變化的相關工作。

（每月出生於 5 日、14 日、23 日者）

　　5 號人靈活的頭腦加上對萬事的好奇心，足以讓你成為一個資訊豐富的情報員。你對流行趨勢與掌握市場動向特別感興趣。5 號人在口語表達與協調溝通上有天生優勢，是一個具有說服力的最佳銷售員，因此，新鮮靈活又帶有表演性質的廣告也特別適合你。

　　此外，寫作、媒體編輯、音樂創作、調查研究、科學家等可以探索新知的工作非常適合你。而演說家、播報員、資訊師、口譯專家或銷售員，則可發揮你口語的長才。你崇尚自由發揮的空間，無法忍受過度制式刻板的環境，所以，對你極度信任的工作夥伴和上司是你發展順利的關鍵。

5 號人的開運妙方	
5 號人的幸運期	5 月 21 日～ 6 月 29 日 8 月 21 日～ 9 月 27 日
5 號人的幸運日	每週的星期三和星期五 每月的 5、14、23 日
5 號人的幸運食品	藥草類、根莖類、草本類：甘藍菜、荷蘭芹、百里香 蔬菜類：胡蘿蔔、香菇和防風草的根 堅果類：核桃、榛子 穀類：燕麥、燕麥麵包和燕麥片
5 號人的幸運對象	出生日為任何一月任何一天的人，因為 5 號生日數是最具有彈性的數字

5 號人的幸運裝扮	具有淡色與發亮材質的色系，都是最佳選擇 銀色和灰色，是第二選擇
5 號人的幸運飾物	鑽石、黃寶石 金屬物為白銀

● 「6 號人」適合的職業
具有擔負重責大任的社會要角。

（每月出生於 6 日、15 日、24 日者）

　　6 數天生具有強烈的責任感和正義感，6 號人很會為大局和大環境著想，期待讓多數人得到好處和照顧，比較會以大的視角和高度看待事情，屬於天生的智慧型管理者，容易召喚人心，特別在教導、撫育、醫藥、諮商、社會工作、保姆、園藝和農林方面有傑出表現。6 號人是愛與關懷的代表人物，你能貢獻的不只是專業技能，還會為你所處的環境與工作帶來溫馨和快樂。

6 號人的開運妙方	
6 號人的幸運期	4 月 20 日～ 5 月 20 日 9 月 21 日～ 10 月 20 日
6 號人的幸運日	每週的星期二、星期四和星期五 每月的 6、15、24 日

6 號人的幸運食品	藥草類、根莖類、草本類：黃水仙、孔雀草、涼瓜、馬鞭草、麝香、玫瑰葉和野百里 蔬菜類：所有的豆類食物和菠菜 堅果類：核桃、杏仁果 水果類：石榴、蘋果、桃子和無花果
6 號人的幸運對象	出生日為 3、6、9、12、15、18、21、24、27、30 日的人
6 號人的幸運裝扮	由最深到最淺的所有藍色，都是最佳考量 玫瑰色和粉紅色，是第二選擇
6 號人的幸運飾物	土耳其玉、祖母綠 金屬物為銅器

● 「7 號人」適合的職業
具有研究與特殊專業性的工作。

（每月出生於 7 日、16 日、25 日者）

7 號人喜歡探究真理，不輕易接受既定的理論和結局。你會用自己的一套邏輯方法，給自己一個合理的解釋。你追求真相，不輕言放棄，因此像工程師、律師、科學家、靈療師、研究學者、占星家、作家等這些需要大量調查研究、整理歸納、觀察追蹤與具備高度專業的工作，都非常適合你。具獨立思考與獨立完成工作的空間，最能夠充分發揮你的才能。

金錢物質方面，對你來說採取「隨性隨緣」的態度，反而可以得到很好的收穫。其他，關於環保和心靈成長方面的工作更能激發你投入。

7 號人的開運妙方	
7 號人的幸運期	6 月 21 日～ 7 月 28 日 7 月 29 日～ 8 月 31 日
7 號人的幸運日	每週的星期日和星期一 每月的 7、16、25 日
7 號人的幸運食品	藥草類、根莖類、草本類：甘菊、番紅花、丁香花苞、荳蔻、酢漿草、玻璃苣、薰衣草、月桂樹葉、百里香、沒藥、麝香、馬鞭草和薑
7 號人的幸運對象	出生日為 1、2、4、10、11、13、19、20、22、28、29、31 日的人
7 號人的幸運裝扮	所有紫色系、淺紫色、青紫色系列，都是最佳選擇 藍色與深紅色，是第二選擇
7 號人的幸運飾物	翡翠、珍珠、貓眼石和月亮石 金屬物為鈾器

● 「8 號人」適合的職業
具有高度組織與策劃力的管理工作。

（每月出生於 8 日、17 日、26 日者）

　　8 數的策劃組織與統御能力特別強，對識人很有一套，加上個性比較果斷，所以最適合做一級幕僚或主持特定大案的領導角色。8 號人討厭拖拉，卻也相當重視細節的完整，善用組織化佈局，也具長時間耐壓的本事。

在選擇事業上，有關科學追蹤、刑事鑑定、財務規劃、營造建築、軍警法務等相關事務都相當適合。8 號人具有優良的洞察力，在心理學、醫藥學和治療病患方面有顯著的功力，許多靈媒與靈修者都少不了 8 數的能量加持。

8 號人的開運妙方

8 號人的幸運期	1 月 28 日～ 2 月 26 日 12 月 27 日～ 1 月 27 日
8 號人的幸運日	每週的星期六、星期日和星期一 每月的 8、17、26 日
8 號人的幸運食品	藥草類、根莖類、草本類：鹿蹄草、白芷、鼠尾草、馬鞭草 蔬菜類：菠菜、野蘿蔔、芹菜、藥蜀葵
8 號人的幸運對象	出生日為 4、8、13、17、22、26 日的人
8 號人的幸運裝扮	所有深色系，如黑色、藍黑色與深紫色，為最佳選擇 深灰色與藍色，是第二選擇
8 號人的幸運飾物	黑珍珠、黑鑽石 金屬物為鉛器

● 「9號人」適合的職業
具有表演與溝通互動的公眾事務。

（每月出生於 9 日、18 日、27 日者）

　　9 號人非常具有夢想，也相信自己遠大的理想和願景終有一天定會實現。但對思想行為較為保守的人來說，9 號人的夢想有如天方夜譚，高不可攀，可是 9 號人深信自己所想像的美麗新世紀一直都存在。換句話說，具有未來性、理想性與格局深遠的工作都非常適合 9 號人，如公關、教師、傳教士、科學家、藝術家與社會公益推動等。9 號人一向與異國海外有緣，從事與旅遊相關的事業可以帶來好運。

9 號人的開運妙方	
9 號人的幸運期	3 月 21 日～ 4 月 26 日 10 月 21 日～ 11 月 27 日
9 號人的幸運日	每週的星期二、星期四和星期五 每月的 3、6、9、12、15、18、21、24、27、30 日
9 號人的幸運食品	藥草類、根莖類、草本類：蒜頭、山葵、芥末種子、椒類、蛇麻草和薑 蔬菜類：洋蔥蒜苗大黃
9 號人的幸運對象	出生日為 1、2、4、10、11、13、19、20、22、28、29 和 31 日的人

| 9 號人的幸運裝扮 | 所有紅色、暗紅色，最深至最淺的玫瑰色，都是最佳選擇
深灰色和藍色系列，是第二選擇 |
| 9 號人的幸運飾物 | 紅寶石、石榴石和深血石
金屬物為鐵器 |

占 數 心 理 測 驗

2）測試看看，最近你的舊情會復燃嗎？

我們用 2、7、7 排列出三種不同的數字組合，請依直覺選出下列一個組合：277、727、772。（答案請參考附錄一）

CHAPTER

「命運數」、「天賦數」 解讀

　　前面提到的「畢氏黃金三角數」，是由我們的出生年、月、日計算出來的，在透過瞭解每一個人主要的「生命數字 DNA」中，讓我們能更深入地瞭解一個人。

　　無論我們採用什麼樣的工具來看過去、現在和未來的命運，都得先瞭解自己的生辰，在東方有八字、紫微命理，在西方有占星算命等，這些算命條件都來自每一人的出生日，也就是說，不管用什麼樣的方法，都要以正確的出生日作為基礎。

　　而源自兩千六百多年前的「希臘占數」（後來有了「現代希臘占數」與「生命靈數」的發展），是直接以數字作為我們解讀個人命運、認識自己的最佳工具。在「生命靈數」裡，出生年、月、日是永遠不會改變的，其中出生「日」的這一天，在一個人的命運藍圖裡雖然只佔百分之

二十五，卻是影響我們——關於命運、選擇、未來生命是否有意義的重要
關鍵。相信在前一章的「生日數」中，你已得到不少驗證和心得。

　　簡單說，如何應用數字中陰、陽的雙種屬性能量，那就像我們努力找
方法要讓左腦與右腦平衡一樣，由開發我們的「天賦數」過程中，能同時
讓我們「生日數」的原生能量與「命運數」達到的終極目標，以形成完美
的平衡境界，這就是學習「希臘占數」的最大幫助與意義。

　　開始討論「命運數」之前，我要再特別提醒大家，我們每個人都會有
與生俱來的能量、天賦和性格數字，然而你是能夠將它們展現出來，還是
把它們壓抑住了，始終取決於個人。也就是說，在數字特性之外，每個人
的性格特徵跟他一生成長的生活環境、人際關係息息相關，絕不是三言兩
語可以簡單帶過，即使同一天出生，他們的表現行為和思想過程也不會都
是一樣的。

　　接下來，我們開始進入「命運數」與「天賦數」的內容。

命運數（Life Path Number）

　　在「生命靈數」領域裡，「命運數」是非常重要的參考——關於未來
命運的設計和掌握，它精準提供了我們一個方向。

　　「命運數」是透過「生日數」的性格特質與「天賦數」與生俱來的天
分能量，完整描繪一個人的「生命藍圖」，它告訴我們如何調整生活步調
和處事方針，提供我們人生的道路與終身學習方向，讓每一個人都能努力
追求「為何而活」的真正核心意義；它也提示我們與人相處時該注重的環
節與技巧，從而洞悉如何因應面對他人的想法、態度和企圖。

　　「命運數」是你一生追求的最終目標，是你應該要學習的功課與心靈
修行的方向，它同時代表你在社會、社區和家庭中所扮演的角色和地位。
而你努力想要完成的人生意義與內在渴望，沒有一樣不與你的「命運數」

緊密結合。如果你不清楚自己的生命航向，不能聽自我內在的聲音，也完全背離了天生具有的天賦能量，那恐怕就無法完成你這一生的使命，無法扮演好賦予你責任義務的角色。

　　每一個人的「命運數」都代表一種演化過程，是要達成我們這一生的使命跟目標，它同時也揭示你在這一生應該扮演的社會角色。「命運數」在我們學習的過程中，會定出很清楚的方向，告訴我們必須採取什麼方法，該如何正確扮演好自己的角色，完成終極使命。

　　一般我們對比較傑出的表現和成績都會歸功於強烈的興趣，或是得天獨厚的天分才華，但是不要忘記了，學習成長其實深刻影響我們日後工作上的選擇，所以千萬不要輕忽了「命運數」在這一方面的啟示。「命運數」的振動能量清楚揭示了工作、未來的職場及生涯，如果選擇不對的能量和方向，不瞭解命運數要告訴你的事，可能這一生在工作或職場上會施展不開，甚至一事無成，使人無法發展潛在能量，令它有專業的演出，所以真正成功的人都善於運用、發揮自己的「命運數」。

　　每個人的一生當中，在不同的成長階段會吸引不同的人，而這些相互學習的經驗會讓我們隨時調整行為、思想，並做出改變，它同時也影響了人生每一個階段的成功與失敗。不過，只要透過良好的學習，知道如何發揮潛在天賦，就也能真正瞭解我們要完成的生命目標和方向了。

　　想一想，你是否常常會對一些事情感到厭惡，甚至放棄追求自己在意和喜歡的事情，這是非常可惜的，就像有很多人明明有某方面的天賦，偏偏又表現出輕視的態度，真浪費了這份天賜的禮物啊！

　　我們得好好學習發展並善用個人的生命數字資產，讓你真正的活出自己的精采。接下來，我將詳細說明每個命運數字的特質及影響。

● 如何計算「命運數」

「命運數」計算公式就是從你西元出生年、月、日所有數字相加，取至最後個位數，就代表你的命運數。

例如：戴安娜王妃的生日為 1961 年 07 月 01 日。

年——1961（1 + 9 + 6 + 1）= 17

月——07

日——01

17 +（7 + 1）= 25；2 + 5 = 7　　就是戴安娜王妃的命運數

「命運數」計算提醒：

在一般長串數字計算時，可以直接去掉 9 和 0。

在計算「命運數」、「天賦數」時，不可直接刪掉 9。

以下再例舉三則「命運數」計算範例：

【範例 1】

阿立的生日為 1987 年 11 月 23 日。他的「命運數」為：

年——1987（1 + 9 + 8 + 7）= 25（年份，不用互加至個位數）

月——11（1+1）= 2

日——23（2 + 3）= 5

將以上（年—月—日）的數字相加至個位數：

（25 + 2 + 5）= 32；3 + 2 = 5

・ 加總得到的 3 與 2，各自代表了阿立的「天賦數」。

・ 阿立的「命運數」為 5，參考一下「命運數 5」。

【範例 2 】

　　阿紫的生日為 1965 年 7 月 20 日。她的「命運數」為：

年——1965（1 ＋ 9 ＋ 6 ＋ 5）＝ 21 （年份，不用互加至個位數）

月——07 ＝ 7

日——20（2 ＋ 0）＝ 2

將以上（年－月－日）的數字相加至個位數：

（21 ＋ 7 ＋ 2）＝ 30；3 ＋ 0 ＝ 3

其中的 3 與 0，各自代表了阿紫的「天賦數」

　・阿紫的「命運數」為 3，參考一下「命運數 3」。

　・0 數在「希臘占數」解讀天賦與命運時，有更多「內觀、探索」之意，具柔和平衡或圓滿其他數字的能量。

【範例 3 】

　　喬大的生日為 1995 年 4 月 19 日。他的「命運數」為：

年——1995（1 ＋ 9 ＋ 9 ＋ 5）＝ 24 （年份，不用互加至個位）

月——04 ＝ 4

日——19（1 ＋ 9）＝ 10；1 ＋ 0 ＝ 1

將以上（年－月－日）的數字相加至個位數：

（24 ＋ 4 ＋ 1）＝ 29；2 ＋ 9 ＝ 11 （大師數）；1 ＋ 1 ＝ 2

其中的雙重數 11 是「大師數」，也代表了喬大的「天賦數」

　・「命運數」為 11 ／ 2，可同時參考「命運數 11」與「命運數 2」

　　當「命運數」得到「大師數」（11、22）或「雙重數」（33、44），代表在「天賦數」上具有雙倍的能量，「命運數」同樣也會面對雙倍的挑戰。

　　許多人以為「命運數」得到了「大師數」，就比較容易成為大師，其

實不然，「命運數」代表一個人要達成人生目標的生命航道與學習路徑，我們都有各自的困境要挑戰，也各有各的成長學習與課題。因此，沒有哪個「命運數」比較好或比較壞。另外，「命運數」如果遇到了「大師數」，也只是代表人生路徑遇到不同的能量與挑戰，並不代表具有更高的智商。

還要提醒，有些兩位數字的組合雖然最終互相加總都會成為個位數，但是前面的組合數成分仍是非常重要的來源，必須一併解讀，即使大師數也一樣。比如 39／12 或 48／12 的命運數都是 3，但仍然要從 12 之前的數字組合來作解釋。也就是說，雖然命運數（達到的人生目標）相同，但是卻由不同的能量特性和方法（運用的天賦）來完成。

特 別 提 醒

「案例 3」命運數計算結果是 11／2，顯示是雙重 1 的「大師數 11」，11 互加得 2，表示也具有 2 的特性，所以可同時參考「命運數 11」與「命運數 2」的內容解釋，但以「命運數 11」為主要。而如果是「大師數 22」可以直接參考「命運數 22」與「命運數 4」的解釋，但以「命運數 22」為主要。

另外在計算上，比如 29 相加也是 11，那麼我們可將其以 29／11／2 表示，如此我們知道這個最後的 2 數，是來自於 29／11／2，而不是 20／2。

簡言之，任何最後得到的個位數（如生日數和命運數），都必須先檢視它的來源是哪些數字，這是非常重要的。

● 命運數 1 的人→積極創造者

　　數字 1 是充滿活力、企圖心旺盛，具備領袖特質的數字。當你的命運數字是 1 時，顯示你在這一生中以追求成為受人仰慕的 TOP 1 為理想目標；你的心中就像燃燒著一把烈火，不能安於小小的成就，希望能夠出人頭地、成為人群中的佼佼者，要能夠讓位居高階，你的內心才能得到滿足。數字 1 本身具有自我開創、學習獨立的特性，你願意奮力一搏，努力打點自己，並付出一切代價要在人群之中發光發熱。當然，想成為老大，除了自身本事要夠強以外，也要能學習為他人著想，會去照顧他人的需要才行。你這一生最重要的挑戰課題，就是要學習妥協、聆聽，如此才能展現真正的王者之風。

　　1 數代表所有數字的原始根源，它擁有獨立、勇氣、開發、領導與創造的強大能量。你的獨立自我與個人主義，多少導致了你的孤獨狀態，不過你也不會逃避或畏懼。你是一個有願景的人，有決心，有毅力，會全心全意奉獻所有精力來實現自己的目標。你的人生道路非常清晰，會以負責任的態度應對挑戰，同時以此滿足您內在的需求。你很有勇氣也願意嘗試任何新的挑戰，即使遇到很大的危險也不退卻。

　　樂觀進取是你的天生個性，你知道如何為周遭的人帶來和煦的陽光與燦爛的笑容。這特質使得你不論在工作職場或社交圈都能無往不利。1 數的振動力，顯示你的客觀環境和工作氣氛都已經架構完成，足以提供你掌控生命周期的所有活力，你無窮的創意像泉水般源源不斷地出現在日常活動中，「點子大王」儼然成為你的註冊商標！在你身邊，總是圍繞著從事藝術工作或具有特殊天分的人，你們能夠維持長久的情誼。

　　你天生具有無法抗拒的領袖氣質，這使你成為聚光燈追逐的焦點，加上你獨立自主的特性，總會不知不覺地成為旁人眼中的特殊份子和討論研

究的對象。而強烈的企圖心能幫助你克服許多障礙，達成高難度的目標，你有著成為專業領域中佼佼者的成功條件。通常你一個人就能夠獨立完成事情，比起跟他人一起合作反而有更高的效率。

有些 1 數人外表看來溫和，但內心相當霸氣有主見，就算無法獲得他人的理解和支持，也不會太過情緒化，反而依舊照自己的意願去進行想做的事。

你太過努力積極的追求目標，可能導致身心勞損、神經緊張和憂慮，漸漸對身體產生不利影響。建議你，遵循正確的生活時間表，均衡飲食，規律的運動鍛煉以保持自己的身心健康。

先天的好條件並不代表凡事都能領先。命運數 1 的人生要學習的重要課題，是要瞭解如何在自信、自主的各種能力條件下，以更謙卑的態度展現自己，對自己擁有的技能與優秀條件要心存感激，並藉此幫助更多的人來達到他們想要的獨立與發展。你必須學習成為一個名副其實的領導者，用自己的創造力與勤奮努力完成夢想，並為他人所信任、敬佩。通常，命運數 1 的人在商業組織或政府機關都能完善發揮長才。

命運數 1 的各組合解析

命運數 1，雖然最終都是由 10 互加得來的。但是，10 這個數字是來自不同的組合，所以也必須將其來源數字都保留下來，才能做到更精準的解讀。

■ 19／10／1

對於自信和獨立，沒有比數字 1 更好的數字了！無論目標是什麼，它都能讓人輕鬆實現目標，因為你會採取主動，不會害羞、不會猶豫向他人

和自己尋求幫助。數字9是一個吉祥數字，代表慈善事業、業力、人道主義、精神啟蒙和輕鬆工作。它也經常用於一次性慈善捐贈，你幾乎可以在生活的各個方面找到它，從家庭關係到商業交易。數字9用途廣泛，使用起來也很和諧，所以看到或聽到它總是一件好事。

數字19涵蓋了1到9數所有數字的能量特性；如果正面能量發展順利，這個組合會有超級的個性魅力與強烈磁場。19／10命運數的人非常具有影響力，他們能夠運用超強的直覺和知識來解決問題，同時也會以身作則做最好的示範，是能以積極正面的行動能量，自然地激勵、影響周遭的人來共同完成夢想。

然而，這麼一個獨立自主、尊重他人想法的人，如果正能量沒有順利開展，而是處處感覺受到束縛和牽制的話，那就會直接從身體產生反應，比如壓抑緊張、爆發出憤怒情緒等。

若是負面能量情況，會讓人以極度的固執己見來掩蓋不安感，並且容易過度熱衷投入某種學術或宗教信仰裡。許多負面的19／10能量，可能會過度使用藥物、酒精、煙草等讓自己脫離現實，也可能抑制或是濫用性行為。負面的19／10命運數，在兩性和婚姻關係上，常出現因為相處困難，造成離異或未婚的情況。

■ 28／10／1

這個由2與8兩個極度敏感直觀與療癒特性的雙數所組成，這是個很懂隱藏並壓抑情緒的人，也更為需要靠自身情緒平衡和穩定的物質得到安全意識。

28／10的正面能量若發展的成熟，這些人將會是所有人中最有能量的，能讓人產生安全感與獲得尊重的好夥伴，他們以誠懇親切的態度提供貼心的服務，能輕而易舉讓人進入他們的能量場中跟隨他們。他們很容易

因此賺取錢財利益，但也會為他人提出良好的建議，使人獲得靈感和幫助，因此大家視他們為溫柔的權威人士。

如果 28 ／ 10 無法順利發展，則會像自我保護的變溫動物，會壓抑情感、扭曲現實生活並造成負面的影響。負面的 28 ／ 10，會反向運用看來無傷的情緒和直覺，並且操控他人的想法和決定。表面上他們抗拒權威，但內心卻處於極度無安全感狀態，私下對金錢與權威有無限的渴望和依賴，因此他們會錯過應該擔負的責任和命運的學習機會。

■ 37 ／ 10 ／ 1

這由兩個單數 3 與 7 組合而成，擁有追求熱情創造，以及對未知探索的特性，性格上比較直接外顯，會將內心需求表現出來。

正面能量的 37 ／ 10 讓人感到活力積極，他們的快樂天性和不斷擴展的創造力，對於未來抱定了十足的希望和全然的相信。他們是一群給予自己和他人機會的人，是願意賭上一把的機會主義者。正面的 37 ／ 10 可以發展他們天生的靈療能力，可以運用表演戲劇、音樂藝術等美學來表達，會為自己找到最佳人生定位，同時安撫他人。

但是負面的 37 ／ 10 能量發生威力時，這些人會是極大的夢想破壞者。尤其當他們自覺受到誤解時會陷入疑神疑鬼的情況，害怕成為被背叛的受害者，進而產生精神方面引起的健康問題。他們會完全失去自信，也會對他人不信任。原本最擅長的人際關係和創造力，則變成了吸引傷害的反作用力。基本上 37 ／ 10 的人容易心想事成，但若負面能量發揮作用，反而會讓他們噩夢成真。

■ 46／10／1

　　由兩個雙數 4 與 6 結合而成，4 數以忠誠、效率、紀律和務實見長，而 6 數擁有穩定、信賴、責任和服務的特性能量。

　　擁有這兩個數字的 46／10 命運數組合的人，本質上有許多共通的特質，可以共同產生更實際且目標清楚的力量和視野。正面的 46／10，透過內在務實的個性與對正義的伸張，再配合直覺觀想，可以創造出偉大的願景，並有效地幫助自己與他人在現實生活中來達成目標，也能在商業經營與社區關係中獲得成功。

　　當 46／10 無法順利發揮其能量與能力時，他會對自己產生極大的懷疑和自怨自艾，同時也會顯得非常沒有耐性與不安感、不自信。

　　負面的 46／10 容易陷入一種自以為是、好強爭勝，若非太過強勢，就是太過軟弱的狀況。負面 46／10 還會有好高騖遠、不求實際的情況，對生活呈現消極遲緩與處處抵制唱反調的淺盤作風，老覺得生活永遠不能滿足他們的期望，對於他人的批評則過度敏感。他們會透過酒精藥物或是暴飲暴食來釋放受挫的情緒。

● 命運數 2 的人→和平關懷者

　　數字 2 具有和平、感性、纖細的能量特質，當你的命運數為 2 時，「皆大歡喜、和平圓滿」就成了你畢生追求的境地，一切都要透過協調與維護平衡的環境下，才能獲得真正的寧靜。數字 2 追求的是一個平和、高尚的目標，但放眼望去，這又是多麼艱難的一件事啊！2 數的人往往會為和諧作出犧牲，這是你此生最耗心耗力之處。你要學習在崇高理想與紛擾的現實當中，求取平衡和諧，學習正視世間的不平與競爭，學習接受難以兩全其美、面面俱到的現實，也要避免過度粉飾太平委曲求全，

盡量要以簡單直接的態度去面對人生。

　　如果說，1 數代表的自尊與驕傲力量是絕不自願臣服於任何壓力；那麼 2 數則是會為成全大局而屈就退讓自己的力量；1 數外顯陽剛，2 數內顯陰柔，各有特色影響。然而，攤開人生的成長過程與世俗生活來看，2 數的溫柔力量往往是所有情勢背後最大的主導者，它從不需要強迫得勢，而是會用技巧的外交手腕與說服能力來達成目的。

　　2 號的振動掌握了「和平」與「外交」的特質，沒有人比你更適合做協調的工作了。你的合作意願往往比他人來得高，許多狀況下，明明可以獲得勝利的競技比賽，你往往會為了求全與維持和諧關係，將機會寶座拱手讓人。你的個性其實並不適合自立門戶，或做一個開創格局的先行者。你適合協助他人成就事業，並清楚地將他人的想法發展成一套新的系統和組織架構來準確執行，以達成最終目標，讓結果皆大歡喜，這是你主要的生活意義。

　　你富有創造力，才華橫溢又經驗豐富，會對親愛的人表現出同理心和愛心，絕對是一個忠誠溫柔且浪漫的情人、伴侶，健康的愛情與人際關係影響你對人生的目標設定和生活品質。你天生情緒化，也有強烈的占有慾，容易產生嫉妒之心，但大部分的 2 數常會試圖壓抑自己的情緒和想法，掩藏內心真正的意圖。一旦沮喪時，你會感到不安與煩躁，也避免與人正面溝通交談。但是，如果你真的受到攻擊和傷害，也會採取報復的手段。

　　成熟的 2 數必須保持耐心，學會改善、控管好自己的情緒，再透過自我內化與自我療傷來釋放壓力，並面對這些困境和壓力，進而學習追求真實與簡單，找到直話直說的方式及不複雜的人際關係。

　　你敏銳直觀，可以立刻感應他人的情緒，也能耐性冷靜的提供周遭人的需要。這讓你能輕易地融入他人的心，獲得他人的信任。命數 2 的人擅長透過物理治療、心理諮商和肢體按摩等方式來治癒他人。當然，這些敏

感的特質，也可能帶來負面的影響，比如當你無法自我控制、冷靜思考時，你傾向以情緒化去決定事情，這也常導致最後的錯誤和失敗。

　　千萬不要奢求每件事都能面面俱到、兩全其美。你的個性在處事上稍嫌拐彎抹角，有時容易造成誤會而錯失良機，也因為習慣退讓，常導致有心人士利用你的弱點。切記，適當合理的爭取，才能獲得更公平的對待。

命運數 2 的各組合解析

■ 20 ／ 2

　　2 數代表情感、親情、關懷、愛的能量，擁有極度敏感直覺的能量，如果你深入了解 2 數，它其實又與關係建立、平衡妥協與靈活調度有關，因此它最大的表現就在外交合作上。0 數擁有靈性成長、階段循環的特性，它會放大並推進其他數字的影響。

　　正面的 20 ／ 2 如果發揮了內在的平靜和諧力量，相信自己也多多運用直覺，就能輕而易舉地將家庭工作和個人內在調理平衡。一個身心平衡的 20 ／ 2 命運數者，了解自己的界限，且尊重一切規範。他們可以成為家庭或企業中完美的問題解決者和調解者，他們有完美的能力能幫助他人和自己完成內在的和諧與融合，並用自己超優秀的直覺意識支持他人追求理想。

　　若是受負面能量影響的 20 ／ 2 命運數組合者，可能會陷入對生活與人生的迷惘，完全不清楚自己到底要什麼，也很難讓人知道他們在想什麼！由於他們常無端的過度擔心與缺乏自信，連帶嚴重影響身體與精神而產生了病痛，情感上也會受到許多阻礙和壓力。負面 20 ／ 2 太過專注於要對他人努力付出，總是想滿足每個人的需求，但是若沒有獲得他人的感謝回報，他們又會感覺失落痛苦，覺得白白犧牲，甚至於會用抵制或消失

的方式來對抗。負面的 20 ／ 2 期望他人能和自己一樣，因而常常一廂情願錯估了情勢。

● 命運數 3 的人→才華洋溢者

　　3 數是一個需要人群和掌聲的數字，當 3 是你的命運數時，這一生讓你最有成就感的就是他人對你的讚賞。你常常在他人的歡笑中看見自己的價值，因此「讓他人展露歡樂的笑容」便是你畢生努力的目標。數字 3 擁有很強的表演天分，演什麼就像什麼，因此你對生命的認知，便大大地影響你的表演，也左右你在生命舞台上所呈現的樣貌。你的表現可以是個積極歡樂的發光體，卻也可以是個陰沉抑鬱的邪惡黑洞。因此，為自己設定適切、正向的目標，是你人生中最重要的關鍵，而瞭解自己的定位是你最大的課題。

　　你的使命是帶給人們歡樂，提高大家的士氣，讓眾人看到生命光明積極的一面。你就像一劑強心針，能讓任何心情低潮、意志頹廢的人被你的活力與樂觀態度所鼓舞，並帶給他們新的希望和生機，喚起他們擁抱生命的熱忱。在你的生活中，最不能忍受的就是態度消沉。因此，你無時無刻都在發揮自己的天賦，運用你溫暖的個性和耐性幫助周遭的朋友，讓他們在崎嶇不平的道路尋找到平衡和光亮。對你來說，人生的旅程應該一路充滿熱鬧與花香。

　　你是天生的政治家、表演者，有足夠的能力將自己和他人的憂傷轉換成更多對困境的瞭解。你徹底實踐了「人生就是舞台」的說法。而多采多姿的生活、連接不斷地大小聚會就是你最好的表演舞台，讓你能去好好發揮表演天分，將歡樂帶給大家。你擁有天生的魅力，在任何場合都會成為亮點，加上你清楚自己吸引人的陽光特質，也懂得自我行銷，所以很輕易

的就能擄獲人心與結交朋友。不過,你蜻蜓點水式的廣結善緣,並未給你帶來比較深根的友誼,甚至很難進入浪漫的穩定情感。

3 數容易吸引具有創造才華的人接近,比如音樂家、作家、表演家等。許多有天分並從小就受到栽培的命運數 3 的人,他們很早就展現了與眾不同的天賦,是所謂的小神童。但要保持優秀,必須不斷地接受嚴格紀律和專注精神,偏偏這對 3 數來說是最艱難的挑戰。3 數在遇到不順心時,也許會對人事物過於批判,特別是叨叨絮絮且口不饒人的抱怨,易讓周遭人規避三舍,言語的諷刺有時可能傷害周圍的人。3 數重面子也重外表,當情感受傷時會變得沉默寡言,也會暫停與周圍互動,外表雖然很快恢復平靜,但其實內心的沮喪是被掩蓋著。所以,學習控制情緒是你很大的功課。

命運 3 數的人經常同時參與許多有趣的事情,很容易受到誘惑,卻也常中途放棄手中正在進行的工作。3 數有喜新厭舊的傾向,有時任性且孩子氣,在針對自己的天生才華和創意常常理所當然,對於金錢處理的態度也粗心大意,不太珍惜,甚至有揮霍浪費的傾向。有警惕的 3 數人,會在教訓中學到如何管理自己的金錢。

命運數 3 的各組合解析

■ 12／3 與 21／3

12／3 與 21／3 的結果一樣,但是因為外數與內數的不同,兩者情緒表達和處理事情先後次序也有不同;一般我們是由外數的表象來平衡內數,最後達到共同的結果。

12 的外數是陽性數 1,內數是陰性數 2;所以 12／3 命運數組合者,必須先以 1 數的外在能量特性,與 2 數搭配,整合成就 3 數。

21 的外數是陰性數 2,內數是陽性數 1;所以 21／3 命運數組合者,

必須先以 2 數的外在能量特性，與 1 數搭配，整合成就 3 數。

　　1 數鼓勵走出舒適圈，靠思想行動和保持信念，願意承擔風險去實現理想；2 數具有非凡的能力，會以靈活平衡的協作關係達成目標。

　　正面能量的 12 ／ 3 與 21 ／ 3 命運數組合，在工作和家庭方面都很願意做出必要的調整，以完成更好的生活。他們可以放鬆自在、誠實公開的面對所有的感受，並且開誠布公的討論問題、解決困難。他們具有開創的想法和創意，無論在哪個工作行業都能表現出色，並獲得他人的喜愛。他們擅長溝通，會用美好的形式，如寫作、表演、繪畫、歌唱或激勵的語言來提升他人，讓溝通氣氛充滿樂趣。他們喜歡主動創造機會與他人建立良好關係。

　　而負面能量的 12 ／ 3 與 21 ／ 3，容易陷入自我懷疑、情緒壓抑、不安全感和創造力受阻的狀況。他們很難透露內心真實的感受，也善於偽裝出很有自信的樣子。為了隱藏壓抑的情緒，常常引發身體緊張狀態，或缺乏對人事處理上的通達。負面 12 ／ 3 太過敏感，常會提出一些混亂的訊息誤導他人，但也容易讓人看穿他自我欺騙的心思。特別提醒，負面 12 ／ 3 可能害怕受傷，所以會用尖銳的語言挑釁回擊他人，這是負面 12 ／ 3 在人際關係和工作上最大的致命傷。

■ 30 ／ 3

　　3 數擁有令人難以置信的想像力和交際能力，在 0 數的激化和推升下，可以為更多的人提供服務和利益。

　　正面能量的 30 ／ 3 透過他們的創造性表達，以各種方式為大家製造熱情快樂，並帶給世界樂觀活力和積極進取的發展。他們熱愛生活，擅長以口語和創意的表演方式來激勵人們的想像力。無論在哪一個行業，都能製造歡樂、提供熱情。他們對自己負責，誠實地傳遞內心喜悅，從不忸怩

作態，十足是個利他主義者。正面 30 ／ 3 的能量，能夠自由地鼓舞人心，分享心靈美好的經驗。

但面對是負面能量的 30 ／ 3 組合，很容易讓抱怨、沮喪充斥身心與生活之中，他們會把所接觸的人事物都當作自己批評的對象和舞台，甚至演變成一個善於操縱他人的角色。當然，這些也可能源自於他們缺乏愛與不受重視的關係，所以他們創造了另一安慰自己表演慾望的場域，用不誠實的方式獲得他人的掌聲。負面的 30 ／ 3 最痛苦的是，明明想要付出愛獲得愛，卻因為自覺處處委屈受限，反而常陷入混亂的情勢，面對情感難以忠誠。

■ 39 ／ 12

3 數與 9 數是靈數裡最佳配對，就像 4 與 8 數一樣，是相互共鳴的數字。3 數與 9 數擁有許多相似的能量特質，充滿生命的活力和光明面。

正面的 39 ／ 12 是非常受歡迎的明星，他們以開放的心結交朋友，喜歡將快樂和成功的結果分享給朋友。他們在熱愛的工作中找到意義和樂趣，並利用天生的創造力和表達方式，幫助他人達到最好的結果。正面的 39 ／ 12 命運數組合者，將關係建立在發自內心的感受和相互理解上。他們尊重他人的意見，也努力展現自己的想法，知道什麼時候該堅守自我原則，什麼時候該對外保持靈活。他們擁有太多良好光明的品質，可以為這個世界帶來無比激情和更多的合作互動。

然而，負面的 39 ／ 12 特別固執也害怕被看扁看低，因為那會讓他們失去表現的舞台與他們想要的優勢和注意力。負面 39 ／ 12 常感到孤立無援，在缺乏安全感的情況下，會以抱怨和尖刻的言論來製造消極情緒，影響他人想法，而這些言論正好反映了他們情緒無法找到出口的受困程度。負面的 39 ／ 12 最大的問題，常覺得自己都是為他人而活並感覺委屈，也

因此無法決定自己到底需要什麼。而長期的沮喪容易嚴重影響身心而產生特別的疾病。

■ 48／12

4 數與 8 數是天作之合的組合，它們擁有許多類似的特質和振動能量，因為都是陰性的雙數，具有相當平穩忠誠與溫柔務實的美德，對內在的原則和能力充滿信心；4 數講求自律、效率和腳踏實地，8 數果斷遠見並具有預視能力。

48／12 命運數組合的正面能量，完全就像一個堅強厚實的堡壘，無法攻破。它們具備了自我控制和執行管理的才能，又能為大家創造快樂和成功的方程式。與家庭的關係密切，在面對家庭問題時，要付出更多耐性和同理心。不過 48／12 在持續不斷努力與激情高亢的能量下，必須隨時保持一種警覺，讓自己放慢速度，不要衝過頭了。

面對 48／12 負面能量的影響，這些人就像是大海中失去船槳和導航的船隻，迷失在茫茫大海中，完全無法操控自己的去路方向。48／12 命運數組合者一向雄心壯志野心勃勃，他們會耗盡心思，盡一切努力，就是為了大幹一場，以求得成功。一旦感覺失去控制，在他們內心所造成的震動和沮喪，便會反映在強烈的不合作態度上，對許多事情他們也會呈現無感，像個沒有太多情感的機器人。受到負面影響的 48／12，必須隨時告誡自己，切勿以不誠實取得勝利和權威，畢竟表面的輝煌燦爛只是一時的，因為後面會有更大的巨浪颶風會吞噬這些假象，唯有誠實和勇氣才能得到長久的成功。

● 命運數 4 的人→組織架構者

　　數字 4 代表結構穩固和安全的振動能量。當 4 是你的命運數時，你追求的是穩定的成長和信任的關係，而非刺激享樂的生活方式。數字 4 對變動特別敏感，在動盪、猶豫的情況中，你特別會因為缺乏安全感而表現失常。因此，你此生的課題便是學習擺脫他人的影響，多傾聽自己內心的聲音，避免因自身的不堅定而隨波逐流，因為那只會打亂你的生命節奏與步調。多給自己一點信心是很重要的，相信你的直覺與判斷，只要你能堅持，數字 4 的超強耐力和實踐力會幫你達成目標。

　　受 4 數影響，你務實、穩定、深情、可靠且勇敢，「努力不懈，堅持到底」是你人生奮鬥的座右銘。你認為自己必須全力以赴，得拼死老命地工作，才能達到目標。有些時候成功來得太快，反而會使你懷疑東懷疑西，產生不安感，不敢相信世界上有這麼簡單的事情。

　　4 數是一個穩固的方形結構，四平八穩、有條不紊，具有值得信賴的堅實性格的特質。你非常重視次序邏輯，對於既定的架構與計畫沒有太大的彈性去變更。你習慣於凡事都要事先安排並按照流程進行，無法忍受任何跳躍式或臨時的變動，尤其是過程中的突然改變，常令你無法適從，並且缺乏耐性，易感到不安，這也造成了你處事雖穩當，卻也有點僵化的形象。

　　你總是運用自制力和穩定的根基，來達成生命中各種奇想。你處理事情的態度，直接明快，一旦下定決心，就會按部就班、專心一意地完成它。根據統計顯示，受 4 數振動力影響的人想要一夜致富是比較困難的，因為對你來說，成功沒有捷徑，唯一的方法就是持續努力的工作。在金錢方面你也需要安全感，所以可能早在年輕時就開始工作，並在過程中學習如何保管金錢。一切最好從自己熟悉的人事物開始，因為你需要親密關係所帶

來的安全感和保障。你喜歡熟悉的人，喜歡在熟悉的場域工作。

　　對於如何有效地領導團隊工作，4 數人很有一套方法，你懂得如何分配工作以劃分責任，好讓目標能快速有效地達成。你的忠誠度與固守本位，雖然能讓你成為一位傑出的領導者，但你更適合在工作崗位上作為一個提供團隊護衛的守門人，反而不是開疆闢土衝鋒陷陣的角色。

　　因為對制度的遵守，你無法接受旁門左道或違背規矩的方式生活。有時候，這對希望增加趣味的合作夥伴或生活伴侶來說，多少會造成困擾。建議你，不妨從一絲不苟的嚴謹態度中，嘗試變得靈活一點，這能幫助你學習管理並創造新的機會。尤其不要急於結婚，在決定之前要非常確認這是你想做的事，因為，你的伴侶將影響你的人生。

命運數 4 的各組合解析

■ 13／4 與 31／4

　　13／4 與 31／4 的結果一樣，但是因為外數與內數的不同，兩者情緒表達和處理事情先後次序也有不同；一般我們是由外數的表象來平衡內數，最後達到共同的完成結果。

　　13 的外數是陽性數 1，內數是陰性數 3；所以 13／4 命運數組合者，必須先以 1 數的外在能量特性，與 3 數搭配，整合成就 4 數。

　　31 的外數是陰性數 3，內數是陽性數 1；所以 31／4 命運數組合者，必須先以 3 數的外在能量特性，與 1 數搭配，整合成就 4 數。

　　1 數與 3 數都有開發創新與追求勝利的能量特質，擁有 13／4 或 31／4 的命運數組合者，如果下定決心要實現一個目標，沒有什麼是不可能實現的。充滿正面能量 13／4 與 31／4 的組合，顯示他們在現實的生活中，能夠結合理性邏輯與感性直覺來判斷與做出決定。他們可以為了完成

任務，會多方面利用各種技能、知識和方法來達成目標。他們不只重視也積極建立良好的財務狀況，以及維持好家庭朋友及職場的關係。他們可靠穩定，充滿能量，能讓周遭的人感受他們靈活的創造力，並且會獲得他們實際的支持和鼓勵。

　　而 13 ／ 4 與 31 ／ 4 最大的負面能量與致命點，就是比任何命運數組合的人更容易缺乏安全感；這些不安感並非指物質方面的缺乏，即便他們有了足夠的金錢，那份莫名的不安感依舊存在。他們不清楚為何產生自卑與低自尊，就是不敢做出允諾，這連帶導致他們無法獲得他人的信任，一旦惡性循環，會讓他們的生活更加混亂。他們會像一根浮萍，雖然野心勃勃，但總是想超捷徑快速成功，容易有不切實際的期待。他們很難從頭到尾完成一項工作，常喜歡開始新的點子新的計畫，卻又虎頭蛇尾。負面的 13 ／ 4 和 31 ／ 4 組合者，其實不清楚自己到底想要什麼，他們常以虛張聲勢的外表或優越的氣質，來掩蓋自我懷疑和內在的不安感。除非他們願意接受他人建議和自覺，情況才會得到轉機。

■ 22 ／ 4（大師數）

　　關於 22 ／ 4 的特質與能量，請將第 166 頁 22 ／ 4 命運數之解說，加入參考。2 數是所有數字中最為直觀、直覺也最具彈性的能量特質，當 22 ／ 4 成為命運數組合數，因為超強自律與同理人性的特質，讓他們展現了更強大的預視力量，並且能在商業合作方面獲得非常好的成就。22 ／ 4 要求完美，但他們是務實的理想主義者，他們會在工作中努力展現自己的責任感。他們的成就和獲得的聲名，都是靠紮實的雙手與堅定的決心勇氣與意志來完成的。正面的 22 ／ 4 命運數組合者，不好高騖遠，會用許多小的經驗和成功搭建更大成功，並且能從失敗中吸取教訓，不再重蹈覆轍，他們時刻保持頭腦專注，計畫著如何完善下一個目標。正面的 22 ／ 4 是

一個擁有穩定平衡的內部和諧能量，能隨時與他人合作共生。

　　反觀負面的 22 ／ 4 能量，會讓人老是處於一種危機的邊緣狀態。因無法自控壓力，經常情緒發狂，甚至歇斯底里，讓自己和周遭的人感受到無形壓力。他們不但脾氣暴躁沒有耐性，容易衝動做出後悔的決定，卻又非常固執地堅持己見，在同一件事上重複犯錯。他們性格上喜歡親密關係，負面的 22 ／ 4 容易因為想建立關係，而展現過度依賴與屈就的行為，但如果進行不符合理想，他們也可能完全斷絕關係或疏遠所有關係，內心也會怨懟不已，這是負面 22 ／ 4 最大的內心挑戰。

■ 40 ／ 4

　　4 數具有勤奮、誠懇、堅持，以及務實的能量特性。4 數展現了對物質的需求與專業的依靠，是一個完全落實管理，講求穩定安全與忠誠的能量振動。而 0 的提升與推進能量，加速了 40 ／ 4 命運數組合者完成目標。

　　「成功，是為準備好的人」這完全是正面 40 ／ 4 的寫照，他們隨時都做好準備，且耐心逐步地依計畫來實現他們的理想目標。他們非常相信並依靠自己的直覺和天賦來引導自己做決定。對於家人和朋友而言，他們是非常值得信賴和願意承諾的對象。無論所遇到的障礙有多難處理，他們不會輕言放棄，奮戰到底，更願意嘗試靈活方式，也能接受他人意見來解決難題。正面能量的 40 ／ 4 堅持信念與直覺，他們終究會找到自己的理想工作和建立美好的生活。

　　如果是負面的 40 ／ 4 命運數組合者，則會是一個超級自我懷疑和始終無法做出任何決定的人。他們常陷入永無止盡的懷疑，並且對自己毫無自信，對任何事情容易產生抗拒退縮的態度，而且腦子裡總是掛著一個大問號：「為什麼是我？」卻又不知如何採取實際行動去解決問題。負面的 40 ／ 4 組合，一般在人際或親密關係上都無法持久且不穩定，就像他們常

會不明原因的突然終止手中正在進行的工作計畫一樣，沒有提出理由。負面 40 ／ 4 最大的關鍵在「不相信自己的直覺」，他的自我懷疑連帶造成對他人的不信任，為了掩飾內心，還會做出衝動的決定，以致自欺欺人，越陷越深。

● 命運數 5 的人→精神自由者

　　數字 5 擁有自由靈巧、變化多端的特性。命運數 5 的人，追求的是多彩多姿的變動刺激與冒險成長，一成不變的日子對你來說像是宣告死亡。數字 5 特別喜歡新奇的挑戰，你能適應任何環境，沒有什麼事情能夠難倒你，你的興趣廣泛，態度也很客觀中立且多元。但也因興趣太廣泛，容易造成博而不精的下場，如果能找出自己的喜好、專長，努力經營下去，將是你今生獲得真正成就的重要關鍵。「行萬里路，讀萬卷書」是 5 數理想人生的寫照，整合你多方的見聞經驗和資源，才能集中發揮你最大的力量。

　　一般人很難瞭解「心靈自由」對深受 5 數影響的你來說，就像尤加利樹之於無尾熊那樣重要！你常讓人覺得不可預測，內心期待安穩卻不想要被干擾，想冒險而不想過被套牢的生活。但一個擁有紀律且成熟的命運數 5，通常都是在擁有穩定的家庭關係後才開始學習面對不安定。因為，家庭使你有責任感，也讓你能重新定位自己對自由的界限和意義。

　　你適應能力強，聰明進取，對人事往往採取開放的態度，接受各式各樣的情勢狀況。但 5 數常錯將信任交給了不對的人，主要也是因為你對人對事的標準太寬，所以很容易被各種奇特的人事吸引，減少了防範和戒心。你期望生活就像變化多端的萬花筒，永遠有新鮮的變化可看。當你面對多變刺激的生活與生命中的各種意外時，你都能輕鬆接招，這是上天給你最

寶貴的資產。唯有不斷地尋找刺激和發掘新大陸，才能讓你活得有滋有味。

5 數擁有非常傑出的溝通能力，能夠成功成為各種行業的銷售專家，因為個性熱情，很容易在任何場合中與人打成一片。雖然你熱愛自由，不喜歡制約與呆板的工作，但若想成功，必須要是擁有一技之長的專業工作，如此才能讓你獲得在財務與精神上的自由。朝行銷、娛樂、政府單位和網路媒體方面發展，可以讓你如魚得水。

你才華橫溢，技能嫻熟，知識豐富，也因為喜歡的事物非常多，所以容易缺乏完整執行一件事情的持續力。既然無法一次只專注在一件事情上，那就好好發揮你的本性和長才，將接受的訊息做最完整結合與運用。豐富的生活將成為你最大的資產，不同的生活經驗提供你洞悉人世間的好壞。擁有強烈自我意識的 5 數人，可以透過規律的生活，訓練自己專注在自己關心與想要的事情上，並快速達成目標。每一次的小小成功，能幫助你實現所有夢想，同時也會帶給你內心的平靜和喜悅，享受真正的身心自由與解放。

命運數 5 的各組合解析

■ 14／5 與 41／5

14／5 與 41／5 的結果一樣，但是因為外數與內數的不同，兩者情緒表達和處理事情先後次序也有不同；一般我們是由外數的表象來平衡內數，最後達到共同的完成結果。

14 的外數是陽性數 1，內數是陰性數 4；所以 14／5 命運數組合者，必須先以 1 數的外在能量特性，與 4 數搭配，整合成就 5 數。

41 的外數是陰性數 4，內數是陽性數 1；所以 41／5 命運數組合者，必須先以 4 數的外在能量特性，與 1 數搭配，整合成就 5 數。1 數的開發

與 4 數的穩固特性，相互推動成為一個可攻可守的良好組合。

14 ／ 5 與 41 ／ 5 命運數者，擅長構建和組合各種資源，在依需求進一步分析之後，建立出標準的作業流程，一步步達到目標。他們擁有非常健康的身心條件，能透過定期的運動鍛煉身體，以及有規律的飲食來保持平衡與健康。正面的 14 ／ 5 與 41 ／ 5 在個人生活或是工作職場上總是能帶給大家朝氣和歡樂，並樂於提供廣泛的知識與技能幫助大家。他們富有創造力的高度視覺和想像力，能將一件產品以創意展現出受到大家喜愛與廣泛運用的商品，並由此達到成功。

負面的 14 ／ 5 與 41 ／ 5 組合者，卻可能困惑不安、自我受限，對於新的挑戰和創意都不敢嘗試，他們內心會想積極尋找平衡與安全感，卻總是左右為難，無法下定決心從困難的開始著手。他們會極度沒有耐性，做事三心二意，性情不定，不願付出任何努力，只想飛速達到自由與成功的境界。負面的 14 ／ 5 與 41 ／ 5 最大的要害，就是無法安定內心，不想用紀律來自我管理，不老老實實循序漸進地建立基礎，因此老覺得沒有立足之地和處處碰壁。他們最需要的就是先安定內心，重新面對自己的不夠實際，並願意開始花時間集中在一件事情上努力耕耘。

■ 23 ／ 5 與 32 ／ 5

23 ／ 5 與 32 ／ 5 的結果一樣，但是因為外數與內數的不同，兩者情緒表達和處理事情先後次序也有不同；一般我們是由外數的表象來平衡內數，最後達到共同的完成結果。

23 的外數是陽性數 2，內數是陰性數 3；所以 23 ／ 5 命運數組合者，必須先以 2 數的外在能量特性，與 3 數搭配，整合成就 5 數。

32 的外數是陰性數 3，內數是陽性數 2；所以 32 ／ 5 命運數組合者，必須先以 3 數的外在能量特性，與 2 數搭配，整合成就 5 數。

2 數是最柔軟陰性的數字，3 數是陽光燦爛的數字，一陰一陽整合成了最具靈巧變化和嘗試開發的 5 數，造就了一個充滿激情和不凡的生活冒險家。

正面的 23 ／ 5 與 32 ／ 5 命運數組合者，身心對自由的渴望成為一生的信念，他們害怕任何有形無形的束縛，但會對承諾的情感婚姻做冒險和承諾。而生活必須充滿有趣和多樣性的變化，這對喜歡挑戰腦力的他們會產生極大的滋養。他們通常非常開放，對任何具有權威性的知識或人物都會產生敬佩之情。正面的 23 ／ 5 與 32 ／ 5 命運數組合的人，雖然樂意嘗試新穎的事物，但是他們可是經過大腦的多方研究後，來決定不做那些造成時間上無謂浪費的事。簡言之，他們外表看來輕鬆，但其實內心非常務實。

當然，可愛的人也會受到負面能量的影響。負面的 23 ／ 5 和 32 ／ 5 若內心感到空虛不安，非常容易沉迷依賴藥物、毒品、酒精、尼古丁或性事上以尋求安慰。有時這些人為了成全某些關係，會太過取悅他人；或因為內心感到不平衡時便會產生怨懟，而演變成一個不願負責、無法專情的騙子。保有自由，對他們來說是人生最不可能交出的籌碼條件，但一些負面的 23 ／ 5 與 32 ／ 5 也可能因為內心的恐懼不安，交出了自己最寶貴的自由，使得身心受到制約和支配而難以翻身。

● 命運數 6 的人→責任照顧者

數字 6 具有強烈的正義感與關懷性格。當 6 是你的命運數時，你追求的是人群和諧的凝聚，唯有當世間沒有苦難、所有人都獲得妥善的照顧時，你才會放下心中的大石。數字 6 擁有犧牲奉獻的高尚情操，你對責任、負擔絲毫不推遲或閃避，對於他人的依賴，你也從不抗拒。溫暖照顧他人的天性，是你邁向終極理想的方法，但你對美好境界的期望和

堅持，卻是生命中磨難的源頭。因此你該學習在擇善固執時也要懂得適時鬆手的哲學，必須瞭解事物好壞各有天命，「順其自然」是你追求理想生命中相當重要的一門課題。

　　6數有「大地之母」的能量，具有誠懇穩定的智慧與堅實值得信賴的愛，對於家庭與社區的關係有強烈的鏈接能力。因為天性上願意付出和有所貢獻，所以非常積極參與公益活動和服務人群，也由此獲得尊重和信任。6數有很強的責任感，對於親近的家人與所屬的團體會盡一切力量保護它。但是太多的責任感對於6數而言也是一個極大的負擔，如何減輕負擔與選擇服務的對象，需要靠你的智慧了。

　　6數堪稱是最友善與最和諧的數字，它對任何人都容易接近且不帶偏見。但是，負面的6數也是具有破壞性的，因此要避免自己陷於負面情緒，造成錯誤的判斷與決定。6數人容易愛心被利用，有時也容易誤交損友，而製造出更多麻煩，因此千萬要小心選擇你的合作夥伴。

　　天生具有6數能量的人，可是個解決問題的高手。在情況順利時，6數對任困難都能盡力克服它且沒有任何抱怨。它會積極主動爭取和平的環境，一點也無法忍受任何人破壞和平氣氛。然而，在6數的能量影響下，凡事千萬不要刻意地安排、經營，因為結果好壞都有它的定數。你要學習能隨時調整自己的心態和做法，這是成就你未來幸福的不二法門，能越早學習如何調適你的心靈，會越快幫助你獲得心靈上的平衡與滋養。但你仍要有心理準備，因為會有許多難題和困境一路考驗著你。

　　當一些反對的聲浪不停困擾你時，千萬要有「以不變應萬變」的態度，靜心下來仔細聆聽內在的聲音，運用巧妙的協調方法，幫助自己避開紛爭。如果硬要在一場混亂中如願以償，機率並不大。此時此刻，順其自然地應對事情，反而能凝聚力量，讓事情有轉圜的餘地。你可以多參與社區服務和義務工作，對你的生命來說更具意義。

　　6 數雖然擇善固執，但有時要避免太過固執，要能有彈性的改變自己的生活態度和方式。最適合命運數 6 的金科玉律是：「當你無法改變別人的時候，就改變你自己！」命運數 6 的人擁有傑出的藝術才華，比如在設計、視覺、時尚，尤其是在音樂方面的表現。你應該善用自己的創意和天分，這會為你帶來美好和諧與理想的生活。

命運數 6 的各組合解析

■ 15 ／ 6

　　1 數展現了自力更生的堅韌，勇敢地面對挑戰、自我發展，採取主動尋求協助。1 數對自己有堅定的信仰，為了取得更偉大的成就會隨時提醒自己是命運的主宰，也會做出必要犧牲。數字 5 是一個幸運號碼，它代表獨立性、靈活性以及聰明激情和創造力，也擁有自尊和積極態度的好品質。

　　正面的 15 ／ 6 命運數組合者，為了更崇高更自由的理想，他們專注且重視紀律，並以創造實質的戰績來喚醒他人一起努力創造更美好的生活。他們是優秀的戰略家，也是最有夢想的生活家。許多人會受到他們鼓舞，這是他們最大的貢獻。

　　當然，任何數字都會受到負面能量的干擾。當 15 ／ 6 處於負面能量時，會成為一個挑剔的人，無論是對自己或他人都不願放過。負面的 15 ／ 6 活像個不切實際的夢想家和理想主義者，他們雖然努力想改善生活，讓自己更好，但是他們的內心和想法似乎一直都沒有準備好，為了找方法、找靈感，卻是一次次讓他們更失望。對於一個不斷受到負面 15 ／ 6 影響的人，最大的自救關鍵在——先要放過自己，不要太過責難自己。如此，才不會誤用了能量，比如使用毒品或是迷幻物來毀滅自我，或是用冷戰來傷害親密關係。

■ 24／6 與 42／6

24／6 與 42／6 的結果一樣，但是因為外數與內數的不同，兩者情緒表達和處理事情先後次序也有不同；一般我們是由外數的表象來平衡內數，最後達到共同的完成結果。

24 的外數是陽性數 2，內數是陰性數 4；所以 24／6 命運數組合者，必須先以 2 數的外在能量特性，與 4 數搭配，整合成就 6 數。

42 的外數是陰性數 4，內數是陽性數 2；所以 42／6 命運數組合者，必須先以 4 數的外在能量特性，與 2 數搭配，整合成就 6 數。

2 與 4 的柔性特性，在人際關係裡創造無敵能量。而 24／6 都是雙數組合，能積極思考是對維繫緊密關係至關重要的一步。他只要簡單的微笑就能給人留下積極的印象。

24／6 的成功關鍵，就是把能量先用在為他人創造利益上面。正面的 24／6 命運數組合者非常聰明、善於交際、樂於助人，所以人緣非常好，和朋友同事都關係良好。他們總是在精進自己，在工作中學習，從過去的錯誤中吸取教訓，朝著完美的方向努力。他們也有很好的平衡感，知道如何慷慨地給予和接受他人的善意。正面能量的 24／6 組合者絕不空想，是非常務實的理想主義者，他們欣賞自己和他人，憑藉強烈的良知與高超的分析能力與遠見，來面對他人和處理事情；他們懂得在生活中找到樂趣。

至於負面能量的 24／6 組合者，對生活容易感到沮喪和不耐煩，也無心傾聽他人的心聲。他們對任何的批評太過敏感，很容易傷到他們的自尊。負面的 24／6 非常挑剔自己，對人事期待過高，也太過理想化，相對地容易嚴重感到失望。總的來說，他們是不切實際又不知所措的夢想家，也許一開始會投入極大的熱情精力，但卻急迫看到成果，一旦結果不如想像，他就會放棄一切，不給自己任何機會，而且是一遍又一遍地犯同樣的錯誤。

■ 33／6

3 是代表快樂陽光，以及繁榮富足、自我表達與積極溝通，很會運用優良的技能，提供大家喜悅。

正面的 33／6 命運數組合者，是以積極的心態來看待這個世界，能為自己或他人的疑慮找到答案，消弭恐懼。他會以愉悅歡樂的正面能量來改造生活，甚至創造更美好的願景未來。33／6 命運數組合者，活潑可親，願意自我妥協來成全美好的人，他們始終充滿能量與熱情，會積極地去幫助他人。他們也很容易看到也懂得欣賞別人的優良潛質，能大方地以美好的語言表達內心的讚美。33／6 的正能量充滿了純潔磁場，他們靠著良好的運動飲食來強壯自己的身心，激發他人看到更崇高更美麗的世界，他們的高標準和正義感，可以讓弱勢與社會獲得實質的幫助。

然而負面的 33／6 命運數組合者，卻是一群憤世嫉俗，老覺得世界不公平的份子。他們會顯得漫不經心，會多嘴饒舌，到處嚴厲批評，認為天下沒有一件事情看得順眼。許多負面 33／6 者會過於重視表面功夫，因為期待受到注視，所以會比較虛假膚淺和誇大其詞。而負面情緒的累積，則導致這些人容易造成身體肥胖，負面的 33／6 也容易將自己與他人隔離開來，因此很難實現理想的生活。

● 命運數 7 的人→哲學探究者

數字 7 是一個心靈層次、深入思考的能量。當 7 是你的命運數字時，生命對你來說是個無窮無盡的問號，一生就像是在不斷地解題，你追求的是一個屬於你自己的真理，唯有透過不斷的質疑、辯證，並找出最終的答案，你的內心才會獲得滿足平靜。數字 7 在許多方面都擁有神奇的力量，你在精神方面可以自給自足，一般人也往往將你放在心中奇妙的

位置。最重要的是，你的一生有許多神奇的好運相隨，因此天生擁有這樣多好運的你，更要懂得這些運氣的意義，這些好運絕不是強求或設計可得，因此千萬要保持心境的清明，否則混沌的思緒將會纏繞不去，這對你來說是莫大的殺傷力。

7 數擁有一個迷人有機智的性格特性。許多人的生命都必須依靠他人協助才得以完整，但你不一樣，你有足夠的能力——全靠一己的努力完成每一個生命周期。你生命中所面臨的最大挑戰，莫過於哲學性與分析性方面的問題。7 數的振動力對「探究事情的真相」有特別的能力，你不會只看人事的表面就下結論，因為你的邏輯智力和創造力，可以一一解決這些神祕難解的習題，這也為你每日生活提供無數新的思考方向。

生命之於你就是一連串的問號，必須不停地尋找出路和真相，你非常善於自我研究並找出答案，這也讓你更需要大量的獨處並產生孤獨狀態。不管你在世俗中是不是擔任主要的角色，總有許多人會留給你一個適度的空間和位置，在他人眼中，你始終是一位善解人意的人，這與你的高度靈性有關。

雖然你非常習慣並享受獨處，也習慣保有私人空間，但還是要花些時間來深耕你的夥伴關係，如此才可免除他人對你的過度重視隱私，而誤解你是過於保護自己，太過自我為中心，或者以為你心中藏有太多祕密。你對周圍的事物會產生好奇與懷疑，因此不會在第一時間就對人產生信任。你比較害羞不主動，這會在你和其他人之間產生很大的距離，並妨礙人際關係的發展。

你非常享受自我發現的樂趣，而且可以樂此不疲的玩獨角戲。很有趣的是，雖然你並不刻意追隨也不受物質方面的影響，卻總是有吸引金錢的好運，就算你不去追求財富，它也會如影隨行地跟隨著你。光是這一點，就羨煞多少人哪！

　　正常狀況下，命運數 7 的人大多比較長壽。另一項不可思議的事是，如果同樣遇到什麼天災人禍，你通常都能倖免於難，好似上帝始終都在眷顧保護著你。你天生的好運氣，使你處處遇貴人。如果你想要繼續保有這些好運，就要謹記一個定律：「一切順勢而為，不要逆勢行走，切勿操之過急！」否則，事情會變得複雜，甚至與你的心願反其道而行。

命運數 7 的各組合解析

■ 16／7

　　由一個活力外顯、積極行動、保持信念且永不懷疑的 1 數能量，結合信賴穩定、正義奉獻與時刻都提供溫暖服務的 6 數能量，成就這個一生都在追求最高理想和真理的 7 數，這是個具有千變萬化且神祕的任務。

　　正面 16／7 命運數組合的人，透過自我的內省成長，並分享他們的學習心得與真知灼見，又或是透過書寫或教育的表達，幫助自己和他人傾聽內在、相信直覺。他們願意無條件地信任，即使在最艱難的情況下，也能感受到充滿慈愛與美善的能量，進而驅使他們繼續前行。正面的 16／7 命數組合者，他們崇高的信仰超越了宗教上的限制，並且受到更高的人性啟發，結合精神上更高尚的意義，讓他們找到可以提升且推動更高目標的生活。在他們身上會讓人感受到天使般的氣質。

　　如果是負面能量影響的 16／7 命運數組合者，他們會變得比較脆弱，無法承受任何誤解批評，容易在毒品藥物或迷信宗教等各種虛幻的領域裡尋求逃避。他們常會有遭到遺棄背叛的痛苦，嚴重的甚至有自我毀滅的傾向。負面 16／7 命數的人渴望心中的理想世界，對他人無法達到期望會感到無比沮喪，覺得自己無法提出任何貢獻，對生活不抱希望，寧願就此放棄一切，作一個與大家隔離的隱士。

■ 25／7

　　2 數的合作體貼特性，與 5 數快速學習不受羈絆的自由能量，整合 25／7 命運數的組合，具有高度發達的直覺和洞察力，他們最重要的是要了解自己內心的情緒和想法，不讓別人影響內在的心性，並對自己的決定承擔全部責任，要擁抱自己，並適當地改變生活，以完成生活的目的和目標。

　　一般 25／7 命運數組合的人，外表並不屬於精神奕奕、活潑熱情類型的，但是他們非常積極朝向內在的反省和信息，是一個內心自由的冒險家，能夠非常自在地享受生活內容，並將經驗分享給他人。他們會透過知識分享或精神對話接觸他人，這會讓他們感到精神滿足。25／7 組合的人，無論從事何種工作，都能讓人有賓至如歸、和諧與安穩的感受。

　　如果受到負面能量影響的 25／7 命數組合者，較為孤立想避開人群。他們認為世界上沒有什麼值得信任的，所以會有一種極力完整自我的行為；比如，透過大量的知識學習、閱讀書籍，瘋狂地到處上課培訓等等，他們缺乏系統和自信，所以會漫無目的的追求解決內心的焦慮和空洞。負面的 25／7 容易成為一個偏執狂，對許多認定的事物，會堅持己見不接受他人的想法意見，也不願他人插手自己的生活。

■ 34／7 與 43／7

　　34／7 與 43／7 的結果一樣，但是因為外數與內數的不同，兩者情緒表達和處理事情先後次序也有不同；一般我們是由外數的表象來平衡內數，最後達到共同的結果。

　　34 的外數是陽性數 3，內數是陰性數 4；所以 34／7 命運數組合者，必須先以 3 數的外在能量特性，與 4 數搭配，整合成就 7 數。

　　43 的外數是陰性數 4，內數是陽性數 3；所以 43／7 命運數組合者，

必須先以 4 數的外在能量特性，與 3 數搭配，整合成就 7 數。

自信樂觀的 3 數與忠誠務實的 4 數能量特質，共同為精神領導與內在成長的人生目標而努力。

34 ／ 7 與 43 ／ 7 命運數組合的人，一般在他們精實強壯的體魄下，會透過生活工作的過程來了解、學習生命的智慧。他們能將世俗的標準和興趣結合內在的成長，發展出一套自我的系統，並運用在人際關係、工作職場上，同時提供大家更多的思考靈感和覺醒。他們具有相當優秀的洞察力，能夠很快地找出問題所在，並且以非常精神性的方式去解決問題。基本上，34 ／ 7 與 43 ／ 7 命運數組合者，無論生活面臨什麼樣的狀況，最終都能迎刃而解的。

冥想，成為他們生活重要的一部分，可以讓他們的心靈平靜，增強內在能量平衡。

受到負面能量影響的 34 ／ 7 和 43 ／ 7 命運數組合者，需要克服的最大問題是在於要如何提高自信心，以及排除對世界的困擾和懷疑。他們過度敏感，容易看到社會上的各種虛假，這對他們的內心會產生極大的不安和動盪，讓他們想逃離這個世界，尋找自己的精神烏托邦。他們對自己的不自信不滿足，導致他們不斷的向外求援，比如到處尋找老師，學習各種技巧和想法，想在各種世俗的認定下找到自己的定位，但又似乎無法真正安身立命，因而成為一個名副其實的精神失根的流浪孤兒。因為內心的不安感，讓他們無法在一個領域駐足紮根，於是惡性循環地繼續在精神上漂泊。34 ／ 7 與 43 ／ 7 需要更多的分享自我感受，避免孤獨可能造成的精神問題。

● 命運數 8 的人→專業領導者

數字 8 最大的能量應該是「無中生有」。數字 8 是所有數字裡振動

最強、最容易引起騷動與亂流的能量。命數為 8 者，窮極一生追求的是
那讓人望塵莫及和難以想像的成就。因為許多 8 數命運者創造了具財富
與權勢的影響地位，所以大家以為這是 8 數命運的人生目的。其實更重
要的是，數字 8 要跨越並克服更高的人性弱點，追求以「入世的出家人」
來為貧苦弱勢者服務貢獻，要完全以「無我」的態度學習作為眾生的僕
人，學習瞭解這權勢與影響力的真正意涵。8 數命運者必須忍受並享受
孤寂，才會有更大能量「浴火重生」。數字 8 是命理學中重要且理想的
數字。在中國占星術中，它不僅被認為是幸運的，而且與皇室、歷史等
級和最終完成度有關。

　　8 數是非常堅強、韌度極高且相當難應付的振動力量。這類人就算暗
自躲在角落，也很難不被注意到。你天生就像一座磁場，朝四周輸出電流，
有凝聚眾人的能力。你雄心勃勃，講求高效組織，有紀律，願意承擔各種
任務。您喜歡分享自己的智慧，是一個常被諮詢與教練的角色。8 數獲得
群眾的支持就能發展蓬勃，反之就會迷失方向，因此，如果你擁有太多的
獨立性或太過自我時，則失敗的可能性極大。

　　你熟悉商業、財務和權威的氣味，但也保持精神務實和現實主義的平
衡。許多擁有財富與權勢的成功人士，都是典型受 8 數影響的人。你所面
對的金錢問題，不在錢多或錢少，也不能只著重在金錢本身，而是要重著
在如何有效的支配使用它。你會賺錢，也懂得在奢侈品中找到快樂，可以
保持完美的平衡。命運數 8 者能夠在失敗跌落後很快找到能量重新站起來。

　　你擅長以各種方式累計財富，是因為你比別人更瞭解它的特性，更能
享受擁有它的樂趣，就像你對權力之所以能掌握得宜，也是同樣的道理。
不過有許多實證顯示，命運 8 數的人太著迷於權力、財富的奧祕，所以常
常會鋌而走險，鑽法律漏洞，大玩五鬼搬運的遊戲，世界上出名的經濟犯
許多都是命運數 8 的人。

　　不同於命運數 1 的人，是以無限的創意製造成功，命運數 8 是綜合了所有想像力，來滋養所有的創意點子和概念，並且加以組織成一個可行的大計畫，再運用特有的 8 數商業頭腦付諸實行。8 數是一個慈善慷慨的數字，所以命運數 8 的人要大方給予並照顧弱勢貧困的人，尤其以財富貢獻社會與教育，才能真正平衡身心與完善理想的人生。

　　你是一個強烈需要熱情與真愛的人，家庭對你而言絕對重要。所有在你身邊的人，都會受到你無微不至的照顧和保護，你對感情的處理態度，就像搞大事業一樣嚴肅認真，對方會感受到那種強大的熱力。你會對家庭和家族做到完全盡責照顧，主要是因為內心對家人和家族同樣擁有依賴和需要，你過於壓抑自己的情感表達，但會以行動來完成心中計畫。命運數 8 的人，只要學習將內在的慾望大聲說出來，就能召喚他人來幫助你達成心願。

命運數 8 的各組合解析

■ 17／8

　　1 數與 7 數在思想分析上都有獨樹一格的見解，兩者都是陽性的單數能量振動；7 數憑藉潛意識與精神覺醒的內在力量，創造它美麗神祕的境界。而 1 數自力更生的堅韌創新，會由自我發展創造出命運與現實整合的新世界。

　　17／8 的正面能量可以將超凡與入世整合的相當完美，在商業和精神世界之間創造非凡的生活價值。他們有時可以站在聖壇上大談生意經，卻不令人覺得突兀俗氣。他們衷心的相信，宇宙有一股更高的觀察力量在指導他們，所以他們也會將這種振奮能量轉向，去提升他人的力量。正面能量的 17／8 命運數組合者，當他們將自己的成功設定在更高遠的目標和

為他人服務奉獻時，那麼他們的財物或思想就會無形中擴增開來，同時以更大的反饋形式回到他們身上。

受到負面能量影響的 17 ／ 8 命數組合者，因為缺乏安全感，所以他們害怕強勢，害怕對抗，害怕被人背叛，因而精神上容易耗弱，擔心失去一切。而這些負面能量也導致 17 ／ 8 組合者對任何商業行為和金錢道德產生迷惑，沒有信任感，內心總是無法坦誠面對生活的現實面。他們也許外表看來平易近人，但很難說出真心話，也不太願意分享自己的私密。負面 17 ／ 8 缺少強大的精神力，常會以嚴肅說教的方式面對他人。

■ 26 ／ 8

2 數與 6 數結合在一起，會產生最溫柔也最強悍的能量振動，它強烈地表明了平衡與夥伴關係，而這兩個數字的內在品質，會以前所未有的方式加速工作方面的發展，尤其當天時地利具足，將會共同成就商業方面的成功。

善用正面能量的 26 ／ 8 命運數組合者，具有獨立且無限成長的力道，憑藉他們的超高標準和敏銳遠見，在商業的操盤上會相當精準，他們也敢於積極投入，所以非常有機會賺很多的金錢，他們能輕鬆地做喜歡做的事，更樂於為他人服務。26 ／ 8 組合的人，在個人生活、工作和職場的人際關係，都能很順利地保有平衡。他們能創造出一種自我感覺良好的富足感，也會視發展的情況來決定是否要堅持或放手，他們不喜歡被操控或是控制他人。正面的 26 ／ 8 具有對人性社會保持公平和正直的意識，比較悲天憫人，會主動為弱勢發聲。他們會利用現有的權力地位幫助他人，他們也是個慈善家，會正確使用金錢，以達到更高的目標和理想。

若是受負面能量影響的 26 ／ 8 命數組合者，總是感到失敗和沮喪，會因為無法成功賺取金錢而成為不折不扣的「仇富」者。他們因為沒自信，

感到被忽視，所以也比較退縮膽小，在關係建立上會有很大的挫敗感與界限不分。負面的 26 ／ 8 可能會因為過度要求完美，面對生活不切實際，或容易低估自己的價值和能力。

■ 35 ／ 8

3 數與 5 數都有一種令人著迷的冒險快樂特質，好像頭頂著光環站在人群中引人矚目。如果要談業力或輪迴，這兩個數字是最沒有負擔的，他們就像人間過客，帶著快樂歡笑，灑下金光，然後就離開。

受到正面能量影響的 35 ／ 8 命數組合者，在他人眼中是個傑出的生活天才，他們有強大靈活的頭腦、洞察全局的能力，可以順勢完成工作。他們之中有許多白手起家的成功案例，他們慷慨慈悲，喜歡社交，足以成為優秀的領導人。在感情方面重情重義，也講求對等開放，知道何時該堅持立場，何時該放手。正面的 35 ／ 8 命數人，喜歡通過某種紀律來獲得內在的力量和富足感，他們常被稱為幸運兒，在生活中時有驚喜；其實這些好運氣，都是透過他們的高情商和優秀的表達力積累獲得。

當 35 ／ 8 受到負面能量的驅使和影響，這些人的表現就與正面的 35 ／ 8 有很大的差異。可能會讓人感受到他們對成功的過多渴望，以及有機會主義者傾向的行徑，他們試圖從他人身上獲得自己沒有的權力和支持，所以會令人生畏，認為他們太過急功好利。負面得 35 ／ 8 可能透過間接的方式來操控他人，有時會顯得霸道無法接受他人想法。無論如何，這些都是因為他們對自己要求過多，進而對處境感到無能為力的原因，因而他們也很難擁有持久的良好關係。

■ 44／8

4 數在所有數字中，無論在哪一個位置，都能普遍與任何數字能量產生共鳴。尤其當 4 數出現雙重影響時，強烈暗示這個人如果要實現一個目標，沒有什麼是不可能實現的。

44／8 命運數組合的人，有發自內心堅強的毅力以及清晰的分析能力，能將完整計畫逐步實施，無論過程中有多少磨難挑戰，都無法打倒他的決心和意志力，最終他都會到達目的地。44／8 命數組合的人，很務實地會在腦子裡先將計畫分類拆解，像是把大目標分解為小步驟，而這也正是他們的成功祕訣，沒有人比他們更懂得掌握其中精髓。他們會非常忠誠可靠地處理家庭與社會關係，並使之保有持久穩定的發展。他們具有非常敏銳的商業判斷和成功的動力，受到正面能量影響的 44／8 組合者，可以順利為自己創造富足的生活，也能成就更大的事業。他們也十分注重自己的健康。

如果 44／8 是朝向負面能量發展，就恰恰與正面的 44／8 背道而馳。負面的 44／8 命數組合者，很難控制內在的困惑，他們常會出現歇斯底里的一面，或因為承受不住壓力而放棄手中進行的計畫，甚至是同樣的錯誤一犯再犯。他們特別偏執又盲目自滿，很容易與他人發生糾紛、爭論與權力方面的計算。負面的 44／8 很有潛力賺大錢的，但也容易財進財出，很快就一貧如洗。許多負面的 44／8 者，渴望成功卻不願按部就班，想要掌控全局卻又害怕而逃避責任，最終成為不折不扣的人生賭徒！

● 命運數 9 的人→人道主義者

數字 9 最容易和宇宙大自然產生強烈的共鳴，因為 9 數要實踐的高峰點，是誠實和正直良善，所以必須透過學習、引導、示範以大眾的利

益為主，並且為追求共存為理想。你會去找出最適切的方法，來改善全
人類的生存環境，成為身教與言教都能一致的典範！命運數9的人會誤
導人們只看到令人羨慕或想要模仿學習的外在生活，也就是說9號命運
者即使還未真正的成功，但仍能以其高超的表演方式讓人以為那就是最
好的模範。然而當你真正瞭解9數的圓滿，是一項極為艱難的人生追求
時，9號命運者就會越謙卑越無私地奉獻，也會最接近人性理念的最後
目標。

　　走到9數這個階段的重要課題，是學習如何懂得順其自然，讓自己在
所有的努力中，成為一個對生活與工作都能心領神會並懂得感激的人，而
且越早學習越有幫助。

　　9數的振動力一向對宇宙運轉、大自然的生態議題，有著強烈的互動
吸引力。所以你的視野寬闊，對所有關於人類和全球性的話題總是非常關
注，這是一個相當人性化的數字能量，常會帶領你投身服務人類心靈相關
的工作，你期望能幫助更多的人獲得更好的生活狀態。你的最初發心，是
不求回報並願意全力投入的。你幫助他人不分親疏遠近，也不分熟人或陌
生人。但有時候，你過度專注於目標的奉獻精神，常使最接近你的人感到
被忽略，這會加深彼此的誤解和距離。你容易對生活的現實感到失望，尤
其對於親密夥伴的不支持，感到極度頹喪。其實，人際關係的建立需要更
多的將心比心，你之所以很難建立深厚或浪漫的關係，是因為你不知如何
表達真心。

　　命運數9的人會結交許多不同國籍、種族、文化背景的人，但通常不
會特別選擇外籍人士做為生活伴侶，主要是所謂的「異國戀情」的神祕感，
對你來說並不具有什麼特殊的意義，因為你對人性與背後的心靈活動知之
甚詳，你所在乎的毋寧是高於人性本質的內涵。

　　你瞭解如何訓練、培養，並成功達成所有設定的目標。只要是可以透

過改變而進步的事，無論多麼艱難，你都會全力以赴。不過，你也要懂得適時放下堅持，學習輕鬆以待，這會更快達成你的願景。有時候，你會過於關心他人的處境，常未經評估便奮不顧身跳入他人的困境而難以自拔、遭遇阻撓。但久而久之，你也會從中學習到世事難料——並非每一件事情都能夠解決處理，不如讓它順應自然地發展吧！

命運數 9 的人，一定要學習開放自己的內心，並且誠實面對自己的優缺點，懂得欣賞自己。不要太在意他人是否都能理解你的大愛情操與理想，也無須強迫自己一定要完成幫助所有人的計畫。更重要的是，將你對他人或群眾的愛與關懷，也同樣多的放在自己身上，千萬不要一味想著付出、貢獻，卻犧牲了自己最重要的幸福。

命運數 9 的各組合解析

■ 18／9

1 數與 8 數對於成就大業有相同的野心，如果有共識就會是最佳工作夥伴，他們同時擁有非常充沛的智力和體力，隨時可以展開行動，不怕挑戰。

18／9 的命數組合，能將這些人天生的深度、魅力和吸引力發揮到極致。他們外向主動的性格，體現了廣泛的智慧，無論是在家庭、在人際群體或是工作職場上，都能展現出他們天生的領導力。18／9 是聰明的戰略家，他們了解並遵守任何遊戲規則，能以身作則帶動士氣，會運用自己的精神力量影響他人，並開放地分享他們寶貴的經驗法則。正面能量的 18／9 命數組合，除了時時想超越自己戰勝過去，他們勤奮且富有開創能力，生活充滿新穎與刺激，其人生是為更高的利益而服務。

當然，一個外表看來具有活力和魅力的人，也可能深藏許多不為人知

的黑暗祕密。受負面能量影響的 18 ／ 9 命數者，內心世界充滿混亂、壓抑的恐懼和沈重感，常常因為看到社會上的不公不義或災難，自己就會充滿罪惡和救贖的想法。他們其實非常渴望健康和內心平靜，但他們被負面的能量和觀點所束縛；為了獲取更多的注意力，他們會用盡方法尋求絕對的權力和控制。表面上，他們會不斷地闡述自己理想的生活宣言，並且巧妙地控制影響他人想法。然而他們卻不聽從自己的直覺和指示，甚至會跟自己作對，糟蹋了他最珍貴的天賦能量。

■ 27 ／ 9

　　2 數與 7 數都相當的敏感，承受情緒上的壓力程度和方式也有其異曲同工之妙。但是，他們都具有一種似隱若現的強大說服能力，無論是動之以情或說之以理，他們都很能影響他人。

　　正面的 27 ／ 9 命數組合者，有智慧，內心平靜，富有同情心，讓接近他們的人都能感受到他內在的深度和魅力，這些力量來自於他們誠心對待他人，以及對生活中各種形式的欣賞和全然的信任。致力於服務他人，並極力地表達內在想法，是他們很重要的生活目標。正面能量的 27 ／ 9 命數組合者，內在有崇高的精神理想支持著，無論他們身處在什麼情勢下，都能安靜地內化危險並將之轉成力量，他們正直關懷他人，即使在逆境中依舊能正面看待世界，並且時時心存感激。

　　至於受到負面能量影響的 27 ／ 9 命數組合者，很可能成為一個安靜的狂熱份子，他們容易被一些宗教信仰或是玄妙哲學的特殊教義給吸引，尤其在迷惘的時候會更加投入依賴，甚至還會想自成一方宗師，讓其他人來跟隨他的權威領導。其實，這些受負面影響的 27 ／ 9，內心總感到極度孤獨，時常恐慌會被世界淘汰，或是被他人背叛丟棄。他們只相信自己的腦袋，偏偏腦袋也會自欺欺人。27 ／ 9 需要放下沉重的盔甲外衣，還原他

們的本色初衷，讓一切順其自然，他們也就能回歸太平。

■ 36／9

數字靈動裡，3─6─9是最完美的共鳴組合。3數的朝氣蓬勃與樂觀冒險，與擁有力量和培養振動的6數，可以打開一種新的生命格局。

正面的36／9命數組合，讓人看到完美的自我以及美好的願景；他們既懷抱理想，也能真實地面對現實生活。他們在世俗的工作中，會打開心靈的天窗，向更遠的高空招手，雖然他們也會面臨自我懷疑的壓力，但是他們都能從失意中找回勇氣，並交由高度的精神來指引他們往向更寬的道路。36／9組合的人，具有極高的靈性智慧，無論他們的生活處在什麼樣的狀況，都不會放棄對理想的堅持，他們會透過不同的慈善服務來與大眾連結。只要36／9能夠完全無私付出，他們就會得到高複利作用的回報。

根據我們的性格行為調查發現，許多36／9組合的人是最會取悅他人的人，這也反映出他們的內心──對美好的渴望與害怕被孤立有多麼強大。

受到負面能量影響的36／9命數組合者，對自己相當挑剔，而且容易緊張和自我懷疑。雖然擁有相當聰明的腦袋，但卻常常判斷失準，這讓他們在行事上變得過度謹慎，老是擔心表現失常，害怕失敗，最終而選擇了自我放棄。負面的36／9對於眼前的現實永遠都無法滿足，事實上，他們就是自己最大的障礙。

■ 45／9

有些數字能量，雖然乍看彼此沒有太多相同的特性，可是一旦整合在

一起，卻能激發出比想像更強的振動，這個穩定持恆的 4 數和多元自由的 5 數組合就是非常棒的例子。

當 45 ／ 9 成為命數組合時，是一個靈活機智、魅力四射的人，他們能自帶光芒地吸引他人的目光，其特殊思維與才智常能鼓舞人心，進而帶動出一堆仰慕者的跟隨。正面的 45 ／ 9 組合者，保有紀律和自我要求，會在開放的過程中逐步實現目標，並獲得內心完全的自由。45 ／ 9 最大的成功是，他們的生活不受世俗的規則和束縛，始終保有自己的理想願景，但卻又能遵守最高的道德和法律規範，即便過著的是普通生活，他們的優良品質也總能激勵而影響他人。

許多 45 ／ 9 命運數的人都天資聰穎、充滿魅力，可是不少人卻沒有好好運用這些優勢，讓人無法理解。從另一個角度分析，也許受負面影響，他們內心常常不知所措，感到迷失和散漫，總是找不到安定軍心的力量，比如他們不知道自己到底擁有什麼或失去了什麼。

負面的 45 ／ 9 會運用自己的聰明來扮演不同角色，面對外界的挑戰時，他就用這些分身逃離現實，感覺上完全和自己無關，可以不負任何責任。也就是說，負面的 45 ／ 9 是個逃離大王，他們自認是完全解放的自由之身，事實上他們從未真正測試自己的能耐，不知道自己面對困難的能力在哪，他們活在自欺欺人的境地，一直與現實周旋，始終無法獲得解決。

● 命運數 11 ／ 2 的人→理想遠見者

11 大師數，含有兩個 1 與 2（1 ＋ 1 ＝ 2），是極大的挑戰。11 擁有所有命運數中最強的直覺感應能量，它可以敏銳地意識到任何人、事、環境背後深藏的另一層動機和意義。天生的洞察能力，無需經過理性的思考和邏輯判斷，就能不費吹灰之力地獲得準確的答案，所以也讓其他人很難觸及你的高能量。11 數非常敏感，甚至透過不自覺的潛意識能力，

就能很快瞭解他人的意圖和想法，且迅速進入他人的內心世界。

● 請同時參考「命運數2」的內容，與「大師數11」的介紹。

　　一般命運數11的人，比2數（1＋1＝2）來得更為細膩敏感，但在精神上非常獨立，也具有更高的靈性和理想性。但有時候，你對自己的期望過高、過於極致，會使你不斷地消耗精力和能量，一旦自己無法執行任務時就會感到沮喪。你的自我意識和自我批評太強，容易造成深層的焦慮感，並作出意想不到的反擊動作，以致對前進產生了阻礙。你容易造成神經緊繃相關的健康問題，必須學習自我放鬆，並找到減壓的方式來獲得平靜，如此才能順勢發揮你的天分。

　　你知道自己與眾不同、獨一無二，且擁有超越理解的能力。在人際關係的經營上非常講究也十分合作，懂得如何謹慎不讓自己太過耀眼突出，避免過於批判性。你很善於使用2數（1＋1＝2）的平和外交手腕，圓融地處理人際關係。命運數11的人非常純情，對愛情很有憧憬，對於戀人渴望內在的契合與外在的美麗能夠兼具，通常很早就進入感情關係或是結婚。

　　11數的偉大創意計畫常會發生在無所事事的時候，這也完全應驗它「靈光乍現」般神來一筆的精采。你對音樂和詩歌非常喜愛，許多偉大的發明家、藝術家、科學家都和11數有深刻連結。你可以同時掌握大量的知識，進行許多的工作項目。你具有特殊的治癒能力，在針灸、按摩與心理諮商方面能提供技術與心靈上的服務，許多出色的治療師都是命運數11的人。

大師數11的各組合解析

　　命運數如果加總到最後總數是11時，則要將前面的兩個來源數字一

併呈現出來，如此才能真正解讀到這個 11 數所包含的能量與振動為何！

11 數具有極高的才華能量。大師數 11 是要靠實際的生活體驗，透過毫無妥協的努力和不停的奮鬥來完成夢想和願望。同時，擁有 11 命運數的人，必須追求靈性的覺醒和啟蒙，才能真正完善這一生的學習目的。

■ 29／11

29 是一雙一單，一陰一陽的兩個數字能量結合，是所有數字比較複雜的組合；9 是業力的象徵，是一個付出越多回報也越多的數字能量。2 數具有陪伴、關懷、妥協、平衡的能量振動。2 與 9 數共同具有強力的付出與貢獻能量，同時具有激發他人靈感的彈性特質，能支持他人進步和實現目標。

正面的 29／11 命數組合能量，充滿直覺的高靈性，非常開放又具有創意，他們能大方給予，在人際關係上合作又合群，可以完美扮演好外交使者的角色，這是正面 29／11 最大的資產。

然而，發展負面的 29／11 則會對許多關愛充滿懷疑，容易有受害者情節出現而過度地自我保護和防衛，情感上也較為壓抑冷漠。他們外表看似自信，但骨子裡卻受沒來由的猜疑所困擾，對任何具有挑戰的事情容易打退堂鼓，害怕失敗。有時為了證明自己具有權威和主見，會顯得比較專橫固執和自以為是。負面的 29／11 最大的人生風險，是要克服虛幻空想和卑躬屈膝，這些會影響他對事情的判斷力，並且壓抑了他們幽默趣味的迷人特性，甚至還會在毫無耐性和捉摸不定之間游移，並因而阻斷了成功。

■ 38／11

3 數和 8 數都是積極爭取成功的能量振動，擁有自信、開朗、樂觀和

相信夢想的特質。3 數的陽光特性，由內而外散發光芒，有著無窮盡的能量。8 數堅毅果斷又慈悲為懷，能為正義和弱勢發聲，是所有數字裡最具影響力的。

看看正面的 38 ／ 11 組合，就像是相互提供資源、照亮對方的好夥伴，不但具有才華橫溢的強大領導魅力，也擅長展現舞台魅力。他們為了更大的目標理想，可以輕而易舉說服他人跟隨，也能提供錢財資源。他們能平等尊重他人的立場，並賦予足夠的權力，與他人分享自己擁有的美好。他們善用能量來推動成功之路，創造富有的生活。

而負面的 38 ／ 11 如果感受上被壓抑，在發展上也會發生阻力，就會極度沮喪與自我懷疑，會用冷漠消極來對抗不安感，並刻意疏遠他人。要特別提醒的是，負面 38 ／ 11 命數組合的人，容易以操縱他人的手法來獲得小小的勝利，甚至有過度控制他人的傾向，如果上癮了，會招致無法想像的遺憾與後果。

■ 47 ／ 11

4 數的務實效率和秩序，與 7 數擁有強大的探究和內省能量結合振動，使 47 ／ 11 的命運數組合的人，以一種別具風格的默契和直覺感受來引導自己，朝向清晰的目標前行。

正面的 47 ／ 11 主要是透過邏輯的思維分析來創造生活的奇蹟，他們以靈光乍現式的想像力，快速穿越不同層次的存在感和生活奧祕。一個正面的 47 ／ 11 能量是相當鮮活而躍動，當他相信直覺與自己內在的精神感召，就越能鼓舞人心向上，也越能得到美好的生活力量。

不可否認的是，任何數字都會受到負面的影響，如果控制不好或發展不成熟，就會導致不良的結果。負面的 47 ／ 11，很可能會經歷被孤立的痛苦，迷失在他們想像的「虛擬世界」中，這會讓他們自己的心理狀態像

是個隱士一樣，選擇了離群索居的生活。因為內心對現實世界產生了不信任，所以也會顯得鬼鬼祟祟，難以捉摸。當現實生活中遇到各種困境或衝突時，他們的應對能力會顯得非常弱，甚至會想透過藥物或對某些事物習慣的迷戀成癮來逃離現實。在情感上沒有穩定的立足感，與他人的交流難有親密感，也很難給人信賴感，因而他們常寧願選擇與電腦、遊戲機等冰冷的機器對話。負面 47 ／ 11 的人生挑戰，就是認清現實與虛擬，勇敢接受生活挑戰。

● 命運數 22 ／ 4 的人→超級建構者

22 大師數擁有非常強大的能量和實現夢想的能力。22 數具備 4 數（2＋2）的紀律和組織特質，但 22 數的超直覺天賦，遠比 4 數更為獨立，也更能克服社交焦慮和自我的不安感。你雄心萬丈、野心勃勃，想擴大人生夢想和獲得最大成功，而你的務實與自信可以幫你完成目標。儘管其他人並不一定會看到你的願景，但你的直覺、務實和現實主義，使得你可以輕鬆建立人與人之間的信任。

● 請同時參考「命運數 4」的內容，與「大師數 22」的介紹。

你有遠見，是一個夢想家和幻想家，堅信辛勤工作與努力不懈可以讓夢想成真。有時你的夢想會設定太大、超脫現實，而無法獲得他人理解，甚至失敗，你會因此嚴厲地自我怪罪，自我批判。但你必須學會接受失敗的事實，因為這是人生必經之路，沒有人能倖免。事實上，真正能夠完成 22 大師數挑戰的人並不多。

嚴明的紀律是你最大的優點，但也常成為你發展的限制，比如在生活和工作中，你需要保持更多的彈性，才能讓自己和周遭的人都沒有太多的壓迫感。尤其，你自我要求甚高，有時心裡會對他人能力產生懷疑，希望

大家都能照著你的方式和規劃去進行，這反而讓你承擔更多。你必須學習如何靈活運用各種資源和他人的長處，盡量分享你的真正意圖和目的，而不是去控制、影響他人行為。你需要的是聚集各種人才來參與你的宏偉計畫，讓大家和你共同打造夢想，這需要相當大的精力和信任，因此你付出的心力會比任何人多。也因為你自信比別人優秀且目標遠大，只要你的直觀正確，通常都能獲得成功，而許多人也都將你視為榜樣和學習對象。

　　你另一強項就是思維縝密、邏輯清楚，可以將極為繁雜的過程解構成有效的方案。你非常敬業，獲得知識與金錢的機會極大，你相當享受這些榮耀。但是，要保持自我的簡單生活，才能真正精簡複雜並強化你的能量。

　　你與親密伴侶的關係是務實勝於浪漫，對於愛情著重實際地付出，就算開始可以激情，但時間都非常短暫，很快就會回到現實面上。雖然會比較個人主義，但你絕對是個有責任感，並且願意隨時提出支持和保護對方的伴侶。你非常重視家庭的穩定經營，這對你來說是一個重要的安全基礎。

● 命運數 33 ／ 6 的人 → 心靈引導師

● 請參考「命運數 6」的內容，與第二章「雙重數 33」的介紹。

● 「命運數」與社會、家庭的連結關係

　　由以上來看，每個人的「命運數」都協助了我們規劃並模擬出內在的渴望和需求，當然也強化了一般的情緒、態度、親情及個人的性格特徵，光是這些，就足以影響我們怎麼表現我們的行為以對應生活的結果。換句話說，當你可以不斷的發展你的自決力，隨時反躬自省，注意自己的情緒，就能夠幫助你在生活節奏上，有更純熟的態度和思考，進而成為一個穩健的人。

　　如果我們還可以學習展現同理心、忍耐和寬容，也會使我們成為更完美的人。因此，「生命靈數」不單單只是創造或協助我們完成個人使命，及生命的終極目標，更重要的是它也跟生活、社會人際關係，甚至是對生活環境、家庭成員等，都有著密不可分的結合。

　　以下再分四大類，描述一生之中不同的「命運數」與社會家庭的連結關係，及所應該扮演的角色，也就是說，「命運數」不單單可以讓我們完成人生的課題以及終極目標，最重要的是，還可以讓我們瞭解自己在社會環境裡，到底該扮演什麼樣的角色，而如果想要扮演好這個角色，就必須要瞭解「命運數」到底隱藏了什麼意義。同樣的，瞭解「命運數」所揭示的社會地位、家庭關係的角色學習之後，它就可以協助你，以最順遂的方式進行對家庭、社會應該付出的行動與貢獻。

當命運數是 1 或 8

　　當你的命運數總和是 1 或 8 的時候，它很清楚的告訴你：必須長期、持續地在特殊記憶方面的學習，同時要自我修煉、鍛造成為一個專業的權威人士或領導者，如此你才可能透過這樣的自我要求跟訓練，在社會環境與家庭的關係裡獲得應有的尊榮、勇氣、決斷力，以及特殊的獨立性。

當命運數是 2、3 或 9

　　你的命運數字總和是 2、3、9 的時候，會很清楚的指引並要求你在溝通能力、友誼關係以及夥伴的親密關係上努力精進，這在你的人生旅途上扮演著非常重要的角色學習。要想主動提出這樣的關係結構，能夠達成這樣的終極目標，最重要的是你必須不斷地強化，同時反覆地練習你的包容和接納度，瞭解誠實、內化自我以及社交技巧，才可以幫助你達到最終的人生目標。

當命運數是 4 或 6

當你的命運數字總和是 4 或 6，很自然地要面臨如何去擴張、發展所有思想模式，以及進行穩固的人生計畫課題。這是需要長期的磨練跟忍耐，並藉由服務社區、貢獻社會的經驗來獲得歷練。當然，這也會運用到你天生數字的能量做為發揮基礎，利用你在仲裁或法律方面的知識來完成。因此，如何讓自己學習並建構自己的穩定感是非常關鍵的。

當命運數是 5 或 7

在所有數字裡，5 和 7 這個數字對於學習新知有強烈的吸引和需求，但更重要的是，要學習彈性與改變，並留意所有學習的過程細節。你的人生中除了成長以外，「學習」本身對你來講是最重要的事情。透過學習，你可以不斷的發展、反芻，甚至創造出自己的一套理論哲學。另外，旅行以及不斷地探索未知，在你的生命中也扮演著不可或缺的角色。

天賦數（Talent Number）

就「天賦」兩字一般看到的英文是 talent 和 gift 這兩字，它們的差別是：前者是在出生時被賦予的一種自然能量和才能，而後者則常被比喻為經過學習發展所產生的一種才華能力。而後天被發展出的天賦，也可以是一種全新的能力，讓人「與眾不同」。你的天賦不見得與你的興趣、志向相符，但可以相互結合，而這也絕對是你瞭解自我過程中不可或缺的重要關鍵。如果你懂得在事業、學習上發展且善用你的天賦，對人生目標的達成必定能夠事半功倍。

許多人一生汲汲營營追求事業跟工作上的表現成功，結果往往不如預期，也因此常感到遺憾、懷疑自己，為何那麼努力了都無法展現能力，獲得大家的認同？說穿了，就是沒有找到自己真正可以發揮的強項和天賦，

來創造屬於自己的舞台。

　　「天賦數」的重要性絕對不亞於「生日數」，它與人生的終極目標「命運數」有緊密關聯。但是，要如何發現自己的天賦？如何發揮潛能？

　　談「天賦數」，我們必須與「生日數」與「命運數」一起討論，這三者是我們人生最重要的「黃金三角數」，它們彼此相連也相互影響。就好像一個人的裝扮，不是只有整齊就好，還要清楚不同的裝扮得合乎不同的場合、不同的目的，如此才能夠真正將個人特色表現出來。也就是說，我們要從人生的道路裡找到適合我們與生俱來的天賦資產，並好好將它發揮出來，接下來才有可能讓我們的人生變得更為豐富。

　　如果「命運數」代表我們這一生要完成的課程與生命目標，那麼「天賦數」在命運的航道上，便是一個最重要的關鍵角色。

「天賦數」計算公式

　　天賦數的計算公式，是由你的西元年、月、日所有數字相加，取至兩位數，就代表你的天賦數。

　　例如：戴安娜王妃的生日為 1961 年 07 月 01 日

年——1961 （1 ＋ 9 ＋ 6 ＋ 1）＝ 17

月——07

日——01

————————————————

17 ＋（7 ＋ 1）＝ 25 → 2 、5　就是戴安娜王妃的天賦數

● 「天賦數」代表你的天分潛能

　　「天賦數」代表你與生俱來的潛在能力，同時也是你內在的強大迴音，

你要啟動它、聆聽它、喚醒它、不斷地檢查測試它的最大能量，才有可能真正把這潛能激化出來。

　　有些人不明白到底什麼才是真正與生俱來的天賦，什麼才是它最能夠展現的強項？這些從出生年、月、日的總和數字中就能看出端倪，大家可以在「天賦數」裡看到兩個數字，而這兩個數字可以對應到「生日數」的振動，也可以進化發展成未來人生道路要完成的「命運功課」。

　　「天賦數」跟「命運數」的關係極為緊密，不能分開，「命運數」是一個終極目標，「天賦數」則是在幫助你怎麼扮演最佳角色的法寶工具。一個人出生的時候就擁有了與生俱來的個性特質，然而他要如何以這個特質透過環境教育、生活經驗逐漸累積成長？那就得善用方法跟工具，以幫助自己在選擇的道路上做到更好，而這個工具就是我們的「天賦」！比方，懂刀的人，有人拿去砍樹木生產造屋，有人卻拿刀傷害了生命，這便說明了，同樣的工具會因使用方法和目地不同，得到完全不同的結果。

● 如何發現你的天賦

　　要如何發現你的天賦呢？我們到底擁有什麼樣的才華與能量？

　　回答問題之前，就要先瞭解「生命靈數」所代表的意義，而且「天賦數」要與前面的「命運數」一起思考討論，它們是一種整體學習來認識自己的過程，可以綜觀我們未來命運的目標航向。

　　「天賦數」可以幫助我們選擇想要從事的工作，發現另一個自我。因此就算出生在窮苦人家，年幼時無法學習繪畫、音樂、美勞或是其他藝術活動，但如果天賦數擁有這方面的能量振動，仍可以在未來成長的階段裡，跟隨內心的聲音與渴望，去追尋童年沒有享受到的教育學習，一樣可以更快且直接地發揮其天賦才華。

　　如果有些人明明在「生日數」上，顯示對美感或音樂方面擁有強烈的

振動能量，但他們卻說對美感音樂一竅不通，這個回答其實並不正確，那是因為他對自己並不瞭解。大部分的人，對自己的天賦長才並不清楚，以為目前所從事的工作或職業便代表了自己的天賦，事實上是他真正的天分被埋沒了。如果童年時候沒有得到栽培，原生的才華能力自然不會被彰顯出來，當然也就不會有特殊的表現結果了。

真正瞭解生命潛能開發的人都知道，我們的工作或學習內容並不能完全反應內心的企圖慾望，以及對生命的追求。所以有很多人在過了大半生以後，突然驚覺原來自己內在有對另一種興趣的渴望，發現自己喜歡的事物與所從事的工作並不一定吻合。於是，只要學習了「生命靈數」，你就會明白，原來我們可以透過「天賦數」，來發掘自己的原生才華與能力。

天賦數 1

擁有 1 數天賦能量，不會甘於平凡。因為擁有天賦數 1 的人企圖心特別強烈，也常常能夠激勵身邊的人不斷前進，而 1 數做事積極認真、目標明確，讓人很放心跟隨。同時 1 數充滿開創特質，你們有過人的膽識，不僅勇於改變也勇於嘗試，在生活工作中更常有異於常人的創造想像，這正是天賦有 1 數的必殺絕技。

天賦數 2

天賦數 2 敏感而細膩，對「美」更是特別敏銳，因此在藝術方面具有天分才情，翻開中外歷史名人冊，就會發現許多詩人、作家、畫家、數學家和音樂家都擁有天賦數 2。此外，2 數雖然不像 1 數那樣能量十足，但擁有 2 數的人行事柔和，不會給人有壓力的感覺。這讓人們很容易對你們產生信任感，不僅願意將重要的物品資料交付給你，對你們也極易敞開心房吐露心事，因此你是最佳的公關、調停人和仲裁者。

天賦數 3

　　3 數是一個非常具有原創性與思考性的數字，擁有天賦數 3 的人，具有非常靈活敏捷的思路，很會抓重點。天賦數 3 的人通常是很好的表演者，你能夠以一種簡單易懂且為大眾接受的形式表現，也很能夠賦予抽象事物更具體的形象和意義。在細微的情緒、感動方面，你能將之融入藝術作品中，因此在藝術的銷售、一般教學方面，你的表現特別出色。

天賦數 4

　　數字 4 具有方正穩固、次序紀律、邏輯結構的能量。擁有天賦數 4 的人做事乾淨俐落、有條不紊，不敢有好高騖遠的想法，目標設定也較為貼近現實，穩扎穩打。當意外狀況發生時，數字 4 只要發揮冷靜的邏輯特性，就能立刻找到解決的方法。4 數的人在團體中常扮演最後一道守門防線，你們所提出的建議雖然不見得是最精采的，但卻是最可執行也最合理的，能夠讓人以保守穩健的步伐照著計畫完成。因此，擁有 4 數天賦的人是最可靠的夥伴。

天賦數 5

　　數字 5 有相當聰明伶俐的特質，很有人緣魅力。擁有天賦數 5 的人，通常口才都很好，總是能適切的表達出自己的想法，也很容易說服他人，在溝通協調方面有傑出的表現。數字 5 的好奇心很強，對什麼都有興趣學習，因此擁有數字 5 的人通常都是很好的情報集中點，可塑性和彈性相當高，讓你特別容易成為市場行銷、廣告創意、網路媒體方面的人才。你比較不能忍受千篇一律的固定工作，而在處於壓力挑戰時，反而更能夠激發你的潛能。

天賦數 6

數字6天生對「美」與「愛」有特別強烈的連結，是一個極具關懷溫暖的能量，為了多數人的福祉和快樂，數字6會激發出驚人的耐力和潛能，在面對越大型的公眾相關事務時，你與生俱來的天賦能量就越能發揮極致。樂於付出，不逃避不閃躲的性格，讓你長期下來練就一身好功夫，再加上你的態度認真負責，抗壓性高，永遠是工作團隊中受到重用的角色。

天賦數 7

數字7有「化繁為簡」的傑出能力，這當然是來自良好的邏輯思考與特殊整理歸納的方法。7數有強大的心靈感召能量，容易聚集跟隨者，特別是與宗教或心靈方面的事業。我們看到許多7數人，透過不同的天賦才華強力吸引群眾對其產生崇拜與追隨，如同許多宗教家或傳道者，可以用其超強的意志為他們的信眾加強信心，天賦數有7的人正是天生具有一種傳道者的魅力。

天賦數 8

數字8沉穩平衡，讓人有很好的安全。一般8號人較喜歡保有自己的隱私生活，十分低調，只有家人與知己才有機會瞭解其生活內容，這就是為何8數總讓人覺得有種隱性的神祕感吧。8數可以悶不吭聲、默默苦幹也不輕易抱怨，他們對自己的要求很高。將8這個數字橫放，便是一個無限大「∞」的符號。數字8有很強的組織力和解析能力，面對大場面，他們總能展現超凡的氣魄，有著高瞻遠矚的視野，雖然說8數人不聽命，但是卻相信宿命論。此外，也深信「點石成精」、「愚公移山」的人生態度。

天賦數 9

數字9相當樂觀天真，總是會建構一片美好的藍圖，帶給人無限希望，

它在正面的性格特質與數字 3 有許多相似之處，擁有期待美好明天，與提供大家歡樂幸福的特質，9 數還擁有相當出色的表演特質，在表演藝術方面成績斐然。總的來說，9 數還有一種渾然天成的領袖氣質，與極度親和的魅力。大部分的 9 數，他們外表總是保持著熱情與用不完的活力，但內心卻也因為耗損過度而感到迷茫。因此，一個不快樂的 9 數，會為了保持外表光鮮與保有自尊顏面，而花盡心思去隱藏脆弱的一面。

CHAPTER

「生命三大周期」 的生命航向

何謂「生命周期」

　　每個人一生中都會經歷三個「生命周期」階段，從出生開始到我們的老年期，每個階段都會面臨不同數字振動的影響和考驗。換句話說，每個人都有自己不同的「生命周期」走勢，它就像是為每一個人客製化的「生命航向」圖，經歷這三個不同周期，去一一克服挑戰，以完成我們的人生功課。

● 如何計算「生命三大周期」

　　每個人的「生命三大周期」的起始點不同，各周期的長短也不同，而

生命周期的計算很簡單，以我們的出生年、月、日作為計算基礎。

> **1 生命第一周期（出生月份）→重要影響出生後到青年期**
>
> **2 生命第二周期（出生日數）→主要影響青年期到中年期**
>
> **3 生命第三周期（出生年份）→主要影響中、老年期之後**

「生命三大周期」的排列數字：「月→ 日→ 年」

【範例】

大齡 1968 年 6 月 18 日出生，請問他的「三大生命周期」數字為何？

月→ 6：6 →（生命第一周期數）

日→ 18：1 ＋ 8 ＝ 9 →（生命第二周期數）

年→ 1968：1 ＋ 9 ＋ 6 ＋ 8 ＝ 24；2 ＋ 4 ＝ 6 →（生命第三周期數）

「三大生命周期」的排列數字：「月→日→年」＝「6 → 9 → 6」

> **占數計算基本法則：**
>
> 將所有數字組合相加到最後個位數。
>
> **18；1 ＋ 8 ＝ 9 →數字 18 的靈數是 9**
>
> **136；1 ＋ 3 ＋ 6 ＝ 10；1 ＋ 0 ＝ 1 →數字 136 的靈數是 1**
>
> **依次類推。**

計算完三個生命周期的靈數代表後，接下來就要對照「生命周期時間表」，以找出我們的三個生命周期各落在哪些時段。因為每一個人的出生時間不同，所以每個人的「生命周期」開始與結束的時間長度也各有不同，所以參考時必須採取彈性。

【範例】

如果你的生日是 1975 年 1 月 28 日，那麼你的「三大生命周期」代表靈數與期間為何？

月→ 1 →（生命第一周期數）

日→ 28；2 ＋ 8 ＝ 10；1 ＋ 0 ＝ 1 →（生命第二周期數）

年→ 1975；1 ＋ 9 ＋ 7 ＋ 5 ＝ 22；2 ＋ 2 ＝ 4 →（生命第三周期數）

「3 大生命周期」的排列數字；「月→日→年」＝「1 → 1 → 4」

> **（生命第一周期數）1**，表示落在「0 歲 到 26 歲間」
>
> **（生命第二周期數）1**，表示落在「27 歲到 53 歲間」
>
> **（生命第三周期數）4**，表示落在「60 歲以後」

上述這個例子，由於「生命第一周期」與「生命第二周期」的靈數代表都是 1，所以兩個周期銜接的剛剛好。

但是「生命第二周期」（至 53 歲為止）和「生命第三周期」（從 60 歲開始）的靈數代表不同，沒有銜接的剛剛好，兩者之間有七年的誤差，這可不代表誤差的七年間你什麼都不必做，也不代表一切靜止，什麼都不會發生，而是表示妳的「生命第三周期」能量影響提早了七年，從 53 歲開始。

此外，如果想更清楚瞭解「生命航向」，建議同時參考下一章節介紹的「四大高峰期」的「高峰數」與「挑戰數」所面臨的機會與挑戰。

「生命三大周期」時間表

代表數	生命第一周期（即出生月份）從出生到青年	生命第二周期（即出生日數）青年到中年期	生命第三周期（即出生年份）中年到老年後
數字 1	0～26 歲	27～53 歲	54～歲
數字 2	0～25 歲	26～52 歲	53～歲
數字 3	0～33 歲	34～60 歲	61～歲
數字 4	0～32 歲	33～59 歲	60～歲
數字 5	0～31 歲	32～58 歲	59～歲
數字 6	0～30 歲	31～57 歲	58～歲
數字 7	0～29 歲	30～56 歲	57～歲
數字 8	0～28 歲	29～55 歲	56～歲
數字 9	0～27 歲	28～54 歲	55～歲

● 為一般參考。因每一個人的生日不同，結果前後也有些微差異。

　　藉以上「生命三大周期」表格，我們大致可以掌握人生主要經歷的三個周期時間，能預知未來不同階段的走勢將會如何，以提前做好準備，樂觀迎接它。

● 如何預測「生命三大周期」命運走勢

對未來，你抱著什麼樣的態度和期許？

你是否相信，生活中的各種挑戰是冥冥中早已安排的戲碼？

在你看來，巧合真的是巧合嗎？意外果真是意外嗎？

未來可以預測，這種說法你採信嗎？

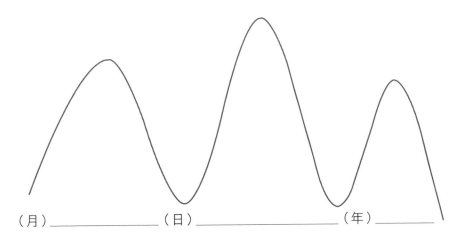

（月）＿＿＿＿＿＿（日）＿＿＿＿＿＿（年）＿＿＿＿＿＿

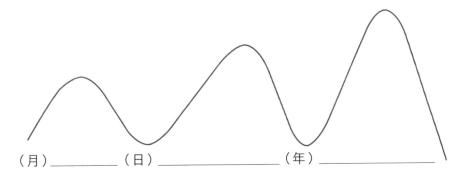

（月）＿＿＿＿＿＿（日）＿＿＿＿＿＿（年）＿＿＿＿＿＿

（月）＿＿＿＿＿＿＿（日）＿＿＿＿＿＿（年）＿＿＿＿＿＿

圖示：每一個人命運走勢圖的起伏長短、振幅大小各有不同。

　　受到各個靈數代表的影響，每個人的「三大生命周期」不只長短不一，每個代表的靈數也因為不同的性格特質，對各周期所產生的能量和振動影響也不同，比如有些人在「生命第一周期」比較保守老成，但是來到「生命第二周期」，青壯年時期就變得主動、積極活潑，在「生命第三周期」的中老年期就又變得隨性自在。

　　「生命第一周期」又稱為「種子發育期」，主要是受「出生月份」影響，是人生最重要的形塑期。這個階段是從出生開始，經歷童年與少年的成長直到青年期，是我們一生之中腦力發展、學習和吸收最快的階段，也是體格發育及人格養成最重要的時期，更是形塑性格的基礎期，這時期的生長環境與家庭背景影響極深，是穩固人生方向最早階段的經驗。

　　「生命第二周期」又稱為「成長發育期」，主要是受「出生日數」影響，是由第一周期延伸到大約 28 歲之前（每個人在這三個階段的時間長短不一樣，大致上先以這個歲數跟階段來做區分）。談到第二個階段的「成長期」，它主宰我們在 28 歲之後，直到進入中年期（約 56 歲左右）階段。在這個階段，我們可能結婚生子，完成學校教育，進入社會工作，並且在工作職場上有很重要的影響力，因此在這時期我們達成人生中重要的里程

碑，這個「成長期」在人生長流裡將會是影響後半生的最重要時期。

　　「生命第三周期」又稱「成熟豐收期」，主要是受到「出生年份」的影響，一般大概在 56 歲左右之後，此時慢慢進入中老年，直到每一個人的生命結束為止。「豐收期」到底怎樣豐收呢？當然得看我們過去的成長時期是怎麼努力的，同時再回溯我們發育時期是出生在哪一個家庭，受什麼樣教育環境的影響，而這些又是如何影響個性發展等等，每一步都是緊緊相連。

生命三大周期

　　這三個生命周期雖然有所區隔，但是一脈相承、息息相關，同樣重要也同樣影響我們未來命運的走向。接下來，我們將「三大生命周期」分別依「種子發育期」、「成長發育期」與「成熟豐收期」來介紹，詳細分析各階段的生命主題與命運走勢。

● 生命第一周期（種子發育期）

　　此周期主要受出生月份影響，是參考「月」的代表數。

　　而「種子發育期」以「出生月份」來計算，即將你的出生月份數相加，總和加至個位數字。

【範例】

　　周杰倫出生於 1979 年 1 月 18 日，那麼他的「出生月份」是 1；

　　1 = 1 ～ 即代表「發育期數」

　　※ 請參考以下內容。其餘，依此類推。

數字 1 在第一周期
發育期數 1，主掌出生於 1 月、10 月的人。

　　生命的第一段期間，代表出生的月份是 1 和 10，總數加起來是 1 的時候，意味著「種子發育期」必須面臨許多難度非常高的內心與外在挑戰。一個人在年幼孩童時候，受到 1 數（即 1 月與 10 月出生）的影響，生活方面會受到更多的指導跟箝制，也就是說在這段時間，對這個孩子來講，你的內在需要也渴望能夠獨立自由，對發展自我也有著企圖心，你獨立自由的企圖由於受到 1 數的影響，反而跟父母長輩的關係惡化。因此，你必須學會有好的方法抗爭，或學習如何取得所謂的權威感的認同；如果這個孩子不夠堅強，這些特性可能會被犧牲掉。

　　這個周期大致上是從你誕生日持續到 26 歲左右，這個時期主要深受家庭、童年時光、生活經驗、社會環境所影響，而這些影響會一直持續到你的 28 歲生日為止，這段期間，你要學習適切的表達自己，那麼一些事情會有所改變，也會有新方向新發展。

　　在這個生命首次登台演出中，大部分的事情都得靠你自己，自己要學會做決定，並培養出責任感。出生於 1 月的人要比出生於 10 月的人，可能會遭遇到比較多的麻煩，也比較會招致誤解。

數字 2 在第一周期
發育期數 2，主掌出生於 2 月、11 月的人。

　　當你出生在 2 月跟 11 月，情緒性的宣泄和表達特別容易影響這時期出生的人，在情感表達上，你們很容易以激動的方式呈現，許多孩子在小的時候我們會稱之為愛哭鬼或撒嬌鬼的，通常跟這個數字的震動有極大關係，在這段時間出生的孩子比較害羞、敏感，會用各種方式吸引周遭的人

對他的注意，他非常需要有人陪伴或做他的傾聽者，因此也樂於交朋友，他們也很容易對周遭的人提出建議，成為同儕間給予指導、規勸和諮商的角色。

　　這個周期大致上會從你誕生日持續到 25 歲左右，在這階段的生命舞台，主要是和強化個人發展有關。出生在 2 月的人，更會顯現出你的敏感度和情緒化，在家庭中也更容易受到母性、女性的影響。在 11 歲和 20 歲的時候，可能會發生一些重大的改變，比如說遷移等。出生在 2 月的人要比出生在 11 月的人更容易受到誤解，出生在 11 月的人，你們會得到比較好的機會，所以你們也會比較早成功。

數字 3 在第一周期
發育期數 3，主掌出生於 3 月、12 月的人。

　　出生在 3 月、12 月的人要特別注意，由於受到 3 這個數字的影響，數字 3 的人若在種子發育期的話，這樣的孩子通常會找出各種方法來表達自己，在說話或行為表現上會顯得較可愛活潑，而且在才藝上，像是說學逗唱、舞蹈等方面都有很好的表現。3 這個數字渴求被人們注意，它需要舞台和燈光，所以這個數字也是一個需要獲得掌聲的數字。有很多受到數字 3 這個階段影響的孩童，對於必須專注在一件事情上顯得漫不經心，甚至到青少年階段，那些一成不變的事情都讓他們不感興趣，反之，在寫作、繪畫方面的才藝能表現的極為出色。

　　這個周期大致是從你誕生日持續到 33 歲左右，在這階段前期的你，會受到除了家人以外的第三個人之深遠影響。在你 21、24 歲這兩年，會發生一些重大的變化，好的變化是可以透過文字、音樂等做個對外的宣告，而這些變化也可能會發生在你年紀更輕的時候。出生在 12 月的人會比出生在 3 月的人，有更多好的機會。出生在 3 月的人，比較會受到情緒的波

動和影響。

數字 4 在第一周期
發育期數 4，主掌出生於 4 月的人。

在 4 月份出生的孩子，通常在學習的過程，如果不是表現太好，就是會遇到諸多困難。許多在第一階段「種子發育期」遇到 4 數的人也特別的固執，堅持己見，因為受到 4 這個數字能量的影響，會迫使孩子必須要遵守規矩、次序和規範。所以我們也常會看到一些從小就自制能力非常強的孩子，或者他們在從事學習工作上很有方法。許多發育期數 4 的孩子，他們在成長中很早就認識到「現實」這兩個字，明白想要生存就必須好好的讀書，或者是要有份穩定的工作。

這個周期大致上從你誕生一直持續到 32 歲生日左右。因為這個周期是和早年境遇和家庭環境有關，所以受限相當的大，要很勤勉工作，而且非你所能控制的情況也很多。在你 19 歲、22 歲、28 歲這三年，會有一些重要的事情發生，這段周期的生命主題是「務實」，凡事一步一腳印要腳踏實地，沒有任何投機取巧的機會。

數字 5 在第一周期
發育期數 5，主掌出生於 5 月的人。

5 月出生的人，此時期的想像力特別發達，學習上也非常的機靈且快速，他們會有不同的方法面對所謂的權威者，例如他們的父母親或長輩。在身體健康方面，則需要獲得更多的營養。這個階段最重要的課題，就是學習如何做自由的改變，以及冒險患難的精神，由於受到 5 數的變動影響，這階段有許多孩童的父母不是離婚就是分居，或者是因為生老病死的原因

而離開，要不就是在這段時間可能會面臨遷居、搬家等情形發生。

因為受到 5 數的震動，會讓人容易產生好奇心跟疑問，如果從小以自由開放的方式來教育發育期數 5 的孩子，他的想像力會是無遠弗界的，甚至在這個時候的孩子對人生冒險會有很多的體悟。

這個周期大致上會從你誕生持續到 31 歲左右。這個周期和各式各樣的人、公共活動有關。總體而言，你在這個周期要隨時應變並準備移動，比如帶著公事包到處跑等等。在 14 歲、23 歲時候，會有重大的改變。數字 5 主要呈現智力方面的品質，因此早年良好的教育，對你日後的發展有關鍵性的影響。

數字 6 在第一周期
發育期數 6，主掌出生於 6 月的人。

6 月出生，正處「種子發育期」的孩童，很早就被教育與家人關係的重要性，特別是對長輩，要有一定的規矩和問候。在這樣的環境下，促使這段時間的孩童成長到青少年階段，都會比其他的孩子在面對家庭關係負擔上有更多的責任感。受到 6 數的影響，這些孩子和他們的母親或者是家族中的女性們會較為親近，家裡的花草和所飼養的動物也大都是由他們在照料管理，這類孩子對家庭觀念和親人的關係是非常緊密的。

這個周期大致是從你誕生持續到 30 歲左右，數字 6 和家庭、愛、責任、承諾有關。你在同儕中一直都相當受到歡迎，這也使得你在人事方面都進行的比較順利，不過仍要注意發展一些平衡的關係。如果是女性受到這數字 6 的影響，通常不是早婚就是晚婚。你在 21 歲、24 歲可能會發生一些重大的事情。

數字 7 在第一周期
發育期數 7，主掌出生於 7 月的人。

出生月份是 7 月的孩童，會花很多的時間獨處，比如，喜歡閱讀或自我思考問題，因此讓家人或周遭的人覺得他們特別的不合群，或者是覺得特別安靜、有思考力。這當然也鼓勵了這階段的孩子，能有更多的時間去反省，對許多事情產生好奇懷疑，並且去發現問題與真相。如果父母親或長輩能善用孩子的這個特質，就有機會能創造出所謂的天才兒童，或是非常有天分才情的孩子。

這個周期大致是從你誕生持續到 29 歲左右。因為數字 7 是非常內省的數字，所以你的情緒通常並不外顯，也很少用一般人正常的方式去表達。你喜歡多一點的時間獨處、閱讀、尋求真相，或瞭解宇宙生命的玄妙之處。你在 16 歲、25 歲這兩年會有一些重大的變化，在這段時間，與其參與其中，還不如成為一個旁觀者會更有利。

數字 8 在第一周期
發育期數 8，主掌出生於 8 月的人。

出生在 8 月的孩子，最先要學習如何面對權力的事。一般人在很小的時候面臨金錢跟財物的問題不多，偏偏在「種子發育期」遇到 8 這個數字的孩子便會發生，他們不是在金錢方面被驕縱的非常浪費、不懂得節制，就是可能在物質和金錢上非常匱乏，因此他們會被教導金錢的價值跟目的。教育這個時期的孩子，最好能夠讓他們集中精力在運動和消耗體力的事情上，因為他們的毅力非常堅強，在體能上需要大量的付出，這與他們需要得到更多的愛有極大關聯。

這個周期大致上會從你誕生持續到 28 歲左右。在早期的階段，你就

對「權威」很有認知，而且在同儕中擔任領導者；此外，物質觀念會影響你很多。你在 17 歲、26 歲的時候，會有一些很重大的變化。你的智力很早熟，會吸引一些年長的人來幫助你。在 31 歲之前，很可能因為周遭的環境受到一些誤解，這種情形會持續到 33 歲，很難避免。

數字 9 在第一周期
發育期數 9，主掌出生於 9 月的人。

　　9 月份出生的人，需要教導無私大方、分享和奉獻。然而孩童很難在這麼小的階段深刻瞭解這些事情的重要性，如果他們不斷地被要求要分享，要對別人付出，反而容易讓他們覺得自己被冷落和孤立，好像不是家裡面最重要的一份子。很多在「發育期 9 數」這個階段的孩童，都認為自己是被領養的，稍年長之後跟家庭的關係會漸行疏離，所以父母對這個階段的孩子要花更多的心思。孩子因為一直被教導要無私付出，所以在 9 這個階段的孩童與青少年，他們很早就在尋找自己的天命與人生的目的，他們自覺比一般年齡的孩童更成熟更老道。

　　這個周期大致上會從你誕生日持續到 27 歲左右。因為數字 9 是很寬廣、無邊無際、十分個人的，這個階段你對生命會相當的善感，富有同情心。你在 18 歲、27 歲生日時，生活上會有一些重大的變化。在這一段周期，你可能會因為遠遊或與重要人士的交往，而有機會開拓視野、拉大生活層面，這些對你的生活影響相當大。

● 生命第二周期（成長發育期）

　　主要受出生日影響，參考「生日數」。

　　「成長發育期」以「出生日」（即生日數）來計算，是將你生日數字

相加，總和加至個位數字。

【範例】

周杰倫出生於 1979 年 1 月 18 日，那麼他的「生日數」是 18 日；

1 ＋ 8 ＝ 9 ～ 代表「成長期數」

※ 請參考以下內容。其餘，依此類推。

數字 1 在第二周期
成長期數 1，主掌生日數是 1 日、10 日、19 日、28 日的人。

如果你的出生日數字加起來總和是 1 的 1 號人，在工作或學習上盡量主動去創造發揮，也去主動表達想法跟創意。因為 1 代表一個開始、原創、獨立思考與企圖心，以及能自給自足這樣的特色。1 號人在性格上比較有自信、堅忍強悍，也會比較主動掌握情勢、開創新局，如果能在這個時期抓住趨勢流行，將其運用在工作職場跟生意發揮上很容易獲得成功。

這個周期原則上會從你 27 歲持續到 53 歲左右。當你進入 28 歲生日時，這個周期會更加的豐富。在你的生命進入 31 歲之前，你會強烈要求得到領導的位置，或是決定超前於他人，即使你實際上並未做到這些，你也會假裝自己已經達成目標了，表示出自己可以掌控、領導、命令、指揮，這些特質會在這段期間被你發揮得淋漓盡致。在這個期間，你特別容易吸引出生於 2 月、4 月、8 月的人，以及出生日數加起來是 1、2、4、7 的人。

數字 2 在第二周期
成長期數 2，主掌生日數是 2 日、11 日、20 日、29 日的人。

當生日總和是 2，也就是我們所謂的 2 號人，比較受到這個時期 2 的

影響。2 數的特性就是配合度很高，合作有耐性，社交手腕高，善於處理人際關係。在這個階段，面臨工作、職場上的壓力很大，如果能善用性格上的優點，從事有關人際網絡或是服務性質的工作，比較容易獲得滿足感跟成就感。此外，這個階段的人心緒十分敏感，對別人內心的慾望和期待特別有感應，所以和別人心靈層次上的感受特別容易契合。

從許多的經驗和統計資料來看，2 號人如果能在這段時間發展身心靈或是通靈方面的才藝，能獲得很大的效益跟成就。

這個周期會從你 26 歲持續到 52 歲左右。有一些重要的事情會發生，並且產生一些正面的效果，在這段期間，你要很謹慎的選擇朋友和所處的環境，你會在詩詞、電腦、電子領域有所發揮。在這個周期，你會特別吸引出生於 5 月、7 月、10 月的人，彼此的振動率會非常的強。另外生日數總和是 2、7、1、4 的人，也會對你特別有興趣。

數字 3 在第二周期
成長期數 3，主掌生日數是 3 日、12 日、21 日、30 日的人。

生日數受到 3 的影響，他會比較容易產生和諧、親切、快樂的感受，周遭的人也可以接收到你所表現出來的自由心靈。所以，這個階段你在工作上，以及學習背景、累積的經驗會得到很多的回應跟報酬。在這一段時間，你特別容易跟人產生互動，社交活動也會有良好的發展跟成長。因為你擁有這樣的天賦能量，所以也比較容易成為藝術愛好者，對文字、演說、寫作，甚至歌唱表演形態的表達都特別有天分，如果你選擇朝這方面去發展，成就肯定會比較大。此外，這個階段的你非常在意自己外表給別人的感受，而外表的打扮和風格也會是影響你有否成就的關鍵。

這個周期會是從你 34 歲持續到 60 歲左右。在這個周期，自尊、**驕傲**、獨立都會顯現在你的日常行為之中，你非常不喜歡別人限制你的生活。在

30 歲之後到 57 歲這個階段，你所追尋的職業生涯通常會和宗教、藝術、政府有關。在這段豐收時期，你特別會吸引出生於 3 月、12 月的人，其次是 4 月、11 月的人，以及出生日數加起來是 6、9 的人。

數字 4 在第二周期
成長期數 4，主掌生日數是 4 日、13 日、22 日、31 日的人。

4 號人受到 4 數的影響，個性務實又耐操耐勞，做事講求一步一腳印、有責任感，非常重視規矩與傳統，也非常在意細節的表現和邏輯性的思考。如果在第二階段進入 4 數的「成長期」，會對務實感產生更強的效果。若能在此時好好學習有順序的建構事情，加強思考的邏輯性，對日後工作上如何有效快速發展有很大的幫助。

這個周期，原則上會從你 33 歲持續到 59 歲左右。在前面的三十二個年裡面，對你來講是相當艱難且挑戰的時光，從 31 歲生日前後開始，對於很多狀況，你會開始掌握得宜。要特別注意的是，因為你的天性比較謹慎小心，常常會誤解別人對你的看法，甚至理解成完全相反的意思。有關你在這段時間所交往的朋友，在別人的眼中都比較特殊，那些出生於 2 月、6 月、8 月的人，和你的振動是強烈吸引。而那些出生日數加起來是 1、5、7 的人也和你特別有緣份。

數字 5 在第二周期
成長期數 5，主掌生日數是 5 日、14 日、23 日的人。

生日數字總合是 5 的人，熱愛自由冒險、善變、不安定，又因為興趣太多，集中力不足，對太多事情產生興趣，所以很容以發生學而不精，常換工作與騎驢找馬的情況，很難過穩定的生活。你應該運用這相關長處跟

天賦，從事跟旅遊銷售、電腦資訊、創意設計或者是媒體相關的工作。若能好好運用藝術感官的直覺天分，有可能成為一個受歡迎的公眾人物，像是演藝人員或媒體工作者，只要善用 5 數能量，抓住機會好好發揮，將可以大鳴大放。

這個周期會從你 32 歲持續到 58 歲左右，在你 32 歲之前，你可能會過著自由自在的生活，經歷各式各樣的改變，或者在不同的領域及一些稀奇古怪的人事之間遊歷。這個階段的經驗，會直接影響你的下一階段職業發展，你會在音樂、文學、科學等領域有不錯的表現。你會對出生在 5 月、6 月、9 月、10 月的人特別有好感，彼此的振動也很強。另外出生日數加起來是 5、6 的人也特別引起你的興趣。

數字 6 在第二周期
成長期數 6，主掌生日數是 6 日、15 日、24 日的人。

生日數總合是 6 的人，在人生第二階段強調的是責任感、完成任務，學習服務態度，以及協助他人與宣揚正道等等。而家庭和樂與家人的親密關係，在這個時期也是重要的基礎，和家人的相處若能處理得當，生活就會更輕鬆自在。如果能在這個階段把美感和諧的特點帶入工作職場中，如從事景觀建築或是醫療護理工作，像是在養老院、育幼院與兒童教育等相關工作，將能協助你獲得極大的成就感。

這個周期會從你 31 歲持續到 57 歲左右。數字 6 的光芒在你的生命周期裡閃閃發亮，特別是從 24 歲生日一直到 33 歲的生日之間，會有相當強烈的振動力。你在美學的事務上表現出迥然不同的風格，你會希望有一個藝術氣味非常濃厚的家庭，你熱愛豐富的色彩、美妙的音樂、優質的藝術品。對教育和學習方面特別感興趣，在職業生涯的選擇，你偏向輔育、教導、法律方面等領域，甚至是那些特殊且少數人從事的教輔類工作，都會

帶給你很大的滿足感。在這個階段，你會受到出生3月、5月、7月、10月、12月的人，以及生日數加起來是6、3、2的人吸引。

數字 7 在第二周期
成長期數 7，主掌生日數是 7 日、16 日、25 日的人。

生日數總合是7的人受影響最直接。7數的振動代表了內心思考、自省、獨處、尋找真理、研究關鍵字，因此大量的閱讀能夠增長智慧和心靈的成長。在這個階段也特別容易帶動心智與身心靈方面的探索，以及形而上的思考。這段時期在工作職場方面，運用你寫作的技巧，還有透過教學的方式來表達自己，比如哲學和科學方面的省思觀點，它可以為你帶來很多的回饋和影響力。很多大師級的身心靈演說家，都是受到7這個數字的影響。

這個周期會從你30歲持續到56歲左右。25歲這一年一開始，你的獨立性格就會表露無遺，你的原始天性會產生一些很強烈的影響，你會期望到很遠的地方旅行，會學習、經驗一些特殊的事情，探索你內在對於真相、智慧、社會上的學問等等。往寫作、音樂、分析、科技、玄學等方面加以鑽研，你特別能夠發揮所長，獲得成就。你對出生在3月、5月、7月、8月的人，以及出生日數加起來是1、2、4、6、7的人特別有好感。

數字 8 在第二周期
成長期數 8，主掌生日數是 8 日、17 日、26 日的人。

8數的振動力吸引財務、社會地位和知名度的成功，8數的影響是大範圍的，如果能夠站在制高點去看遠大的方向，相對就會有大的成就回饋。因為受到8數的影響，所以在金錢管理和財務規劃上非常的重要，它同樣

會影響你的身體健康，也就是說，當你在財務方面處理得很糟糕時，你的身體狀況會連帶受到影響，甚至分散所有的專注力。

成長期 8 數強調誠實面對自我，不要忽略內在的慾望。許多人對成功的渴望非常大，但是卻又故作姿態假裝不在乎，這只會讓你背離慾望越來越遠，若能實實在在接受自己的慾望趨動去努力，反而能有最大收獲。

這個周期會從你 29 歲持續到 55 歲左右。在 35 歲這一年，你才會感受到可以真正控制自己生活裡的一些事物，在這個周期，你會發展出深刻的性格，也擁有獨立而完整的思想。到 58 歲之前，你的生命主題會集中在生活哲學的研究上。至於職業的選擇，特別是公共事務、銀行業務、不動產、官方有關的工作，會讓你在財務上頗有收獲。那些出生於 1 月、5 月、10 月的人，以及出生日數加起來是 8、6、3 的人都很吸引你。

數字 9 在第二周期
成長期數 9，主掌生日數是 9 日、18 日、27 日的人。

生日數總合是 9 的人，這個階段對你來講非常重要。9 數本身的振動帶有強烈的同理心，能長期的忍耐、有無私的大愛。在這個青壯年階段，如果你不能搞清楚未來的目標和遠景，很容易做白工。像有些人把目標設得過大，沒有考慮到自己的能力，也有些人其實天賦很高，卻只著重在小細節和短視近利，像這兩種人就會完全與成功擦身而過。9 數因為個性大方寬容，所以很容易在這個階段成為慈善家，與人分享成功與資產。這個時期的人都要以平常心面對一切，千萬不要勉強自己，違背常理，過度作假，要能順從自己的心意，自由去發揮，反而可以得到更大成果。

這個周期會從你 28 歲持續到 54 歲左右。當你進入 27 歲這一年之後，所有的機會都會朝你這邊靠過來，你也會特別花心力學習，有非常強烈的慾望想掌控自己的生活方式，就像一名船長能在大海中掌舵一樣。你的意

志力和決斷力會大大地決定了你成功與否，職業生涯的選擇，朝法律、軍事、藥物、藝術、宗教等方面的發展將大有可為。你和那些出生於 4 月、8 月、11 月的人，以及出生日數加起來是 9、3、1 的人，特別能彼此吸引。

● 生命第三周期（成熟豐收期）

主要受出生年份影響，參考「年份」代表數。

「成熟豐收期」以「出生年份」來計算，是將你出生年份數字相加，總和加至個位數字。

【範例】

周杰倫出生 1979 年 1 月 18 日，那麼他的「出生年數」是 1979；

$1 + 9 + 7 + 9 = 26 = 2 + 6 = 8 \sim$ 代表「豐收期數」

※ 請參考以下內容。其餘，依此類推。

數字 1 在第三周期
豐收期數 1，主掌出生年數是 1 的人。

當你的第三個周期走在 1 的時候，它反映了你的工作、旅行和生活動機，是擁有一個非常好的戰略位置。我們常說，處於這種狀態的人叫做「退而不休」，因為你內在的慾望不斷地產生，從來沒有停歇過。所以「成熟豐收期」若受到 1 數的影響，會讓人在生活各方面呈現非常積極的狀態，甚至在這個階段會變得非常有名，成為一個公眾人物。

這段周期開始於你的 54 歲生日。在生命最後的舞台，你會發現自己腳步站得很穩，佔有一席之地。擁有的東西比原先所想望的還要多，不需要依靠他人，只需依賴自己過去一路積累下來的資源。第三周期在此數時，

身體方面要注意高血壓、心臟的毛病、不正常的血液循環、肺部和眼睛的問題。

數字 2 在第三周期
豐收期數 2，主掌出生年數是 2 的人。

2 數的重點在於和諧與聚集，也就是說當你進入人生最後的階段，你的生活最怕孤單，這時你的伴侶和家人會扮演很重要的角色，你希望能夠為許多的人（尤其是親近的家人和朋友們）服務，特別是能夠照顧到他們的生活需求與內心的想望。對你來說，服務照顧親近的伴侶，可以帶來生活上的快樂。

這個階段開始於你的 53 歲生日。當你的生命進入這個階段，特別是在你 56 歲這一年，伴侶和情感關係對你來說非常的重要。這時期你會有一種對生命的不確定感，對於自己一生所追尋的似乎仍有疑惑，所以在你的前半生，最好謹慎選擇情感對象及生活環境，也要多注意身體的保健。關於身體狀況，你要特別注意胃和消化系統，防範糖尿病、腦瘤、蛋白質中毒、出血、潰瘍等狀況。

數字 3 在第三周期
豐收期數 3，主掌出生年數是 3 的人。

3 數最大的振動力是在發展創意思維，用藝術性的表達來反映心思跟情緒。凡是出生年總和是 3 的人，即使到老年，仍然希望得到大家對你的注意，就像站在舞台的中央。而你可以透過肢體、繪畫、語言等方面來展現天賦，一樣可以獲得很多人的支持，事實上年齡對你來說並不重要，你只需要獲得掌聲。這段時期，你可以將前半生所經歷的事情寫成書稿，或

者是透過教學課程回饋給大眾。退休生活對你來說，是你另外一個人生的開始。

　　你會在 61 歲進入這個人生階段，它將證明你是否能有娛樂有開心，這都端看你過往有沒有樂觀態度，又是否有常常「做對事情」而累積下來的結果。從正面來看，這個周期你會有好的職業、名聲和尊榮；從反向來看，你的生活有可能會出現飲酒過量或是太過自我膨脹等缺點。在身體健康方面，要避免過度用腦，注意低血壓、皮膚病與腳方面的保健。

數字 4 在第三周期
豐收期數 4，主掌出生年數是 4 的人。

　　出生年總和是 4 的人，在老年的時候會將心力集中在如何參與團體生活，或是身體健康與財務方面的保護跟管理。面對 4 數振動的人，在這個階段對於文學的投入跟創造會有非常大的吸引力，甚至有些人會變成傑出的作家或引導者。也有許多人在體力和健康方面訓練的非常有心得，因此可以將過去沒有表現出的積極熱情和看法分享給別人。

　　這段周期始於 60 歲。你要很小心的估量，因為數字 4 和勤勉、持續的工作有關，要盡量避免情緒的起伏，以及遭到別人的誤解。在建立財物的安全感上，你要在之前的第二周期就準備妥當，盡可能對自己的生命架構有所計畫，這麼一來，你會在這個周期發現自己仍大有機會，建立一些能夠持續很久的事物。身體健康方面，你要注意精神緊張失序所帶來的疑難雜症，比如憂鬱症和意外等。

數字 5 在第三周期
豐收期數 5，主掌出生年數是 5 的人。

　　出生年數字 5，代表旅行、自由、冒險、開拓之意。進入老年階段，你可能是我們所有人裡最快樂、最開心的人，在生活上也可以享受自由自在的逍遙行，比如有很多人在老年退休後開始環遊世界，或者對很多新事物的發明會有更多的喜好，去培養閱讀、認識新朋友以及學習新的事物，對這個階段的人來講是非常重要的。這些人看起來比實際年齡還要年輕、活力充足，很容易吸引比自己更年輕的人的注意。

　　這個周期開始在你 59 歲生日。這段時期，你可以期待一個非常豐富、積極的生活，在公共事務上你會有一些表現，但建議你不要為了一些特殊的事情，而偏離了原來的軌道。事實上，你根本就沒有這麼多的時間和心力去參與這麼多的事。在身體健康方面，要特別注意神經系統、精神崩潰、痲痺、癱瘓、健忘症等。

數字 6 在第三周期
豐收期數 6，主掌出生年數是 6 的人。

　　出生年數加總後數字是 6 的人。你的退休生活跟家庭和樂以及美感有關，你通常期待被你所愛的人，還有愛你的人圍繞，在你生活中追求一種平靜美感，其他的人也會被你無盡的愛和溫暖所吸引。其實，幫助別人得到他們的需要，是你主要的生活目標，所以對受到 6 數影響的年長者來講，常常會自願去做義工或募款等慈善事業。

　　這個周期開始於你的 58 歲生日。你可能有晚婚傾向，或是遇到一段羅曼蒂克愛情的機會，這個振動率其實在 51 歲那一年會特別的強烈。由於你第二周期的努力，你非常有能力建立起一個舒適的家、一個溫暖的愛

巢。在身體健康方面，要注意血壓、超重、心臟、鼻子、喉嚨、胃、胃部以上的器官。

數字 7 在第三周期
豐收期數 7，主掌出生年數是 7 的人。

出生年數字加總得到 7 的人，只需要一個心靈伴侶或朋友家人的陪伴。不過，通常這類人會飼養寵物。豐收期數 7 的老年生活需要安靜，你害怕吵鬧，因此會比較希望能夠不受打擾，獨自過自己的生活。另外，也有許多人透過教學工作，幫助更多人找到生命的意義，並追求更高的靈性生活。

這個周期開始於 57 歲生日。在這個人生階段，你希望遠離一切的喧囂和壓力，平靜的渡過人生最後一段旅程。宗教、靈修對你的影響很大，有心靈的寄託是好事，但對於實際的生活也不要退縮。在身體健康方面，要注意別擔憂太多，否則容易產生煩惱困惑、消化不良、夜晚盜汗。不要把事情想得太糟糕，要放輕鬆一點，事情反而更容易有轉機的。

數字 8 在第三周期
豐收期數 8，主掌出生年數是 8 的人。

出生年數加總得到 8 數的人。因為受到數字 8 的影響，最直接就是跟財務金錢有關，在老年時要好好運用你前半生所積累的財富。數字 8 也象徵非常大的成就感跟成功，所以在選擇管理財務方面的人身上，要有很大的判斷與辨識力，因為你的財務代表你是否會有健康的身體和生活。在這個階段，也很可能會發展出更大的事業，甚至也有可能會跳到新的領域。幸運和知識隨時圍繞著你，退休兩字從來就不在你的字典裡。特別提醒你，無論如何都要運用時間多休息，維持情緒平衡，這對你的健康才會有幫助。

這個周期大約開始在 56 歲左右，你的人生態度會傾向於宿命、哲學性的情況。因為過去努力工作的累積，得到了豐富的物質回報，通常你不大需要為物質生活辛苦。在身體健康方面，要注意的是頭痛、沮喪、無以名狀的孤獨感、便祕、血液中毒、膝蓋、牙齒、骨頭等問題。

數字 9 在第三周期
豐收期數 9，主掌出生年數是 9 的人。

你的出生年數加總得到 9，代表在退休之後，要以更寬懷的愛心大方分享你過去的努力。許多人會變成慈善家，成為人們心目中的偶像和學習的對象，也獲得很多人的尊重。你可以利用這段時間，好好享受過去你對文學藝術和美學方面的喜好。如果，這個階段你可以發揮品鑑文物或藝術表演的才能，也許還可以開創出第二個成功人生。

你比一般人提早一年，在你 54 歲之前就會進入第三周期。這段時期你必須參加一些活動，密切和人群保持往來，容易與公眾人物接觸，會參加聚會，會見見老友或世界旅遊等等。在身體方面，要注意避免碰撞、瘀青、爭執、灼傷、刀傷、車禍、機械災害、火災、發高燒等。此外，也要避免與人發生爭執和誤會。

掌握數字對「周期」與「命運」的影響

姑且不論你的生命第一、第二或第三周期的命運走勢如何，我們都可以藉由瞭解數字振動的影響，快速掌握每個生命周期該注意的事與努力的方向。換句話說，即使同一個數字出現在不同的「生命周期」中，但各個數字都有一些固定基本的意義，只要抓住這個要訣，就算不能完全精準預測命運走勢，至少能很清楚自己人生在每個階段該完成什麼功課。

另一方面，根據我們的出生年、月、日所計算出來的「命運數」，也

擁有同樣的數字意義。不過要提醒，11 和 22 這兩個「大師數」比較特別，若計算「命運數」時候，無須進一步加起來至個位數。

【範例】

美國前總統歐巴馬的生日為 1961 年 8 月 4 日，請計算出他的「三大生命周期」代表數與命運數意義？

年→ 1961；1 + 9 + 6 + 1 = 17；1 + 7 = 8

月→ 8

日→ 4

所以，歐巴馬的「三大生命周期」為：

8 → 4 → 8 （月→日→年）

※ 請參考以下數字 8 與 4 的說明

歐巴馬的「命運數」是：

（年+月+日）＝（1 + 9 + 6 + 1）+ 8 + 4 = 11 →大師數

※ 請參考以下數字 11 的說明

● 數字 1：出現在「生命周期數」與「命運數」時

在這一段時間，你可以盡量展現出自己最好的品質，甚至發揮你的自由度，以及你無人可及的原始創作靈感。因為獨立自由和自信心，在這段時間會因為數字 1 的振動，讓你十足像一個領導者，讓你在想法、表現和行動上成為許多人學習的榜樣。

當然，在第一周期裡你會經歷一個舉足輕重的學習過程，這期間你會感到孤獨，因為大部分時間你需要靠自己單打獨鬥，並仰賴獨立思考來完成自己的計畫。簡言之，在第一周期裡，你會想盡方法完成心中的計畫和想望，甚至用你的獨立精神來克服所有的孤寂感。在這段期間，也許你會

以「自我為中心」的位置和思考來維持內在的能量，但只要克服了大小困難，你就算是完成這階段的使命了。

● 數字2：出現在「生命周期數」與「命運數」時

在數字2的周期中，學習的主要課題是「合作關係」，無論在家庭關係、朋友關係、工作關係或者人際關係上的處理，你都要好好運用合作的能量。這段時間若要達到事半功倍的效果，「團隊精神」的發揮與學習是必要的，此外，你還要有細膩委婉的社交手腕，要有很大的耐性去等待結果，不像第一個周期凡事都靠單打獨鬥。

這段時間的重點是「合作」，無論開始或結束，你一定要多瞭解如何透過「合作關係」，以有效地獲得利益與價值，這是你這段期間真正的學習和挑戰課題。一旦你能夠適應團隊合作，能夠融入其中，那麼你在各方面的人際關係都將如魚得水，自然受益。

● 數字3：出現在「生命周期數」與「命運數」時

在3數有關的這段期間，主要強調的課題是，如何運用「創造的力量」、「創意的想法」，來表達你內心的嚮往跟計畫。通常數字3進駐的這段期間，創意性、藝術性的能力天賦很容易發揮作用。

除了表現自己的才能，數字3的振動力容易對你產生陽光正面的氣氛，會讓你有許多歡樂的嚮往與收穫，所以，很多人在這段時間會盡情的享受歡樂，分享開心的事情，像是透過藝文活動、美術、音樂、藝術、文化的薰陶，來激發你用不完的精力並發揮天賦。以具有創意性的方式去表達自己，如去表演、演說等，你會因此獲得大家的注意和重視，並能以數字3的創造能量完成現階段的工作。

● 數字 4：出現在「生命周期數」與「命運數」時

　　進入數字 4 振動力的周期，主要的重點放在「自我訓練」與「勤奮工作」，你必須持續不斷的努力，以不放棄的精神和紮實的工作態度，建立一個踏實穩定且穩固的生活基礎，不論你是從事什麼樣的工作行業，也不論你是否在學念書或有其他的深造皆應如此。

　　4 數能量是打下基礎的階段，與金錢財物也有緊密關係。所以在 4 數周期時，除了努力工作，還需要自我節制的強化訓練，如此才能獲得比較大的成就與成功。

● 數字 5：出現在「生命周期數」與「命運數」時

　　關於 5 數這個周期，重點特色在於「變化」跟「自由」。在這段時間，你可能會面臨許多的想法，甚至想改變你目前的狀態，追尋一些新事物、新的挑戰、新的學習與新的發現，這些情況容易造成你迷失方向或沮喪不安。在你追尋改變當中，一樣會面臨許多的危機和冒險，甚至有可能會面臨失去財務和其他東西。

　　許多人一進入 5 數的周期，常會感到無所適從和心慌意亂，在工作上會有「騎驢找馬」的情形，或是會有中途放棄什麼事情的念頭和行為出現。5 數的振動能量是「移動變化」，如果你想掌握改變的契機，必須先接受 5 數這樣的特性，再以此能量去發展無限的想像空間，並將改變的想法付諸正面的思考和行動，如此才會為你帶來身體跟心靈上的完全自由。5 數的周期，有遠遊、離開自己故鄉，甚至到海外發展的機會。

● 數字 6：出現在「生命周期數」與「命運數」時

　　數字 6 連結了家庭、婚姻，還有承諾與責任。這個周期裡，適合處理婚姻與家庭關係，還有家族情感的連繫。進入數字 6 的能量管轄，它也可能發生許多家庭事務，如父母親與年長者在身體精神方面需要更多的照料。另外，它也可能有結婚或離婚的狀況，或是分居的情形也常常在這段時間發生。

　　家庭、奉獻、服務與責任感是這數字 6 周期的必修功課。其他，我們可以發展藝術方面的興趣，比如到畫廊欣賞畫作，或是親自動手裝潢住家環境，去運用自己在這方面的知識來幫助你，建造一個完美而溫馨的家庭，能滿足內在對美感的需求。

● 數字 7：出現在「生命周期數」與「命運數」時

　　數字 7 的振動能量，重點在研讀、探究、靜觀、冥想跟學習，特別是有關科學方面與靈性「形而上」方面的知識追求與探索。進入 7 數的階段，影響我們對神學、對天文、對神祕學方面的知識渴望，所以我們如何在安靜的狀態下反躬自省、認識自己、找回自我，以尋求身心靈的平和與平衡是這階段極為重要的課題。

　　在這個周期裡，常會面臨獨處和自我對話的狀態，把這一生內心真正想要達成的目的或學習，透過知識學習與技能的練習，好好地去發展它。數字 7 的能量會為你的身心創造一個更高遠更良好的環境，引領你尋找到一個更舒服更寬廣的世界。

● 數字 8：出現在「生命周期數」與「命運數」時

　　數字 8 與數字 4 的周期，會有一部分非常相似，就是「努力不懈怠」的工作，以及「堅強意志」絕不放棄。成功只有一種原因，但失敗往往有千百種藉口。數字 8 是到達了可以收穫的階段，所以與金錢物質有關，收穫多少完全與你過去做了多少努力或做對了多少選擇，是息息相關的。

　　進入數字 8 周期的振動，會直接受到我們對成功的嚮往與富足的召喚。這段期間我們在金錢與名聲方面，也可能比其他時期來得更為豐富強大，一些企業家和創業者要達到「揚名立萬」的結果，此階段會高度的實現。但是，8 數是個「現世報」的數字，它呼應你過去如何耕耘的現實。善用8 數這個周期的超強能量，整合執行過去努力所累積的，勇敢面對一切，並清楚表達慾望，就能夠達成你心中所願，完成你的夢想。

● 數字 9：出現在「生命周期數」與「命運數」時

　　數字 9 的振動能量重點在「同理心」與「人性化」的服務，在 9 數這個周期，不要太在意金錢財物的回饋，它會自然水到渠成。進入 9 數這個周期，必須跳脫太自我中心的個人主義，要展現「無私無我」的能力貢獻，去「服務大眾」，並「大方分享」給需要的人。

　　在 9 數的周期，是生命循環最後一個收尾階段和另一個開始，此時要追求「大我」的更高精神，奉獻自己為大眾服務，尤其是義務性的工作，比如推廣環保、救濟貧窮、急救災難、打擊恐怖犯罪等等，9 數是關乎全人類世界的，是朝更人性化與世界和平議題的核心價值發展。

● 數字 11：出現在「命運數」時

　　遇到了對「命運數」的解釋時，我們還是保留「大師數」的精神意義，而非單看 11 數相互加總到個位數 2 的解釋。因為「大師數 11」有它另外更高層次的精神跟統御的領導能力，11 數比數字 2 擁有更多更強的開創能量，是可以激勵他人內在能量的領導者。

　　命運數遇到 11 與 2 數的不同，在於 2 數能量是偏向「自我完成」的被動階段，比如，它是運用外交的手腕承諾他人，從「合作」與「團隊」關係裡去與他人相處工作，甚至要用耐性去等待結果。但是數字 11 是一個站在更高階段的領導風格，主動提供大家靈感與協助，這階段名聲跟名譽會隨之而來，也很容易變成非常成功有名的人士或公眾人物。

● 數字 22：出現在「命運數」時

　　數字 22 的總和至個位數雖然是 4，但是在「命運數」的解釋上，不要單純只用 4 數來看，而是要以「大師數 22」來詮釋其核心意義與精神，「大師數 22」希望留給這個世界更美妙更燦爛的結果。

　　「大師數 22」所要面臨的挑戰要比數字 4 來得更大，它的能量把你原來生命的計畫組織更為擴大，甚至還會大力推動完成你的理想。因為受「大師數 22」的影響，除了原來擁有 4 數的努力不懈與自我管理外，它要發展的是，完全的奉獻與貢獻個人所長和力量，是要去努力專注在一件事情上深耕，如此一來，就有機會經營出一個大格局來造福大眾。當然，「大師數 22」不是天生就能穩當大師，它所要經歷的困境必然比 4 數來得更大，因此不能小看它的能量，而是要往它會為全人類付出更大的貢獻來思考。

CHAPTER

四大「高峰期」的
人生高峰與挑戰

　　我們一生依循著兩個主要周期，一是上一章的討論的「生命三大周期」，另一個是接下來要談的「四個高峰期」，我們依此作為命運航向的學習和預測，在各高峰期中包含了「高峰數」與「挑戰數」。

　　我們在人生成長過程中會面臨不同的階段，西方的占數學家以「四大高峰期」作為不同階段的學習和成長經驗的參考，「四大高峰期」是從出生到生命終點將之分成四個階段，在這四個階段中分別有我們要努力的主要目標與方向。

　　各高峰期之間以九年為循環的基礎，其學習重點分別為：

　　「第一高峰期」——是由出生開始的童年／青少年到成長後的中年時期，這個階段是主要「發展性格」及「培養人格」的階段，是學習和達成

「自我意識」與「自我價值」定義的時期，這時期面臨家庭環境和教育等，對一個人日後的性格發展與人生方向有決定性的影響。

「**第二高峰期**」——進入「青中年期」，這個階段就像四季裡的夏季，影響我們與家人間的關係，它關係著工作上的發展，跟工作、生活上與人之間的責任和相互間的影響。

「**第三高峰期**」——進入我們人生中所謂的「中壯年期」，心智各方面都比較成熟了，就像四季即將進入的秋天階段。這個周期會面對更深入與實際的生活成果驗收，重新檢視第二期的人生發展方向，是否符合自己內心的期待。換言之，這個階段對許多人而言，可能產生「第二人生」的契機和改變。

「**第四高峰期**」——最後一個高峰期，這一段時間會是從過往的生活經驗與累積獲得回饋與機會，同時也運用我們學習的知識和人生歷練，享受、創造另一個新的人生里程。

如何計算「四大高峰期」

「高峰期」的計算方式是以出生年、月、日為基礎，每個人「高峰期」的起始、結束長度不一，主要是依每個人的「命運數」不同而定，也就是依據各自的「命運數」不同而有不同的周期時間點。

※ 四大高峰時間周期計算方式
- 第一高峰期：（36 －命運數）
- 第二高峰期：（第一期高峰期＋９）
- 第三高峰期：（第二期高峰期＋９）
- 第四高峰期：（第三期高峰期＋９）

【範例】

如某個人是在 1979 年 1 月 18 日出生。

「命運數」＝出生（年＋月＋日）總和加至個位數。

$(1 + 9 + 7 + 9) + 1 + (1 + 8) = 36$；$3 + 6 = 9$

得出 1979 年 1 月 18 日出生的命運數是 9

「第一高峰期」：（36 －命運數）

$36 - 9 = 27$→即第一高峰期是在 0 歲～ 27 歲

不同命運數於第一高峰期的時間周期表

命運數	第一周期開始 （36 －命運數）
1	0 ～ 35 歲
2	0 ～ 34 歲
3	0 ～ 33 歲
4	0 ～ 32 歲
5	0 ～ 31 歲
6	0 ～ 30 歲
7	0 ～ 29 歲
8	0 ～ 28 歲
9	0 ～ 27 歲

「命運數」算式＝出生（年＋月＋日），數字總和加至個位數。

● 「四大高峰期」一覽表

命運數	第一高峰期 （36－命運數）	第二高峰期 （A＋9）	第三高峰期 （B＋9）	第四高峰期 （C＋9）
1	0 歲～35 歲	36 歲～44 歲	45 歲～53 歲	54 歲之後
2 與大師數 11	0 歲～34 歲	35 歲～43 歲	44 歲～52 歲	53 歲之後
3	0 歲～33 歲	34 歲～42 歲	43 歲～51 歲	52 歲之後
4 與大師數 22	0 歲～32 歲	33 歲～41 歲	42 歲～50 歲	51 歲之後
5	0 歲～31 歲	32 歲～40 歲	41 歲～49 歲	50 歲之後
6	0 歲～30 歲	31 歲～39 歲	40 歲～48 歲	49 歲之後
7	0 歲～29 歲	30 歲～38 歲	39 歲～47 歲	48 歲之後
8	0 歲～28 歲	29 歲～37 歲	38 歲～46 歲	47 歲之後
9	0 歲～27 歲	28 歲～36 歲	37 歲～45 歲	46 歲之後

不同周期「高峰數」該達成的目標

以下，我們就每一個「高峰期」所顯現出來的高峰數，分別說明其代表意義，在瞭解四大高峰期所遇到的數字能量後，就能清楚我們要努力達成的目標為何。

在各高峰期的「高峰數」速算公式：

Ａ）第一期（出生月＋日）

Ｂ）第二期（出生日＋年）

Ｃ）第三期（Ａ＋Ｂ）

Ｄ）第四期（出生年＋月）

※ 數字互加總和至成為個位數。

※「高峰數」外，另有「挑戰數」也在同一個「高峰期」，唯各自計算方式不同。

● 高峰數的任務

因為「高峰第一周期」與「高峰第四周期」彼此間的變化巨大，所以我將之獨立各別說明。而「高峰第二周期」與「高峰第三周期」兩個階段，由於彼此間連接的時間長度一氣呵成且相互影響，有其關聯性，所以我將這兩個周期合併在一個段落同時解說。

高峰數 1
1 數的特性：自我、獨立、領導、積極、主動、開創

遇到了高峰數 1，它主要是驅動獨立性的發展，並且用原始概念來表達最初的原創想法，也是將個人慾望透過領導、指揮他人，來取得成就及被認可的階段。

高峰 1 數在第一期

自年幼期開始，就要學習如何建立領導力，以及領導的風格和方法，

這對我們的未來是很重要的。在第一個高峰期間遇上 1 這個數字，主功課不是去強化自我的概念或是固執己見，也不是學習以「我」為中心來掌控一切。此階段的重點學習是，如何善用你的原創想法和最初概念，並學會依靠自己的能力和方式來完成生活功課。在這個期間，強調的是培養自我獨立性，暫且不去想任何想要的機會和成果。

高峰 1 數在第二期與第三期

隨著第一期的成長發展和學習之後，來到第二期與第三期，這個周期的高峰數字是 1 時，是要展現 1 數能量的積極效果，主動出擊，發展天賦，避免受到他人太多的箝制和影響。同時你要多參與公眾事務，讓大家認識你並學習承擔責任，成為一個領導者。

高峰 1 數在第四期

1 數能量落在第四期，會是依舊不斷增長強化的，即使許多人已年屆退休，但是他的精力和思考行為模式依舊充滿活力。受到 1 數的振動，生命甚至會在此時產生變化和挑戰，迫使你承擔新的事業或責任感。

換句話說，這個階段也許會出現全新任務，讓你重新使用原始的獨立能量，展現指揮能力，這將是一個「退而不休」或「不退不休」的學習或發展。

高峰數 2
2 數的特性：敏感、成全、體貼、柔順、和諧、合作、外交

無論你是否具有 2 數的性格特質，一旦 2 數落在各周期階期段，你也會受其振動影響，成為一個敏感的人。因此你必須學習更多的耐性，將注意力放在細節上。高峰數 2 在這些高峰時期，其成功的重點是：如何展現友好和諧的

關係,學習巧妙的運用合作來參與團隊,達成任務。

對於希望獲得注意或成為他人喜歡的人,這個階段你要有心理準備,就是無論你如何真心付出,即使樂於承擔一切工作,仍有可能不會全然的被大眾認可或得到更多的掌聲。

高峰 2 數在第一期

數字 2 在高峰期的第一期時,會讓你成為對各種事物有非常敏銳想法的孩子,也很容易在情感上被傷害或是被冒犯。第一期是幼童成長時期,因為 2 數的振動能量,你有可能會經歷無法順利表達情感和情緒的情形,尤其在語言的表達。2 數比較具有依賴性,所以在你的童年時期常會有具權威感的母親,或是意志行為較強勢的家族女性成員,這對你的成長與日後的發展具有重大的影響。

高峰數 2 在第二期與第三期

這段時期是所謂的生產期與成就期,若遇到的是 2 數的能量振動,它會受到你是否已經學習好獨立功課的影響。2 數的實力在其建立合作與製造和諧關係的能力方面,在這一點上它還必須擁有完全自主的決定——如何以和諧的方式和意願來完成合作,唯有如此才能達到預期的想法和目標。在這個期間,你要學習有耐性的聆聽他人,學習運用外交手腕來擴大你的人際圈,及展現在生活與工作上的敏銳的處理能力。以上,是高峰數 2 在此期間非常重要任務功課。

高峰數 2 在第四期

在高峰數 2 的振動影響下進入人生的後半期,重點在於強化你對和諧的學習過程。任何和諧的關係,常常扮演著非常關鍵的角色,它好比一個沉默的發聲氣,為你創造完美的情境和成功的鑰匙。如果你又特別敏感於

周遭狀況的發生，那麼製造和諧氣氛會成為你最高的核心價值，你想讓所有人事物都能和平順利的進行。事實上，任何人都會喜歡並臣服於這樣的合作氛圍。記得，和諧需要在超高的耐心與合作意願下產生。

高峰數 3
3 數的特性：行動、開朗、樂觀、社交、自信、創意、表達

　　只要遇到 3 數的能量，都會產生輕快、愉悅、活力感的氣氛，像外出旅遊、社交活動、娛樂聚會等這一類內容特別容易在此時發生。3 數熱情外向的特質，善於豐富激活你的表達能力，你該抓住這些時期，盡量朝口語傳達、藝術表現等方面發揮，能如此，你就非常有機會獲得掌聲，讓事業大展宏圖。

　　3 數強調「活在當下」，也喜歡運用大量想像築夢，它不會糾結於過去，而是會想像未來。因為喜歡嘗鮮，所以在金錢財物花費上也不太有計畫，不過這也代表 3 數在金錢上無須太多擔憂。

高峰數 3 在第一期

　　在這快速成長發育的第一個週期，孩童如果對太多有趣的活動產生好奇，或是關心太多生活的大小事務，雖然可以激化孩童的學習動機，卻也可能因為喜歡的目標太多，造成心力上無法負荷，反而可能錯失了學習重點及未來的計畫方向。因此，高峰數 3 在第一週期會是一個較為困難的時期。

　　事實上，3 數能量能吸引很多機會，也能激活發展有關藝術與創造的能力，因此在此期，加強集中在自我認識與開發，和選擇在什麼興趣和能力上扎根發展，是這段時期的重點。

高峰數 3 在第二期與第三期

這個階段是人生中最容易獲得事業成功的階段，而 3 數的振動影響則可能會推向藝術、娛樂和才藝表演等方面，如果你又有寫作、演說、舞蹈、音樂和設計方面的天賦，應該要好好讓這些長才發揮出來，配合你的豐富想像力，將之發展為工作事業，很有機會達到一定的成果。

不過，數字 3 著重當下的享樂，有時對於該注意的問題會忽略了，導致後面不良的後果。所以，這段時期要重視責任感的培養，相對地成就感也會大幅度的提升。只要發展的好，這段時期大有機會獲得不錯的名聲地位。

高峰數 3 在第四期

大部分人在進入第四周期時，精神體力方面可能都稍稍退化了，唯受到 3 數振動影響的人，心態和行為依舊和年輕人一樣充滿活力和夢想。據研究統計，他們在這個周期裡越是發揮創意，越會得到許多歡樂的回饋，甚至還能再創生活與工作方面的意外收穫。

在財富安全的規劃下，你金錢無缺，經濟方面也沒有太大的負擔，而你也較能擁有輕鬆舒適的生活，可從事較多關於旅行、社交方面的娛樂活動和發展。

高峰數 4
4 數的特性：效率、忠誠、務實、秩序、助人、自律、建構

4 數進入任何階段，它都代表在自我管理和生活秩序上的成長與學習。受到 4 數的振動影響，要自我建立一套生活的組織系統，簡單說，你要設定一些標準模式，然後持續不斷地努力，即便遇上困難也不輕言放棄。

所有受到 4 數影響的人事物，基本上都嚴重缺乏安全感，因此，如何

有效率的整合組織自己的生活架構，並在工作上一步步實踐它，這會為你帶來十足的安全感。而你生活和情感若希望穩定，則需要依靠平穩有序的日行工作來維持。

高峰數 4 在第一期

　　4 數進入童年階段的第一周期，對孩子來說是一個挺嚴苛的過程，因為孩子很小就被要求或教育——關於嚴格自律、努力工作的了解和學習。許多人在孩童時期會開始接觸現實生活的樣貌，並了解到經濟財務是安定生活的重要因素，穩定的工作是安全感的來源。

　　在這個階段，積極追求良好的教育成為你未來發展的基礎，也會延遲你對生活的享樂，因為努力學習和不斷地工作才是你認為務實生活的態度。這段時間的年輕人會顯得比較老成，內心關心在意的是完成更大的工作而不是玩樂。

高峰數 4 在第二期與第三期

　　4 數雖然不似 1 數主動積極，但依舊有尋求獨立不凡的慾望和企圖。這個階段你要強化的是，自己去建構組織，以穩定的腳步發展你的理想事業。不過，有時也會受到 4 數保守、自律的能量影響，會有無法大張旗鼓、大開大合之感。

　　其實，教育、知識或技術等訓練早已提供你相當好的基礎，你只要能大膽地提出規劃好的藍圖或計畫，然後務實地執行它，就能夠展露頭角。這段時期，在經濟方面可能會受到一些限制，但只要努力工作就會得到一定的回饋。

高峰數 4 在第四期

　　4 數進入第四高峰期，你必須保持「老當益壯」的心理，以備「退而

不休」的生活考驗。

4 數是一個無法停下腳步的工作能量，事實上你們也樂於處在工作狀態中。而 4 數在這階段的另一個考驗是在財務和經濟方面，你如果年輕時沒有完好的財務規劃，那麼在此時可能就無法享受退休的閒暇生活。若仍在工作的人，工作會讓你得到安全感，也能讓你獲得成就感。4 數在第四期，若仍是緊湊忙碌的生活，要注意的是，千萬要有規律的作息，多休息，並維持身心靈方面的運動，保持健康生活。

高峰數 5
5 數的特性：聰穎、自由、冒險、銷售、適應強、多變化、學習快

5 數走入任何高峰期，都會有突然其來的變化和意想不到的事情發生，這也會讓人產生不少心態上的矛盾，讓人一方面想極力追求無拘無束的自由生活，並掙脫身上的責任與負擔。另一方面，又因為經濟方面迅速的上下變動，自己得學習杜絕外在誘因，安定集中在既定的工作以經營出成果。

當然，如果你選擇了旅行生活，那意味著仍得開發經濟來源的取得方法。簡單說，面對從未停止的冒險渴望，你得選擇和決定該捨棄什麼。不過就進入的發展階段，只要能成功推銷自己，就是你最大的收穫了。

高峰數 5 在第一期

5 數的多彩多姿，能夠吸引各式各樣的能量進入，在平凡的生活中也是最能製造驚喜的。5 數也是最容易受吸引與被誘惑，因此就人性上是相當的考驗，尤其是在年幼時期遇上 5 數的振動影響，意味著要在混亂中尋找穩定自己身心的力量。

這個時期常出現遷移和搬家的情形，加上對生活神祕探索的興趣，會結識到不同背景的環境及人物。5 數會激活一個人在各方面變得更為機靈

和敏銳，但這可能會讓人在決定事情上過於衝動，缺乏思考。因此，學習穩定自己的內心，以及能持續集中完成工作項目，在這階段是相當重要的訓練。

高峰數 5 在第二期與第三期

我們常說：「你播種什麼，就植栽出什麼！」當 5 數進入這個周期，想要獲得最大的機會和成功，端看你如何完善地運用機智以及打破規範的適應力。在這個時期，更要好好運用 5 數快速變化及自由彈性的振動能量。

5 數還具有吸引桃花與人緣的能量，你會覺得身邊處處有「機會」有「貴人」，只是，你得注意不要對他人太過輕信，但也不能對別人失信，否則所有看起來不錯的機會有可能因此錯失，成了「處處有機會但也處處沒把握」的情況。在這個階段會有許多值得探險的移動和變動，如旅行、遷移等，而你的貴人運也通常在外地特別發達。

高峰數 5 在第四期

5 數就如驛馬星動，該停的不停，該靜的不靜，生活很難放慢腳步，甚至有時覺得這種變化有點夢幻。對於 5 數進入第四周期的情況，仍繼續發揮它變化多端的效果，而你也必須展現自己適應這一切的能力。

5 數雖然不聚財，但也不缺財。試想，在這個幾乎進入退休狀態的時期，5 數的振動卻依舊影響著你，這正意味著你的晚年不用太過於擔憂家務和金錢，而是能夠到處探索、遊走。

高峰數 6
6 數的特性： 信賴、服務、熱情、正義、責任、穩定

6 數的主要性格在對於責任感的價值認定，這從許多與家庭關係緊密

的人身上可一窺究竟。6 數的服務精神性格，很確實地將「責任感」這個特質發揮得淋漓盡致。

不管任何時期，只要受到 6 數的振動影響，都會強化對服務大眾的心願，會渴望透過參與社區活動、慈善義務等工作來發揮一己之力，你樂於幫助他人達成願望，這也會讓自己獲得成就感。此時若是從事教育、護理、照顧和諮商工作的人，特別能對社會做出直接的貢獻。

高峰數 6 在第一期

6 數與家庭有緊密的連結，如果在第一高峰期遇上 6 數的振動影響，你會很容易自年幼時期起，對家人就產生強烈的義務和責任感，甚至會有一種身負重任的不小壓力。此外，6 數在第一高峰期的人，從小無論是生長在幸福環境中或經歷著困難的家庭，都容易對自組家庭有一種渴望，也因此通常有早婚的傾向。

再談回責任、義務、給予，都需要在平等的情況下才能健全。所以，如果你是單方面的一味付出，有時會引起更大的反撲；比如，對家人過度照顧、關心，反而容易變得太過專制，又或是付出太多而成了受虐的一方。所以，你要學習適度地釋出身上的工作，讓他人也一起分擔、負責。

高峰數 6 在第二期與第三期

受到 6 數的振動影響，在這周期你會增加不少工作量，擔負更多的責任，如果不懂得適當分配工作，你很容易一肩挑起所有的事情，有時過度的忙碌了，反而會造成生活上的問題，比如疏忽家庭和親密伴侶的關注，有可能引發口角或關係破裂。這個時期的任務是，學習在工作與家庭間取得平衡，並透過外交手腕來實現你的人際關係並完成任務。假如你有機會參與社區活動和相關的義務工作，這會讓你得到精神上的滿足，甚至成為其中堅強的核心成員。這個時期你的周遭有可能出現比較有權威的人物，

這對你會帶來不小的影響。

高峰數 6 在第四期

若 6 數進入最後一個高峰期，意味著你會獲得極大的回饋、敬重和關注。但是這些正面的結果，必須是你在過去多年努力服務的累積，這些服務也必須是無私的貢獻，只有在無私無我的前提下，你才能對一切的付出自在釋然。在 6 數的振動特質下，來到第四周期階段的你，可以好好享受家人環繞身旁的溫暖生活。

高峰數 7
7 數的特性：內省、沉著、直覺、真理、探究、理想、邏輯

無論 7 數進入哪一個高峰期，主要的功課都是著重在個人的內省與探索，要去培養對事物的觀察能力，以及加強各種技能的學習。7 數的內向振動，會使人為追求形而上的知識研究，讓人在生活上有離群索居的傾向，工作方面也習慣獨立完成的狀態。由於傾向獨居，所以婚姻不能成為生活的重心，通常你不是遠距就是分居的狀態，更甚者是選擇單身。而如果是有婚姻狀態的人，與生活伴侶則需要時常做深度的心靈溝通，如此兩人才能達到共識並相互理解。

物質方面從來不是 7 數的人生重點，它對俗世的生活沒有興趣，甚至態度懶散不夠積極，對金錢方面也不太關注，因此也會產生經濟方面的匱乏。不過很幸運的是，7 數通常可以獲得他人資金的協助，或得到其他贊助來源。但特別提醒，窮苦的 7 數容易造成健康問題。

高峰數 7 在第一期
7 數進入第一高峰期，這時候的孩童生活中較缺乏同伴，傾向在自己

的電玩遊戲或閱讀世界中創造自己的朋友圈。進入青年時期，因為個性上的內向害羞，真正志同道合的朋友也不多，因此會花更多時間在研讀探究自己有興趣的知識，不過這卻是你能夠拋開社交環境困擾的最好方法。

高峰數 7 在第二期與第三期

受 7 數特性的影響，在生活上所有活動進展，速度都會顯得比較平穩緩慢，有時就像靜靜的湖泊，表面看不出一絲流動的痕跡。由於 7 數能量偏向內化，不是外表的張揚，所以，汲汲營營的現實生活、追求經濟方面的效益，都不能為你的生活帶來滿足感，反觀學術上的研究，諸如科學、宗教、哲學等知識的探討會是你喜歡的。其他，如果在寫作與心理諮商方面下工夫研究，會有很好的發展。

高峰數 7 在第四期

進入 7 數的最後一個周期，很有晚風習習的氛圍。它對喜歡寧靜平和的人而言是一種福氣，生活一切在緩慢步調中進行，這對熱衷研究知識和善用內省的人而言，正是人生中最好的情境。當然，對於那些需要獲得你協助的人，你要盡量付出時間和耐心，提供他們需要的知識。

另一個角度，如果你在過去的成長階段是處於緊張忙碌狀態的人，來到這階段就必須學習放慢腳步，細心的去感受自然的韻律和節奏。這時期，你可以多參加相關於身心靈平衡的活動及課程，或是參加讀書會、寫作班等等來開發你的書寫潛能。人際關係上，也許會遇到與你心靈契合的伴侶，或是具有相同人生觀且志同道合的朋友。

高峰數 8
8 數的特性：忠貞、持續、權威、果斷、遠見、溫情、慷慨

　　8 數在任何周期階段，都意味著要挑戰與調整，以面對現實的權勢與物質的慾望。一般人都能透過各種商業活動或經營生意來達到財務上的成功。8 數在追逐名與利的行為，以及對自我的認識，都成了它最大的功課。

　　任何成功都需要務實的耕耘，以及良好的管理與組織能力，也需要貴人與機遇的造訪。8 數能量極大，卻也常造成情緒的不平衡，它若不是長期壓抑內心的慾望和情感，就是過度擴張慾望行為，沒有節制而傷害自己。因此，如何控制情緒並平衡表達，是 8 數在各階段最重要的功課。

高峰數 8 在第一期

　　受到 8 數振動影響的童年與青少年時期，通常家庭成員或周遭親密關係的人幾乎與從事生意買賣和商務活動有關，這也會促成他們在未來對商業方面的興趣和參與。

　　只是對青少年來說，過早投入商業行為，就開始得有更多對金錢財物的認識與投入，最終結果有好有壞，好的是提早學習金錢管理，對於俗世生活會比較實際且務實，但另一方面，有可能會對許多事情都用金錢物質來衡量，以致失去了想像力。此時，若能引導去參與社會服務、慈善活動，學習幫助弱勢，也許就能讓人知道如何讓金錢有更多元的運用，並懂得善用金錢的價值。

高峰數 8 在第二期與第三期

　　當 8 數進入這兩個周期，意味著能參與更多公共事務，或是有直接進入公家機關、大型企業執行工作與管理實務的機會。8 數的服務範圍由小而大，無所不包，尤其在需要社會公義和仲裁的地方，很需要 8 數來協助發聲。

8 數擁有強大的企圖和雄心壯志，想要完成大事業與更大願景。此階段不僅可以逐步執行計畫，還需要堅強的毅力、沉著的情緒和平衡的自我管理來進行目標的達成。這個階段若能實際參與扶助弱小貧困計畫，將會是日後最大的成就。此外，可以透過持續性的運動習慣，來強化你的意志力。8 數有強烈的責任與照顧能量，多數人的婚姻大事會在此時發生。

高峰數 8 在第四期

在這個階段受 8 數影響的你，幾乎很難為了退休而改變計畫，尤其過去你那麼努力打拼，就是為了在生活工作上獲得成就和成功，所以你不會輕言放棄工作，對你而言沒有退休的問題。

雖然已經過了大半人生，但是對於未來，你依舊野心勃勃，充滿熱情。特別是，你可能從自己原來的事業轉換到更大的公共事務發展，又或者是，你想將兩者相互結合來進行更遠大的目標計畫。理想狀態下，無論是在商務活動也好，在公共事務方面也好，你都能得心應手，建立自己的名聲和地位。

高峰數 9
9 數的特性：人性、啟發、活力、可親、關懷、靈性

9 數最大的振動是無私的利他主義和人道精神，歷史上許多了不起的民族英雄和時代人物，他們的生日有許多都是受 9 數特質與能量的影響，進而激化他們為大眾利益與平權而奮鬥，他們都極富同理，會積極幫助弱勢貧困和不幸的人。

9 數的宏觀為世界建構出一個理想國度，它的人性化和同理心能夠舒緩人們的苦痛，這種慈悲是成就完美世界的最大能量。其實，每個人都需要這種慈善溫柔，並一起來為這社會世界做出貢獻。

高峰數 9 在第一期

受到 9 數振動的影響，即使是年幼的孩童或青少年都會面臨的課題，是會被要求無私奉獻和大方分享。因此，9 數在第一高峰周期，孩子通常都會有路見不平、拔刀相助的正義行為，即使年幼的孩童也早早就顯現出會保護弱小、仗義直言的特質，他們有強烈的同理心，會想去幫助比自己窮苦的人。

因此，這個階段若有機會義務參與社會服務運動，通常會竭力為弱勢發聲，或是以行動支持人道與人權主義的活動，但也要特別提醒，你要注意並認清任何活動的背後動機，並懂得保護好自己。

高峰數 9 在第二期與第三期

當數字 9 進入高峰期的第二階段與第三階段，通常會有機會與國外事務連結，比如進行跨國合作案，或是出國旅遊深造等等。9 數的振動能量會激活對更大範圍的關心，像是有國際性的醫療或教育救助之類的工作，都容易在此時期發揮作用和影響力。

9 數在這個階段的影響，是當社會世界動盪時，會為人們帶來很大的反省，讓你重新思考，要如何從自己的角度展開大我大愛的實際貢獻。這段時間，生活有時會有些戲劇化的改變，只要你能拋開俗世對金錢財物的追求慾望，未來的格局和理想會很自然的放大開來。

高峰數 9 在第四期

9 數進入最後的周期，是生命達到最成熟理想的狀態，因為 9 數的振動影響，一般會有強烈參與慈善服務、扶弱濟貧的活動規劃，甚至會傾力召集友人分享愛心，希望大家能一起追求對社會無私的奉獻。

在第四期遇到 9 數的能量，容易激起人全心投入資源和財務，以建構大同世界的理想社群，甚至希望能擴大其影響力，發展至社會國家到全世

界。在此，要特別提醒，9 數能量對於生活夢想的達成，務必要抱持自然發展的態度，無須強求，幸福結果會自然地到來的。

「高峰數」數字短打	
高峰數 1	1 數在任何階段，主要達成學習的是「獨立」。
高峰數 2	2 數在任何階段，主要學習達成的是「合作」、「團隊精神」。
高峰數 3	3 數在任何階段，主要學習達成的是「創意的表達」、「歡樂及分享」。
高峰數 4	4 數在任何階段，主要學習達成的是如何以「努力」、「勤勞不懈」的工作以奠定「基礎」，還有學習「耐性」與「組織力」。
高峰數 5	5 數在任何階段，主要學習達成的是「開放」與「自由」（特別要提醒，避免在性、酒精、藥物方面的縱容）。
高峰數 6	6 數在任何階段，主要學習達成的是「沉默」、「關愛」、「家庭」、「心靈」方面的家居生活。
高峰數 7	7 數在任何階段，主要學習達成的是「智慧」、「孤獨」以及「內在平和」。
高峰數 8	8 數在任何階段，主要努力學習的是「財富」、「成功」以及「成就感」。
高峰數 9	9 數在任何階段，主要努力達成的是「大愛」與「同理心」。
高峰數 11	11 數在任何階段，主要努力達成的是「名聲」與「啟發」。
高峰數 22	22 數在任何階段，主要努力要達成的是「全人類的福祉」。

各「挑戰數」該克服的難題

　　每一個人出生都具備了天生的能量跟特點，我們一生也將會面臨許多不同的挑戰，有時還可能重複挑戰同一種課題，其中的「高峰數」與「挑戰數」都落在同樣的「四大高峰期」區塊（挑戰數說明之後，另有案例提供參考）。

　　「挑戰數」主要是代表在「高峰期」需要學習妥協的一種內在力量，換句話說，我們的人生在同一段時期，同時要面臨；如何掌握學習好機會的「高峰數」，以及同樣需要自我聆聽與自省的內在聲音「挑戰數」。二者不一定壁壘分明，也不一定非好即壞，他們比較是並存的危險或希望。

　　「高峰數」與「挑戰數」學習的課題並不相同，雖然它們座落在不同年齡段的「高峰期」底下，但那也只是代表了該時期我們要克服的困難，以及需要完成的人生功課。

● 「挑戰數」速算

挑戰數

A）第一期（出生月－日）

B）第二期（出生日－年）

C）第三期（A － B）

D）第四期（出生年－月）

※ 數字互加總和至變個位數，「挑戰數」結果是負數時則改為正數。

● 挑戰數的任務

挑戰數 0

靈數 0 代表圓滿，也意味著兩個方向：若不是功課完成達到高層境界，就是須以洪荒之力從頭學起。

0 數的挑戰障礙可能來自四面八方，你很難依據自己的喜好去決定要進行什麼樣的難題，除非你有超強的能耐和天分去破除困境。

當你的挑戰數遇到數字 0，它則顯示出兩個面向；一是你可能是一個非常有天賦的人，有足夠的能力可以駕馭所有靈數振動所帶來的困境，並創造奇蹟。又或是，它要你學習成為一個有修養，能獨立承擔大任的人，可以克服巨大艱難的挑戰。

0 數具有無所不包、無所不藏的能量，它不是一個可以簡單觸及的境界，它必須累計了所有數字的能量，能面對 1 數的獨立自主、2 數的平和外交、3 數的樂觀進取、4 數的務實應用、5 數的多樣彈性、6 數的公平正義、7 數的智慧分析、8 數的權力遠見，以及 9 數的服務分享這些所有靈數的性格。因此，如果能通過 0 數的考驗，你就進階成為另一個更優秀的人。

挑戰數 1

1 數主要能量在獨立自主、開發創造，負面的能量則是強勢獨斷、自私誇大。

當挑戰數 1 出現時，我們要先對自己的立場與思想做一次洗禮，避免受到任何外在力量的操弄與支配，尤其是在意識和行為上的被支配。

1 數在我們的生活裡，又代表了我們的父母長輩與外在環境中超強的

競爭對手，平時你因為得到他們的照料，所以不會有任何懷疑，無論好壞你都全然信任，但在面臨挑戰數 1 的時候，你必須有自己的獨立判斷，能獨立分析事務的好壞，而非一味鄉愿地被牽著鼻子走，這是要讓你學習，避免生活上的強權者過度地主導掌控你的意識和生活。

而 1 數有許多負面的能量，在此時對你也很容易造成影響，所以我們除了要學習勇敢面對並解決困難外，也要排除心魔；避免自私自利和那些誇大不實、自以為是的負能量，要去學習如何自立自強，開放面對解決所有的困難。還有很重要的是，要避免將自己不喜歡的事強加於他人身上。

挑戰數 2

2 數性格最大的缺點是容易情緒化，甚至過度敏感。在情感關係的建立上，2 數太在乎他人的想法和批評，容易違背自己內心的願望，處處退讓，最後可能得不償失，或大失所望。2 數擁有比他人更靈敏和敏銳的觀察力，以及細膩的情感，這可以幫助你在人際關係上預先知道別人的需求，不妨善用這方面的能量和優勢。

當我們遇到挑戰數 2 時，會同時承載許多 2 數帶來的負面影響，比如 2 數的優柔寡斷和難以捉摸的情緒，很容易在這段時間形成阻礙發展事業的關鍵，因為你容易自我懷疑，挑戰時容易缺乏自信，常變得患得患失，又或是擔心受到他人輕忽。你得避免被眼前小事細節影響情緒，這會造成「見樹不見林」，缺乏遠大目標的設定。處於 2 數的挑戰期間，你常面臨左右為難的境遇，甚至為了避免與他人爭執而逃離躲避，這些只會展現出你的懦弱。你要拋開對權威的崇拜和畏懼，不要過度在意他人是否接受你、是否喜歡你。

提醒你，要相信自己的能力，要對事情有擔當能承諾，並且要以穩當、低調的方式去進行，無須與他人競爭速度。

挑戰數 3

3 數最大的能量是開朗樂觀以及在社交方面的自信，負面的能量則是容易逃離承擔、誇大揮霍和漫不經心。3 數在人際關係與社交方面都有很棒的優勢，屬於行動派的樂天成員。但是，面對挑戰數 3 的期間，這些所有的正面能量會受到強大的考驗和阻力。

基本上，3 數的表演天分和藝術才情是最豐富的，但此時你對寫作、表演，甚至於演說方面的才藝跟天分，會突然都受到阻撓。主要是因為你承受不住外界的評論，以及他人對你的殷殷期盼，所以你會想以躲避社交的方式來隱藏自己的才藝和天分。

此外，你會因為擁有太多興趣或才藝，無法專注在一項事情上發展，這可能造成你什麼都想成功，但什麼都做不成的結果。你該將最擅長社交與製造歡樂的 3 數正能量發揮出來。這段時間，你反而應該發揮最佳的想像力，透過文字書寫、繪畫表演等傳達自己的天賦才華。

建議你，多去參與社交活動，建立更多的交友網絡，發展自己的人際關係，而不是逃離搞自閉。

挑戰數 4 與挑戰數 22

4 數最大的正能量是自律務實，忠誠效率，負面能量則包括獨斷獨行和不易妥協。4 數善用架構組織，能持續努力將工作完成，是相當值得信賴與信任的特質。然而，遇到了是挑戰數 4 的時候，這些正面的特質會受到質疑。

4 數雖然外表看起來平靜穩定，但內心常常是波濤洶湧，有時很容易緊張的。尤其遇到大困難時，對一個沒有太多經歷的人是很難輕鬆以對，甚至會把簡單的問題複雜化。正因為緊張和沒有耐性，容易在關鍵時刻關

緊了大門，不願接受外來資訊，不聽他人的意見聲音，而逼迫著自己要單挑責任，這情況其實反而會讓自己越來越陷困境中。記得，切勿只在枝微末節打轉，這會失去了更大的森林。

遇到挑戰 4 數時，要專心一意處理問題，先從一個一個的小目標完成，然後再進一步挑戰大目標，一步一步地完成計畫就好。要避免心思如麻，獨斷獨行，試著開放心胸，樂於妥協，並且多運用想像力，也多多觀察學習他人的優點，要接受環境現實的挑戰，打好地基，建構基礎，耐心等待。記得，不求快速，只求穩紮穩打且務實的完成課題。

挑戰數 5

5 數的最大正能量是自由冒險和變化機智，5 數的負面能量是思博而不精，以及持續力差。面對挑戰 5 這些正負能量帶來的困難，都可能成為你要去克服的關鍵。

5 數還有特別的情況，就是容易對喜歡的事物上癮，那可能是酒精、咖啡因、尼古丁或性事等等，這是因為 5 數同時有缺乏自我管控、需索無度的情況。當然，如果你沒有上述問題，就可以輕鬆以對，減少這方面的挑戰。

5 數又像是一個移動的「驛馬星」，時常變動，那是因為這時的生活或工作很容易讓你產生不安感，會有一些衝動想要改變現狀。這些都是在挑戰數裡遇到的常態，而這種不安定感，往往是來自你內心的慾望和追求。簡單來說就是，面對現況你常常會感到不安，總希望能盡快改變脫離，所以很容易會有轉換工作職場或搬家遷移、情感風波等事情發生。因此，在挑戰數 5 時，最大的課題就是自我管理與自我約束，要學習如何冷靜面對，以找出解決方案。

挑戰數 6

6 數的最大正能量是穩定、信賴和責任、服務，而負面能量則是好強爭辯與強行干涉。面對挑戰數 6 的階段，這些能量都有可能被放大並吸引過來，特別是一向自我要求完美的 6 數，在團隊合作的狀況下，會因為設定的高標準，而造成他人的壓力，這在家庭中會有獨裁掌控一切的形勢出現。

6 數雖然非常願意付出，但內心總是希望得到相對的回報，比如得到他人的敬仰和讚美。其實，你應該放寬內心的標準和慾望，無須為了受到尊敬和重視而一味地付出去滿足他人，畢竟別人未必需要你的熱情給予。一個人的威望建立，得是發自他人內心的，而不是強迫得到的。6 數的挑戰是，必須學習以無條件的愛去接受所有的人事物，而不是設定回饋標準，更重要的是耐心柔軟地聆聽他人內心真正的需要。

談到 6 數高超的審美觀和藝術天分，總讓人驚嘆不已。但挑戰數 6 的高標準，會讓這些天分才情無法順利發揮，主因是不切實際的要求使然。因此，要學習一切都能輕鬆以對，並且放掉嚴厲的掌控慾，自然就會得到好的結果。

挑戰數 7

7 數最大的正能量是內省、直覺和探究真理，負面能量是冷漠、傲慢和冷嘲熱諷。這些 7 數的特質，在遇到挑戰時會成為主要的克服難題和學習功課。尤其 7 數是個內向而非外顯的性格，常用保守消極的態度來壓抑自己的情緒，甚至根本不做任何改變，一旦遇上困難，它會又更往內縮回去。

特別提醒，當你無法積極面對問題時，就無法處理改善困境，生活自

然會陷入沮喪、孤獨的結果。挑戰數 7 最怕的就是遇到困境無法提出實際作為，只會有更多的批評和抱怨聲，這反而會讓困境越來越嚴重。持別在挑戰數 7 時，婚姻和情感常常出現雜音和疑慮，有些人怕擴大問題或無法解決，就乾脆假裝視而不見，這反而會讓問題更加嚴重，甚至讓關係來到無法收拾的地步。

因此，任何人面對挑戰數 7 這個數字時，千萬要撇開對許多事情的歧視和偏見，也要拆掉虛假冷漠的驕傲感，要不掩蓋也不壓抑自己的真實感受，要能勇於接受眼前難題，培養自己解決問題的能力和信心。

挑戰數 8

8 數最大的正面能量是遠見、果斷、奉獻和權威感，其最大的負面能量是唯物主義和心高氣傲。8 數擁有極強的能量，容易吸引財富和權勢的成功，但也可以完全相反的一無所有。許多受 8 數振動下，會讓人容易放縱揮霍，過度慷慨，沒有金錢概念等問題產生。

說到財富與成功的追求，一直是多數人共同的內在慾望，這是人生最大的挑戰，也是人性最難克服的難題。一旦我們遇到挑戰數 8 時，最重要的學習就是，瞭解金錢物質的獲得，不是我們理想生活追求的唯一或全部安全感的來源。許多人為了財富的成功，犧牲自己的時間或疏忽了親密的情感關係，甚至嚴重影響了身心的健康，這些都是挑戰數 8 最容易發生的狀況。

也因此，挑戰數 8 這個階段，要特別注意健康問題。此外要特別注意，我們若執意於某些俗世名利的追求，也可能為此付出極大的代價。當然，金錢財富本身並不邪惡，只要是運用自己的能力天分和努力獲得，而不是貪婪忘我的違背道德取得財富，同時還要能平衡處理生活、情感和人際關係，那麼我們的身心自然能獲得平衡與健康。

挑戰數 9

不存在。

挑戰數 11

請參考數字 2。

挑戰數 22

請參考數字 4。

「挑戰數」數字短打	
挑戰數 0	代表你擁有相當豐富的自由能量，雖然此數顯示你沒有特別的功課需要學習，但是它呈現另一個更大的空間及機會，也就是要你去從事更高、更遠、更具有挑戰性的事情，特別是對這個社會及世界能夠做出貢獻的機會。
挑戰數 1	你需要學習如何為你自己辯護、保衛自己，對自己真實且必須勇敢的面對自己，完全獨立，不能依靠別人。
挑戰數 2	你要學習去評價你自己的意見跟想法，要能夠超越眾人的意見，同時發展與周遭的親友家人有良好且緊密的關係。
挑戰數 3	你需要學習小心謹慎的選擇辭彙，讓你在表達時多些正面的用語，少一點批評，多一點開心和快樂。

挑戰數 4	你需要學習自律、自我控制，以及瞭解每一天持續不斷工作的意義和價值。挑戰數字 4，也代表了會面對不開心、不快樂的一段挑戰。
挑戰數 5	你需要學習如何開放心靈去接受所有的改變，以及接受任何的挑戰和風險。這個世界對你產生的對應能量，是試圖將你從陷入恐怖的狀況裡拉拔出來，所以你要學習反其道而行，甚至要出奇制勝。
挑戰數 6	你要學習平衡你對別人的愛，以及你自己需要的愛和關懷。你要隨時維持身體健康，並且維護與你有緊密關係者之間的互動。
挑戰數 7	你必須學習掌控自我的意識，好好運用你的直覺去發展內在更深層的思維，並運用這個直覺、反省，與他人做直接的心靈對話和溝通。
挑戰數 8	你要學習思考生命及生活的價值和意義。此外在這段時期，物質生活、財富方面你會獲得相當大的成功。
挑戰數 9	（不存在）
挑戰數 11	你要學習平衡自我的內在與外表，同時能夠發展、發現自己內在的勇氣，讓它牽引你去領導別人，而不是被別人引導。（同時也參考挑戰數 2）
挑戰數 22	（請參考挑戰數 4）

● 案例實用篇

【範例 1】

周杰倫生日 1979 年 1 月 18 日，其四大高峰期整理如下：

Step 1 計算出「命運數」

$1979 + (1 + 1 + 8) = 26 + 10 = 36$；$3 + 6 = 9 \rightarrow$ 命運數

Step 2 計算出「生命三大周期」

年 1979；$1 + 9 + 7 + 9 = 26$；$2 + 6 = 8$

月 1

日 18；$1 + 8 = 9$

所以（月－日－年）$\rightarrow$（1 － 9 － 8）即其「生命三大周期」排列

Step 3 計算出「高峰數」與「挑戰數」

（月－日－年）$\rightarrow$（1 － 9 － 8）

高峰數：（1 － 8 － 9 － 9）

A. 第一期（出生月＋日）$1 + 9 = 10$；1

B. 第二期（出生日＋年）$9 + 8 = 17$；$1 + 7 = 8$

C. 第三期（A ＋ B）$1 + 8 = 9$

D. 第四期（出生年＋月）$8 + 1 = 9$

挑戰數：（8 － 1 － 7 － 7）

A. 第一期（出生月－日）$1 - 9 = -8$（-8 視同 8）

B. 第二期（出生日－年）$9 - 8 = 1$

C. 第三期（A － B）$8 - 1 = 7$

D. 第四期（出生年－月）8－1＝7

周杰倫四大高峰期相關數字的整理

高峰期	第一高峰期	第二高峰期	第三高峰期	第四高峰期
命運數 **9**	0～27 歲 （36－命運數＝a）	28～36 歲 （a＋9＝b）	37～45 歲 （b＋9＝c）	46 歲之後 （c＋9＝d）
高峰數 （調性主題）	出生（月＋日） 1	出生（月＋年） 8	（A＋B） 9	出生（年＋月） 9
挑戰數	出生（月－日） 8	出生（月－年） 1	（A－B） 7	出生（年－月） 7

【範例 2】

美國前總統歐巴馬的生日為 1961 年 8 月 4 日，其四大高峰期整理如下：

Step 1 計算出「命運數」

1961＋（8＋4）＝17＋12＝29；2＋9＝11（大師數）；1＋1＝2 → 命運數

* 為大師數 11／2，22／4 時，請參考「高峰數」與「挑戰數」說明

Step 2　計算出「生命三大周期」

年 1961；1＋9＋6＋1＝17；1＋7＝8

月 8

日 4

所以（月－日－年）→（8－4－8）即其「生命三大周期」排列

Step 3 計算出「高峰數」與「挑戰數」
（月－日－年）→（8－4－8）

高峰數：（3－3－6－7）
A. 第一期（出生月＋日）8＋4＝12；1＋2＝3
B. 第二期（出生日＋年）4＋8＝12；1＋2＝3
C. 第三期（A＋B）3＋3＝6
D. 第四期（出生年＋月）8＋8＝16；1＋6＝7

挑戰數：（4－4－0－0）
A. 第一期（出生月－日）8－4＝4
B. 第二期（出生日－年）4－8＝－4（視同4）
C. 第三期（A－B）4－4＝0
D. 第四期（出生年－月）8－8＝0

歐巴馬四大高峰期相關數字整理

高峰期	第一高峰期	第二高峰期	第三高峰期	第四高峰期
命運數 2 與大師數 11	0～34 歲 （36－命運數＝a）	35～43 歲 （a＋9＝b）	44～52 歲 （b＋9＝c）	53 歲之後 （c＋9＝d）
高峰數 （調性主題）	出生（月＋日） 3	出生（月＋年） 3	（A＋B） 6	出生（年＋月） 7
挑戰數	出生（月－日） 4	出生（月－年） 4	（A－B） 0	出生（年－月） 0

【範例 3】

荷蘭畫家梵谷的生日為 1853 年 3 月 30 日，其四大高峰期整理如下：

Step 1 計算出「命運數」

$1853 + (3 + 3 + 0) = 17 + 6 = 23 ; 2 + 3 = 5 \rightarrow$ 命運數

Step 2 計算出「生命三大周期」

年 1853；$1 + 8 + 5 + 3 = 17 ; 1 + 7 = 8$

月 3

日 30；$3 + 0 = 3$

所以（月－日－年）$\rightarrow$（3 － 3 － 8）即其「生命三大周期」排列

Step 3 計算出「高峰數」與「挑戰數」

（月－日－年）$\rightarrow$（3 － 3 － 8）

高峰數：（6 － 2 － 8 － 2）

A. 第一期（出生月＋日）$3 + 3 = 6$

B. 第二期（出生日＋年）$8 + 3 = 11 ; 1 + 1 = 2$

C. 第三期（A ＋ B）$6 + 2 = 8$

D. 第四期（出生年＋月）$8 + 3 = 11 ; 1 + 1 = 2$

挑戰數：（0 － 5 － 5 － 5）

A. 第一期（出生月－日）$3 - 3 = 0$

B. 第二期（出生日－年）$3 - 8 = - 5$（－ 5 視同 5）

C. 第三期（A － B）$0 - 5 = 5$

D. 第四期（出生年－月）$8 - 3 = 5$

梵谷四大高峰期相關數字整理

高峰期	第一高峰期	第二高峰期	第三高峰期	第四高峰期
命運數 5	0～31 歲 （36 －命運數＝a）	32～40 歲 （a＋9＝b）	41～50 歲 （b＋9＝c）	51 歲之後 （c＋9＝d）
高峰數（調性主題）	出生（月＋日） 6	出生（月＋年） 2	（A＋B） 8	出生（年＋月） 3
挑戰數	出生（月－日） 0	出生（月－年） 5	（A－B） 5	出生（年－月） 5

四大高峰期的「調性主題」

　　我們討論過「三大生命周期」就像是人生命運航向的主旋律，它大致定調一個人一生的命運走勢，即早年（出生月掌控）到中年（出生日掌控）到晚年（由出生年掌控）經歷的起伏高低。而「人生四大高峰期」則代表命運航向中，四個階段必須完成與學習的主題功課，其中包含了高峰數的機會與挑戰數的困境。

　　而「第一高峰期」是計算接下來其他各高峰期的基礎，它是主掌從出生開始到童年、青少年至成長後的中年時期，而這周期的家庭環境和教育，對一個人日後的性格發展與人生方向有著決定性的影響。

　　人生中，我們遇到的四個主要「高峰周期」，分別代表我們在不同年齡的學習階段。其中，每個周期會有不同的「高峰數」和「挑戰數」，兩者都是為了讓我們能完善人生與追求理想，因此這兩者要能同時兼顧，並且一起面對。

　　「**高峰數**」和「**挑戰數**」的主要因應課題，雖然各自有其意義，但是也都是在同一個「高峰期」中同時面對完成。而每一個「高峰期」還有代表的「調性」，它影響我們的是——在各周期中要以何種態度、速度、方式來完成階段性任務。

　　各周期間遇到的代表數字所顯現的波動和調性，我們稱之為「**調性主題**」，我們若能越早瞭解，就更能懂得如何因應這個周期的危險，也就知道怎麼把握機會。每個人的機會和挑戰都是均等的，兩者都需要同時去克服，換個角度說，生命如同一首曲子，調子越和諧就會越美麗動聽。

　　四個高峰周期之間，我們經歷著前後兩個不同的數字調性和轉折，在結束上一個到進入下一個波段期間會有極大衝突和震盪，這之間便稱之為「**高峰過渡轉換期**」，這期間也容易令人迷失不安，不少人還會感到無法適應，而導致一些不好的事件發生。不過，懂得善用智慧和敏銳的人，會知道運用自己的靈活性，以正面態度來接受挑戰。

如何把握人生「四大高峰期」的好機會？

　　我們便要把以下各數在不同時期代表的「調性主題」熟讀清楚。

　　「**調性主題**」的代表數字與「**高峰數**」相同，以周杰倫生日為例（1979.1.18），得出他的四大高峰期各別的數字調性，即為高峰數「1 － 8 － 9 － 9」。

　　不同「調性主題」代表著我們各自不同階段要完成的任務，接下來我將為大家詳細介紹，每個高峰期所面臨的各個數字振動帶來的不同調性，只要能熟讀並善用「數字調性」，我們就不會錯過面對人生四大高峰期所具備的能量與各種好機會。

● 高峰期的「1 數調性主題」

遇到 1 數調性的周期，會有許多意想不到的機會與新的生活方向，而機會與風險意謂著有相同的挑戰和機率，如何把危機變成轉機，端賴我們的態度和解決問題的能力。

1 數強調獨立與開始的主題，如果它剛好在第一個人生高峰期，影響力就更大了。在第一個周期，是我們剛開始牙牙學語認識世界的起始點，也是孩童進入校園開始大量吸收知識的時期，因此，這時期對每一個人後來的發展養成具有關鍵的影響。

1 數本身擁有主動探索的能量，對獨立自主能產生非常好的訓練。如果 1 數調性在高峰期第一個階段，大部分的孩童在口語和文字運用上會特別擅長，他們會在生活中，透過大量的談話互動來進行口語訓練及交流，以幫助活化自己的腦力開發。

1 數調性的階段，對於文字方面的應用也能夠快速學習和發展，所以，對處在 1 數調性時期的孩童們，要以正面的方式鼓勵他、教導他，並以此來刺激他的腦力活動，千萬要避免以負面的態度或言辭否定他。

我相信，除了天生的 DNA 外，正確開放且正面開朗的教育會影響人們的一生，因此培養孩子有正面的人生觀和快樂的性格是很重要的。許多成功創業的人在孩童時期的教育，都擁有優良的性格教育，他們受到許多鼓勵，勇敢冒險，能夠不斷地嘗試錯誤與失敗。

在這個周期階段，無論在心智腦力和體型發育方面都是飛快地成長變化，這對狂熱學習的年輕人來說是極大的挑戰，因此在第一周期遇上 1 數調性的時候，也代表了一切學習都是朝向未來的挑戰所做的準備。因此，面對無聊煩悶的重複動作，父母師長

要避免用說教的方式，而是要有意識地提供孩子在精神與智能方面的刺激，甚至強化他的語言跟文字表達的訓練。

至於早期發展中的孩童們的口語訓練要如何協助？

首先可以從大聲朗讀或模仿聲音開始，比如模仿人的聲音、動物的聲音、大自然的聲音，同時透過持續性閱讀，大量記憶精選詩詞文選，觀賞機智問答與優良談話性節目，聆聽音樂、學習樂器和戲劇表演等，從而引導孩童青少年將想法進行表達，如針對不同的文化和信仰互換觀點。

如果 1 數調性是在中年階段發生，自我對話、自我察覺、與他人互動交流等，是這個階段最重要的學習。

對於年輕人來說，在面臨 1 數調性時，大部分的人通常著重思考自己的處境和立場，所以比較難發覺自己的問題。此時若能多一些對外的交流互動，會有助於你快速思考以及直覺開發的訓練，並讓你能夠有較具邏輯的行為與行動。

如果是在晚年碰到 1 數調性主題，你的生活可能會發生一些變動，甚至會有令人意想不到的新生活

● 高峰期的「2 數調性主題」

我們對數字 2 的印象，主要是在親密關係的建立與情緒釋放方面上，以及互信、安全感、互助以及耐性關照等方面的特性。

如果 2 數的調性在第一周期，其影響主要是在襁褓中的嬰兒至成長中的幼童這一段時間。對襁褓中的嬰兒來說，他的需求非常清楚，是需要在深刻的情緒連結和穩固的保護中，他才能夠得到安全感，這個安全感對他未來的人際關係、伴侶關係、親子關係與婚姻關係等都具關鍵性的影響。

簡單說，2 數調性在第一周期時的孩童，會有強烈被關注的需求和渴望，如果孩童在需要時一直沒有獲得即時的回應，他們將會有被遺棄的感受，而這個噩夢會影響他在未來處理人際或兩性關係時的態度；比方成年後的他，可能會不斷抱怨周遭的情況，會擔憂是否有人愛他，疑慮是否有

人會關心他，而這些也在在顯示他內心的不安感與性格尚未成熟所致。

　　與在第一高峰期受到 1 數調性影響的孩童恰恰相反。受到 1 數調性能量影響的孩童和青少年非常有自信，盡管有時候過於自我，但是他非常獨立，也會主動向外建立自己需要的關係網。反觀受到調性 2 影響的人，他們的需求是向外尋求足夠的關愛，並從中獲得自我認同與身分確認，二者情況是完全不同的。

　　在第一高峰期，調性 2 的人需要完完整整被注意、被照顧、被信任，甚至是要與照顧者之間產生強而有力的互信基礎。也因此，調性 2 在這樣的需求下，會強調親密還有安全、支持、夥伴關係。

　　在生活中，如果遇到一些不斷地索求外援的人，大多與他在孩童襁褓時期沒有受到關注和照顧有關，因此照顧者提供溫暖的親密感，但又不去強佔對方生活的方式，才能提供受調性 2 影響下的人，建立自信獨立和瞭解自我的支持背景。

　　總結，受 2 數調性影響的人，孩童時期到青年時期需要大量的關注愛護，也需要教導他瞭解夥伴關係，讓他認知到如何適切地提供他人的需求，同時也要引導他生活中一切要講求公平對待，而不是一味地退縮與索求。

　　一般在情感方面會產生負面情緒、缺乏自信心或容易感到受辱的人，不少人的成長背景都有些辛苦，可能發生在較為弱勢的家庭，或父母不懂如何提供平衡的情緒教養，因此等到他長大之後，可能也很容易產生暴力傾向或是容易背棄承諾的行為，甚至成為對別人帶來傷害的加害者身分。

　　如何培養照顧一個受調性 2 數性格影響的孩子，教導他自主獨立、教導他如何加強自我認同，這都是非常重要的事情。一個在調性 2 數受到良好教育與強化自信心的孩童，通常在中晚年期也需要有家人與摯愛的生活伴侶在旁，並建立深厚緊密的陪伴關係，如此才能擁有一個身心平衡的健康生活，更能無私主動地提供他人服務。

● 高峰期的「3 數調性主題」

　　3 數的性格特質是創新、創意、自我表達與自我表現，充滿創意的律動，會讓人展現許多想像力和藝術才能，尤其在戲劇表演與音樂方面常有傑出表現。

　　3 數調性若發生在第一個高峰期，對該孩童的創意開發極為關鍵。這階段的孩童從小就會展現非常戲劇化的豐富表情，比方短短的談話，他就會表現出高聲調或活潑的肢體律動。當然，孩子們並不會注意到自己的變化，這是在大量研究的個案上發現的，許多具有才情天賦的孩子，都會在這個期間，成功的將 3 數調性特質融入生活並得到平衡發展。

　　因此，兒童在第一個高峰期間如果能有良好的引導開發，他們的藝術天賦和表演特性就能夠被彰顯出來。所以，身為照顧者的父母師長們要仔細觀察孩童在這方面的潛力，透過開放性的互動學習，讓他們的豐富想像力發展出來。

　　有計畫的開發與引導孩子們朝藝術方向表現，像是音樂演奏、戲劇表演，甚至是手作等如捏陶、繪畫等才藝，都會讓他們有很強的興趣和表現慾望。透過有計畫的模仿學習，會看見他們很快的達到教學成果。平衡的 3 數調性發揮，對幼童而言，能賦予他們在思維的空間與心神方面有更多的自由度，也讓孩子更能主動開發未知的世界，這對他們未來主動追求美感的活動和生活有非常重要的影響。

　　雖然許多人認為自己沒有藝術細胞，不懂音樂繪畫，也沒有什麼創意。但其實大家只是沒有在所謂的藝術環境下生活或得到陶冶而已。也有許多人雖然沒有接受過正統的藝術教育和訓練，但還是會表現出極好的繪畫天分與歌唱，這除了天生的遺傳外，其實可以仔細去回溯他孩童成長期間，是否有受到一些人事物與環境的影響，讓他們在環境中無形地開發出這些潛能。

　　如果你在童年時期曾受 3 數調性的能量開發與引導訓練，比如在學校參加合唱團或繪畫課，當時若有強烈興趣，在自我表現上也有機會表達，這些對你未來在工作和生活方面都會有很好的運用發展。

　　圓滿的創意開發與優秀的自我表達，都與 3 數調性的開發有關。3 數調性如果在孩童期間沒有獲得良好開發，沒有相對穩定的交流，在未來成年階段就可能很容易產生沮喪、易怒等負面的情緒。

　　在人生高峰期的成熟階段，遇上調性 3 的主題時，面對的生活態度會比較優雅，也會占有更多的優勢，因為你在精神上的滿足感常勝於物質方面的提供。所以年紀愈長，同時是處於 3 數調性的高峰周期裡，過往豐富的生活經驗便足以提供心靈上對內在藝術的追求慾望，你可以將參與藝文活動和學習列為生活的內容，這將是追求人生夢想的理想境界吧！

● 高峰期的「4 數調性主題」

　　4 數的聯想就是方方正正、四平八穩，4 數的調性在我們人生高峰期中的任何一個階段，都代表能夠快速完成目標。在 4 數調性的影響下，會很清楚展現這一個周期裡要完成的功課主題，同時也會知道如何運用有效方法獲得結果。這是一個能成全正在進行的計畫的調性主題。

　　4 數的性格特質正是能幫助一個人完成實際且穩定的結果，當然 4 數也必須透過不斷地努力工作以及完整結構的執行，才能夠達到預設的目標。

　　每一個高峰期都有其需要學習與完成的功課，4 數調性出現在某個周期中，代表了可靠穩定的需求，無論是個人或工作中都意味著，你將在穩定的節奏下，平緩地進行每一個工作，直到它完成為止。

　　在周期裡面出現 4 數調性，你會感受到心靈充滿活力般的戰鬥意識，甚至目標與目的也會被強力地激化出來，4 數調性為我們帶來非常明確的

圖騰與動機。

4數調性發生在第一個高峰周期時，就孩童與青少年階段來說，如何在生活中學習勤勞工作，以及能夠有步驟的設定目標，具有著重大影響，孩童可以在一般人覺得混亂狀態之下，學習以最大的毅力和方法來增進他的學習技巧，並且能夠學會享受自己努力的過程與成果。

舉個例子，當一個孩子與同學朋友達到共同的目標時，或是在課業與才藝表現上獲得特殊的結果時，那麼這個孩子若能得到具體的回饋，比如父母師長言詞上的讚美、增加儲蓄零用金，或者是獲頒獎狀等等，這些對付出努力的孩子而言會是非常重要的實質鼓勵。

當然，在幫助孩童也協助他人達到目標的過程中，他同時能花時間認識自己的強項和能力，瞭解自己的價值所在。由於4數調性很容易讓人陷於重視結果論的迷思，也可能會偏向以物質世界來判定一個人的價值。所以，在此同時要教導孩子不要陷入物質唯一的想法，提醒他輸贏不是進行每一件事情的唯一目的，而是藉由這些過程學習心靈的自省，並且瞭解每件事情本質背後所代表的動機意義與真相，這些才是最重要的。

4數調性若出現在晚期的高峰周期，代表他可能會面對更多艱苦的工作，或是會有更多的事情要解決。不過，也因為4數調性代表著非常大的生產力，同時也提供非常清楚的回報跟豐收的機會。

● 高峰期的「5數調性主題」

5數擁有變動、變化、移動的特性，是個不折不扣的「驛馬」數，它是透過身體五感去認識世界，且習慣在邊跑邊學的忙碌狀態下獲得更多的能量，它總是需要靠變化和移動來解開身心的束縛。

當5數在高峰期的第一周期發生時，代表孩童至青少年階段會是好動活潑且精力旺盛的，還需要極大的空間與想像力去幫助他們的成長與學

習。受到 5 數調性的影響，孩子會透過不斷地活動來產生刺激和能量，而這個情況卻是最能幫助他學習，並且從中得到生活的體驗。但另一個角度卻是，活潑好動與好奇冒險雖然有其正面價值，也確實能讓此階段的孩子舒緩緊繃敏感的神經，但有時會讓人過於莽撞而產生危險性，因此，在這階段培養他們規律的生活習慣是很重要的，若加上良好的營養，便能讓 5 數調性的孩子在身心發展上健康平衡，這就好比打下了良好的基礎對未來至為重要。

　　遇到 5 數調性的孩子，他的學習多半是充滿趣味又具有冒險的活動，尤其那些具有破壞性的嘗試，特別吸引此時期的孩童躍躍欲試。有趣的是，這些活動能協助他學習互動和理解他人，在沒有太多約束的自我探索中，他的大量精力會得到正常消耗，為了滿足孩童的好奇心，遊戲的多樣化是非常必要的，如果過於單調或一再重複，很容易讓他放棄參與，反之越花體力和腦力的活動，越能讓這些常處於亢奮的孩子安靜下來與人溝通，而我們也更能與他們從中建立親密感。

　　在生活教育上，因為 5 數調性的影響會造成孩子時常感到無法安分，對人際與生活中的事物無法專注。因此，設定一個有節奏有規範的規矩和遊戲規則，對孩子來說十分關鍵，這對他們日後在生活與工作會有非常深遠的影響。另外，讓他們在身體運動的自我管控上加以訓練，可以減少許多意外的發生。特別提醒家長們，千萬避免以肢體和語言懲罰的方式來控制孩子，這只會適得其反，反而會使其變本加厲，造成失控狀態。

　　受 5 數調性影響的階段，可能會有包括工作的調度升遷、旅行或居家遷移的變化，甚至在交友方面也可能有新的發展。另外，在關係上的建立與維護，包括家庭、伴侶、朋友關係等最好一切順其自然，不要過度強求，否則對受 5 數調性影響的人來說，會成為心理上的包袱和負擔，如果壓力過大甚至會讓人急於掙脫束縛想要逃開。

至於，該如何強化 5 數調性孩童與青少年的專注力呢？

　　因為他們喜歡同時做許多事情，也強烈渴望未知與知識，偏偏他們又容易被有趣的人事物給吸引，所以不太容易將手上的工作專心完成。身為他們的父母師長，得學會如何彈性的引導是相當重要的，尤其是對於這個機靈聰明、動力特強又時刻充滿好奇感的孩子而言，以「將心比心」這樣開放且彈性的引導，會是建立彼此溝通管道的關鍵，讓溝通自然發生，不要是命令的情況下進行。

● 高峰期的「6 數調性主題」

　　6 數與美感、家族朋友以及團體有密切連結，它同時擁有責任、照顧與穩定奉獻的能量。

　　6 數調性在第一個人生高峰期時，強調孩童時期與家庭的親密和責任關係的建立。因為 6 數有強烈的情感需求，無論是出於自己或對他人的要求，都有相當大的對等期待。許多受 6 數影響的人，對家庭有強烈責任感與奉獻精神，但是，當彼此都有強烈渴望期待時，會很容易發生情感失控與處理不當的不良後果；比如，孩童遭受到身心或言語的凌虐，長期下來的暗自忍受，會導致孩童容易依賴這種「隱性暴力」，進而轉嫁到其他人事物上。另外還有一種可能，就是孩童受到過度溺愛，造成行為放縱或染上壞習慣。所以，如何以良善的方式引導孩童成為照顧者，是一個很大的挑戰。

　　第一高峰期受到 6 數調性影響的孩子，非常在乎和諧的關係，也會為了獲得良好印象與被喜愛而不知不覺地去討好人，針對這樣的孩童和青少年，可以培養他對社會的同理心和責任感，多引導他去參與社區義工活動，幫助弱勢的個人與團體，並且開發他如何在生活中找到平衡美善的能力。若能在 12 歲之前奠定這些基礎，對其終生將會有極大的影響。

　　另外對受到 6 數調性影響的孩童而言，需要特別提供並建立一個和諧

平等的良好社交模式，以培養他建立對美感事物的認識和興趣；比如，他可以透過手藝技巧的學習，多和從事美學或民俗藝術的優秀夥伴或長輩學習。因為一個良好的學習模範對象和心目中的標桿，會對孩子未來的理想產生正面遠大的影響，並讓孩子建立完全的自信和自尊。

由於對完美家庭有所憧憬，許多青少年在 6 數調性的影響下容易產生結婚的念頭，也可能會有早婚現象，他渴望擁有屬於自己的家庭和親密的家人關係。只是過度早婚也會有不少問題，畢竟性格不夠穩定與不夠成熟的早婚，婚姻關係和親子關係上會有各種難以處理的家庭問題產生。

尤其，依據個人的調查結果，如果性格不夠穩定成熟，加上 6 數調性的影響下，容易產生「反社會」人格的模式和做法，造成家暴事件頻傳。

無論 6 數調性在哪一個高峰期出現，都代表對家庭關係、親子關係、伴侶關係、家族關係的強烈需求和影響，甚至還可能擴及過去離異的對象或離婚伴侶間相互的牽掛。我們常會在許多社會事件中，看到極為諷刺的案例出現；比如痛恨關係被掌控與霸凌的人，往往成了家庭和家族關係裡的掌控者和加暴者，又或是最重視家庭責任與奉獻的人，成了家族中的暴君，要求家人凡事都要順從他。前面提及的這些例子，對於受 6 數調性影響的人特別明顯，發生比例也最大。

簡言之，在 6 數調性的影響下，要學習先將最親密的家庭與家人關係建立好，這才有機會健康地完成其他的關係模式，事實上，它同時也是我們如何看待自己的重要依據。

● 高峰期的「7 數調性主題」

7 數在精神層次上是面對自我的內化、反思，因此，高峰周期如果遇上 7 數調性的氛圍，對於心靈上的認定與自我認識，總是會十分迫切。

7 數與靈性成長、形而上專業知識的探索，及自我內在的追求理解有

關。孩子如果處於 7 數調性的環境裡，他要花更多的時間跟自己獨處和自我對話，也要和自我想像裡的內在世界做更多的接觸，只要能透過想像與內化，就能夠得到成長的養分。

當我們在童年與青少年的第一個高峰期遇上 7 數調性，其影響會是向內探索的情況，會開始想多一點知識方面的獲取與自我認定的追求，甚至對生命意義有熱烈尋求答案的渴望，這些都是他成長過程的重要課題。一個處於 7 數調性周期的孩子，可能會發現他內在的世界比想像中的更真實，於是他會透過這種方式來自我學習、自我訓練，甚至自我探索，以取得他想要知識。

在我所做的許多親子教育案例裡發現，許多父母對子女的教育是迷惘的，那是因為對孩子的不夠認識，以致於常常會花許多時間去經歷不斷改變、試錯的過程；比方有些家長會花盡心思和時間、金錢提供孩子更多的學習，卻常常未能獲得預期的效果，有些父母甚至會以為孩子在精神方面出現問題，於是尋求各界醫生與諮商師的協助，但因為「非對症下藥」所以根本無法獲得解決。

如果父母們在與孩子的溝通過程中，得不到熱烈的回應，孩子也總是保持靜默、不說話，或異於其他孩子的行為，此時常讓家長們以為孩子可能患有自閉症之類的問題。其實，撇開與生俱來的先天性失調外，我們可以先看看孩子天生的出生日數，檢查看看他們是否正面臨「7 數調性」的周期學習。而依據我過往諮商的經驗，許多父母在瞭解孩子是否處於「7 數調性」的周期後，都會恍然大悟，也終於瞭解他們的孩子其實需要以不同的方式引導，以及提供他們更多獨處與自我開發探索的時間和方法而已。

在「7 數調性」的周期，孩童或任何時期的人都可能對寫作、閱讀、繪畫，甚至是對科學方面的知識有許多的好奇，也喜歡去探討。這些孩子的內化成長與別人不同，因此親子之間的相處模式若能相互理解，就會有更穩定的發展。在這周期的孩童與青少年，天賦上面會顯得才華洋溢、懂

思辨且極具想像力，他們也比一般同齡孩童有更多向外擴增、尋求知識的方式。

　　7 數自我觀察的能量，就像一面鏡子，隨時關照自我，並能時刻檢查衡量內在的心靈和慾望。如果我們在成年到中年的高峰期遇上 7 數調性，其影響會讓人要用更多額外的時間獲得更專業的知識。7 數不會為了忙碌慌亂而去應酬外務，反而是一個往內部深挖、強調個人獨處、自我探勘的內省能量。因此，7 數不能受到其他的混亂干擾，它自有步調和發展的韻律。

　　7 數是一個非常強烈的內部協調能量，而且每一個人都需要找尋「自己的 7 數能量」，我們可以透過閱讀、祈禱、冥想和自我對話，而且越早開始這些習慣越好，能透徹理解自己的價值，才能順利往外擴展，獲得更好更幸福的人生。

● 高峰期的「8 數調性主題」

　　8 數代表權威、控制、管理，還有關於不動產、金錢與權力的能量和慾望，以及意志力和自我管理的強大能力。這個強大的能量，即便是成年人了都還要努力去學習與面對。

　　8 數在第一周期出現，孩子很早就能敏銳的感受到這個數字帶來的人生課題和困難，比方在生活中，孩子會面臨許多需要他去做判斷、做決定的事情，我們會發現這些孩子常主動提出想法，也很能夠在當下果斷地去做出決定。8 數調性在第一高峰周期出現的孩子，最重要的功課是學習關於控制與服從，以及權威與管理方面的真正意義，當然他也會是在早年就認識到如何面對權力這件事情。

　　家庭成員中，如果有一個處於 8 數調性高峰期的孩子，他會大膽地提供父母家人許多明智的想法和意見，比如在衣食住行方面他們都會有獨特

的見解，又或是會指導父母在所有選擇中找出最適合的方案。所以，這類孩子會因父母或師長們不同的教育心態和家庭關係運作下，得到完全不同的結果。

如果，這個強勢的孩子有非常開明的父母，那麼孩子在彼此開放的互動模式中，可以穩定發展他的天性，這些開明的父母，樂於讓孩子學做領導決策的主角，讓他很小就像是一家之主似地來管理這個家庭。反之，這些具有8數調性的孩子，如果遇到了較輕忽或較權威霸道的父母，又或是他們可能得面對大人的不守信用、不遵守規矩等，此時受到8數調性影響的孩子，會發自內心以各種方式來對抗這些大人行為。但如果這些孩子無法成功反抗父母或其他師長的教育方式，他們可能將內心不滿向外，轉往其他地方發展自己被忽視壓抑的能量，其結果也會有極大的差異。

因此，作為這些孩子的父母師長，面對處於8數調性的孩子與青少年，必須謹慎地在可控的範圍下，提供這個孩子去負責某些領域的工作，好讓他學習面對不同的困境，並從中找出解決的方案。簡單地說，就是要讓周期在8數調性的孩子，享有為自己做決定的權利和義務，學會對處理的任何大小事物負責。比如，可以提供孩子保有自己的銀行帳戶，或照顧訓練自己的寵物，學習負責整理自己的房間、分擔家務，甚至也可以授權他參與家庭事務的決定等。這些實際的生活安排和操盤，將同時培養孩子從中得到務實的管理、談判、監督與溝通等能力，這對孩子來說是一項正面且有價值的鼓勵，他們會非常感激被認同，也會勤奮地接受這些任務。

當8數出現在其他的高峰周期中，代表你在商業交易、社會管理、公平正義管轄範圍的領域會有直接的聯繫。透過前半生的努力，8數調性在中晚年期間，如果年輕時有努力累計，就會在經濟、財務方面得到實際的利益收穫，甚至是職業生涯上的成就。當然，也有人會奉獻個人財務，提供為公眾服務的富足道路。

● 高峰期的「9 數調性主題」

　　9 數在靈數性格裡代表寬容、同理心及順應自然的天性。在高峰期遇到 9 數調性，必須懂得順其自然的面對任何變化，這並不代表要被動接受或退讓犧牲，而是要能梳理清楚，在既定的大局下如何順應自然且心甘情願地奉獻所長，避免出現自怨自艾等負面情緒。

　　9 數的振動特別容易產生意外的干擾和挑戰，尤其在身心方面可能受到一些疾病的挫折，或是精神上遭受背叛或是失望等情況，而這些意外並非意志力能夠控制排除的，所以最有效的面對方式就是順其自然，同時做好心理上的準備與行動上的改變。

　　在人生第一個高峰期若是遇上 9 數調性的影響，對於正在成長中的孩童和青少年來說，的確是一個相當大的人生課題與挑戰，畢竟要做一個自由自在且無憂無慮的孩子，顯然是理所當然的事。然而 9 數的振動會讓孩子在生活中的學習受到不少干擾，他可能會被迫成為一個成熟的仲裁者，尤其當他們是家族中長子或長女時，可能會為了滿足家族和親人的需要，負擔起重大責任；比如得負起照顧幼小弟妹，或者得去幫助周遭的弱勢者等。這些受到「9 數調性」影響的孩子，因為會像成人一樣關心他人，並且擔負重任，所以思想行為會顯得比一般孩子更為早熟，也更能容忍許多事情，但也因此讓他們常被忽略作為一個孩子應該有的權利。

　　受「9 數調性」影響的孩子，如果在成長的過程中，一直為了滿足他人的需求而犧牲自己的需要，未能如一般孩童得到應有的照顧和注意，在未來的人生裡他有可能會成為一個社會問題，除非這孩子在成長過程中有所自覺，又或者家庭裡有個非常堅定且強悍的保護者能提供他足夠的支持與照顧，如此才能彌補 9 數調性孩子內心的犧牲感受。

　　特別一提的是，受 9 數調性影響的孩子對其接觸的人事物比較能寬容看待，而且特別的有感應和同理心，尤其是對動物、外來者或陌生人。本

質上，他們非常大方分享自己所有，也很樂意用有形或無形的方式去幫助他人，他們不藏私，樂於交朋友，也喜歡認識不同背景的人，具有相當博愛的天性。通常他們從小就會對異地異國的文化特別感興趣，所以遷移、搬家對他們來說是一種學習和探險，也是一個快樂的生命經驗。

當我們在稍晚的高峰期遇上 9 數調性影響時，意味著生活視野與學習環境可能會有所變遷，比方會接觸更大更廣的界面，或其他的異國文化內容。因此，在心理準備上要有更多的同理心，要能慷慨地去接納一切的變動並能心存快樂與感恩。千萬不要為了得到什麼結果，而強迫自己去做太過勉強的事。因為 9 數最大的能量與最大的勝利是，能夠順應時勢、自然面對，學會看開一切，並盡力而為即可。

9 數最大的功課是學習「一切為他，不必在我」，能有這樣服務大眾的大愛，快樂的享受付出，去感恩生命美好，那麼你的人生必能順勢成就自己的夢想。

占 數 心 理 測 驗

3）測試看看，你要怎麼說服客戶？

我們用 2、6、7 排列出六種不同的數字組合，請依直覺選出下列一個組合：267、276、627、672、726、762。（答案請參考附錄一）

CHAPTER

「固定數」
對成功與運勢的影響

何謂「固定數」

　　「固定數」就像星座裡的「太陽星座」一樣重要，它影響我們流年運勢的變化，代表我們的行為表現與特性，也最能顯現出一個人能否完善個人思維與人生價值的基礎。

　　即使每個「宇宙年」都會隨著時間與環境而有所變化，但是基本「固定數」仍是在世界紛擾變遷下，能穩固我們的特別力量。

「固定數」＝「成就數」＝「生命基數」

　　「固定數」也是我們的「生命基數」，它影響你我人生流年的變奏幅

度與韻律速度；它代表一個人的主要行為與意識基礎，無論每一年的外在
環境如何變動，它都有一致對外表達作為的態度，它也以穩固的氣質能量
來調整我們面對每一年變化的內在，所以「固定數」也是完成人生任務關
鍵的「成就數」。

如果你能掌握「固定數」在生命過程的影響力，瞭解它對我們追求最
高生命價值的意義，結合它來作為生活一切的精神指標，將會有助於我們
達成人生的理想目標。

此外，我們的「流年運勢」靈數也受到個人「固定數」的影響，它不
只有因應外在流年的變動能量，更深遠影響一個人的內在價值觀。

● 如何計算「固定數」

「固定數」是由每一個人的出生月與出生日數字相加而成，計算至個
位數。

靈數的「流年運勢」、「流月運勢」、「流日運勢」全部都與「固定
數」有關。在知道自己的「固定數」之後，我們就可以計算出每一年的「個
人流年數」，同時也就能掌握每個流年基本的因應之道。

「固定數」＝ 出生（月份＋日數）

例 1）周杰倫的生日為西元 1979 年 1 月 18 日

月 1
日 18：1 ＋ 8 ＝ 9
那麼他的「固定數」＝（月）1 ＋（日）9 ＝ 10：1 ＋ 0 ＝ 1

例 2）林志玲的生日為 西元 1974 年 12 月 29 日
月 12；1＋2＝3
日 29；2＋9＝11；1＋1＝2
那麼她的「固定數」＝（月）3＋（日）2＝5

固定數 1 ～ 9 的特色影響

● 固定數 1

1 數有非常強烈的慾望與動機，在進行計畫時不只目標明確，也比較具有現實感，他們很願意嘗試新的學習，對於開發未知的部分比較不害怕失敗，因為，他們面對挑戰時都比較願意承擔。

1 數具有積極主動與領導的特質和魅力，會讓條件較優的固定數 1 者常常顯露出優越感和驕傲感，甚至會不自覺地展現出毫無商量的強硬態度，這點會讓許多人對固定數 1 的人既愛又怕，所以固定數 1 的人需要有更多的體貼心，要能站在別人的立場去著想。

固定數 1 的人做事靈敏快捷，這會讓他犯下輕敵的錯誤；好比說，當面臨一些即將到來的改變，可能會輕忽了明顯的徵兆，直到事情發生之後才想到要採取行動，卻常常已造成不必要的錯誤和失敗。因此，固定數 1 的人需要學習未雨綢繆，仔細觀察微妙的變化，避免掉以輕心的態度。

另外，固定數 1 在遇到局勢限制與困境的時候，常會在毫無警訊的狀況下，來個義無反顧、措手不及的全力反擊。當然，如果這些強而有力的反擊，在事前未經過仔細盤算計畫，那麼結果可能會要花相當長的時間去收拾殘局、處理善後，不可不慎。

在面對改變的時候，固定數 1 的人相當的任性與執著，常會採取一不

做二不休的態度，這是因為 1 數激進的特性所致。固定數 1 的人在面對難關時，有時候反而覺得機不可失，膽量會顯得比較大。要提醒的是，固定數 1 的人最需要控制自己一時衝動的情緒與想贏的慾望，這些很容易造成你的錯誤判斷。

固定數 1 的愛情人際關係

1 數的獨立自主特質，讓他不喜歡拖泥帶水和曖昧不清的關係，就算一開始因為熱情相戀而釋出極大的耐性與善意，但最終這類的關係都無法持久。

固定數 1 的人可以承受強大的壓力，會為自己的選擇做出極高程度的犧牲，所以在戀愛關係中，面對固定數 1 的人，最好直接了當，無須拐彎抹角，能越清楚表白內在需求和想法越好，這樣反而可以讓兩個能有明確的目標共同奮鬥。

固定數 1 的人相當直觀且主觀，常會站在自己的立場和觀點去思考，因此容易對事情造成誤判。除非能得到自己親密伴侶和家人的完全理解和信任，否則固定數 1 的人需要特別去學習，如何以更柔和的溝通方式去對待他人。

任何理想的關係，都需要以平等和諧的方式相互對待。然而固定數 1 的個人意識十分強烈，會無意識的對他人缺乏體貼，特別是當他們把所有事都視為理所當然時，很容易破壞已建立的良好關係。在愛情關係裡，固定數 1 會是個主動展現熱情的人，這也意味著他能夠掌控彼此之間的關係節奏與深淺程度，但卻也因此常讓人以為，固定數 1 的人極具嫉妒心。

關係模式中，除了固定數 2 以外，固定數 1、3、5、7 者都較容易成為固定數 1 者的最佳浪漫伴侶。當固定數 1 能夠善用原始創意，以溫柔浪漫的方式來處理愛情關係時，結果往往也會是最對的選擇。此外，固定數

為 3、5、7 和 9 的人，與固定數 1 者都相當匹配。

固定數 1 的四大關係模式
天生契合型　當固定數 1 遇上 1、5、7 號人
容易相處型　當固定數 1 遇上 3、9 號人
智慧磨合型　當固定數 1 遇上 8 號人
極高挑戰型　當固定數 1 遇上 2、4、6 號人

● 固定數 2

　　2 數的基本特性與個性特質是，會盡量求取和平，避免正面衝突，處理事務時是會採取比較外交性與戰略性的手腕，會先模擬後再採取行動。正因為 2 數敏感細微、周到求全，所以常常需要思考很久後才敢做出決定，因此不免顯得較為優柔寡斷。

　　固定數 2 的人很容易獲得他人的認同與協助，他也樂於與人分享自己的各種經驗，因此能與他人更進一步交往。2 數是直覺非常強烈的數字，在感觀上也相當的敏銳，他常常在事情即將發生之前就已經意識到變化或危機。固定數 2 對於時間的掌握特別要求也敏感，這是他們生存哲學裡最重要的關鍵，時間的運用會影響他們的行事方法與節奏。

　　固定數 2 的人特別在乎別人感受，因此很容易屈就於強權和不可抗拒的人事上。不過往正面觀看，2 數的確具有相當大的彈性能力，讓他們可以在極其快速的情況下再次站起來。2 數容易對他人的困境感到同情而伸出援手，但如果錯用了這些同情心，也很容易掉進比較自私和貪婪的情況。

　　固定數 2 的人對於人性十分瞭解也很能掌握，因此他們也懂得如何以圓滑的方式來處理事情與人際關係。然而他們如果過度圓滑，或用太刻意

的方式處理人際關係，很可能會把簡單的事情變得複雜；比方，頻繁運用柔軟的方式，間接操縱他人去做一些事情，最後可能導致令人遺憾的結果。

固定數 2 的愛情人際關係

2 數是具有非常直覺、敏感和浪漫氣質的性格，在感情方面有時也特別的脆弱。2 數非常忠心與極端感性，他會全心全意的為伴侶付出所有。固定數 2 的人除了內在的熱情，也很瞭解如何取悅對方，他其實是希望能被相對的取悅。

反過來說，在看似極脆弱的性格下，固定數 2 的人也有其極為強悍的應對之道。由於固定數 2 的人可以直接感應到哪些人對他不誠懇，哪些人對他是真心付出的，所以千萬不要隨便耍弄固定數 2 的人，否則一旦被看穿你背後的不誠懇與欺騙動機，你就再也看不到 2 數的柔順浪漫了。

在愛情和人際關係方面，一旦摧毀了固定數 2 者易碎的心靈，大概就得為此付出極大的代價。固定數 2 的人不是一直都不堪一擊的，他們同時也擁有一個毫無商量餘地與堅持不退讓的一面，這一點常常會讓人出乎意料之外。

固定數 2 的人最好的相處伴侶是固定數 1、5、6、8 和 9 數的人。而同為固定數 2 的另一個人，則最容易獲得固定數 2 人的心，他們也會是天作之合的心靈伴侶。

固定數 2 的四大關係模式
天生契合型　當固定數 2 遇上 2、4、8 號人
容易相處型　當固定數 2 遇上 3、6 號人
智慧磨合型　當固定數 2 遇上 9 號人
極高挑戰型　當固定數 2 遇上 1、5、7 號人

● 固定數 3

　　正面陽光是 3 數的基本特質，他們擁有純潔的心性與原始的天賦，這些都是他們重要的資產。固定數 3 者的內在就像個孩子，渴望能受到他人的注意與肯定。他們在行為表現上，常常是無拘無束海闊天空，會讓自己的想法馳騁飛翔，並不太在意結果為何，是一群樂觀主義者與夢想家。

　　固定數 3 的人具有創新的創意，他們常常會跳出傳統思維，以不同於一般人的想法迅速解決問題。他們樂觀進取，並以這樣的態度在生活上製造各式話題，引人關注，這也為他們創造出許多寶貴的機會。

　　和固定數 3 的人相處，你會有一種如沐春風、毫無壓力的感覺。許多固定數 3 的人在面臨生命中非常嚴峻的挑戰時，他們可以展現出比任何人都要超強的忍耐、勇氣和決心。但是，我們也看到許多固定數 3 的人，常常對喜愛事務缺乏持續的專注力，導致他們無法得到最後的成功。因此，固定數 3 的人千萬不要太過理想化，以避免隨便開出無法兌現的空頭支票。

　　當然，固定數 3 的人若想成功，只要好好學習專注與自律，那麼他在任何生活條件下，都能尋得一個改變現狀、創造未來的好結果。當一個固定數 3 的人能持續不斷地集中精力管理自己，也能持續把熱度放在同一個目標努力，他就必定能得到比他人更大的成就和滿足。

固定數 3 的愛情人際關係

　　固定數 3 者期待能夠成為眾人的焦點，並得到各種關愛，只是他們表現愛的方式有時又稍嫌淺薄，因為他們很容易被外表所吸引，也比較會被美好的形象和名氣所征服。

　　固定數 3 的人由於傾向在快樂和輕鬆的狀態下生活，對死氣沉沉的氛圍常不知如何是好，也禁不起任何時間的考驗和打擊。因此他們對顯現出

悲觀的情緒會感到不安，總希望在生活中能夠掙脫這些負面觀感。而他們也常用自以為的幽默感，來保持一切狀況能輕鬆自在。

有時他們像孩子一樣，會先享受當下美好的狀況再說，但是當他們一旦發現戀愛關係需要認真跟負責的態度去面對時，他們又常會有打退堂鼓的念頭與行為出現。在人際互動上，固定數 3 的人天生害怕冷場，所以總會想辦法在團體中製造歡樂，有時行為太過頭了，而忽略了身負重任與該扮演的角色。

在戀愛關係裡，固定數 3 的人會以相當謹慎的態度去面對，雖然他們可以很輕易的進入浪漫的關係裡，可是他們也自知美好關係可能無法維持太久，因此常有矛盾的心理發生。

想抓住固定 3 數人的心，不只要有耐力還要有耐心，得做好長期抗戰的準備，這對你的耐力和耐心將會是一大考驗，尤其不要讓對方覺得你太過要求或對感情貪得無饜，因為固定 3 數的人最怕情緒與情感上的壓力。

固定數 1、3、5 和 7 的人最能夠應付這些心性不定，或是在感情上有點招搖的固定數 3 的人。

固定數 3 的四大關係模式

天生契合型　當固定數 3 遇上 3、6、9 號人

容易相處型　當固定數 3 遇上 1、2、5 號人

智慧磨合型　無

極高挑戰型　當固定數 3 遇上 4、7、8 號人

● 固定數 4

固定數 4 最大的資產和強項，就是他們無堅不摧的意志力，他們會為

了可以實現的目標付出相當大的努力，即使長期抗戰都會繼續下去。一般人會認為固定數 4 的人講求效率，也比較注重結果，但這不代表他們都是唯物主義或功利主義者。但不可否認的是，他們的確會將一個人是否有成就，作為他們人生重要的關鍵考量標準。4 數重視細節與安全踏實，因此我們看到的固定數 4 的人，通常都比較拘泥於小節與結構方面的要求。固定數 4 對人對事都有他一套標準系統，這些想法根深地固定在他們的生活裡醞釀、運作。

特別是在工作的過程中，4 數這種要求完美和不可出錯的個性，常讓他們自己感到挫折與壓力。這對周遭人來說，也相當於進入一種毫無生趣、毫無彈性的框架裡動彈不得。另外，有種極度反面的潛在個性會在一些少數的固定數 4 的人身上發生；有時我們會發現他們可能缺乏同理心也比較冷酷，只重視自己，很少能夠設身處地為他人考量。

固定數 4 的人極其討厭為任何現狀做改變，他們也不喜歡去做毫無把握的事情，所以他們不會輕易地去冒險。當然，也因為這樣的特質，他們常常會錯過機會，去接受更大的跳板試煉，開創新的局勢，這些都是因為他們總是在安全舒適圈內待著，也不願做出任何改變的結果。但無論如何，固定數 4 的人必須要瞭解，冒險其實是另外一種機會，可以為自己打開新的一扇門。世上絕不是每一件事情都能夠精密計算，或保證結果如自己所預料計畫和想像的那樣。

一般固定數 4 的人做事不會拖拖拉拉，也不會避開他們應該面對的責任，他們總是集中精力，並且將自己所有的時間貢獻在值得付出的事情上。固定數 4 的人自我要求極高，也是很難自我滿足的人，除非他們達到大眾認定或自我設定理想的狀況，否則他們絕不會輕言放棄。

固定數 4 的愛情人際關係

　　固定數 4 的人希望所有事情都要講求效率跟自律，他們很擔心脫離常軌，那會讓他們無法安心。由此可知，他們是最穩定踏實型的一群人。除非這世界發生超大的變化，或是生活常規受到破壞，否則我們是很難推翻其想法和行為模式。

　　雖然固定數 4 的人總是強調要活得自在放鬆，但這些只是他們潛意識裡的渴望和想法而已，畢竟這與他們的生活行為完全難以契合，甚至幾乎很難落實啊！尤其，一旦陷入愛情關係中，固定數 4 的人會計畫加強彼此的穩定度，希望能夠保有一份長久的關係。他們也許不那麼熱情、感性，但是他們絕對是最忠於情感的人。

　　在戀愛關係中，一向踏實又務實的他們，的確能夠安於各種不同的親密關係。

　　不過要讓固定數 4 的人表白他們的內心情感，是要花一番功夫和時間。當固定數 4 的人向你提出承諾了，那會是最有深度和強度的承諾，因為一旦他許下了諾言，將永遠的站在你身邊。所有固定數 5、6 和 8 的人，對固定數 4 的人來說會是最佳親密夥伴。

　　固定數 4 的四大關係模式
　　天生契合型　當固定數 4 遇上 2、4、8 號人
　　容易相處型　當固定數 4 遇上 6、7 號人
　　智慧磨合型　無
　　極高挑戰型　當固定數 4 遇上 1、3、5、9 號人

● 固定數 5

　　我看過許多固定數 5 的人在處於混亂狀況中時，有一種鎮定且迷人的氣質，他們好像特別喜歡這種當下的即興演出，在面對這些不可控的改變時，他們的腎上腺素會特別發達，面對不可猜測的未來和恐懼時，心臟似乎也比一般人更為激活。

　　固定數 5 的人喜歡旅行和移動這一方面的事情，他們很有社交能力，也非常享受於別人做伴的當下氣氛。那些從未經歷的事情、從未走過的路徑，對他們來說都非常有趣，即便要讓他們繞遠路，或是花更長的時間去探索、發掘，他們都很願意去嘗試這些過程。他們是一群最能夠適應變化和改變的人，似乎他們天生就是為改變而來，一身重裝，隨時在出發的準備狀態。他們對所有混亂的情況，有一種莫名的興奮與想駕馭操控的傾向。

　　固定數 5 最明顯的個性特質，應該是他們對於太過固定與某些必須挑起重擔的責任，有一種說不出的逃避心態。他們不喜歡一成不變與一切可預料的事情，他們天生就像脫韁的野馬，喜歡自由自在，痛恨被約束和一籮筐的教條限制，就因為這樣的個性傾向，他們常會不自覺陷入對某些事物的著迷和上癮，甚至自我放縱。

　　成功的固定數 5，必須瞭解如何全心全意地奉獻自己的精力，並專注於自己熱愛的事情，切切不要浪費時間在眼前的短期目標或勝利上。固定數 5 一定要學習將眼光放遠，同時要保有長期奮戰的毅力和精神。

固定數 5 的愛情人際關係

　　談到浪漫的愛情關係，固定數 5 的人算是最感性也最熱情的一群，對於浪漫的關係，他們常常會有令人驚嘆連連的行為出現。有著狂野不拘和冒險患難特質的他們，在長期的關係裡可能並非是最好的選擇對象；不過，

一旦真的墜入情網，他們將會是最忠誠且最有趣的伴侶。

擁有冒險性格以及感性特質的他們，是真正能夠瞭解並感激上天賜與美好生活的一群人。他們會為了保有自由、爭取自由，而抗拒或放棄所有外在的束縛跟壓力；在生活與生命的追尋上，固定數 5 的人不太敢接受即將面臨較為嚴肅、具有責任感的承諾。除非，他們真的被感動了，且真的深深愛上了某人，否則是絕對不願意被綁住的。

總的來說，固定數 5 的人不會輕易許下承諾，一旦他們被真愛感動了，就會想盡辦法把自己心愛的人和熱愛的事情都放在第一位；為了值得的愛付出，他會告別過去，盡力成為一個非常穩定且全心付出的成熟伴侶。固定數 5 的人與固定數 1、3、5、6 和 7 的人，在心靈交會上是最好的一對，也是天生的戀人。

> **固定數 5 的四大關係模式**
> 天生契合型　當固定數 5 遇上 1、5、7 號人
> 容易相處型　當固定數 5 遇上 3、9 號人
> 智慧磨合型　當固定數 5 遇上 8 號人
> 極高挑戰型　當固定數 5 遇上 2、4、6 號人

● 固定數 6

6 數是提供照顧的能量，擁有固定數 6 的人能夠在生活中提供他人足夠的關懷。他們具備成全和諧關係的傾向，在與人相處時常會忽略自己的需求和慾望。固定數 6 的人喜歡協助、教導他人，以盡量滿足他人的需求為主。

對固定數 6 的人來說，分享與給予就像兩個牢不可破的優良德行；他

們會傾其全力的提供他人足夠的愛與關懷，這些行為讓他們在人群與同儕之間獲得尊重。在面臨環境改變時，他也能維持自己心智跟腦力的量能與平衡，有相當的毅力和能力去解決。不過，從另一個角度看固定數 6 的人，也有令人頭疼的一面；他們也可能相當自以為是，比如有時會在尚未達到預訂目標之前就先召告天下，還會將自己內心的計畫目標設定為最終的結果，並對外表明要贏得比賽的決心。

重視責任是固定數 6 的長處，他甚至會比他人要求的更為嚴肅認真。許多固定數 6 的人，很容易被商務的結構和交易內容所吸引，尤其對商業和生意相關的事特別感興趣。固定數 6 的人會先下手搶得先機，他們善於用心戰喊話，讓競爭者不戰而退，他們對教條和理論非常依賴且深信不疑，但是這也容易成了他們在天賦發揮上最大的障礙，限制了他們的宏觀發展，造成他們可能短視近利，沒有遠大的格局，甚至於缺乏洞見觀瞻與對未來遠景的想像力。但也有另一種固定數 6 的人出現相反的狀況，一旦他們身處安逸，就會變得懶散並安於現狀，恰如井底之蛙，認為自己所處的環境就是全世界。

固定數 6 的人擁有相當實在誠懇與仁慈的個性，他們是理想主義者並具有現實感。在他們為自己遠程目標作努力的時候，他們會特別有耐性，並且願意花一切的精力來達成目標。

固定數 6 的愛情人際關係

固定數 6 的人，很容易著迷所謂的系統學與理論方面的信仰。但太過於仰賴這些教條而深信不移時，很容易因此大大的限制自己的應變能力和想像。真正成功的固定數 6，是懂得嘗試踏出自己的舒適圈，努力朝外闖蕩世界的。

在愛的表達與奉獻上，固定數 6 的人常會毫無克制地付出，當然在他

們的內心也希望獲得相同的回應。從統計數字結果來看，許多擁有固定數6的人，是最容易讓人心醉的高手，但是他們常會壓抑濃郁的情感，不知道如何宣洩自己的情緒。於是在無法正常釋放充滿能量的愛時，也容易造成負面的傷害。透過社會案件的分析發現，許多擁有固定數6的人會造成家庭方面的傷害，比如家暴，或對親密家人的控制等等。

6數的特質是深情款款，但不見得都能夠維持長久關係，除非他能感受到自己的給予和分享，也能同樣得到百分百真誠地回應。如果你被這些擁有固定數6的人選擇作為情感伴侶，那麼你也將會得到他全心全意的照顧與關愛。而固定數是2、5、6、7、9的人，很容易吸引固定數6的人，其中又以7和9固定數的人，更容易成為最後的贏家。

> **固定數6的四大關係模式**
> 天生契合型　當固定數6遇上3、6、9號人
> 容易相處型　當固定數6遇上2、4、8號人
> 智慧磨合型　無
> 極高挑戰型　當固定數6遇上1、5、7號人

● 固定數7

7是與大自然同頻的數字。所以7數的人需要與大自然進行同步呼吸，需要更多的獨處和自我關照時間，才能解決許多內在與外在的問題。有關哲學和精神意識方面的問題，都與7數脫不了關係。7數對於形而上與靈性的學習，有超出其他人的能力。相較下，很少有事情會干擾固定數7的人，除了那些吵雜環境或膚淺輕佻的外在因素會讓他在精神上無法招架外，他很清楚不要浪費過多時間和精力在無謂的事物表象上。

　　擁有固定數 7 的人，他們在身心靈與感知方面擁有特殊學習的專長，尤其對於地球與大自然界所產生的律動和對應。他們似乎有個通向宇宙的無形天線，能接收來自外太空的波長震度。他們對生活與世事總有一些獨到的見解和哲學思考，對宇宙和未知有特別敏銳的直覺和追求開發的慾望。事實上，他們相當享受並且能夠因應各種獨處的狀況。如果他們不去隱藏內心的感受，適時做情感的宣洩與分享，那麼他們大部分會去從事與心理學、精神醫學相關的行業工作，而這些剛好印證了他們在這方面的天賦。他們喜愛追求真理，喜歡打破沙鍋問到底。

　　我們還發現，固定數 7 的人往往兼具內向和外向這兩種性格，他們是非常理想的夢想家與思想家，同時也比較不重「利」與物質方面的索取。他們的夢想大部分都屬於更高境界像烏托邦式的精神層次。

　　一般成功的固定數 7，特別會學習如何擁抱自己的情緒和感情流露，並充分暸解不是每一件事情都能以邏輯去分析研究，也並非每一個問題都可以單獨用自己的腦力就能夠解決。他們會在許多事情的判斷上有較偏心的傾向，且內心對世事有一種獨特的評價，甚至會私下將好惡羅列出來。固定數 7 的人雖然常會顯現一付淡默地樣子，但骨子裡他們對所有事情卻是十足好奇的異議份子。他們天生擁有一種學術的氣質，但又不屬於那種傳統保守的一派。

固定數 7 的愛情人際關係

　　7 數不會因為表象而感到滿足，他會為了追求更深層的意義而努力。換句話說，擁有固定數 7 的人，比較不會以貌取人，或被外表所迷惑。但如果擁有固定數 7 的人，對於改變毫無動力且保持一貫冷漠的態度時，很可能因為他們在尋求生活目標時，未能得到相當的關注和同等的回饋吧！

　　在愛情關係上，固定數 7 的人比較屬於晚熟與慢熱型的一群，他們可

能對心靈和智力方面的交流更有興趣，反而對身體和物理性的交流缺乏熱情。他們會比較自以為是，但也有一套獨特的評論和見解。

固定數 7 的人雖渴望親密關係，但常常事與願違。當他們陷入一個新的戀情時，不會立刻投入在感官與身體交流上的刺激，反而喜歡先從柏拉圖式的愛情開始。固定數 7 的人兼具感性和理性，具有非常體貼的特質，他們會想盡辦法滿足伴侶的期待和需求。

固定數是 1、3、5、6、7 或 9 的人，容易在固定數 7 的人身上深深地烙下印記，讓他們束手就擒。但也別忘了，他們天生在處理情感或其他事情上面，比較理性邏輯而且慢熱，因此對追求這些固定數 7 的人來說，必須要有耐性並花一些心思和手段才行。

固定數 7 的四大關係模式
天生契合型　當固定數 7 遇上 1、5、7 號人
容易相處型　當固定數 7 遇上 4 號人
智慧磨合型　當固定數 7 遇上 9 號人
極高挑戰型　當固定數 7 遇上 2、3、6、8 號人

● 固定數 8

固定數 8 的人比較會顯現出專制權威，以及想要掌控全場的特質。所以當他們感覺失去控制的時候，也就是最危險的時候，因為這些人此時通常都比較容易激動，也容易被激怒。如果他們沒有顯現這些強勢的情緒和性格，表示他們曾經為造成的錯誤而付出代價，或已從中得到反省與自我控制。

8 數非常的能幹而且相當的聰明，擁有很好的洞見和預視能力。他們

有一種非常特殊的冒險特質，這讓他們可以輕而易舉地處理龐大複雜的物質條件，這種特殊性格會讓他們傾向並熱愛去面對華麗與金錢權位有關的事物。

許多固定數 8 的人可以在新的投資冒險裡加入戰局，有時候他們內在狂野的賭性會蠢蠢欲動，讓他們不畏懼一切挑戰。面對眼前的賭局時，他們若不是太過樂觀就是不信邪的相信感覺，一擲千金地下很大的賭注，結果卻常常是一敗塗地。無論如何，固定數 8 的人絕對不可能輕易的被失敗牽著鼻子走，他們也不會沮喪太久，很快就會從失敗中另起爐灶。

說來也非常矛盾，8 數的人雖喜歡控制感，卻非常痛恨接受他人權威的挑戰和威脅。我們在許多社會案件中，常會看到一些 8 數的人容易不斷地在犯罪和被監禁間來回跑動；有趣的是，許多優秀辦案的警官偵探和狡猾睿智的罪犯，常常展現了 8 數的一體兩面。

要作為一個成功擁有固定數 8 的人，最重要的是必須謹慎管理自己的情緒，不要讓自己的失控易怒阻擋了判斷的雙眼。

固定數 8 的愛情人際關係

8 數本身含有犧牲奉獻的特性，願意無條件地提供服務協助，但 8 數也常常壓抑情緒，隱藏情感。所以，許多人面對不熟悉的 8 數人常有種錯覺，會以為他們嚴肅又有距離，但親近後才發現他們是情感上的紙老虎，戴著一副高高在上的假面，其實內心非常溫情。

8 數在數字能量的符號上是一個無限大的代表；他們若不是太過於要求，就是太過於給予，所以我們也會常常發現過度縱容的狀況在這些人身上發生。他們為了要滿足心愛伴侶的慾望，會誤以為用性與物質滿足他們就能提供所有的需求。

擁有固定數 8 的人相當難以取悅，主因還是在於他們對自我非常挑剔，

而非他人的問題。尤其在親密的戀愛關係中，他們很難將內心的情感和情緒一五一十地表達出來，這會令人無法判斷他們的內在到底是悲還是喜。他們在情感上相當壓抑，也很能承受極大的壓力，像是身上有另一層保護色，容易讓人有誤判的狀況。

因此要和擁有固定數 8 的人相處，或發展一個浪漫的情感關係，你必須是一個強而有力的對手，並對自我有強大的信心和十足的安全感，才能夠在這個浪漫關係中爭取自己的地位和權力，也唯有相互平等、勢均力敵的關係才可能維持長久。

對於承諾，固定數 8 的人有相當強烈的責任感，他會照顧周遭所有的人，並盡所有的能力愛屋及烏。因此，如果你得他的關愛，就等於獲得了一份安全護照。要獲得他們的芳心也的確需要花相當的精神和心力。固定數 2 的人對 8 數的人而言，是最好的理想伴侶。

> **固定數 8 的四大關係模式**
> 天生契合型　當固定數 8 遇上 2、 4、8 號人
> 容易相處型　當固定數 8 遇上 6 號人
> 智慧磨合型　當固定數 8 遇上 1、5 號人
> 極高挑戰型　當固定數 8 遇上 3、7、9 號人

● 固定數 9

9 數的人善於深思熟慮，是精密的策略者，他們對各種可能發生的事情都能進行推測和演練。固定數 9 的人是最標準的理想主義者，他們擁有一個面對全球、全世界開放的胸懷與意識，他們順由心性，會很容易選擇傳教、政治、軍警和執法相關的職業。這些人可以非常的超然，同時會保

有適度的距離感，這是他們潛意識裡自我防衛的一種表現。

　　大部分的 9 數人行為態度都非常友善且易於親近，天性上會直接表露情感，但如果他們希望落空時，又不免露出失望表情。所以固定數 9 的人在情緒處理方面往往不是能手，他們傾向處理實際的事件而非人情上的關係。對於目標導向清楚的事，他們也特別擅長。

　　一般人對固定數 9 的人有非常兩極化的反應；若不是超級愛他們，就是對他們感到討厭防範，主因是有些固定數 9 的人喜歡居功，他們可以輕易得到大家的協助和祝福來完成計畫，卻也常會在不知不覺中顯現驕傲而忘了他人的存在。

　　固定數 9 的人很能夠在各種情況下自我調整、適應環境，這讓他們能夠成為重要任務的計畫者與生活諮詢對象。他們非常擅長於經營一個機構或組織一個團隊，但是對於處理商業、財務以及稅務方面的細節卻並不在行。當他們在參與一個合資企業或合作關係的情況，會盡其所能採取雙贏的方式，讓大家都能公平的獲得最大利益，他們會為大眾創造最大價值，也樂於提供大眾服務。

　　另外，要做一個成功的固定數 9 的人，最大的人生考驗是必須時刻關照自我，學習接受其他人原來的樣子，接受別人的所有，而不是用自己的期待去改變他人的想法。

固定數 9 的愛情人際關係

　　親密關係建立不易，尤其對一個可以完全自給自足的固定數 9 來說，因為習慣與他人保持一定距離，所以在最開始的親密情感連接上也會讓人有種不確定感。

　　雖然 9 數具有友善親和與寬容大方的特質，但在兩性的愛情關係裡，擁有固定數 9 的人卻是所有人當中最難以接近與相處的人。他們可以在「獨

我」的狀況下活動自如，也能輕而易舉進入人群，但他們會讓人感覺有一層自我設定的距離，他們可以很客氣，但不輕易表現內在感受與情緒。

固定數9的人一旦確立了彼此的親密關係，他們就會是你生活中最讓你開心的人；他們會是最體貼、最關心你，也會是對你最大方且最願意付出的人。他們不會涉入你太多的隱私，也不會要求任何事情，他們也是最容易取悅他人與被取悅的一群人。

在確立的愛情關係裡，固定數9會變得相當的容忍，也特別容易寬恕。他們會提供心愛的伴侶和親密對象一個超大的空間和自由，也會盡量協助對方去發展自己的天賦和生活方式，但甜蜜關係最好能依照他的內在期待去完成，否則他不是委曲求全，便可能黯然離開。

一個超然的固定數9，的確擁有讓人無法置信的感性力量，他們若善用這個正面能量，就可以創造出許多更好的關係。固定數是1、2、3、6、7、和8的人，都非常適合跟固定數9的人相處。

固定數9的四大關係模式

天生契合型　當固定數9遇上3、6、9號人

容易相處型　當固定數9遇上1、5號人

智慧磨合型　當固定數9遇上2、7號人

極高挑戰型　當固定數9遇上4、8號人

CHAPTER

「流年」、「流月」
的任務與運勢分析

　　我們一生中會經歷幾次「九年循環」周期，每次都是從流年1到流年9。許多人都會很好奇地問，哪一個流年比較好，哪個流年比較糟？對我來說，每一個流年都在經歷和學習不同的課題與完成不同的任務，沒有好壞之別。其中，**流年又有「宇宙年」與「個人流年」之分**，我之後會有介紹。

　　如果你能夠把握住每一個「流年」的學習精神和重點，自然可以享受該流年帶給你的不同風情面貌與收穫。但如果你只是抱著坐享其成的態度，那麼你恐怕年年無好年，因為你的人生態度與價值觀無法獲得反省啟發和改進，那麼再美好新奇的事物在那裡等待你也一切枉然。

　　機會是需要創造的，只在乎是否能無中生有的收穫是不切實際的，若浪費寶貴生命時光，任何人都無法僥倖過關。我們一生中都必須經歷無數個九年的重複，才會瞭解並接受生命循環的真正考驗，完成每一次「九年

循環」的歷程也才能讓我們的內在更趨成熟。

瞭解「個人流年」的各個主題任務，不只能趨吉避凶地過生活，最重要的是讓我們由生活中學得感激、滿足與分享愛等無私的美德，以獲得人生心靈的豐收與福慧。

各流年的基本運勢通則

中國人的紫微命盤是以每十年為一個循環，而「希臘占數」則是以九年為一個循環單位，換句話說每一個人從出生開始就已面對不同的流年影響和挑戰。我們人生雖然要重複經歷好幾個「九年循環」，但仍應對著不同的宇宙年數，所以每一個「九年循環」的總體生活內容和結果會有差異。

每一個「宇宙年」都有該年對宇宙釋放的能量考驗，而每一個人的「個人流年」則有該年的學習主體。「個人流年」與「宇宙年」如果是相同的靈數，則面對的能量振動影響是一致性的，比較不會產生太大的對沖和衝擊。但大部分人的「個人流年」與「宇宙年」靈數結果不同，因此內在的挑戰力度會受到比較大的干擾，需要做更多的平衡和諧。

例一：

2020 年時，「宇宙年」靈數是 4，而某甲的「個人流年」是靈數 4，某乙的「個人流年」是靈數 5，雖然兩人的「個人流年」都是各自的「固定數」與「宇宙年」相加得到，但是這兩人面對 2020 年，在身心靈方面所要挑戰的內容力度，某乙肯定比某甲來得更為複雜困難；因為數字 4 和數字 5 的性格特質截然不同，挑戰的功課也不一樣。

就算「宇宙年」的靈數相同，但「宇宙年」包含的數字內容不同，雖

然主要的靈數學習任務一樣，但卻是不同內容數字的包裝組成，我們依舊必須先認識其中各數成分的特質與振動能量，來調整我們的生活態度和方法，如此才能真正愉快勝任該年的任務。

例二：

2008 年與 1999 年的「宇宙年」代表靈數都是 1，兩者主要的性格特質都是 1。但是因為兩者所組成的數字不同，所以應對的振動力量與該學習的功課內容也不一樣。

2008 ＝ 2 ＋ 0 ＋ 0 ＋ 8 ＝ 10；1 ＋ 0 ＝ 1 →代表靈數
1999 ＝ 28；2 ＋ 8 ＝ 10；1 ＋ 0 ＝ 1　　　→代表靈數

● 如何計算你的「個人流年數」

每個人所處的流年算法，必須先確定當年「宇宙年」（比如，該年是西元 2021 年，則宇宙年是 2 ＋ 0 ＋ 2 ＋ 1 ＝ 5），再加上個人出生的「固定數」（年＋日數），就可獲得答案。

宇宙年（當年西元年數）＋固定數 （出生月＋日數）＝流年數

例：周杰倫的生日為 1979 年 1 月 18 日，請問 2021 年他的流年數為何？

Ａ）宇宙年　 2012；2 ＋ 0 ＋ 1 ＋ 2 ＝ 5

Ｂ）固定數　 1 ＋（1 ＋ 8）＝ 10；1 ＋ 0 ＝ 1

因此（Ａ ＋ Ｂ）＝ 5 ＋ 1 ＝　 6　→即周杰倫 2021 年的個人流年數

「個人流年」的運勢分析

● 流年 1（嶄新開始，勇於行動嘗試改變）

　　這是個嶄新的開始，也是奠定接下來九年循環的重要起點，它同時預告了即將展開令人又驚又喜又惶恐的未知旅程。但是你不要害怕也無須擔憂太多，因為這是 1 數振動的影響，它會激活所有正面積極的能量，讓你有足夠勇氣去挑戰未來。

　　這一年的所有決定直接牽動你下一個九年的運程，換句話說，開始起跑的第一步奠定了後續的目標是否能順利達成，計畫無論大小，最初設定的方向必須正確，後續的佈樁與執行就等於服下了定心丸，能逐步實施。不過，這一年的工作量可能會大大耗損許多精力，所以要靠有規律的運動來增強體力。

　　對於正在進行的一些大計畫，千萬不要過度曝光讓太多人知道，把事情做好最重要，因為先將消息傳播出去，只會減弱了事情成功的機率。如果，遇到一些困境，一定要耐住性子，因為它會自然的迎刃而解，最後的贏家還是你，保持超級樂觀會是你獲勝的最佳籌碼。確認一個穩定的感情生活，對工作有十足的幫助，搖擺不定的或讓你猶豫不決的男女關係，會增加負面的影響。

　　別忘了，行動才是思想真正的代言人。光說不練，不但沒有任何成績，恐怕還會耗損體力！天下沒有白吃的午餐，羅馬也不是一天造成的。學習如何妥協，才是你致勝的關鍵，切記不要懷疑自己的能力，當你覺得那是對的事，就勇往直前，不要回頭。

　　設定的目標越清楚，前行的力度就越精準，千萬不要有一絲苟且偷懶，小小的延宕會拖累了整個進度。這是甩開過去的好壞得失，積極重新啟動的一年。

流年 1 的事業和金錢運勢

流年 1 是一個全新的起點，你可以感受到箭在弦上，準備蓄勢待發的動力。第一年的開始，似乎在工作和財務的規劃和準備上，都有撇開過去老舊傳統的意味，所以請用新的觀點和做法，要小心謹慎選擇未來的方向，因為這將會是決定勝負的關鍵。

尤其在這一年裡，有許多意想不到的機會和可能性，一方面使你興奮莫名，一方面又容易使你亂了分寸。在這充滿無限潛力和能量的 1 數號碼，盡量將自己的觸角延伸到每一個新的環境當中，認識的朋友越多，越會為你帶來更多的機會。

創新！創新！創新！因為這個階段代表了重新出發。對於以往令你舉足不前或是一成不變的工作，現在是可以考慮做變動的時候。無論你是否要求加薪或想改變理財的方式，千萬別再繼續等待或觀望下去，絕對要付諸行動才能心想事成。但要切記，千萬不可過度貪心，免得煮熟的鴨子又從手中飛掉了。

流年 1 的愛情運勢

這一年是你重新建立感情，或是彌補、尋找舊愛的最佳時刻。當然，也是你發展新戀情的好時機。

以往你總將生活伴侶或是愛人對你所做的一切視為理所當然，現在是你該有所回報的時候了。無論是對待老情人也好或是新認識的對象也好，你一旦在心中下了決定，就必須非常認真地考慮是否繼續交往，或是說再見。曖昧不清或只當它逢場作戲，都會過度損耗精力並影響事業的發展。

或者，你正與愛侶處於分手的階段，如果彼此都有意挽回，那麼你所付出的努力絕對要比對方來得大，而且需要以更積極的態度告訴對方，你

非常在乎且珍惜兩人的關係。如果你正處於單身情況，不妨明明白白的昭告天下：你現在單身！開放自己與別人交往的機會，多參加一些交友聚會，有機會為你帶來情投意合的夥伴，若不是情人，就會是好友。

流年 1 的健康狀況

無論在身體或是心理方面，你會有一種「重生」的全新感受，身體的健康需要靠良好的飲食作息，特別要減少脂肪過多、膽固醇過高和油榨的食物。運動是今年相當重要的課題，無論是哪一種形式的運動都好，只要持之以恆，一定可以得到明顯有效的結果。合適的運動設計，可以協助你排除過去身體方面的疾病，和心理方面累積下來的焦慮。

最簡單的每日慢跑和長程散步，或幾個基礎的有氧動作，都能帶來意想不到的收獲。另外，如果你長期固定服用一些藥物，現在是更改嘗試有同樣療效的其它藥物品牌的時候。當然，所有關於運動與藥物方面的設計改變，必須先請教你的醫師，小心服藥過量或吃錯藥。

流年 1 的交友和家庭關係

過去所有關係上的不愉快，都會在這個新的周期開始慢慢地煙消雲散。許多未曾連絡的友人或逐漸疏忽的家人親友，也都期待你的關注和重視。多安排一些聚會，以增進彼此的緊密感。如果在空間和時間的距離上都難以克服的話，也務必以電話的方式向對方問好，並表達內心的思念之意。

工作夥伴會漸漸變成你生活中相當重要的部分，這一年你要創造機會認識並接受新的友誼，因為這會為你帶來更多的工作機會和財源的可能。另外，家人的支持與愛，會給予你更多的動力，去追求過去需要花數倍時

間才能夠達到的成就。

流年 1 開運短打

- 將過去的種種一筆勾銷,讓你有一個全新開始的一年。
- 新的歷程,你得打磨一種全新的態度、觀點和角度看事情。
- 原有籌劃擱置已久的計畫,在這一年要勇於改變。
- 這一年是行動年,需要有企圖心去積極改變,不要遲疑。
- 相信你自己,傾聽自己內在的聲音,不要被任何人的意見流言影響。
- 重新清楚地檢視你自己,到底要的是什麼?
- 把你所需要的目標,擬定一個清楚可立即實施的方案。
- 要常常提醒自己,只要是你想要的都能達成。
- 設定目標,不要只空談你的想法或計畫,要實踐它。

● 流年 2（三思後行,以靜制動等待機會）

流年 2 要放鬆心情看人生,仔細觀察社會最新最快的脈動,這種態度會為你添加豐富的生活色彩。那些瑣碎又無關緊要的事情,全把它拋在腦後吧!無聊又無意義的事,只會給你帶來大麻煩,而且對經營未來的生活沒有一點好處。

如果聽到一些關於對你非善意的批評也不要在意,以防中了他人的計謀。開放一切看法,對人對事避免成見,不要太早下定論。

受到數字 2 的影響,今年的重點是邊走邊看「以靜制動」的氛圍,不似流年 1 的積極主動和快節奏,流年 2 會有一種慢調子「隱身在後」的感覺。有些正在進行的計畫會遭到延宕或取消,這是個相當考驗人耐心和情

緒的時候。

雖然我們無法每天都順利進行工作，但可以用轉化的方式來彌補缺失。今年需要花大量的時間累計蒐集你所需要的情報，把主軸放在人際關係的建立與合作上，每走一步都是為下一大步做好準備。這段時間在金錢方面的收益不如預期，因此不要把所有的精力放在賺取金錢上，但是可以在情感方面增加緊密度，會朝開花結果方向的發展，許多人也都有想婚的念頭。

管理好內在起伏的情緒，盡量保持愉快的心情是非常重要的功課。運用慢節奏氣氛，累積工作資源和建立人脈網絡，豐厚來年的基礎。

流年 2 的事業和金錢運勢

這一年的發展運氣是好壞交替，一會兒好，一會兒壞，時時在變化。所以在應對這種狀況時，最好的方法就是隨時保持應變的彈性能力，這比創意開發更重要。累積去年一年所做的努力，施以小小的伎倆，不但能幫助你從另一個角度看事情，也可以輕鬆獲得一些成就。這一年最忌諱守成不變和固步自封，若有夢想已久而突然找上門的工作機會，別只有興奮，快接受它吧！

今年的你雖然還不至於到了紅袍加身大大走運的地步，但是你還是值得享受該有的好機運。你只要懂得如何跟著機會走，不放棄不排斥任何可能，就算你不是樂透的得主，但也會為小獎開心不已。

盡量與一些有經驗和技藝純熟的人一起合作，從他們身上你不但能學到技術，也可能獲得一些靈感。

流年 2 的愛情運勢

關於現階段的愛情關係，「以靜制動」是唯一的特效藥，別奢望愛情會像噴射機一樣，瞬間載你衝上雲端，飛到愛情的制高點和遠方，你的羅曼史是需要一點一滴的努力，要細火慢燉才能熬出香味和精華來。

別忽視生活中的每一項細節，時時刻刻用噓寒問暖和甜言蜜語的方式展現你的體貼，這能增進與愛侶間的熱情溫度，加強彼此的關係強度，別操之過急，那只會壞事。或者你想結束一段關係，也不要意氣用事的下決定。有點耐性，總不會出差錯，至少可以減少一些遺憾。重要的是，仔細聆聽內心的聲音，謹慎處理每一個有關感情方面的事情。

流年 2，許多人在感情方面有一種特別的甜蜜感，甚至因為對情感過度依賴會有許多錯誤的判斷；比如說在挑選伴侶時，會因為過度渴望而錯將友情當愛情，抑或是對已有的感情產生不安與懷疑。自我煩惱猶豫不決，只會產生感情的相互猜疑。有些人會產生對情感三心二意的狀況，最後發現只是平白無故添加苦惱。如果你瞭解「等待」的真正含義和價值，就能讓情感更加穩固。

流年 2 的健康狀況

據統計數字顯示，在流年 2 時容易有腦神經方面的問題，主因還是來自於想太多。別為了取悅他人而過度掩飾偽裝自己的情緒，然而在這個必須真實面對自己的時候，加上你若不是一個好演員，演技太差不只不會獲得掌聲，更可能會被哄下舞台，失去下一次的表現機會。

對自己要好一點，該放輕鬆的時候就放輕鬆，今年多做少做都不會有太大的差異，只要你的心靈平衡健康，外表就自然漂亮。唯一需要注意的是，你的肩膀和腳趾會有酸痛的疾病，但對整體健康而言不會造成大礙。

多注意心靈上的感覺，不要太過在意別人的想法，那不但會使自己身心疲憊，還不一定會得到他人的感激，就讓一切隨著情勢走吧，心理上的負擔都會迎刃而解的。

流年 2 的交友和家庭關係

俗話說的好，種瓜得瓜，種豆得豆；雖然誰也不能保證，你得到的結果是不是百分之百如你所要的，但是你所付出的心思和努力絕對不會白費。前一年不是鼓勵你廣交朋友，多聯絡親人嗎？現在是你收穫友誼和家庭關係的時候。多年不見的友人都會神不知鬼不覺地出現在你的眼前，他們會為你帶來你不同的啟示和好運。

特別是你在流年 1 時所設定的計畫，在這一年可能會有一些意外的收穫和驚喜。

當然，施比受更有福，當你的家人或朋友需要你的時候，你不妨伸出雙手給他們大大的親吻和擁抱。如果你還有點寫作的天分，這些美好的故事足夠你用文字記錄下來，到年紀稍長以後，它會帶給你美好豐富的人生回憶。

流年 2 開運短打
- 要有耐心，這是一個等待的一年。所有進展緩慢，但不用擔心。
- 你期待一個相聚與合夥的機會。
- 善於利用溝通的技巧，還有外交手段與他人合作。
- 對其他人的感受或是想法要更為敏銳，但千萬不要過於個人情緒化。
- 大量閱讀及吸收你感到興趣的資料、文字、圖像。
- 各方面都要謹慎，注意細節與流程，盡量收集完整的參考資料。

- 三思而後行，不要倉促下決定。
- 避免讓自己停留在恐懼之中，要有勇氣去面對。

● 流年 3（歡樂社交，從心所願開花結果）

這是充滿歡樂、活潑靈動的一年，受到 3 數振動的影響會激活你的創意，並且擴張社交圈，你會結識許多新朋友。同時，你的桃花運非常旺盛，有艷遇或認識可以交心的伴侶，浪漫的愛情更會帶來活力和朝氣。

今年的好人緣讓你接觸到可以幫助你的貴人。在工作職場上，你有被挖角、跳巢和升遷的可能，甚至有跨領域的「大躍進」機會。3 數的能量會促使你發揮自身的藝術天賦和才藝，也幫助你在人際溝通時有非常傑出的表現，你的知名度還有機會大大提升。

對於強烈的慾望和要求，最好先藏在心裡，別隨意將它曝光和洩漏出來。這一年最重要的是學習克制自己、培養耐力，不要因為一時之氣轉換工作，否則後果會不如期待。無論你的情緒有多糟，都要忍住一時之氣，做任何決定之前更要三思而行。

因為數字 3 的能量振動，會有許多歡樂的事情發生，而你又是一個享受當下的人，因此容易分散許多精力和能量，千萬要多安排休息，也要懂得拒絕誘惑。

今年不適合從事太多商務方面的開發，財務收成一般，不要期待有太大的豐收。

流年 3 的事業和金錢運勢

尋找刺激和變化是這一年的重頭戲，無論你在工作上多麼成功或獲得

多少勝利，你總是容易感到無趣。尤其日復一日的固定生活方式，讓你像在地上原地打轉的陀螺，再來的狀況只有兩種：不是立即停止，就是繼續不停的打轉，好像都變不出什麼花樣來。

去發揮你的表演慾吧！這才能燃起你心中的活力，重新躍上舞台。別錯過多彩多姿的社交活動，別說你自己有多麼討厭人群之類的話，此時此刻只有這些讓你討厭的人可以使你起死回生，找回自己的生命之光，你可知道，你越表現越有勁兒，越活動越靈光，也越能提振士氣衝刺事業。至於金錢方面，你是「滾石能生苔」，但還不到最佳收穫期。

你不妨先從日常生活開始，比如改變一下每天從住家到工作地點間的往返路線，換換飲食的口味，找些新的娛樂方式，或者更換貼身內衣褲的顏色等等，只要能讓你心靈產生好感的事都盡情去做吧。

還有一件值得你嘗試的事情，就是別人都選擇的路，你不一定也要照本宣科，照做一遍。不妨看看有沒有反向或被遺漏的機會，仔細研究一下它的可能性；那些做大事的人，有許多都是做別人不做的事，走別人不走的路，才得以開創自己的局面。

流年 3 的愛情運勢

3 數總是讓人聯想到歡愉和快樂，是一個盡情享受當下的數字。在感情方面也有許多意想不到的事情發生，好比說你的社交活動增加了，同時也為你帶來更多的好人緣，或自然而然與心儀對象發生更親密的關係。換言之，你的空白愛情日記簿裡有人會出現，並為你填滿羅曼蒂克的扉頁，就算只是一場短短的戀情，都會電光石火般點燃你即將乾涸的心靈之草。

在你的生活伴侶或戀人面前，即興發揮你的魅力吧！他們若不是愛你愛的要死，就是為你神魂顛倒。而對於伴侶或戀人的缺點，最好睜一隻眼閉一隻眼，保持新鮮活力的熱度很重要，戀情會有許多意想不到的附加價

值發生。今年受 3 數的能量影響，做個社交花蝴蝶似乎是個選項，不過要特別提醒的是，流年 3 會讓你過度放縱，也常常碰到爛桃花。

流年 3 的健康狀況

切記勿用任何藥物或酒精來解除心理上的痛苦與不悅，這一年除了心靈上會因一些親友的離開而受創外，身體上也必須注意並防範意外跌傷的可能。就算你面臨了人生中最痛苦的生離死別，也要堅強地撐過去。畢竟，人生的快樂只有自己才能夠給自己，別人能提供的部分真是微乎其微呀！

有時候拯救自己內心最簡單的方法，可能只要改變自己的外形就好，比如剪一個極短或中性的髮型，動一個小小的美容手術等，都能給你很大的鼓舞和歡樂。而且在心理上，你要非常堅強地告訴自己，再糟糕的氣候都會雨過天晴，困難終將過去。

原則上，你必須先喜歡自己，才能吸引別人注意。平時口袋緊的人，就算花點錢找快樂，也絕對值回票價。

流年 3 的交友和家庭關係

大部分的人在心靈受創時，第一個舉動就是找個地方躲起來，無論是療傷或是窩在哪兒都好。然而在流年 3，你的問題不是療傷，而是製造歡樂的機會。當一些事情對你來說都變得索然無味時，如何排遣生活就變得特別重要了。你最好的解決方案，就是利用這段時間重新聯繫親朋好友，拉近彼此間的距離，增加感情的濃密度。

友誼的花朵在今年會盛放，別只顧著自己的特殊喜好，要將精力與熱情散放出去，越廣越好。利用空餘時間呼朋喚友，就算只是玩玩三缺一的麻將和橋牌遊戲都行，目的不在贏，而是溝通感情。

流年 **3** 開運短打

- 這是一個豐收、忙碌、快速擴張的一年，過去你的耕耘可以見到成果。
- 盡量運用語言文字來表達你的想法。
- 多參與社交活動或是生意上的應酬，也要享受家庭與朋友相處的樂趣。
- 千萬不要分散注意力與精力，要專注在一個目標上。
- 善於應用你的想像力與創造力，它會帶來額外的收穫和驚喜。
- 以豁達的態度去面對一切，不要勉強。
- 靜待好運勢與良好發展的來臨，這是一個擴張以及好運氣的一年。

● 流年 4（累積實力，架構組織安全固樁）

經過愉快輕鬆的前一年，進入需要緊實收心的流年 4，就要開始轉換心情，做好苦幹實幹、持續穩定把持賽道的一年。受到 4 數振動的影響，生活將沒有任何取巧、戲劇化的內容，凡事都要低調，所有的努力得靠一點一滴的付出累積，毫無取巧的幸運可言。

基本上，4 數的穩紮穩打和組織架構，已經展示了今年必然的生活內容，對於一心想要大破大立、展翅高飛的人來說，會有種壓抑難耐和強烈的沮喪感，而且處處受到限制。今年所有的努力可能只回收一半，難有什麼令人驚喜的結果。但你仍要避免因為大量工作而積勞成疾，由於生活責任加重與缺乏足夠的休息，會造成免疫力下降。要多關注自己的飲食和健康問題。

有時候花錢不一定消災。所以情緒不好的情況下，千萬別拿自己的荷包出氣，尤其是揮霍亂用信用卡，等收到帳單會後悔不已。今年也要特別小心金融卡遺失或帳戶被盜的事情發生。另外，要多注意控制脾氣，學習如何用聲東擊西的方法，避開尷尬的場面。

今年把握住機會，慢工出細活，仔細檢查前幾年的工作進度和內容，盡快彌補缺失，而這些辛苦會在來年看到收穫和結果。

流年 4 的事業和金錢運勢

流年 4 是這九個流年周期中最具關鍵性的一年，它超強的力量將影響日後事業的發展趨勢和航道，如果能做好準備，對未來尤其重要，這就像高樓大廈是否穩固，完全要看它地基是否有做好。因此，未來的生涯規劃是否能夠順利成行，現階段的架構就必須確立穩固。也許別人看你，好像是在原地踏步沒啥進展，但你自己知道，一切計畫都暗中在進行。

利用機會學習相關的知識和技能，這些看似平常的事情，日後會變成你打仗時的子彈和利器。特別是閱讀那些與你工作有關的書籍，參加一些成長團體的培訓都是很好的方法，這將引導你從不同的角度和面向去看事情，有些新的體驗和點子還可以幫助你在財富上有所斬獲。

天下沒有白吃的午餐，你所花費的精力必會得到回饋。周遭的友人或同事會發生一些意外，所以你會有機會替他們承擔部分甚至大部分的工作，義務幫助他們去處理事情，反而會意外中發現一些達成目標的捷徑和技巧。

流年 4 的愛情運勢

走到流年 4，容易讓人渴望安定的家，好像每一個人都在尋找最安穩

的避風港。因為這一年太容易讓人感到孤獨寂寞，有時還會感到自憐。但事實上最需要感情，想獲得陪伴的卻是你的另一半。我們常常只看到自己的孤獨，卻沒有看到他人的寂寞無助，誤解和紛爭總是這麼產生了。

在這一年裡，別對羅曼蒂克的愛情期望太大，它會一直在那兒，但不是電光石火的那一種。如果你的期望太大，失望也會很大。別做太多王子與公主的白日夢，現在不是時候，也太不實際。另外，你得多學習正確表達你的內心感受，有許多誤會是因為不當的表現，或者根本沒有任何表示之故，這會讓再好的關係都因此告吹。

多對他人給出關心和照顧，把一心一意想在愛情樹上開花結果的念頭，全轉到親友間的相互關切還比較實際。當他人需要你時，你就大方的給予和伸出援手，這是流年 4 最重要的功課。還是一句老話，你若不去強求那股火辣辣的熱情，就不用承受大失所望的結果。而你所付出的關心和努力，別人心裡都明白，你也會得到回報。

流年 4 的健康狀況

也許是許多事情還沒有結果的緣故，這讓你心神不寧，甚至毫無耐性可言。4 數是一個極端尋求穩定與安全感的數字，但又偏偏容易引起不安和焦躁。許多人在流年 4 時，因為精神容易緊繃，讓消化系統方面容易產生問題，太多的工作，太大的壓力，很難找到藉口讓自己放鬆。沒事兒找事兒，真是大大的不智啊！學會忙中偷空，才是真正懂得時間管理又不虧待身體的好方法。

好好照顧自己的健康，善用時間和計畫去做些休閒活動，平衡一下身心靈方面的需要，別擔心自己的時間都花在消遣娛樂上是否不智，今年將主力放在這個方向上，反而可以鬆弛你的神經，待你休息夠了，就能好好的在高難度的差事上努力，衝向下一個目標。

流年 4 的交友和家庭關係

意外會頻頻發生，但不會造成什麼大礙，甚至你的親友或家人無形中都會給你造成壓力和負擔。無論如何，那些影響情緒的麻煩，到最後都會以「善終」的方式煙消雲散，然而這些都要花費你相當多的努力去解決。

對你的生活伴侶或朋友要多花些時間關心，今年你會發現無論是芝麻小事，或是難以應付的大麻煩，都會像蒼蠅一般的黏著你，讓你難以逃脫。

但別悲觀，你對家人或朋友來說，只需要扮演一個稱職的角色，隨時隨地出現在大家面前就是一種安慰。受到 4 數的影響，今年你對家人的依賴增加，家人可以提供你更多的溫暖與安全感，同時也在你的工作和情感上有很大的穩定作用。友誼對你的生活有一種安慰的效果，它會為你增添色彩，排遣你的寂寞感。所以主動追求友誼，可以為自己找到很好的生活平衡。

流年 4 開運短打

- 對未來建立一個穩固的基礎，也要持續培養商業與工作的關係。
- 私人關係要特別小心，會有新的考驗。
- 面臨合約與計畫，要仔細反覆檢查。
- 細節的分工要特別審慎，一切都以務實面去考量。
- 集中精力，保持耐心，你所有的付出都會有回報的。
- 避免覺得枯燥無味，要隨時保持忙碌。
- 安排充足的休閒生活與休息時間，保持最佳狀態。
- 不要過度擴張財務上的信用記錄。
- 對過去犯的錯誤謹記在心。

● 流年 5（彈性冒險，開拓多樣新奇領域）

　　進入流年 5，你會突然想掙脫身上的枷鎖，獲得完全的自由。這一年你也許會受到許多新的靈感跟刺激，為你帶來新的冒險機會，也因為如此，讓你整個人在身心方面都顯得更為活潑、自由且具有彈性，這樣的歷程完全有別於其他各流年會遇到的狀況。在你的生活路徑上，視野會擴大，也會快速的成長跟獲得許多機會。家庭以及你居住的所在，或職業生涯的改變，都會有一些新的氣象和可能。

　　5 數的振動讓人容易情緒起伏較大，影響生活和工作的穩定性。流年 5 數時，容易讓人想採取捷徑，快速地獲得結果，但到最後有可能事倍功半。為了避免錯誤發生，切記不要過度放縱自己的情緒，要隨時注意控制感覺和情緒，不要太過於分散你的精力跟專心度，而將力量打散在許多的方向和事情上，這會失去主軸，那反而讓你在工作和生活的細節裡感到許多限制。

　　今年的社交活動大增，你認識新朋友的角度、來源跟素質也和以往不同。你的人際關係看來相當活絡卻無法深交。特別提醒你，千萬避免以貌取人，或相信他人的一面之詞而受騙。受 5 數影響，你變得有些叨叨絮絮，這讓周遭的人想逃之夭夭。唯一協助你度過這個多變的一年，除了稍安勿躁多加忍耐外，一定要按部就班，做好計畫並一一去執行。流年 5 最大的資產，是好好運用你的彈性並加以變化。

流年 5 的事業和金錢運勢

　　進入流年 5，可說是「到處有機會，處處沒把握」。對於每一次新的變化，你最好的處理方式，就是一動不如一靜。

　　數字 5 有一個非常大的特性：就是改變與多樣化。許多人走到流年 5，

總是心生不安並對許多手上進行的事情無法集中，精神容易渙散。在別人的眼中，以為你左右逢源，意氣風發，有無數個機會自動送上門來，但你的內心卻對許多事情完全沒有把握，常會有坐在雲霄飛車上的感受。說穿了，這都是因為你無法冷靜下來，好好穩定思考的緣故。

其實你目前所處的情況，任誰都難以把持與處理；好像每一次你遇上的機會都讓你興奮不已，深怕失去這次機會，它就不會再出現的樣子。但是，你如果謹慎保守些，日後可能會慶幸當時沒有輕易做決定，而導致損失慘重的後果。流年 5 的變化就像大樓的旋轉門一樣，你跟進跟出，全沒有一個準頭。生活中時不時出現的意外插曲，令你頓失方向，有種迷失在叢林裡的感覺。

此時不論發生什麼情況，你最好先別隨便移動，想另謀發展。遇事要處變不驚，心裡要能安定迎接未來的變化，一切以解決當下所發生的問題為主，尋求其他出路為次。下一個流年是你的收成年，耐心等待自然會為你帶來佳音。

遇到 5 數的振動，難有一件事能夠永久持續，所以別花費太多心力去開拓新的事業，隨時提高警覺，保持心情冷靜才是上上之策。工作事業的成功只有一個祕訣，就是集中精力專心一意，持續保持原有的航道，千萬不可腳踏多條船，這是流年 5 最需要注意的重點。

流年 5 的愛情運勢

5 數在愛情方面是一個相當具有魅力的數字，這一年有太多機會與心儀對象產生連結，也最有可能產生不正常的戀情；這包括了不倫或畸戀。同時也因為 5 數的振動影響，原本停滯不前的關係，此時都會加速發酵起來。另外，5 數是所有數字裡最快樂最光亮的號碼，反映在人的身上也會增加個人魅力與人緣發展。

對於突然發生的戀情，千萬別高興得太早，因為愛情在這一年似乎有「來得快，去得也快」的趨勢；有些戀情是開始打得火熱，之後如晴時多雲偶陣雨般的結束，甚至你和新認識的對象連吵架或誤會的機會都沒有，就莫名其妙停擺了。還好這一年每一件事似乎都有變數，如果你短暫的愛情被中斷打醒，有可能再被另一個美夢取而代之。但是如果你任由自己的感覺發展，只想追求短暫的歡愉激情，那麼也可能會付出不小的代價。

流年 5 的健康狀況

小病不醫，日後成了大病就麻煩了。這一年你的精力特別旺盛，常忽略了身體的變化，小心輕忽大意，一些平日自以為沒啥問題的疾病會突然影響你的健康，這也會為家人帶來心理上的負擔。

腳步放慢，多多休息，才能解除精神上的亢奮和緊張。許多人所犯的文明病，如躁鬱症和失眠症等等，都是因為壓力所導致的結果。此時除了放鬆心情和多休息，真的別無他法，注意肩膀的酸痛和坐骨神經方面的問題。保持幽默感和每日大笑的習慣，對舒緩緊張與疼痛有相當助益。

流年 5 的交友和家庭關係

保持心靈狀態的平衡，是這一個階段的課題。由於面臨的世事變化太多，很容易造成你心理上的壓力，常有脾氣暴躁、言語刻薄等負面的行為舉止出現。這時候，家人和朋友在你的生活中就變得特別重要。千萬不要因為自己的不穩定，使家人和朋友也受到連累。

流年 5 開運短打
- 以正面的態度去迎接生命中會發生的任何改變。

- 更具有彈性，要去尋求不同的方式，來改變先前單調枯燥的生活模式。
- 讓自己的思考更加的開放，也讓所有新的契機能夠進入你的生命。
- 利用你的好奇心，帶領你到新的生活方向或是工作領域。
- 這是一個很適合旅行的年份，隨時準備好你的行李，帶著期待上路吧！
- 讓自己在極度忙碌中享受樂趣。
- 重新整理自己，動力充滿能量，準備另一階段的前進。

● 流年 6（愛與責任，家居圓滿事事順心）

進入流年 6，事事順心機會大增，金錢收入也變得豐富起來。今年對奢華享受的慾望增加了，會在不知不覺中以無節制地花費方式獲得內心的滿足和快樂，這很容易產生後續債務問題。因此聰明正確的消費和冷靜的理財判斷，影響你未來幾年是否仍然能過好日子的關鍵。

6 數的特性在愛與家庭，其能量會推動你對家人、朋友和和親密伴侶更多關注和責任感，不過，當你花許多時間在照顧他人時，你勢必要犧牲自己的時間。

今年的成就主要是集中在家庭和家人的關係經營上，所以在工作和事業方面不會有大張旗鼓的聲勢，也沒有最完美的財務報表，但是你依舊能在這個流年裡得到好的回報，這是因為你有了良好的家庭關係作為基礎，這個能量為你召喚了同樣正能量的順利與幸福美好。

特別提醒你，今年雖然不是高峰收成，沒有黃袍加身的成就，但你依舊可以調整計畫，保持既定的速度，繼續開展未來事業。

流年 6 的事業和金錢運勢

　　進入流年 6，無論你做任何事情都會順順利利，6 數基本上是一個非常和諧且美滿的數字，它代表著家庭與愛的完美關係。東方人談六六大順，似乎都有一致性的說法。這是九個流年裡最讓人期待的風光年，它不像 8 數在榮景強烈中帶著殺傷力的振動能量。6 數增添圓滿與祥和，無論在哪一方面都算是圓滿順暢的。

　　今年的工作運很有前瞻性，與別人合作或是想合夥開創事業都不會有什麼障礙。唯一需要特別注意的是，必須先確立你與合夥人彼此之間的責任與權益歸屬的問題，要將任何協定都以「白紙黑字」的方式明定下來，並請專業的律師處理這方面的合約內容。即使你只是與別人共同合作一個小小的專案，都不要忘了口頭的承諾再多，都抵不上一紙清楚明白的合約。

　　6 數與美感裝潢有直接關係。流年 6 有機會買房、賣屋，或是在理財方面投資得利。6 數似乎在金錢方面從未讓人太過失望，而且是漸入佳境。如果自家住宅或工作環境需要裝潢的話，可以放心大膽的去做。這一年對於美感的建立與追求也有強烈渴望。

　　如果你有能力參與股市基金的買賣操作，這方面的投資絕對會為你吸引更多的財源進來。只要做好功課研究，請教專家協助，今年可算是利多長紅。當然精打細算，還是非常重要的。今年在人際關係上有相當緊密的連結，對你來說人緣佳，財運強，好好把握它吧！

流年 6 的愛情運勢

　　前面提到令人微笑的工作事業情況，在情感與家庭關係上也一樣會擁有。進入流年 6，過去再怎麼艱難困苦的事，都會慢慢的獲得解決。感情方面有些甜美卻有負擔的變化，你的生命裡會有那麼一個適合你的夢中情

人出現。但對身邊已經有伴侶的人，就會是製造另一個難解的情勢。無論衝突有多大，你得保持高度的冷靜，別讓外遇變成被攻擊討論的話題。而對於目前仍舊單身的人來說，今年可以主動出擊尋求你的白馬王子或白雪公主，透過家人朋友的相親安排，成功機率看好。

　　6 數是一個要求完美與高標準的數字，特別是對情感的追求更是如此。所以在這個時候，如果你的對任何新感情，仍保持著一絲懷疑的態度，就不要太過急躁或過於強求，讓它順其自然地發生，再觀察結果如何。總之，當時機成熟了，命運自然會帶你到最美麗的桃花源裡。

流年 6 的健康狀況

　　任何事物都會有它一定的平衡點，就像在太平世界裡也會有些不大不小的麻煩發生一樣。總的來說，6 數是一個相當圓滿的號碼，不過也有提醒，在其他方面都非常順遂的狀況下，反而特別要小心身體的健康與精神的協調。對於家庭方面，盡量避免抱怨的情緒和自以為是的表現，凡事都看它較好的一面，避免對他人苛責，多給予鼓勵，你的心情也才會更為開朗。

流年 6 的交友和家庭關係

　　當我們運勢旺時，應該主動協助他人。特別在流年 6 的時候，我們一定要盡責任義務來提供更多的服務。多找時間和家人與朋友溝通，這個時候也是拉攏彼此關係，建立良好互動的時候，他們非常的需要你，特別是你的意見。

　　今年可算是財運年。如果你有能力的話，買賣房子都能為你帶來相當不錯的財務收穫，或者你可以利用搬家或重新裝潢住處的方式，就算只是

變換一下你房間的顏色或擺飾，都能夠因這些變動而帶動財運。

　　另外，無論你多麼忙於工作，都要注意家人的需求。今年家庭事務明顯增加，同樣責任也增加了，也許會有婚宴喜慶，也許會有新生命的誕生，也可能是父母長輩的身體需要更加注意和照顧。在流年 6 中，儘管責任增加，但要視它為一種必要過程與甜蜜的負擔。

流年 6 開運短打

- 愛是今年的主題，責任增加時，要以平穩的態度去分擔。
- 當別人需要你的時候，你能夠很大方地協助他人，創造和諧安樂的氣氛。
- 對所有錯的事情與決定，趕快做必要的調整。
- 美化你自己以及周遭的環境。
- 盡量公平公正，也要信守承諾。
- 當別人向你討教時，開放的提供你的建言，保持客觀公正。

● 流年 7（內省慢活，享受身心靈的重整）

　　進入流年 7，就像是在忙碌的生活賽道上突然另闢一條新的岔路，有暫時離開休息的氣氛。7 數主要的特性在分析和內化反省，所以它是以慢調子的步伐邊走邊想，而不鼓勵積極參與活動。許多手上進行中的事情，都可能因此而停擺打住，這對許多人來說也許是一個負面的結果。

　　7 數的振動能量，促使你需要更多的獨處空間和自我認識的機會；你會不知不覺地減少社交活動，很需要放慢腳步，休息一段時間。然而，世事無絕對，快慢各有利弊。今年雖然社交活動減少，但不意味著你的生活靜止不動，毫無進展。你的生活依舊持續，只是以比較緩慢且低調的方式

進行。

　　許多人在 7 數能量的影響下，渴望學習新知，比如藉由旅行打開眼界、出國留學做交換生或是繼續深造、獲取學位，或是學習科學、神學、占星占數神祕學領域方面的知識。另外，7 數會讓人重新認識自己的天賦潛能，許多人會開發出自己的愛好興趣，比如寫作研究和身心靈方面的發展。

　　7 數通常會使人將它與幸運作聯想，流年 7 容易有錢財方面的幸運，比如保險金的理賠、親人遺留的財產，或是樂透中獎等等，總有一些金錢好運會落到你頭上。

　　7 數也會促使你對過去曾經犯下的錯誤記取教訓，不再讓歷史重演。

　　對於他人所加諸在你身上的苦痛，也必須學習寬恕，一一忘掉，報復和懷恨在心，只會讓你鑽牛角尖，無法解決問題根源。人生總有高低潮，放開心胸才能邁開大步，繼續往前走。

流年 7 的事業和金錢運勢

　　一般人的天性，好像過慣了舒服的日子太久，就會開始想東想西，給自己找些事兒做。一成不變的行程容易使人生厭，你的內心開始翻攪著，期待生活中能夠出現另一種不一樣的聲音。

　　進入流年 7，如果在過於親密的人際關係裡打轉，你會需要往外開闊一點自我空間和喘息的機會。旅遊是最好的方法，你可以一個人成行，但不要讓自己陷入孤獨，比如選擇一個親近大自然的旅行目標，來替代以往那些豪華和過於花俏的旅遊方式，今年你需要追求心靈的自由解脫，從寧靜中獲取更多能讓身心滋養的能量。

　　你對生活和目前的工作開始會抱著質疑，諸如「我真的適合這些事嗎？」、「我的一生就要這樣過下去嗎？」、「我還是原來的我嗎？」等這類問題會不斷地出現在腦海裡。

　　對於未來工作的期望，現在正是反躬自省的時候，靜靜思考反復求證，無論再難的問題都會理出一條頭緒來。那些一直困擾你的心聲，其實也並不如你想像的困難，終究可以找到解決的方案。

流年 7 的愛情運勢

　　7 數在西方的社會風俗裡，一直與「幸運」有緊密關聯。但 7 數若用在愛情方面，卻是令人感到落寞失望。這倒不是說，遇到 7 數與愛情有關的事都無法圓滿，但它的確需要更多的等待和觀察。不可否認的，因為受到 7 數需要獨處的振動影響，今年在感情方面就難有乾柴烈火般的發生。7 數帶有相當靈性的振動能量，所以與精神靈性的交流有關。如果你還有點記憶，不妨回頭想想九年前的你，當時是不是經歷過至今仍使你念念不忘的戀情。

　　進入 7 這個流年，總有些又驚又喜的意外戀情從你眼前走過。特別是當你離開自己的住處，在外地旅行的時候，很容易發生這種浪漫的相遇，而這次的相遇往往深入你的心靈，徹頭徹尾將你翻新一遍。

　　另外會有一些極為奇特的關係在這一年發生，它在你的身心靈方面會帶來寧靜平和的啟示，並足以影響你日後生活的方向，其中有一個特定的關係或許會為你製造一些麻煩，但最終會由所謂的「第三者」出面解決。

　　根據占數的統計結果，在流年 7 期間，容易造成伴侶分居離異的現象，這主要還是因為 7 數是一個比較若即若離、需要獨處，又容易產生空虛的數字，所以對情感會造成許多質疑與不安，會想去追求愛情真相，而造成對自己或對方都不知所以的狀況。

　　當心靈空虛時，反而更容易去追逐另一個心靈，於是就會產生所謂的外遇或心靈伴侶的出現。這對目前處於婚姻狀態或既定的親密關係下，會造成很大的考驗，讓你必須做出是否繼續維持現狀的決定。

流年 7 的健康狀況

每一個人都該注重身體與心理的健康，但卻又往往忽略了性靈方面的重要性。在經過一些困擾煩惱的心理問題後，你最需要的是使自己平靜下來，獲得心靈上的慰藉。對於行為上所產生的偏差，不妨試試看從靜坐冥想或是閱讀著手，兩樣方法都能協助你打開心靈之眼、智慧之窗，學會與自己對話。

7 數的振動影響，對於追求精神層次的生活，接觸大自然的洗禮，和身心靈合一的體驗會更為深刻，而且對事物的瞭解也會有一些新的認識。在這段時間裡，你的學習渴望增強了，可能有很好的機會可以藉由旅行來增加見聞，或可能直接到海外留學等。這些學習的方式，可以協助你減緩憂鬱與徬徨的情況，也會是一種對未來尋找新道路的機會。

流年 7 的交友和家庭關係

你一直希望和心靈上有同樣感覺，以及對生命有同樣價值觀的朋友交往吧。這一年很容易讓你如願以償，遇到一些彼此在精神上都相當契合的友人。

雖然 7 數的能量，強化了孤單的情況，也很難維持一段長長久久的戀情，但並不代表不會遇見能夠真心交往的知己。許多人在這一年會遇到知心對象或心靈伴侶，其中家人將是我們心靈上最大的依靠。

流年 7 開運短打
- 這是靜心年，輕鬆自在地掌握生活步調。
- 仔細冷靜的分析你現在所處的環境，以及你未來想要走的方向。

- 這一年所有的機會都會自然展現，不需強求。
- 享受你身心靈上的重整與修復。
- 調整能量，透過閱讀與休息來平復過去的創傷。
- 仔細的研究所有的質疑與問題，要相信你的直覺與靈性。
- 集中你的精力，不要浪費在你不想做的事情上。

● 流年 8（加強衝刺，名聲財富指日可待）

態度決定一切。如果你想贏，你就會贏，任何事情的成敗，決定的關鍵在於你是否具有贏得勝利的心，又是否願意付出所有努力爭取你心所想望的。

因為 8 數容易造成強大的影響，包括內心的恐懼和退縮，這會是阻礙你成功最大的敵人。一切正面思考，你越積極投入得到的回饋越大。抱著奮力一搏的心理準備，放大你的目標和格局，以堅定的信心和勇敢的執行是你成就大業的動力。

流年 8，是整個九年循環裡能在資本獲利與社會地位達到巔峰的好時機。8 數的振動能量，會激活積極參活動與擴大社交領域的企圖心。更明顯的是，你對任何有利可圖的事情，都會興致濃厚並主動參與。受到 8 數能量的推進，你想在事業上大展身手，尤其是任何有前景的商務活動，你會熱情投入。

8 數的慾望強烈，技藝純熟時，你能用非常輕鬆的商業模式來擴張你的事業，而且看起來駕輕就熟，不費吹灰之力，你的領導統御能力有目共睹，在自信心和權威感上，很容易獲得他人的認同與佩服。今年要抓住機會成功，全心全力專注在自己所努力的工作計畫上，千萬不要分心。流年 8 是最能賺錢的一年，要好好把握。

流年 8 的事業和金錢運勢

在直覺和觀察判斷上，這一年顯得特別的靈光。受到 8 數的振動影響，凡事看得清想得遠，有機會成就一番大事業，就算著手的計畫不是那麼宏偉，但也足以作為你未來事業的基礎，擴大你目前進行的工作範圍，更積極地投入心力，你在金錢的回饋上也會超出許多，雖然金錢並不代表一切，但它的確可以幫助你早早實現夢想。

集中精力與徹底執行是成功之母，只要你下了功夫，要像拼命三郎一樣，努力不懈地將它完成，結果絕對會如你所期望的。基本上，只要正確運用 8 數的正面力量，在經濟上你可以享受它帶來的豐收結果。8 數的能量超強，你千萬不要懷疑自己的慾望是否能夠實現，只要設定了最高目標，再大的慾望都能達到。

流年 8 只跟所謂的「關鍵人物」談判或提出想法，其他的人對你的事業影響力簡直微不足道，搞不好還會變成阻礙你發展的大剋星。留心把握每一個大小機會，成功的機率非常大。

流年 8 的愛情運勢

流年 8 與婚姻、懷孕這類的事會牽在一起；占數統計顯示 8 數的振動影響，在這一年常發生家人或自己離婚或結婚的事，可能會面臨分娩或死亡的狀況。社交生活可以想辦法平衡一下因為你追求成功事業所失去的樂趣。簡單地說，在努力工作之餘，別忘了給自己一些犒賞。

關於愛情方面，老友重逢機率大增，你們彼此之間很可能會迸出火花來。如果你想尋求新的戀情，盡量放手一搏，就當它是一項新的挑戰。今年在性愛和金錢上，兩樣東西都能給你安全感和滿足感。

流年 8 的健康狀況

流年 8 的情緒波動很大，要避免自己陷入失意和孤獨的情境裡，那容易讓自己越來越不快樂，千萬不要小看孤獨感所產生的強大力量和心理影響，常有人因空虛感造成嚴重的精神壓力和躁鬱症。

8 數是一個相當強悍和具有耐力的號碼，會激活了隨時備戰的精神，在面臨一切考驗和壓力時會越戰越勇。如果能把 8 數的能量移轉到身體健康方面，的確會有驚人的耐力和持續力的展現，即便你有身體方面的病痛，你旺盛的意志力可以安撫並照顧你的身心，不用過度擔心解決不了困難；相反地，意志消沉、猶豫不決、徘徊不定，才會是你需要克服的最大的困難。

隨時保持精力，將想法與行動連接一氣，付諸實行。在流年 8 你所踏出的每一步，都對未來影響深遠。不要停止追求經濟上的報酬，這對紓解你的緊張情緒反而有積極正面的效果。

流年 8 的交友和家庭關係

8 數是一個照料與擔當的數字。今年在工作事業上有大破大立之勢，然而在家人和朋友方面則會有一些狀況發生；比如，你或你的家人中會有較嚴重的病痛或意外，面對友誼方面要特別防範小人背後中傷等等。流年 8 的關鍵字是「承擔一切」，這會成為你很重要的課題。

另外，在家庭和親人的關係上容易出現難以溝通和誤解的情況，這與流年 4 所遇到的情況類似，若不是因為誤解不願表白，就是內心因付出過多而感到疲憊無法負荷等，若有這類情況發生，請務必主動與家人溝通取得諒解，否則彼此之間會有一種難以解釋的心理障礙和灰色地帶持續下去。

雖然外觀上你的狀況算是相當如意順暢，但也不要疏忽了周遭親人對你的關懷，盡量讓家人或朋友有機會協助你和參與你的事，這對他們來說也是一種滿足，他們不會要求回報，只是希望借此拉近彼此的關係。流年8是豐收的一年，過去的一切努力將得到應有的獎賞。

> **流年 8 開運短打**
> - 金錢、權力、成功，是這一年正面的主題。
> - 好好利用你在事業上的點子，在商務生意上必有不同凡響的獲利。
> - 重新規劃你的財務。
> - 善加利用每一分每一秒，有效率的組織與指揮大家，確實照顧細節與完善執行工作。
> - 精力旺盛，對事情也要產生熱情。
> - 飲食、健康、運動方面要善加調整，讓體重維持在最佳狀態，保持情緒的平穩。

● 流年 9（擴大視野，重新開啟奇幻旅程）

9 數的特性是在擴張、伸展、反思和想像，流年 9 意謂著一個循環的結束與另一個循環的開始，它同時激活了我們分享慾與同理心。每一個九年循環，代表人生一個很明顯的階段性成果。所以，每一個流年 9 都要對過去幾年的所有經歷做一次大清理，並將有價值的部分拿出來檢討，看看是否可再加運用並繼續完成計畫，亦或另起爐灶。

流年 9 是循環階段的最後一年，按理來說應該是圓滿結束，可以好好休養生息、等待收割和回饋的時候。雖然凡事都要順應自然，保留精力，

但此時仍要計畫未來，放眼大處，同時整理過去八年所累積的學習、打好的基礎，加以運用改變，並重新包裝出發。

今年特別要小心交通意外、暴力受傷、與人爭辯等事情，今年可能會有血光或者是失財的意外，要避免貪心以免破財這類事情。流年 9 有機會到國外旅行或發展，驛馬星動作頻繁。桃花貴人運在四方，可以好好把握機緣。

避免將時間和金錢都浪費在無謂的事情上，一旦分散了精力，會有許多事情白做工，嚴重影響結果。集中精力在主要的目標上，雖然不建議有太大的動作，但要按表操課好好計畫，等待來年新的開始。

今年對大自然的召喚和吸引力特別有靈感和想像力，相對地你也會有一種想逃離俗世的衝動。9 數的振動能量會影響你想擁有大的收穫，你想開創新局，對許多事都抱著想開發的慾望，但又有一些未完成的事務等待收尾。流年 9 最大的學習課題，是探索內在和心靈成長，學習讓一切自然發生，不要強求結果。因為，流年 9 是只問大方付出，不問回饋收穫，自然會得到令人驚訝的答案。

流年 9 的事業和金錢運勢

在九年循環的最後一年，流年 9 是一個明白的「交代年」，可以總結過去八年的努力。對於目前工作的去留，你該做個決定。這個時候要盡量爭取表現，讓你的上司和同儕看到你嶄露頭角的一面。而如果你是老闆的話，現在需要準備做好管理方面大掃除的工作，讓人事發揮最大效益。

9 數的振動代表最後完成和圓滿境界。你可以在這一年裡，將以往的工作或生活習慣去蕪存菁，做好「斷、捨、離」的調整，重整清理手邊的事務，並做好未來重新出發的心理準備。

進入流年 9，我們要多花一點時間和精力貢獻給社會，主動為弱勢公

益團體做出服務，這不單是我們應有的社會責任，也是整體的正向循環，它會為我們帶來更大的能量，無形中奠定許多善緣。今年的重點，不在金錢方面的汲汲營營，而是尋求精神上的滿足與回饋。

流年 9 的愛情運勢

走到流年 9，感情方面不能太過強求或期待，就算強行撮合也不容易有好的結果。流年 9 有很多機會參加友人的喜宴，可以藉機認識朋友並擴大社交。但在這個流年裡，許多經營許久的感情關係也很容易告吹，這其實在前兩年就已經有風吹草動了，只是今年 9 數的振動會造成更多離異的狀況。

感情的事只有自己最清楚，不要受到他人的批評影響，而無法做出正確的判斷與決定。許多關係難以解釋，就讓它們順其自然的發生吧。健康的兩性關係才是值得追求的重點，有時候你必須放下身段和面子，放開不是真正屬於你的感情，日子才能輕鬆沒有負擔。即便是長久的婚姻關係，如果產生了問題，也要依循好聚好散的態度。處理感情最高的境界，不是占有，而是成全。

這一年對情感會太過期待，所以也很容易麻醉自己，並受到他人話語的引導，造成耳根子過軟無法主張事情，別忘了，只有你可以做自己感情的裁判，別人的想法都不算數的。

流年 9 的健康狀況

關於身體健康方面的問題，千萬別再找藉口拖延，因為所付出的代價遠比你想像的大。為了減少意外事故發生，出遊前都要仔細檢查和安排交通路線，包括自駕車況等。今年的血氣特別旺盛，容易失去耐性也容易製

造禍端，另外要避免暴飲暴食、過度放縱自己食慾的情況。

今年過於忙碌的行程，容易輕忽運動之必要，如果擔心自己懶散沒有動力，不妨找些同伴或花錢請教練陪你運動。每日服用綜合維他命，可以保持你最基本的生理營養需要。不過任何醫藥服用，最好都先請教醫生意見。尤其在今年，吃錯藥或服藥過量的機率高於平常。

流年 9 的交友和家庭關係

流年 9 容易產生過多的花費，而且大部分都是花在家人和伴侶身上，當然，這些花費難以避免。另外你有強烈的購物衝動，出手大方且相當浪費，你必須適時控制購買慾望，否則很容易財務大失血或破產。流年 9 很容易產生同情心，借出去的金錢，幾乎是肉包子打狗有去無回，所以得要有萬全的心理準備。

提醒自己，停止一切散財的動作。不管你是長期或短期資助朋友，這些都很難徹底解決他們真正的財務問題；這樣的友誼關係並不健康，也沒有任何實質幫助。認清你自以為的責任感和使命感為何，對朋友在金錢上的支援必須點到為止。建議你應該多交往不同類型或不同國籍的新朋友，擴大你的社交圈。

流年 9 開運短打

- 這個循環已經走到終點，也意味著下一個九年循環的開始。
- 審慎思考過去八年的一切，手上的計畫盡快結案，也將所有零散的資訊收尾。
- 斷、捨、離；把所有有用的東西善加保留下來，不要的東西也要捨得丟棄。
- 富有慈愛與關懷之心，大方地接受所有的事物，也要多關懷其

他的人。

- 要有同情心，學習如何包容與原諒自己與別人，也要遺忘過去的不快。
- 利用旅行來擴展心胸與視野。
- 永遠記得，生命像是一個回力球，付出多少就有多少回報。

何謂「個人流月」數

每一年每一月甚至每一天，我們的數字能量都會改變，並且造成不同的影響。

前面談的「流年數」，就像是一個人清楚的面貌輪廓，大致掌握了你在該年應該掌握的大趨勢大方向。接下來的十二個月份各自代表的「流月數」，就像五官透過各種感覺，掌握我們呼吸的節奏韻律。

每一個人的流月數字所代表的能量，會影響我們面對事件和各種狀況的方式，即本月份會吸引你什麼，你該準備什麼樣的心情態度來因應，又該如何預先計畫面對可能發生的問題，而心理與行動會受到什麼影響？

流月運勢的掌握，更具有活力能量的轉動，也更容易印證我們每一個月發生的事情，比如，你可以先行計畫何時參加面試聚會，或者是要出門旅遊、學習等等。

● 如何計算你的「個人流月」

先得出「流年數」後，再加該月份，就能計算出個人的「流月數」了。

■ 「個人流年」計算法

宇宙年（當年西元數）＋固定數（出生月＋日數）

■ 「個人流月」計算法

個人流月數 ＝（個人流年數）＋（該月份）

「範例 1」周杰倫的生日為 1979 年 1 月 18 日，請問 2021 年他的「流月數」為何？

A）宇宙年　2021 年；2＋0＋2＋1＝5

B）固定數　1＋（1＋8）＝10；1＋0＝1

因此（A＋B）＝5＋1＝6 →即 2021 年時周杰倫的個人流年數

C）流年數＝固定數（1）＋宇宙年（2＋0＋2＋1）＝6

D）1～12月（再將 6 數，依次各別加上該月份，得個人流月數）

E）流月數（C＋D）＝（流年數）＋（該月份）

周杰倫在 2021 年的 1 月到 12 月的「個人流月數」如下表：

C 流年 6 D 月份	1 月	2 月	3 月	4 月	5 月	6 月	7 月	8 月	9 月	10 月	11 月	12 月
E 流月數 (C＋D)	7	8	9	1	2	3	4	5	6	7	8	9

「範例 2」周杰倫的生日為 1979 年 1 月 18 日，請問他的 2027 年的流年／流月數各是多少？

A）宇宙年　2027 年；2＋0＋2＋7＝11；1＋1＝2
B）固定數（出生月＋日）1＋（1＋8）＝10；1＋0＝1
因此（A＋B）＝2＋1＝3→即 2027 年時周杰倫的個人流年數

C）流年數＝固定數（1）＋宇宙年（2＋0＋2＋7）＝3
D）1 ～ 12 個月
E）流月數（C＋D）＝（流年數）＋（該月份）

周杰倫在 2027 年，1 月到 12 月的「個人流月數」為何？

C 流年 3 D 月份	1 月	2 月	3 月	4 月	5 月	6 月	7 月	8 月	9 月	10 月	11 月	12 月
E 流月數 （C＋D）	4	5	6	7	8	9	1	8	3	4	5	6

「個人流月」的運勢分析

● 流月 **1**

關鍵任務：行動、創意、計畫、開發、創造力

　　流月 1 是啟動新事業和新人際關係的好時機，包括創建各種新的項目，最重要的是保有原創性想法。你對生活與工作會非常清晰並具有活力。在這個月份，你所做的任何計畫決定，都可能對未來產生長遠的影響，所以每一步都必須審慎小心，以便將來獲得最佳成果。無論私領域或公領域，要盡量表達自己內心的想法，多做冥想增強自我意識。這個月懷孕的機率非常大。

● 流月 2

關鍵任務：和諧、合作、浪漫、被動、相互連結

　　流月 2 特別講求和諧的友誼氣氛，本流月容易交到新朋友。平日多花時間和親密伴侶相處，查看彼此關係是否需要做調整。如果你是單身者，可以在這個月尋找你的浪漫戀情。處理任何疑難雜症，都要懂得以合作的態度與機智來解決。這個月並不適合單打獨鬥或是做大的推廣，最好都要尋求他人的協助，並且多多聽取第二意見再來做決定。有一些期待已久的成果會在此時得到好消息。

● 流月 3

關鍵任務：娛樂、藝術、創意、溝通、社交、自我表達

　　流月 3 可以帶來不少歡樂與探索自己的創造力，與朋友同事相聚時，會開啟不少創意火花和交流。這個月最容易交到興趣相投與價值觀相近的朋友，你在公開場合能展現不錯的魅力，要多曝光。與家人和親戚之間也有高度頻繁的互動機會。桃花運旺盛，也表示人緣好，在一般交友和異性

間都有不錯的發展。這個月有機會遇到工作上的貴人，有機會認識全新的領域。

● 流月 4

關鍵任務：財務、法律、務實、基礎、工作

　　流月 4 是一個勤奮工作的月份，特別需要仔細地計畫和組織生活。可能會遇到一些與法律、財務和財產相關的問題，因此你需要更加專注處理。尤其在任何法律或金錢相關的事都要格外小心。這個月份，無論事情多具有挑戰性，你都需要大量的耐心與調整，嚴謹周密地處理，雖然有些事看來行動很小，但每一個細節步驟都具有影響力。戀愛關係需要做創造性的改善。

● 流月 5

關鍵任務：改變、自由、知識、逃避、樂趣、假期

　　流月 5 該忘記過去的錯誤，改以有效、創新的思維來開始新的生活，學習和他人共享知識的樂趣。如果你感到被卡住或不愉快時，比如原來的約會延期或取消等，你就趕緊尋求大幅度的調整改變。這個月你很容易被一些承諾給吸引，但是你必須審慎地思考，到底哪一個才是你真正需要的，還有要避開承擔太多的任務。因為本月特別容易亢奮激情，所以你會發展新的戀情和人際關係。

● 流月 6

關鍵任務：家庭、責任、社區、服務、健康、教育

　　流月 6 強調幸福與和諧，是重視個人與居家生活的時期。特別要謹慎處理私人關係和健康問題。如果你正處於工作或關係緊張的情況，要檢查哪方面需要立即改變。如果你現在不處理，這些問題將會一直跟隨你。無論你如何忙碌，都不要輕忽了家人與親密關係的重要性。盡量找時間抒壓，可以嘗試做點瑜珈，或參加冥想。這個月適合裝修房子或參加繪畫寫作等創意活動。

● 流月 7

關鍵任務：完美、分析、內省、休息、精神需求

　　流月 7 顯示你需要開發內在的天賦和想法，並利用直覺來改變生活。務必花更多的時間獨處，多多關注並聆聽自己內心的聲音和召喚，努力運用這些自省，以得到最好的支持。本月你可能會招致他人的誤解，但不要為此感到沮喪，應該盡一切力量保持平靜與和諧。如果精神空虛需要協助，可以請教那些靈性和精神力量較高的朋友，或宗教方面的傳道啟發。

● 流月 8

關鍵任務：願景、力量、財務管理、良好判斷、業務擴展

　　流月 8 是關於金錢、資源、領導能力和成功的關鍵。當你更有耐心努

力，會獲得物質上的成功。如果你能將自己和他人的最大利益結合起來，可以吸引更大的資源和高度。如果你一直在等待找到新工作或增加個人收入等，採取各種自我營銷的方式也可以達到目標。對於長時間辛苦掙扎的人來說，本月可能會發生一些變化。

● 流月 9

關鍵任務：慈善、無私、大愛、同理、服務、幫助他人

流月 9 可多參與各種社交活動。放寬視野，將個人目標、成就和需求先暫放一旁，要先以他人和大眾的福利作為主要考量。切勿沉迷於過去，對於未來你需要專注做改善，去檢討過去投入的精力和方向是否要重新計畫。如果你過去一直順風順水，那麼本月會得到不錯回報。下一個新周期的新能量將帶來希望，要有心理的準備。

占 數 心 理 測 驗

4）測試看看，最近你如何在工作表現上獲得重視？

我們用 7、8、8 排列出三種不同的數字組合，請依直覺選出下列一個組合：788、878、887。（答案請參考附錄一）

CHAPTER

顯性力量與隱性力量

　　「數字」不能單論，如同陰陽有正有負面，所有數字也都有兩面，又如同天地自然，也包含了看見與未看見的部分，但它們都有存在的能量。

　　我們擁有的生日數字包括了「看見」與「未看見」的能量，在性格表現上也是如此。所以，我們每個人都有可能成為完全不同於自己的另外一面，端看我們發揮的是顯性能量，還是隱性能量的那一部分。

　　每個人表面展現出來被人看到的，與他沒有展現出來隱藏的部分，極有可能是天壤之別；就像當我們突然面對不同的人事和環境時候，當下我們可能一反常態出現不同的反應和決定。那麼哪一個才是真正的我們呢？其實，無論表現出來的哪一面，都是我們！

　　許多人常好奇，如果自己的出生年、月、日中沒有出現的數字，是否就代表沒有那個數字的能力和能量？又沒有出現的數字，是不是代表一生

都有所缺陷，永遠無法獲得這些數字具備的強項和天分？答案當然是否定的。

　　任何人出生時便帶來與生俱備的能量，有正有負；無論出生的年、月、日數是單數（打破規範）或是雙數（求取平衡），各自都帶有不同的能量和意義，而且每一個數字都擁有正反兩種能量，用對了就是正能量，錯用了就是負能量。舉個例子，一個生日數 12 的 3 號人（12；1 ＋ 2 ＝ 3），一般擁有天真浪漫、創意開朗的特質，但是若遇到不順遂的情況，他如果沒有處理好情緒，很容易成為一個嘮叨碎唸與處處抱怨的人。

　　由此明白，無論一個人擁有什麼數字的能量特質，如果沒有良好的修行學習和精進自省，任何人都有可能由天使變成惡魔。

　　簡單來說，出現在出生年、月、日數中的數字是為**「顯現數字」**，又稱為**「顯性數」**，如果出現頻率特別多就是所謂的**「掌控數」**，它會明顯掌控我們主要的外在性格特質與能量。

　　而出生年、月、日數中沒有出現的數字是為**「隱形數字」**，又稱為**「隱性數」**，它不代表不存在或毫無能量。相反地，如果有計畫且長期發展**「隱性數」**所代表的天賦特質，它就能填補無法立即看到的內在性格，有時其能量大到超出外顯的能量，這時，這種超強的能量反而成為強化能力的亮點，這也特別會在「缺陷圖命盤」的人身上發生。

生日原力圖

　　每一個人的出生年、月、日所展現的數字，各自代表它的**「原力能量」**，而我們以九宮格將所有出現的數字，依序標記出來，就成了我們的**「生日原力圖」**亦即**「原生能量圖」**。

　　「生日原力圖」為一個人最基本的能量圖，出現數字為「顯性數」，數字出現越多能量越強。而未出現的缺失數字為「隱性數」；兩者都具有

不同的能量意義，並在我們的命盤中相互串流。「生日原力圖」上出現的所有數字能量，接下來會在「原力能量」單元說明。

　　至於未顯現的數字，該如何強化它本身的能量並展現其特質呢？

　　在參考數字「原力能量」的說明後，我們就能明白一件很重要的事，即每一個人都可以靠後天的學習與生活的選擇，來強化我們所缺失的，比如缺了哪些數字，就去學習運用它的特性和功能加以彌補、強化它的缺失。

● 「生日原力圖」圖示參考：http://qqnumber.net/birthchart/

「範例1」　假設生日為 1999 年 11 月 11 日

　　生日原力數即「1、9、9、9、1、1、1、1」，其所有數字的「生日原力圖」如下：

　　顯性數：1、9（也為掌控數）

　　隱性數：2、3、4、5、6、7、8

生日原力圖 001

「範例 2」 假設生日為 2000 年 2 月 2 日

　　生日原力數即「2、0、0、0、2、2」，其所有數字的「生日原力圖」
如下：

　　顯性數：2（是唯一掌控數）

　　隱性數：1、3、4、5、6、7、8、9

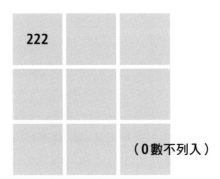

（0數不列入）

生日原力圖 002

「例範 3」 假設生日為 1943 年 4 月 24 日

　　生日原力數即「1、9、4、3、4、2、4」，其所有數字的「生日原力圖」
如下：

　　顯性數：1、2、3、4、9（4 為掌控數）

　　隱性數：5、6、7、8

1	444	
2		
3		9

生日原力圖 003

● 1～9 數的「原力能量」

■ 1 數原力能量

　　1 數的核心能量在獨立與開發，對任何狀況或人事都能快速提供各種思考與行動。1 數具備主動、積極與開創特性，同時擁有獨立和勇氣的特質，基本上是一個先鋒部隊的角色，這會為自己打開許多的道路和選擇。1 數在身體與心理方面，都願意冒險嘗試各種挑戰。

■ 2 數原力能量

　　2 數的內在核心講求忠誠與情感的實際鏈接，不能只談論空泛虛幻，要是實際緊密的夥伴關係。事實上，2 數在情感安全和情緒穩定度上，全透過親密關係的溝通來建立。因為 2 數的敏感細微特質，對於周遭環境與他人的感受都有特別敏銳的接收能力，也同樣能快速地提供他人情感上的需求。

■ 3 數原力能量

　　3 數的核心在創意與想像，透過靈感與藝術性創作的表達方式來成就事情。基本上，3 數的能力要靠想像力與美感來成全，並藉由發自內心真誠的喜悅和純粹的浪漫天性來推進。所以，3 數最怕負面的思考產生，如此會加倍了反向力量、自我排斥或自我放大。

■ 4 數原力能量

　　所謂滴水穿石，4 數的規律與堅定核心，說明了 4 數在處事上堅持不懈的特性。4 數要靠不斷地工作來實踐理念並獲得滿足。正因為 4 數需要穩定和安全感，就因此得藉由持續的勞力、自律和目標設定來貫徹意念，以達到真正的幸福。所以「每一個有目地的好計畫」是 4 數的指引燈塔。

為了達到目的，4 數可以按部就班，不辭辛苦的完成每一個目標。

■ 5 數原力能量

　　5 數是一個中心轉軸，具有最大彈性的變化及自由的動力。除了腦力，5 數還需要時時保持運動來得到精力平衡，增加胃口以保持青春活力。此外，也可以藉旅行的方式來協調內在的旺盛能量。5 數在肢體的接觸與感官的敏銳度上比其他數字要強大。新穎和銷售有關的事務，會擴大 5 數的能見度。

■ 6 數原力能量

　　6 數的核心力量是愛，以此來連接所有人與人之間的關係，比如伴侶、家人、朋友與社群。群體是 6 數最重要的滋養和基礎，由此延伸出社會服務及慈善服務。6 數在教育、美學、顧問、服務、諮商的領域裡，一直有很強大堅定的名聲，尤其對兒童教育及設計出版能產生很大的影響力。

■ 7 數原力能量

　　7 數具有高靈性的特質，深不可測的事務對他有極大的吸引力，會透過深入研究來學習專業的知識。7 數有一種神祕的力量，和宇宙有相當的鏈接能力。7 數需要不斷自我內觀和反省，才會釐清自我的價值意義和生存位置。7 數需要安靜的力量來支持自己不斷發掘真相。

■ 8 數原力能量

　　8 數是 4 數的雙倍力量與延伸，所有 4 數擁有的能量，8 數都有。它更會展現權威的一面，通常是透過一定的權力和專業形象來爭取更大的權益。這個數字具備監督管理與談判能力，在投資方面要設定邊界，才可以運用得當，並獲得出色的投資報酬。8 數意志力強，具慈善之心。

■ 9 數原力能量

9 數充滿了大圓滿大格局的能量，同時也具有一定的高度與遠見。9 數代表了理想化和同理心，對於人際關係也抱持和平博愛與寬容對待的正面嚮往，即便在負面的困境中，也都能抱持樂觀、光明與希望。9 數會為大眾的利益而努力。

畢氏三角能量圖

依據人類的生活經驗和歷史來看，古今中外許多在工作專業與生活上創作出精采成就的人，如果回溯他們童年成長過程，不難發現，他們也和一般人一樣擁有天生的性格缺失或環境上的困難，但因為環境的變遷，提供了他們自我改變突破的契機，從而創造意想不到的人生結果。

每一個人的出生有其固定時間，但發展的能量和力道卻無法限量，人生的成就也會因為各種機緣造化產生不同結果。但重要的是，我們都必須正視並珍惜自己天生具有的特質，認識自己的強項和弱點，找對方法改變成長，這才是成就自我的內在核心與生命目的。

正面的人看見優點與希望，負面的人只看到缺失與絕望，不同的性格產生不同的人生命運，這是再真實不過的印證。所以，我們倒過來看看自己原生的特質能量，仔細探究應該如何來完善自己，便是我們一生最重要的功課。

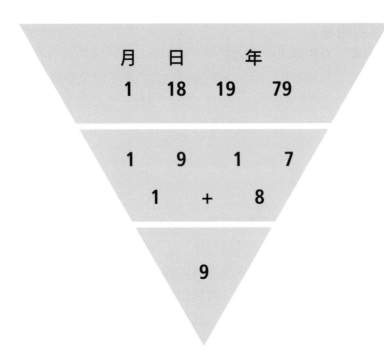

畢氏三角能量圖（AAA-0）

關於「畢氏三角能量圖」

　　「**畢氏三角能量圖**」是以倒三角形圖呈現，同時搭配研究一個人所有出生年、月、日的「**生日原力圖**」（**顯性數**）與未出現數字（**隱性數**），最後將能量三角圖中每一個出現的數字做「**能量排列**」。

　　0 到 9 每一個數字除了各自擁有的性格特質外，也擁有不同的發展能量。想徹底瞭解自己，除了從出生年、月、日的數字特性中瞭解之外，更要知道這些數字在我們生命的不同階段所代表的意義（如生命三大周期、

四個高峰期等），並仔細感受它們是如何導引我們內在的能量和諧發揮，達到最大共振平衡效果。

從 0 到 9 的每一個數字，都具有各自的主張和主題，無論是否直接出現在我們的生日命盤中，它都會以顯性與隱性的方式表達，以共同完成我們的生命課題。

「畢氏三角能量圖」是掌握各數能量串流與創造生命價值的三角能量分解圖，主要是剖析一個人的出生年、月、日各數字所帶來的能量，及其相互加總影響後所代表的實質影響。它就像是一個栽種了各式各樣花草樹木的園林，由陽光、空氣和水的天然能量來供養生長，經過不同的歲月和四季變化，便產生不同階段的花園面貌。

當然，就算是兩個完全相同的花園內容，在不同的大自然與人工照顧下，最終也會有不同的樣貌出現。就像出生年、月、日相同的人，在先天的數字特性下，雖然特質個性會有相似的思維和決定傾向，但因為各自的生長環境條件不同，各數字能量導流的方式與深淺也會受到影響而有所不同；比如教育狀況、出生背景都會讓一個人的學習有所變化，這會讓我們應對能量的態度方法有別，最終便能成就不同的人生結果。

「畢氏三角能量圖」是一個非常具體的能量串流圖，它說明一個人如何被自己出生年、月、日所延伸出的其他相關數字所影響。該如何運用這份能量圖來認清自己生命的主要目的，從而開發自己的潛在能力，這是「畢氏三角能量圖」要為我們揭示的生命真意。

● 如何繪製「畢氏三角能量圖」

圖形為倒三角形（如圖示 AAA-0）

第一層為：月－日－年（分成各兩位數）

第二層為：月－日－年（互相加總後的個位數）

第三層為：Ａ「固定數，即月＋日」與 Ｂ「年數」分成兩部分的個位數

第四層為：「命運數」＝ Ａ ＋ Ｂ

即由上而下，將每個數字換算至個位數，再一層一層往下填，案例參考如下：

周杰倫生日 1979 年 1 月 18 日，那麼其生日原力圖（AAA － 1）與畢氏三角能量圖（AAA － 2）分別如下：

生日原力數：1、9、7、9、1、1、8

顯性數：1、7、8、9

隱性數：2、3、4、5、6

111		7
		8
		99

生日原力圖 AAA-1

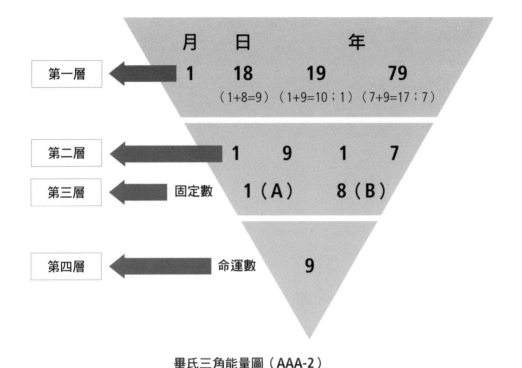

畢氏三角能量圖（AAA-2）

● 顯性能量

　　在「畢氏三角能量圖」出現的數字都帶有「顯性能量」，當中數字能量如果出現超過兩次以上頻率，表示它有更多的主導權。任何一個數字若出現三個或更多時，就稱為「掌控數」，這表示在特定的範圍區域當中，它擁有強大的顯性掌控力量。

　　換句話說，這個強大的「掌控數」需要透過更有計畫的創造性方式釋放出來，要適度地表達這個數字能量的特性，並正確引導出其他數字能量

以共同平衡發展，發揮生命光譜最大的正面效果。

比如說，當我們看到三角能量圖中出現數字4與7時候，它表示非常需要在安全感下建構基礎與規律的生活，同時也需要靠大量獨處來蓄積能量，並依靠自我探究反省和研讀知識，以獲得心靈上的撫慰滿足。而4與7的同時存在，也意味著某一種制約，它需要靠其他的能量來解放，以得到出口，比如它可以藉由寫作和對天文學等的探討得到釋放。

假設我們看到有許多4和9這些數字出現，它意謂著可以產生一些比較建設性的結果；因為這兩個數字比較重視任務目標的達成；如果4與9數能夠在建設上同時導向更人性化、更人道主義方面的需求，那麼4跟9就會真正的發揮最崇高標準的意義和效果。

又比方看到2與6數出現，它顯示了和諧合作的團體關係，在家庭朋友之間都具有較好的親密關係。而當3與5數出現時候，表示我們在藝術方面和肢體方面的關係，換句話說，3與5數的結合可以透過舞蹈、身體的律動或設計、陶藝、時尚、旅行以及媒體、網路與攝影等方面來發揮。

透徹瞭解各個數字的基本意義與性格，以它所產生的能量去強化自己內部的成長，便能瞭解生命密碼的基礎意義。同樣的，我們也可以讓這些數字所帶動的影響，整合起來幫助我們達成生活有效的改變，並讓我們的生活、工作、交友各方面都能達成目標。

正如可能會產生的隱性能量一樣，顯性能量也可能會產生過多，這些強力的支配能量會導致諸如成癮習慣、怪異行為和強迫症等困難，如果我們意識到這些趨勢，就可以朝積極尋求解決的方向努力。

顯性能量 1

1數的開創特質，讓你擁有一個積極活躍且充滿原創性的想法，同時也善於用口語來表達想法和感受。1數喜歡公開直接地表達自己，很難隱藏自己的感受，對於眼前所面對的狀況，會去衝動調整到讓自己滿意為止。

1 數改變現狀的思維，讓你不斷在生活中尋求新的視野和挑戰。1 數是需要靠直接表現，才能彰顯其氣勢，並依此表現出行為或思想的領導者。

■ **顯數 1 的發展行為**
傾向於自我中心、過於自負與自戀。
該多付出耐心，學習陪伴，以及更柔軟、開放接受他人的想法。

顯性能量 2

2 數有追求平衡、和諧的特質。2 數在處理細節與各種資訊上有獨到的見解，也有超強的敏銳度和直覺。因為情感細膩，所以你也容易感情用事，有時會處於過度善感的狀態，比如過度憂慮、過度壓抑、過度情緒化等，以至於在需要立即解決選擇時，很難果斷決定和處理當下狀況。2 數具有以情感來說服他人的優點，很容易讓人親近並願意相信，可以有效建立情感上的連接。2 數因為性格柔軟細膩，所以很適合發展外交說客的工作角色。

■ **顯數 2 的發展行為**
對人事物的細節特別敏銳也敏感，容易營造沉迷與過分占有的氛圍。
過度解讀，易於批判偏執，會製造內心恐慌。切勿過度情緒化，減少壓力和憂慮。

顯性能量 3

3 數的最大特質就是陽光、正面與歡樂。你充滿豐富的創意和想像力，渴望透過表現創意來處理生活事務。3 數最好能以藝術的表達方式來成就生活內容，比如從寫作、演說、繪畫、舞蹈、音樂和戲劇表演等，找到發

揮創意和想像力是你致勝的關鍵。因為 3 數的正面樂觀特性,創作力可以在各行各業得到發揮。3 數不易老,擁有永遠年輕的心靈。

■ 顯數 3 的發展行為
精神上喜歡處於夢想中,個性較為天真、陽光又善變。
脫離幻想,努力使自己更為腳踏實地、更講求真實。
小心區分浪漫與真愛的差別,以免陷入偏差的情感關係。

顯性能量 4

4 數的特質在於保守、穩定與基礎的建立。因此在開始一件工作時,你就已經在思考,如何運用有效率的方式來建構完整的流程。4 數對於架構組織有特別的能耐,對於一般人感到複雜細碎的事務,也有一套作業方式。4 數同時擁有值得信賴的特性。基本上,你擁有組織架構的思維和能力,對於組織事物很有一套辦法。4 數的重心會放在具有實際功能和目的導向的工作上,你不會浪費時間在無謂的事務上,也不喜歡冒險。

■ 顯數 4 的發展行為
傾向於強迫性的身心態度對待工作,凡事要求有組織、有條理的計劃。
人生學習重點,要嘗試放鬆,多找娛樂。

顯性能量 5

彈性變化是你成就生命的關鍵。5 數最大的特質是能夠適應各種不同的環境與規則。因此,擁有顯性 5 數的人,通常也能接受外在部分的生存條件,他能夠靈活彈性的改變自己,以適應各種突發狀況。5 數尤其能透過各式各樣的手法來克服枯燥無味的過程,善於運用五感刺激和肢體考驗

來經歷一切。在生命中，你會體驗許多令人感到刺激興奮的內容，並且自得其樂，比如旅行就是一個最好的體驗。

> ■ **顯數 5 的發展行為**
>
> 平衡情緒釋放，避免因脾氣暴躁、身體疾病和特殊習慣成癮所帶來的傷害。
>
> 將精力集中在對身體有要求的工作或活動上，並且尋求建設性的出路。
>
> 避免常為了娛樂他人或自己而過度亢奮。

顯性能量 6

人際關係是 6 數非常重要的核心價值，也是成就生活最大的關鍵，你會花許多時間在人與人之間的互動，6 數很願意提供他人慈愛的照顧和奉獻。但 6 數也容易在人群中產生焦慮感和自卑感，還會不自覺常感到自我渺小與害羞。因此 6 數的功課是，要保有自尊與身心健康，並得到更公平的相互對待。簡言之，人際關係需要公平對待，不要疏忽了自己而全部投身服務他人，6 數要時時感激自己對他人的付出。

> ■ **顯數 6 的發展行為**
>
> 容易過度陷入家庭關係的結構中，以致於無法擁有自己的立場與思考。
>
> 不要過分關注身分地位的表象，而去取悅他人或是成為關注的中心。
>
> 逃離別人的話題和八卦參與，避免製造麻煩。

顯性能量 7

　　獨處是你找回能量與自我療癒的主要方法。7 數擁有邏輯探索的特質，你不但喜歡獨處，也善於獨處並重視隱私。生活中許多繁瑣事物對你來說，需要靠大量時間的思考來消化，你更重視對事物的深入探討而不是表面的應付。你會花許多的精力和時間在研究學習上，以獲得更多的知識佐證。人生對你來說，是深度的研究探討，而不是表面廣度的追求。

> ■ **顯數 7 的發展行為**
> 期許成為精英主義者，私下將社會劃分不同階層等級，容易產生偏見並自以為是。
> 通過學習接受自己和他人的缺陷來拓寬視野。參與現實世界，來平衡自己專注於抽象的傾向。
> 嘗試與他人建立聯繫並與他人建立關係。

顯性能量 8

　　8 數的激勵能量相當強大，是一個結合意志力與掌控力超強的數字，也特別容易導入更多的能量於一身。基本上，擁有此數，會透過財務、管理、權威等方面來增強自身的實際力量。當然，這數字也容易走向另一個無目標、無慾望、無管理的懶散結果。據統計顯示，許多著名的宗教領袖擁有 8 數能量，這印證了 8 數的權威及其完全奉獻的特質。善用 8 數的能量，可以激勵自己與他人，讓人更為強壯。

> ■ **顯數 8 的發展行為**
> 有支配、掌控、侵略、嫉妒與貪婪的作為，可能有自我虐待或虐待他人傾向。
> 對於社會中黑白對錯的問題具有哲學式的思考。

有佛系放任或嚴厲譴責的兩極化判斷。

顯性能量 9

「世界大同，人類一家」是 9 數能量的核心價值，9 數擁有很大的能力去滿足人們的需要，無論在慈善或是生活的各種領域裡。9 數另一個最大特質就是同理天性，能將心比心，其美好的願景很能感召許多人，也容易受到許多偉大人事物所感動。如果談兄弟情誼的不分你我，9 數會透過各種不同感受來促成大家的共同合作。9 數具有無私與大愛的性格。

■ 顯數 9 的發展行為

常扮演不可或缺的救世主角色，熱情主動付出。

注意不要讓自己迷失在他人慣性的需求中。

磨練自己的理想主義，如此就不會陷入迷惘困境，

也不會因為絕望而放棄。順其自然，放開過去，繼續前進。

● 隱性能量

人生道路起起伏伏，我們會遇到順境和逆境，其結果端看我們用什麼方法與態度去面對挑戰，每一個人的出身都不相同，有含著金湯匙出身的，有一貧如洗或背景複雜的，這些都是先天給予的客觀條件。換句話說，人生好壞大多是自我的重建創造而成，而能善加運用先天給予的出生能量數來大破大立者不在少數，如果又能強化正面的信念加持，就會是改變後天環境的關鍵。

要特別說明的是，我們的出生年、月、日數字中，**沒有出現的數字，不代表這個命盤主人有何不足，或缺乏了這些數字的能量**。相反地，那些

　　沒有出現的數字，你可以當它們是一股被埋藏在深處的寶藏，其實它是早已經存在的能量，只是未擺在檯面上讓人可以直接碰觸。換句話說，一個人的隱性數字越多，那麼他可以挖到的深層寶藏與開發潛力機會越大，只是看他願不願意執行而已。

　　對於這些隱藏在深處的寶藏，需要特別去挖掘的，將它們的美麗與珍貴再次展現出來。因為，**隱藏的能量通常比顯性在外的能量更具有威力與爆發力**。許多人一定非常納悶，為什麼自己的隱性數字（即缺乏的數字）偏偏感覺是自己能力表現最強與最拿手的部分？ 如前所說，這些隱性數也許是你過去早就已經學習完成的功課，現在你只需要用對工具（比如開發興趣、學習研究、發展技藝等），就能立刻打開那道藏有巨大能量的金庫大門。

　　比如，一個人如果出生日中缺乏 8 數，那麼它可以從顯性的 4 數（務實、基礎、安全）與 6 數（慈善、激發、鼓勵）及 2 數（敏感、直覺、資訊）所提供的資源能量，來啟動隱性 8 數（權力、意志、成功）的能量。

　　顯性能量，無法單獨成就大事，它需要透過隱形能量來開啟更大的潛在天賦能力。數字從 0 到 9，有單有雙，有陰有陽，各自代表了某些特定意義，也充滿了各種能量，沒有一個重複的數字可以創造奇蹟，唯有共生共合才能夠開創美麗的生命和新世界。所以，顯性與隱性是相互合作不是相互對抗，我們不能只靠現有的顯性數字完善我們的一生，而是要努力去開發並釋放隱性數字深藏的更大能量，才能真正完成我們生命最大的圓滿目標。

　　畢得哥拉斯在生命數字的能量平衡圖上，提供了明顯的能量導流說明，即「畢氏三角能量圖」中缺少的數字，可能表明能量是隱性的或未充分開發的。所以，我們可以積極擴大開發「隱性能量」的各種能力，完成生命學習目標。

以下介紹 9 種「隱性能量」的特性，與其各自潛藏的發展領域。

隱性能量 1

生日原力缺乏 1 數，容易避開難題，不願嘗試新事物，不敢冒險，也害怕不確定性。甚至會有優柔寡斷的傾向，常常左思右想、無法大膽做出決定，並擔心讓他人知道自己的想法。在面對陌生環境與挑戰時，需要更大的勇氣和堅定的態度來支撐前進。西元 2000 年後出生的人，會出現許多缺少 1 數能量的人，所以單打獨鬥者少，集體活動的人多了。

> ■ **隱數 1 的發展行為**
> 鍛煉更多的智力和膽量，學習成為一個自我獨立、
> 主動開發的啟動者。（特別是西元 2000 年後出生的人）

隱性能量 2

生日原力缺少 2 數的人，會比較粗枝大葉，不太在乎細節。這對於自己的伴侶來說，會是一個大考驗，有時對人的關係也比較冷淡感，不太主動與熱絡，讓人認為比較疏遠，或者缺乏同情心。改善的方式是多主動親近他人，加強家庭友人和同事們的親密關係。讓大家瞭解你在乎他們的感受，也時時提供他們需求。

> ■ **隱數 2 的發展行為**
> 發展親密關係和相互支持。克服拒絕的恐懼。
> 與可信任的人物建立親密連結。別再當受害者或弱者形象。

隱性能量 3

生日原力缺少 3 數的人，要有最大的成功，得在生活中建立自己的興

趣，尋找自然純真和快樂。透過自己的天賦才情，發展創造力和藝術能力。只要找到表現的窗口和路徑，比如將自己的想像力和創意放在音樂、表演、戲劇、文學和繪畫上，往往都能獲得極大滿足和成功。

■ 隱數 3 的發展行為
在生活中培養更多的創意和生活美感。
通過更多肢體的表演、流動，找到能表達自我的藝術渠道，
努力實現自己的夢想。

隱性能量 4

生日原力缺少 4 數的人，需要訓練自己有規律與節制的生活，如果日常生活能有良好的行程安排，並且把工作目標、步驟都設定好，就能降低慌亂無章的風險。最有效的方法是清楚自己計畫為何，按部就班，由小到大逐步完成。切記，事先規劃每一天行程，完成每一天的工作內容，是完成最後成功的關鍵。

■ 隱數 4 的發展行為
重視工作的結構、計劃和組織。生活上要設定明確的目標，
並堅定的遵循執行。成為一個值得信賴且堅定的夥伴。

隱性能量 5

生日原力缺少 5 數的人，有放縱自己生活，不太注重身體健康的傾向。錯誤的揮霍自由，缺乏自我行為約束與生活管理，常會過度消耗體力和精神，享受太多的刺激亢奮，等到身體出現狀況卻也為時已晚。因此，多花時間好好聆聽瞭解自己的身體是非常急迫的。此外，更要學習放鬆總是上緊的發條，偶爾享受無所事事的樂趣。

■ 隱數 5 的發展行為
生活工作要更加靈活轉換，尋求變化和發展更多五感和身體接觸，需要規律運動並在生活中享受輕鬆的樂趣。

隱性能量 6

　　生日原力缺少 6 數的人，一般在婚姻與社區及家庭生活上會出現較多的問題。尤其對群體生活也比較難以適應，所以會有獨立工作的傾向。該如何取得 6 數的正能量，就是學習多與人交流，並真誠的表達情感，對社會提出貢獻和回饋，參與義務性質的慈善活動。多替他人著想，而不是只想自己的立場。透過行動參與人群，就能增強自我信心與歸屬感。尤其，多學習社交禮貌與人際關係的交流禮節。

■ 隱數 6 的發展行為
鼓勵自己的社會責任意義，積極與團體意識和家庭連結。通過服務和教育方式來培養他人，志願為社區提出貢獻，並克服對社會的反社會情結。

隱性能量 7

　　生日原力缺少 7 數的人，比較容易感覺到失去人生方向，也可以這麼說，缺乏 7 數者常對自我產生懷疑，或缺乏自我關注。如何找回 7 數的力量？就要透過深度的知識學習，設定明確目標，並將身心做一個有效的結合，平衡心靈層面。時常自我反省、自我冥想、自我覺察，這些都會帶給你豐富穩定的感受與內在的安定。

■ 隱數 7 的發展行為

培養內在的深度，對精神律法、生活目的和生命意義的認識。
學習冥想和反思。花更多時間一人獨處。

隱性能量 8

生日原力缺少 8 數的人，特別要避免虎頭蛇尾，做事不能貫徹到底的毛病。另外，你要試圖透過各種自我訓練管理，找回屬於 8 數強大的建設能量，努力養成如何管理財務、學習果斷負責，避免猶豫不決或是過度放縱自己的傾向。同時，缺 8 數者，要盡量釋放對權威與財富的過度迷信與依靠，此外，瞭解平衡自身靈性的重要也深具價值。

■ 隱數 8 的發展行為

負責的管控情況和自己的生活，凡事都要設置規矩並遵循它。

隱性能量 9

生日原力缺少 9 數的人，你需要直接展現對人的關懷和熱情，並試著表達自己的想法意見，無須太在意他人對你的看法。對於任何事情避免偏見，盡量開放自由的心態，擴大視野，想像更大的未來。對人對事要避免過度感情用事或過度敏感，因為這些都容易造成錯判情勢。學習放掉過去不好的回憶，也要寬恕所有的不愉快。

■ 隱數 9 的發展行為

參與對人道主義的關注、同情和同理心。從經驗到的不好記憶中，
練習寬恕和重修各種情誼關係。一切要考慮更大整體的幸福感，
學習順其自然。

「畢氏能量排列」分析

這裡再以周杰倫生日來說明，他的「畢氏能量排列」是從其生日 1979 年 1 月 18 日換算出數字，再畫出他畢氏三角能量圖後，便能從出現的數字中，整理出他的畢氏能量排列。

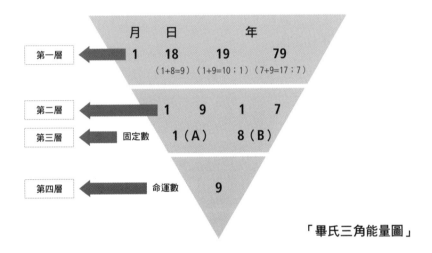

「畢氏三角能量圖」

能量排列圖：是將「畢氏三角能量圖」內，各層所看到的數字依序排列，並分別標記各有幾個數字。

數字：幾個

0 ： 0
1 ： 6
2 ： 0
3 ： 0
4 ： 0

5 ： 0

6 ： 0

7 ： 2

8 ： 2

9 ： 4

■ 1 與 9 是主導所有數字的強化能量，所以也叫「掌控數」

■ 7 和 8 數各有 2 個

■ 0、2、3、4、5、6 數皆為 0 個

「畢氏三角能量圖」範例補充：

「範例 1」

美國前總統歐巴馬的生日為 1961 年 8 月 4 日，其「生日原力圖」、「畢氏三角能量圖」及能量排列圖分別如下：

A.「生日原力圖」

生日原力數：1、9、6、1、8、4

顯性數：1、4、6、8、9

隱性數：2、3、5、7

11	4	
		8
	6	9

B.「畢氏三角能量圖」

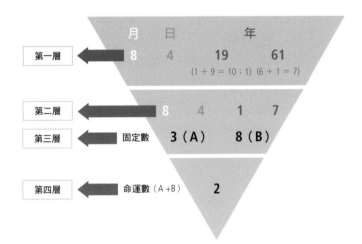

C.「能量排列圖」

　　將畢氏三角能量圖中，各層看到的數字依序排列，並分別標記各有幾個數字。

數　個
0：0
1：3
2：1
3：1
4：2
5：0
6：1
7：1

8：3

9：1

■　1、8 數是主導所有數字的強化能量，所以也叫「掌控數」

■　4 數有 2 個

■　2、3、6、7、9 數各有 1 個

■　0、5 數為 0 個

「範例 2」

荷蘭畫家梵谷的生日為 1853 年 3 月 30 日，其「生日原力圖」、「畢氏三角能量圖」及能量排列圖分別如下：

A.「生日原力圖」

生日原力數：1、8、5、3、3、3、0

顯性數：1、3、5、8

隱性數：2、4、6、7、9

B.「畢氏三角能量圖」

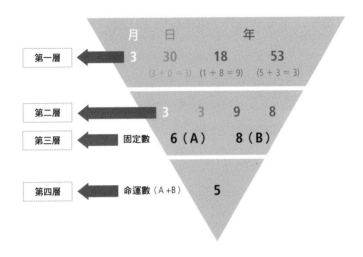

C.「能量排列圖」

　　將畢氏三角能量圖中，各層看到的數字依序排列，並分別標記各有幾個數字。

數　個
0：1
1：1
2：0
3：5
4：0
5：2
6：1
7：0

8：3

9：0

■ 3 數有 5 個，是主導所有數字的強化能量，所以也叫「掌控數」

■ 8 數有 3 個；5 數有 2 個

■ 0、1、6 數各有 1 個

■ 2、4、7、9 皆為 0 個

「範例 3」

英國暢銷作家 J.K. 羅林的生日為 1965 年 7 月 31 日，其「生日原力圖」、「畢氏三角能量圖」及能量排列圖分別如下：

A. 「生日原力圖」

生日原力數：1、9、6、5、7、3、1

顯性數：1、3、5、6、7、9

隱性數：2、4、8

11		7
	5	
3	6	9

B.「畢氏三角能量圖」

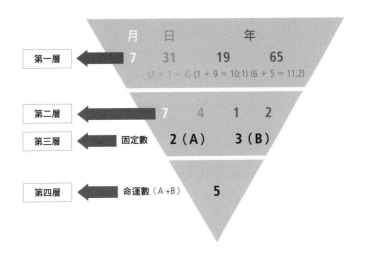

C.「能量排列圖」

　　將畢氏三角能量圖中，各層看到的數字依序排列，並分別標記各有幾個數字。

　　　數　　個

　　　0：0

　　　1：3

　　　2：2

　　　3：2

　　　4：1

　　　5：2

　　　6：1

　　　7：2

　　８：０

　　９：１

■ 1 數有 3 個是主導所有數字的強化能量，所以也叫「掌控數」

■ 2、3、5、7 各有 2 個

■ 4、6、9 數各有 1 個

■ 8 數為 0 個

接下來，請參考1～9畢氏能量排列之分析，能讓你更加了解自己與他人。

● 1 數的內在協調能量

1：1，當 1 數有 1 個

　　受 1 數的影響，你的思考快速敏捷、新穎，而且具有觸媒的催化作用。在意識層面上時常伴隨著新的想法，能夠產生一種電光石火的效果。我們所說的靈機一動，就是形容你很快地能將腦袋思維清理掃描一遍，迅速地把它紀錄下來。

1：2，當 1 數有 2 個

　　受 2 數的影響，你可以運用特有的敏感和細微的創意思考，結合他人做非常細緻的溝通。同樣地，你的想法容易和周遭親密夥伴們連成一氣，彼此相互影響。在言語和行為互動上，你很重視安全的需求，所以也會格外謹慎。

1：3，當 1 數有 3 個

　　受 3 數的影響，你能使用豐富的語彙來表達自己的感受，也善於使用書寫和圖像來記錄生活並傳達想法。你在語言洞察方面具有創造力，也擅

長以藝術的形式來呈現。你非常具有說話的能力，也善於開創多姿多彩的形容辭藻，來開發你在溝通和想像的表現上。

1：4，當 1 數有 4 個

受 4 數的影響，你將原始的思考結合了實際的應用上，凡事著重在你的工作和任務。換句話說，你重視如何有計畫有組織地完善你的原始概念，讓它具有功用性，並能產生有效的結果出來。你不是只靠點子和空想的人，你會清楚實踐這些想法。

1：5，當 1 數有 5 個

受 5 數的影響，你擁有足智多謀、隨機應變的思維與內外管控能力。你運用多才多藝的想法跟點子，快速與不同類型的背景和文化做交流，甚至可以影響並促成多樣性銷售的結果到世界各地，其中包括了外匯交易、各式文化語言及媒體方面等。

1：6，當 1 數有 6 個

受 6 數的影響，你是一個具有激勵與催化的角色，也能成為非常好的溝通者與教師。你的原始思考與創造性的點子，通常與家庭、團體和社會產生關聯。你的積極心態和思維，容易激發並滋養培育許多人，甚至於幫助他們找到更好的生活方向。

1：7，當 1 數有 7 個

受 7 數的影響，你具有敏銳的觀察力，對於專業、抽象與分析的思維模式，你有興趣與能量徹底研究，從中發現新的學習內容跟範疇。你可以積極地透過新的知識領域，蒐集調研所有的資料，呈現出它原始的面貌，並且快速得到其中的核心意義。

1：8，當 1 數有 8 個

受 8 數的影響，你的精神能量具有強大的主導性。對於企業、生意、投資和理財方面的整合，具有商業發展的直覺能力。因為你的強大意志力與權威感，容易對他人造成影響；一方面可以去激發並祝福他們，另一方面也可能對他們造成威脅作用，所以善用並管控好你的能量極為重要。

● 2 數的內在協調能量

2：1，當 2 數有 1 個

受 1 數的影響，你不會浪費太多時間，在選擇性的立場和職務上面做評估和確認。你非常擅長於口語的溝通和分享，並擁有非常好的方法，去接觸任何想獲得的細節和數據。你的創新思維和獨立的立場，需要透過他人的需求和情感表達，來做為協調與展現。

2：2，當 2 數有 2 個

受 2 數的影響，你可以感同身受瞭解他人，感受上比較主觀有選擇性，內在的情緒容易擺盪，常感到混亂惶恐。你的思考非常敏感，對於所有的指導細節和評論，都非常在意得到的回饋和發展，尤其是對於你相當在意且關係密切的人。你可以稍微放輕鬆一點，減少擔憂，不要把生活看得太過嚴肅。

2：3，當 2 數有 3 個

受 3 數的影響，你具有豐富的想像力和浪漫氣息，可將複雜事物透過藝術性的方式生動呈現。人際關係方面，你可以透過美麗口語與溝通強項，將平凡事情點石成金。你對生活有敏銳的觀察力，對於各種事務內容細節和差異性能有所理解。你會主動親近喜歡的人，容易以浪漫的方式讓人留

下美好印象。

2：4，當 2 數有 4 個

受 4 數的影響，你讓人見識到，你在處理細節和小麻煩上面有獨特的方法，同時在過程中展現出你的毅力、精準度，還有你的敏銳度。你是一位非常傑出而且具有目標與目的結果的人，尤其在蒐集各種情報資料和細節相關的事宜上。生活中，只要是可預測的良好規劃和架構，可以帶給你十足的安全感。

2：5，當 2 數有 5 個

受 5 數的影響，你可以同時處理幾件繁雜的事情，不但樂此不疲，還能游刃有餘。因為你的多方興趣與多才多藝，讓你在不同的環境下自由穿梭並解決問題。你需要時時保持肢體的運量，這可以緩和緊張和情緒疏解。特別是性愛與情感必須連接一起，身體的溫暖接觸對你的腦力刺激有極大幫助。

2：6，當 2 數有 6 個

受 6 數的影響，你在照顧他人與維持團體關係上有特殊的能力。尤其是針對那些對你產生信任與依賴的人或團體組織，你覺得有義務為他們奉獻與提供協助。對於親密的夥伴和家人，你願意花盡所有時間去努力建設彼此牢不可破的關係。人與人的接觸與交流，對你而言非常重要。

2：7，當 2 數有 7 個

受 7 數的影響，在私人的情感關係表達上，你講求隱祕性，也重視生活上的距離與低調。對於進行事務細節的堅持，你處處要求極至與精進。生活上的學習和知識的探討追求，你會窮盡一切努力達成目標，這些都展

現出你凡事自我要求完美的態度與期待。

● 3 數的內在協調能量

3：1，當 3 數有 1 個

受 1 數的影響，你有創新的思維，會運用創意性和藝術性的語彙及文字展現個人感想。你在溝通的時候，使用非常精確及具戲劇性強烈的說服力來影響他人。在寫作和說話、演講方面也有相當的能力，可以運用語詞和圖像進行你的生活紀錄。基本上，你的表達相當高招，充滿印象派的色彩形式與風格。

3：2，當 3 數有 2 個

受 2 數的影響，充滿個人化的和諧夥伴關係，對你在創意上具有絕對的浪漫和創造性。所以，良好的親密關係是你創造美好生活的驅動力。你具有強烈的藝術感受力，和綜合完美的良好品味，這些元素共同完成你出色的表達內容。你可以運用文字繪畫與色彩的想像力，創造生活的樂趣。

3：3，當 3 數有 3 個

受 3 數的影響，你具有高度的想像力和創造性。在你的內心，其實是充滿著夢想與美好的世界，你創造具有色彩、戲劇性的生活內容，且充滿了美感與奇蹟的語言，你可以完全生活在自己的幻想世界裡。你也能夠透過文字、表演、舞蹈、繪畫、音樂與藝術方面的表達，將你特殊的創造天賦結合娛樂，呈現更大的魅力和外在影響力。

3：4，當 3 數有 4 個

受 4 數的影響，組織化與次序化的結構形式，深深影響了你的生活。

無論你與生俱來的天賦如何，都需要一個相當強大的出口去表現它。你的創造力需要經過細密的安排架構，才能達到最大的發揮。你會有結構且目的性地完成你的夢想，而你的藝術性表達，都會以相當的次序和有效的方式產生。

3：5，當 3 數有 5 個

受 5 數的影響，你會透過你的身體、感官用創意努力表達，你可以透過旅行或是肢體方面的移動，直接進入實習探索來達到學習目的。你的創意和興趣具有多樣性，並且多才多藝。你的許多創意常在行銷活動跟過程中產生。對於改善周遭環境，與美化你個人的身體條件，你非常積極也相當的享受。

3：6，當 3 數有 6 個

受 6 數的影響，你在教學方面具有一些特殊的長才和說服力，可以透過藝術的內容形式、戲劇性的表達和創意思維，去激發其他人的靈感。尤其，你對人群和社區團體，有特殊的使命感，你大可以運用自己特殊的藝術才華、園藝烹飪，還有娛樂他人的幽默感方式，來協助社區發展，在群體裡發揮才情魅力。

3：7，當 3 數有 7 個

受 7 數的影響，你在表達豐富想像力的藝術天賦方面，很容易得到一些深度的意義和靈感，從你的內在生活來看，它其實也充滿了自己對學習與探究的一些夢想，這些會更豐富你的人生。你對藝術和心理學、科學，甚至靈性方面的神學都有相當的吸引，會被具有創意性的藝術形式給深深地影響。

3：8，當 3 數有 8 個

受到 8 數的影響，在表現上你可以非常柔軟，也可以非常強悍；你容易親近，但當需要捍衛你的信仰和立場時，你也可以變得非常有距離。你的創意天賦與商務交流，甚至於在權威的專業領域裡，都有相當緊密的關聯。你同時會展現的非常親和，而另一方面你也保有著非常強勢與主導的地位。

● 4 數的內在協調能量

4：1，當 4 數有 1 個

受 1 數的影響，你喜歡獨立挑戰新的事物，對於在組織內與特定的項目工作也非常在行，但對於重複老式的工作，可能就不大有興趣。在生活與工作中，你有非常創新的想法，甚至有令人耳目一新的獨特見解和思維模式，這讓你在平凡的生活行進中，特別容易茁壯，並產生一種獨特的吸引力和趣味。

4：2，當 4 數有 2 個

受 2 數的影響，你非常敏感、同理而且關心他人，能提供別人很好的服務。你要確定所有的過程、細節都能夠順著你的次序和方法進行。因為你特別的敏銳、敏感而且細微，希望手邊的工作能夠做對、做好，並做到鉅細靡遺的地步。你非常直覺，在挑選工作夥伴時，非常懂得知人善任，會照顧對方的情緒和需求。

4：3，當 4 數有 3 個

受 3 數的影響，你會以充滿想像與創意的方式去激勵他人，讓他們釋放出既有的創意天賦，順利地完成工作。你喜歡在充滿喜悅歡樂與多姿多

采的輕鬆狀態下工作，與人交流。尤其在讓你感到特別有興趣的事物，你會盡情享受其中帶來的快樂浪漫。基本上，你是一個能結合自由想像和感覺而達成目標的人，不會漫無目的去做一件事。

4：4，當 4 數有 4 個

受 4 數的影響，「工作即是生活，生活即是工作」成了你的生活座右銘和寫照。所以，你必須特別照顧自己的身體與精神平衡，因為你同時必須承受相對大的壓力。建議多開發一些興趣嗜好，而不只為了某些專案工作而活。或者，在具有學習性強的玩樂狀態下，跳脫只為工作而生的生活模式。尤其，你需要良好的情感作為陪伴。

4：5，當 4 數有 5 個

受 5 數的影響，你擁有快速的應變力，以及適應環境的方法。你樂於與不同的個人與團體，一起完成各種工作的挑戰，也能接受突如其來的改變，這讓你對生活隨時有所警惕和準備。你能讓平凡無奇的工作，透過新穎的嘗試變得有趣。建立良好的身體鍛煉，保持幽默感，對你的工作有極大的好處與幫助。

4：6，當 4 數有 6 個

受 6 數的影響，你的忠誠度與公平性格，讓你的家人關係與朋友間的情誼可以保持緊密，朋友也會樂意為你效勞。你非常善於跟一群人一起工作，你的社交技巧可以幫助你透過許多方式和門路，讓你輕易結交朋友，甚至在共同工作的時候，你能運用這些「自來熟」的技巧讓工作順利完成。

4：7，當 4 數有 7 個

受 7 數的影響，你具有高度的、機械式的、邏輯式的思維。你常運用

非常直覺、抽象的方式和角度去觀看事情，但這並不會破壞你原本實際且質樸的性格運作生活。你對所進行的事情，會有很深的情感跟理解。透過對外的勞力付出，與內在對知識的結合。情感的表現能幫助你在完美的要求下，享受歡樂的氣息。

● 5 數的內在協調能量

5：1，當 5 數有 1 個

受 1 數的影響，你的思維快速，缺乏耐性，需要隨時維持心思體能處於啟動的狀態。你相當享受各種挑戰與刺激，也能保持警覺性，隨時做移動；比方在運動方面，你可以同時進行一些需要大量腦力與體力的遊戲。透過肢體運動來釋放過多能量，對於平衡你的身體跟心靈，卸除焦躁不安非常的重要。

5：2，當 5 數有 2 個

受 2 數的影響，即便你崇尚自由精神，擁有強烈的渴望，但對於周遭環境與人事通常會非常的警覺而且謹慎。你在情感與情緒方面的敏感度，要比一般人更謹慎，更容易產生質疑。你會整理生活裡零星片段，將其組織為完好的拼圖，給自己尋找安全感。當你信任某人時，你傾向透過肢體的接觸來表達你的友善和情感。

5：3，當 5 數有 3 個

受 3 數的影響，創造性的方式與想像力幫助你在不斷的變化中，能適應各種環境與條件，並面對群眾。你懂得表達「美」的概念，透過創意性的肢體活動，可以為你打開在靈療藝術，保健養生與時尚運動領域方面的嘗試。你藝術的能力受到刺激，藉由旅行和肢體上的移動，為你開創了所

有美好趣味的生活。

5：4，當 5 數有 4 個

　　受 4 數的影響務實達標成了主要的態度。你不是紙上談兵，只談理想和點子的白日夢者。你會把混亂的事物梳理清楚，並組織人去落實。換句話說，無論你是否同時身兼數職或扮演多少不同的角色，你都是相當值得信賴的人，因為你對每一件事都有堅持完成的態度與要求。

5：5，當 5 數有 5 個

　　受 5 數的影響，你像是不斷旋轉的陀螺，無法停止下來。生活周遭有太多的事物吸引你，使你容易感到興奮刺激，腎上腺素飆升，難以安定。有時為避免枯燥無聊，你也容易為刺激官能而有成癮習慣。規律的運動與鍛鍊身體，可以幫助你解除身心上的疼痛、沮喪或惶恐。簡單樸實的幽默感，可以幫助你減輕煩躁。

5：6，當 5 數有 6 個

　　受 6 數的影響，社交關係的建立與維護，對你來說是重要的生活核心。你可以透過參與社區團體活動或家庭間的互助交流，增強生活內在的穩定感與自信。你其實熱愛自由不受拘束，但又因為對人際關係上被需求的渴望，你可以選擇一般的探險、旅遊、運動方面的互動，就能兩全其美你的社交與自由。

5：7，當 5 數有 7 個

　　受 7 數的影響，獨處可以讓你見證真實。你擁有非常好的調查能力與自我反省的天性，運用這個特性在各種事物中穿梭，才能夠平衡你容易產生的煩躁不安，甚至能冷卻你過度活躍的另一面。你喜歡自由自在地走動，

但你也非常瞭解，偶爾讓自己處於獨處休息的狀態，對你的生活是非常需要而且重要的。

● 6 數的內在協調能量

6：1，當 6 數有 1 個

受 1 數的影響，你以主動創意的思維和創新的生活方式，與人進行良好的交流。你是一位天生的老師，具有催化激勵他人的能量。你特別享受那些你感到興趣的人，也喜歡和他們在一起。你擅長輔導和諮商方面的工作，能透過娛樂的天性，來刺激、提供朋友或群體許多具有激勵的思想和行動力。

6：2，當 6 數有 2 個

受 2 數的影響，敏銳的觀察與同理心，讓你可以快速感受到特定對象與親密友人的情緒反應和內在需求。你能夠將心比心地去體會他人的痛苦、悲傷等情緒，甚至盡一切可能幫助他們。與感覺舒服的對象接近和交流，對你來說相當重要，並且是心理上的安全感。你會立即傳達回應家人與所屬團體所釋放出的訊息。

6：3，當 6 數有 3 個

受 3 數的影響，能夠巧妙運用藝術的力量幫助你所屬的社區和團體。透過你的創意和戲劇能量，去激勵並幫助他人展現自己的天賦才華，讓他們的願景生活得以實現，這也是你人生最大的夢想。你是一位天生的藝術引導者，可以有效地傳遞生命的美好，並分享生活的精采。

6：4，當 6 數有 4 個

受 4 數的影響，講求功能性的有效方法，與務實的生活追求計畫，可以順利達成服務大眾的目的。你非常值得大家信賴，會成為整個家庭、家族或是某個社會團體裡的支柱，你願傾心力來照顧周遭的親近夥伴們，並積極指導他人面對現實生活的目標和意義。

6：5，當 6 數有 5 個

受 5 數的影響，有趣互動的對象對你來說相當重要，你喜歡三教九流不同背景的朋友。你能將充滿趣味好玩的內容和感覺分享給大家，運用特殊的溝通方式提供他人需求和服務。你擅長於協調與組織不同的活動，在既定的社會規範框架下，展現個人追求自由心靈的意志。

6：6，當 6 數有 6 個

受 6 數的影響，你將承諾與奉獻自己，並更緊密地與家族和家庭成員連接在一切。對於社區團體和社會活動的參與，你也會不遺餘力以自己的時間和專業協助培訓更多人成長進步，去從事社會救助服務的工作，這對你在群體的角色和地位上有正面形象的助益。但承載太多的責任，也會犧牲自己的生活空間和品質。

6：7，當 6 數有 7 個

受 7 數的影響，你會運用個人對知識的追求與社交的聯繫做一個串連。換句話說，家庭生活的隱私保護與人際社交的完善經營，將會協助你在個人形象上有公私清楚的展現。在生活上，你能有效運用敏銳的觀察，去研究周遭的群體、行為與你之間實際發生了什麼關係，並理性地保持適當的交往距離。

● 7 數的內在協調能量

7：1，當 7 數有 1 個

受 1 數的影響，你的原創思想往往和比較科學性的專業知識領域有關，甚至於是少數人能夠觸及到的高等學問。你會透過大膽且創新的方式，來進行在靈性方面的過程。因為你的個性充滿抽象性的特質，比較重視私密的內在世界，對於情感的宣洩需要擁有正常的管道，而不只是做一些分析研究就能解決。

7：2，當 7 數有 2 個

受 2 數的影響，在分享你個人內在情感的時候，你也特別的敏感細膩。你不希望觸及到其他人過多的內在思考與情感軌跡。你可能會常常顯露出與事無干，或想要遠離現況的這種跡象。當然這和你的內向特質有關。你的知識學習鉅細靡遺，也非常在意細節，每當你想要採取立場時，你會非常謹慎小心。記得要盡量與人做外部的溝通交流，這會為你帶來更好的人際關係。

7：3，當 7 數有 3 個

受 3 數的影響，你透過創意的表達，來展現你的思維邏輯。你具有表達藝術想法的能力，雖然它會顯得更形而上、更為博大精深，讓人深思。你的想像力很容易將你的內在世界串接起來，你的直覺力也會與更深層的無意識情感層面做連接。你可以選擇透過繪畫，來表達你對這個世界的想法，並擴張你的視野。

7：4，當 7 數有 4 個

受 4 數的影響，在靈性與心理需求上，你會以較務實的方式來實踐完成計畫。為了有效達成目標，你在工作過程中竭盡所能做到完善，對於知識的追尋和探索，也會安排去學習。你對生活的表現有條不紊，講求次序。通常在進入實際的工作狀態中，你享受沉靜獨立的狀態去完成更深層的結果。

7：5，當 7 數有 5 個

受 5 數的影響，你能以你所學的知識與各類不同背景的人，以及各種不同條件的狀況去溝通。你會以展現幽默有趣的一面作為互動交流，但也同樣會顯現出你比較嚴肅內向安靜的一面。你將研究的知識學問，透過多元化的方式進行結合。你給人一種具有思想和健康聰明的形象。

7：6，當 7 數有 6 個

受 6 數的影響，你和家人或某特定團體的親密聯繫，會為你創造更多分享知識的機會。保有私密性與擁有親密關係，對你來說同樣重要。當你私下與一些人接觸的時候，你通常能展現非常溫暖、溫柔和友善的一面。你特別享受獨處時光，但與親密友人的相互陪伴，也會感到自在、舒適。

7：7，當 7 數有 7 個

受 7 數的影響，你擁有極高的靈性與非常不平凡的內在思維和平靜心靈。邏輯與推理、神性與佛系的開放心靈，幫助你對人與自然總能有深入的探勘。你不善於過度勞力的工作，常會讓人有不食人間煙火的印象，專注研究發現更多特殊專門的領域和知識。透過閱讀寫作和研究來完成你的生活學習。

● 8 數的內在協調能量

8：1，當 8 數有 1 個

受 1 數的影響，你獨立且具有權威感，容易用創意的思維讓人受到感召和感動。你也是一個優秀的問題解決高手，會提出對他人有益的幫助，同時也能夠讓對方接受。對於未來，你有不同的遠見想法，是個很棒的投資者。但千萬記得，你要盡量與他人合作，並且學習如何運用金錢讓它更有價值。

8：2，當 8 數有 2 個

受 2 數的影響，如何涉及權利和位階問題，你很在意他人的感受與反應，尤其在他人面前盡量採取謹慎低調的態度，不讓他人有威脅感，維持和諧公平的關係氣氛很重要。找一個親近的夥伴，透過他來協助你更快達成目標。你很重細節，能精準拿捏尺寸和進退界限，以便於掌握自己的位置和立場。

8：3，當 8 數有 3 個

受 3 數的影響，直接表明內在的想法和慾望非常重要，否則讓人捉摸不定，感覺你很神祕有距離感。因為你具有浪漫性格，但又有強烈的主導慾望；有時你明明很在意，卻又表現無所謂的樣子。有時你想掙脫並反抗權威，但內心又對權威有強烈的渴望。鍛煉自己對權力的需求，公開你的需求，可以幫助你平衡身心。

8：4，當 8 數有 4 個

受 4 數的影響，努力不懈付出一切，是你工作的態度和寫照。對於目標的追求，只要進入工作階段，你儼然就是一鏡到底沒有停歇，你會嚴格

執行並完成它。所以，目的明確、目標清晰、規則正確、設定的定義和底線都能反應你內心所需，這就是你成功的藍圖。唯一注意的是，不要因為工作而忽略了生活。

8：5，當 8 數有 5 個

　　受 5 數的影響，瞭解在工作與娛樂之間尋求平衡的價值十分重要。透過旅行和環境遷移，可以測試你應變的能力與管理的專業。其實你的權威感會時常受到他人的測試，當你的受到威脅時，不要濫用權力。你能以幽默感和即時的彈性改變，化解失控狀況。保持你的意志力與紀律，這對平衡身心與挑戰有極大幫助。

8：6，當 8 數有 6 個

　　受 6 數的影響，要避開小圈圈式的人際關係，不要影響你的大格局與大目標。你對自己在家族與團體中所代表的角色和位置有正面的期待。你很善良親切，常會為了取悅他人而感到苦惱。你非常重視社會的公平正義，並希望對社區和他人有所貢獻，但要避免過度的介入和掌控，盡量尊重大家的共識。

8：7，當 8 數有 7 個

　　受 7 數的影響，你的功課是，如何在務實的生活與精神的追尋中找到平衡。你在商業的某特殊領域範疇裡，有相當專業的知識和研究，善用掌握這些知識的高度並樹立個人權威感，以此幫助你學習，如何去管理生活與事業，這能穩固你的威望和你的社會地位。

● **9 數的內在協調能量**

9：1，當 9 數有 1 個

　　受 1 數的影響，你可以運用感性的方式來激勵他人，從生活中獲得靈感。將原創性的激情作為，配合你不帶偏見的想法、見解去幫助需要的人，尤其適合去處理有關靈性與人類大愛方面的活動。生活中，因為你本身就是個正面積極的人，所以你可以獲得許多貴人協助，並且能將劣勢轉為優勢，隨時都能展開新旅程。

9：2，當 9 數有 2 個

　　受 2 數的影響，你會運用天生的細膩心思來主導自己的人際生活。你非常期待在各種關係中建立和諧的次序平衡，所以你會把許多時間花在關注他人的事情上，甚至因此疏忽自我照料，有時嚴重影響身心健康。你的觀點非常廣泛開放，但也同時非常細微，重視細節。你非常享受與他人互動的親密關係。

9：3 當 9 數有 3 個

　　受 3 數的影響，你可以完美運用並匹配各種合作條件，尤其完成娛樂性高的任務。你的想像力非常鮮明活潑也具有豐富的色彩，這使你在與他人共處時帶來更多歡樂和陽光，你運用藝術的天賦來服務他人，提升他人的精神感官層次，使他人得到心靈的需求滿足，而你也在互動中獲得更多的啟發。

9：4，當 9 數有 4 個

　　受 4 數的影響，再艱難的問題，你都會想辦法解決。你在規劃執行任務時，非常堅定並重視結果。你特別清楚為何而做，工作計畫具有目的性

和目標性。你是一個非常勤奮的工作者，尤其當你為人道主義和人性方面的主題努力時，你認為自己身負重任，會想滿足大家。但記住努力不等於必然成功的結果，所以一切盡力就好。

9：5，當 9 數有 5 個

　　受 5 數的影響，生活內容常會遇到突如其來的變化和挑戰。而你靈活的頭腦和機智彈性的能力，容易處理許多無法想像的情況。你對不同背景的人產生興趣，喜歡較為形形色色的人，但他們也常耗掉你的精力能量，所以你必須懂得運用時間方法來平衡自己的身心。公差與旅行能打開你的人際，貴人在路上。

9：6，當 9 數有 6 個

　　受 6 數的影響，你有照料他人的天性，生活也以他人的需要為主要考量。無論你的工作為何，你對家人群體的關懷，會是以發展人道主義和人性相關的內容，你會將慈善延伸到許多不同的生活領域和需求方面。你認為自己有責任義務為大家服務。你的親切使你與陌生人之間沒有隔閡，並能輕易獲得合作。

9：7，當 9 數有 7 個

　　受 7 數的影響，你在大方分享與保有隱私間必須取得平衡。你的工作生活常與一些特殊專業的知識、人道主義或慈善團體有所關聯，甚至於有緊密的關係。雖然你對外的人際社交非常活絡，但私下的生活卻又希望擁有神祕感，這對許多親近的人來說無疑更引好奇。你需要更多時間獨處，尋求更多靈感。

9：8，當9數有8個

　　受8數的影響，設定人際關係的距離與生活遊戲規則，至為關鍵。因為你的大方友善，容易讓人親近並信任你，他們常常在生活和意見上對你求助，幾乎無所不問。你的時間和精力會因此被消耗許多，甚至太過投入而深陷泥沼。為了減輕負擔，工作和生活上你都必須設定底線，要瞭解自己的能力與真正需要。

CHAPTER

畫出你的
靈數命盤九宮格

　　前面我已詳細帶領讀者們瞭解各數字的基本意義、命盤解釋等等，在這一章節，我們要來學習，怎麼排算出自己的「生命靈數」命盤。

　　你一定納悶：「到底有多少種不一樣的命盤？」

　　在這世界上有多少人就有多少種命盤，有些人雖然出生年、月、日相同，但因為出生的時間不同可能有不一樣的命運，而命盤上的能量流向和影響力不一樣，讓人的性格特質及潛在能量的表現也大異其趣。

　　許多靈數命盤雖然出生年、月、日的數字相同，但換算後呈現在個人的命盤上，也會因為數字上的圈數多寡，加上後天的成長背景，而產生不同能量的差異；又或是兩個人的命數與靈數雖然相同，但因為出生不同年代，命盤上的圈數分布自然也會有所差別。因此，想要完整瞭解一個人，不能只憑生日數、天賦數和命運數就能完全看出他的性格。

　　精確的「靈數命盤」分布圖，可以幫助我們更深一層瞭解一個人真正擁有的能量與精力，知道他在面對不同的挑戰時會有什麼反應，運用什麼方式去解題。閱讀一個人的「靈數命盤」，就好像進入了他的內心世界最核心的部分。

　　如果你熟悉數字的運用，就可以幫助你看到一個人的背後藏著什麼樣的真實，他腦子裡到底在想些什麼。解讀「靈數命盤」是一項很有趣的識別訓練，做為一位良好的溝通者，**「靈數命盤」是最易懂的「生命藍圖」**，它除了已佈建好幾條人生方向的路線圖，更重要的是我們可以預先看到即將面臨什麼樣的困境或遭遇，知道如何改變我們的學習態度和生活方法。

　　解讀「靈數命盤」，可以讓我們瞭解並接近一個人最真實的一面，包括我們的過去、現在與未來的路徑。

如何畫出基本靈數命盤

　　在生命靈數中，數字 1 到 9 雖然個別代表一些特殊意義，但在命盤上各數字的連線組合，則有另一番更深層的詮釋。每一個人都擁有自己的命盤，那操控著我們不同程度的能量與天賦，因為這些數字相互推動所產生的力量，造就出一個人不同的個性與特質。

　　如何運用數字瞭解自己，必須先從自己的命盤開始研究。我們舉幾個基本例子，學習如何畫出自己的命盤。**命盤的繪製所參考的資料，是以個人的出生年月日、命數、天賦數、生日數總和及所屬的星座代號**（請參考第 37 頁星座數字對照表），**這五種數字做為基本參考。**

「案例 1」蒂蒂出生於西元 1973 年 5 月 25 日。她的命盤應該如何繪製？

Step 1

・先畫出九宮格的基本命盤圖示。

・將出生年、月、日（即 1973、5、25）顯示出的阿拉伯數字，依次在命盤圖上圈起來。

（圖 1 － a ）蒂蒂的基本生日命盤

Step 2

・接著，用出生年、月、日加總後，各自計算出「生日數」、「天賦數」、「命運數」與「星座代碼」。

a）$1 + 9 + 7 + 3 + 5 + 2 + 5 = 32$　　「天賦數」為 3 和 2

b）$3 + 2 = 5$　　　　　　　　　　　「命運數」為 5

c）生日數 25，$2 + 5 = 7$　　　　　　「生日數」為 7

d）查星座代碼表：雙子座代號為 3　　「星座代號」為 3

Step 3

・將加總後得出的相關數字，如天賦數、命運數、生日數和星座代表數，逐一在「Step 1」圖表上再補畫圈圈（會有重複），就可以得到一個完整的命盤了！

比如：在 Step 1 的圈數中，再圈起天賦數 2 和 3，命運數 5，生日數 7，星座代號 3。

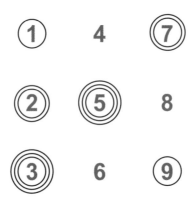

（圖 1 − b）蒂蒂的完整靈數命盤

1 有 1 個　（所以圖表中 1 號數字上應有 1 個圈）
2 有 2 個　（所以圖表中 2 號數字上應有 2 個圈）
3 有 3 個　（所以圖表中 3 號數字上應有 3 個圈）
5 有 3 個　（所以圖表中 5 號數字上應有 3 個圈）
7 有 2 個　（所以圖表中 7 號數字上應有 2 個圈）
9 有 1 個　（所以圖表中 9 號數字上應有 1 個圈）
※ 因為沒有 4、6、8 數字，所以圖表上該數字不會有圈圈

「案例 2」小澤的出生年、月、日為西元 1969 年 7 月 28 日，他的命盤應該如何繪製？

Step 1
・先畫出九宮格的基本命盤圖示。
・將出生年、月、日（及 1969、7、28）顯示出的阿拉伯數字，依次在命盤圖上圈起來。

（圖 2 － a）小澤的基本生日命盤

Step 2

‧ 接著用出生年、月、日加總後，各自計算出「生日數」、「天賦數」、「命運數」與「星座代碼」。

a）1 + 9 + 6 + 9 + 7 + 2 + 8 = 42　　　「天賦數」為 4 和 2

b）4 + 2 = 6　　　　　　　　　　　　「命運數」為 6

c）28，2 + 8 = 10，1 + 0 = 1　　　「生日數」為 1

d）再查星座代碼表，獅子座代號為 5　「星座代號」為 5

Step 3

‧ 就加總後的相關數字如天賦數、命運數、生日數和星座代表數，逐一在 Step 1 圖表上再補畫圈圈（會有重複），就可得到一個完整的命盤了！

比如：在 Step 1 的圈數中，再圈起天賦數 4 和 2，命運數 6，生日數 1，星座代號 5。

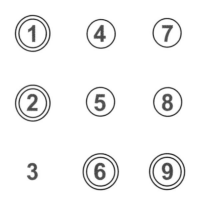

（圖 2 － b）小澤的完整靈數命盤

1 有 2 個 （所以圖表中 1 號數字上應有 2 個圈）

2 有 2 個 （所以圖表中 2 號數字上應有 2 個圈）

4 有 1 個 （所以圖表中 4 號數字上應有 1 個圈）

5 有 1 個 （所以圖表中 5 號數字上應有 1 個圈）

6 有 2 個 （所以圖表中 6 號數字上應有 2 個圈）

7 有 1 個 （所以圖表中 7 號數字上應有 1 個圈）

8 有 1 個 （所以圖表中 8 號數字上應有 1 個圈）

9 有 2 個 （所以圖表中 9 號數字上應有 2 個圈）

※ 因為沒有 3 這個數字，所以圖表上該數字不會有圈圈

　　畫出基本靈數命盤後，可以看出 1 到 9 這九個數字的圈數多寡。命盤上各數字的圈數多寡，可以看出一個人主要的能量個性特質與天賦潛能，有時候一個數字就可以影響一個人的思考和行為表現。如果某個數字的圈數特別多，它可能比圈圈所連成的任何一條主線更具威力！特別多的數字圈數，是主宰整個命盤的主要能量來源，換句話說，這個主要數字牽動了其他主線可能造成的結果，並影響該命盤主人的人生發展與方向。

命盤數字圈數多寡的力量與意義

　　要瞭解數字圈數的意義與力道，請先熟悉各數字的基本意義。（請參考第 36 頁的數字基本意義與雙面性格圖表）

　　在學習我所整理的各數字延伸解釋與個性表現之後，如果希望能熟知這部分，最重要的是在生活中隨時隨處觀察身邊的人，並以學習到的各數字特性去瞭解他們，然後再整理出你的觀察所得，相信在透過數字識人方面，你會越來越得心應手。

　　我另外整理了「數字在命盤上的解釋」表（附錄二），表中除了正面

表現與負面表現外，另外也設計一個筆記空間，讓讀者也能將日常生活的觀察記錄一起下來。

各數字在命盤上的解釋

在不同的「靈數命盤」上會發現，有些數字有圈圈，有些數字則沒被圈選到。總體而言，每個數字都各自帶有特殊的意義，因此每個命盤上的數字是否被圈選及被圈選幾圈，都反應著每一個人的個性與人格特質的不同。事實上，**每一個「靈數命盤」都要以整體來解讀，不能只單看圈選數字和主副線而已。此外，命盤上沒被圈選到的數字，不代表沒有能量，反而是具有特殊的涵義和效能。**

對「靈數命盤」的深入解讀，還請讀者們回頭反覆閱讀前面幾章的討論，尤其是「畢氏三角能量圖」中各數字的顯性與隱性力量，你就會發現，每一個顯性數與隱性數在我們的「生命靈數」藍圖裡，各代表了特殊的意義，也反應出每一個人的內在性格特質。

● 「畢氏三角能量圖」VS.「生命靈數命盤」

你一定好奇，在「畢氏三角能量圖」中對於「顯性數字」與「隱性數字」所展現出來的「畢氏能量排列分析」數量，到底與「生命靈數命盤」上被圈選出來數字圈數有何差異？兩者所代表的意義又有何不同？

基本上，兩者的數字基本意義都是相同的，而且兩個圖形都是由同樣的出生年、月、日數字計算出來，所以兩個圖示所揭露的數字多寡，即便有數量上的差異也並不衝突；因為展示計算的方式不同，主要討論的功能目的和方向也不同。

「畢氏三角能量圖」主要放在我們的原生特質和心靈力量的探討，是

掌握各數能量串流與創造生命價值的「能量分解圖」，它將每一個人的「**顯性數字**」與「**隱性數字**」，如同細胞 DNA 一樣做好排序，並揭開它們彼此間如何共生共存的情況，**我們運用這份能量圖來認清自己生命的主要原生能量，從而開發自己的潛在能力。**「畢氏三角能量圖」所有的數字在分解每一個人所帶來的天生賦能，卻是潛在深處金庫的能量，只有你可以打開金庫進一步去改變這些能量寶藏。

　　而「**生命靈數命盤**」除了基本的出生年、月、日數字外，要再加入我們的生日數、星座代碼、天賦數字來共同完成人生坐標的定海神針，**它就像是一個人如何完成人生目標的「迷宮尋寶圖」（即你的人生命運藍圖），更像是我們的掌紋（涵蓋了工作、情感、財富、人際、健康等）**；當你攤開這份尋寶藍圖，上面早已清楚標註了明顯的堡壘大小（被圈選的數字多寡）與路徑（即命盤主線和副線），但你該如何跨越與成功走完尋寶道路，就在於你是否真正了解並善用你的堡壘功能，知道如何打通路徑的關卡。

● 命盤上數字圈數多寡的影響

數字 1 的圈數

　　數字 1 上面有圈的人，代表著你有足夠的能力靠自己解決事情，而且善於取得資源。你可以獨當一面，不害怕單槍匹馬勇往直前，行事上果斷有決斷力，大多數時候能很快釐清自己的想望並做出決策，就算有時候你會思考周詳而較晚做出決定，不過一旦決定後就會很快付諸行動。剛強的意志、強烈的自尊與榮譽感會伴隨你一生。

　　■ **當 1 數有 3 圈以上時**：顯示出你有強烈的企圖心，會想操控一切，適合作為團體中的領導者。個性非常地積極、果決，對別人和自己都有相當程度的要求。

■ **當 1 數只有 1 圈或沒有圈時**：顯示你該建立起自信心，別讓別人的決定左右了你的意志。會時常舉足不前、猶豫不決，容易患得患失而產生憂鬱感。

數字 2 的圈數

數字 2 有圈時，代表你能夠與他人和樂相處、共同完成工作。此外，這也顯示出你有相當的耐性，較能以體諒寬容的心態去對待別人。你愛家，也喜愛美麗的事物，個性非常浪漫。

■ **當 2 數有 3 圈以上時**：你的個性會過於敏感和情緒化，並且有過度依賴別人的傾向。你具備獨特說服他人的能力，並有超強的觀察力和高度的靈性。你相當熱衷各式各樣的細節和想法。

■ **當 2 數只有 1 圈或沒有圈時**：必須加強與他人合作的耐性與關係，別讓沮喪、軟弱與自閉阻撓你向外發展的機會。你得學習多多體諒他人的立場，對他人要表現出更多的熱情。

數字 3 的圈數

數字 3 有圈的人特別能以各種不同的藝術方式，如寫作、繪畫、演奏、表演等來表達自我的感受和情感。數字 3 同時代表樂觀正面和社交外向的特性，你喜歡和人群相處，有一股熱情與企圖心，希望自己能卓然出眾、鶴立雞群。

■ **當 3 數有 2 圈以上時**：你的個性非常積極，有時顯得過度樂觀。你具有藝術氣息，並特別有表達能力。自信心十足的你，強烈渴望受到大家的認同與歡迎。因為個性健談又善用詞藻，所以在某些人眼中你常被視為長袖善舞的社交高手。

■ **當 3 數只有 1 圈或沒有圈時**：要避免因為莫名潛在的自卑感，而產生過度膨脹自己表現的可能性。你會缺乏行動力和企圖心，容易有逃避社交活動的傾向，很容易流於放縱自己，躲進自己的小天地裡。你說話常讓人覺得詞不達意、不知所云，有種隔靴搔癢說不到核心與深層的意義。

數字 4 的圈數

命盤上數字 4 有圈，代表你有耐性去完成所有細目的工作。數字 4 揭露出你有能力去建造架構一個完備的組織和系統。有時候數字 4 的能量太強，會讓人覺得過於保守、一成不變。但如果適當發展數字 4 的能量，則是一個善於運用規則方法和講求步驟的人。

■ **當 4 數有 2 圈以上時**：你較為務實，善於以實際的方式處理生活中的大小問題。你相當重視細節，強烈希望與別人不同。這一類的人在機械方面、數理方面具備了相當邏輯清晰的思考，對於將各種性質完全不同的東西整理為一個系統很有一套。

■ **當 4 數只有 1 圈或沒有圈時**：在處理事情時，若不是太過散亂沒有特定目標，就是少了對事情採取彈性的開放做法。有時因過於嚴格、不易變通，很容易成為一個性情不穩又好批判的人。注意力較為渙散，因而缺乏完整的組織能力。

數字 5 的圈數

數字 5，是講求善用方法與自由的能量。命盤上有數字 5 的人，知道如何應對生活中突如其來的改變，很能適應各式各樣的處境。對生命中的各種現象相當有心得，並且能正面看待。

■ **當 5 數有 2 圈以上時**：即使在人群中，也強烈渴望保有自己的獨立與自由。這一類人不但充滿了好奇且善於改變，在文學、文字的天地裡也有一份特殊的天分，頗能悠遊並駕馭其中。另外，要特別自覺並提醒自己，避免沉溺於性事、酒精或具有麻醉效果的藥品中。

■ **當 5 數只有 1 圈或沒有圈時**：這顯示缺乏改變的慾望，也不喜歡和人做溝通，寧願自己消化想法。對於生活上的任何改變，有適應不良的情況。在處理問題時，特別容易從較為困難的方面著手，也因此給自己帶來不少困擾。

數字 6 的圈數

與 6 數有緊密連結的是「家」與「愛」，所有與家人、所愛的對象和家裡的事務等都包含在內。所以命盤中數字 6 有圈數的人，通常對家庭和家人都有強烈的責任感，這也表示有能力在需要改變的時候做出調整，以創造和諧融洽的氣氛。對所有的事物都比較能夠接受它原來的面貌，不會去做強迫式或刻意的改造，一切順其自然。

■ **當 6 數有 2 圈以上時**：對家人與家庭關係尤其重視。非常照顧周遭的人，喜歡協助別人解決問題，也好扛起責任。會盡力去討好和成全大局。在家庭中往往是最重要的影響者和決定者。不過，有時候你想掌控的太多，會成為一個標準的家庭獨裁者。

■ **當 6 數只有 1 圈或沒有圈時**：似乎對人和各種狀況容易缺乏正確的判斷。個性會較為憂柔寡斷，不知如何下承諾或是做決定。在家庭和愛情生活方面會面臨許多挑戰。

數字 7 的圈數

　　命盤上的數字 7 有圈時，代表有將事物拆開重新審視的能力，他看待事情絕不會只看一面，對另一面所隱含的意義也會追根究底。特別是對理論和技術方面有濃厚的研究興趣，他們還能看到多數人不易察覺的地方。

　　■ **當 7 數有 2 圈以上時**：一般來說，數字 7 有兩圈以上的人，對隱私與平和有著強烈的需要。你喜歡用極為公式化和分析的角度去剖析問題、吸取知識。對生活上的獨立性和未知，也以同樣邏輯概念去追求。

　　■ **當 7 數只有 1 圈或沒有圈時**：建議你多運用思考，發展更深一層的分析技巧，並且去挖掘事情真相。對於宗教與神學方面的事物，你可以多投以關注學習。小心盲從跟風、人云亦云或過度悲觀。

數字 8 的圈數

　　數字 8 掌管與物質、財務有關的事情，它也代表公義裁判、管理執行，集中精力於目標達成。對於如何運用權力很有一番見解，瞭解權勢地位的實際意義。

　　■ **當 8 數有 2 圈以上時**：你深諳如何技巧性地取得金錢與社會地位。特別是在運用財務來達到成功目的方面很有一套，具有超強的能力和第六感。你的心思通常相當的認真且嚴謹，很會組織架構事物，容易成為宗教或各政治黨派的狂熱份子。

　　■ **當 8 數只有 1 圈或沒有圈時**：較缺乏判斷能力，尤其對物質與財務方面的事一竅不通，也常常無法集中精神完成中長期的計畫。如果在個性上不是那麼開朗正面的話，會顯出一副病奄奄、非常沮喪的樣子。

數字 9 的圈數

命盤上數字 9 有圈者，通常懂得如何以寬廣的視野和心胸去面對環境，並且能與周遭的人相處融洽。你是一位願意成全大局，犧牲小我換取大眾利益的人。當然，也有能力去決定自己的命運方向！

■ **當 9 數有 2 圈以上時**：對於掌握自己命運，不但擁有十足的信心，也具備強烈的慾望。他人很難干預或主導你做決定，你才是自己的主人。對人類世界的各種事務相當關心，也期望能夠積極參予其中，貢獻一己之力。你充滿無比的勇氣和能量，擁有領導眾人的能力。

■ **當 9 只有 1 圈或沒有圈時**：這樣的人似乎缺少點同情心，較難設身處地為他人著想。在創造力上，也較為缺乏靈感與方向。必須避免脾氣過於暴躁，以及行事過於衝動，多關心和考慮他人的立場，敞開心胸來看待世事。

總體來說，瞭解數字個別的意義，回頭仔細檢視自己命盤上的圈數分布圖。

在這些數字的圈圈當中，你看到了什麼、想到了什麼？是不是覺得自己在個性上，原來一直困惑不已的部分、終於得到了答案？或者，你也意外發現，原來自己擁有如此強大的天賦和潛能而不自知！

「靈數命盤」是你解開身世之謎的起點，我們的生命有這麼多值得去發掘探索的部分，想有個精采絕妙的一生，就從瞭解自己的命盤開始。

再提醒，當你命盤上的數字越缺乏的、越少的，代表著越有無限的空間去大量的努力開發，並且證明我們到底有多少的耐力和能量，以及可以到達的極限。要感謝我們天生的缺點和短處，是它使我們有機會享受學習進步的空間和過程啊！

從命盤瞭解你的身心靈層次

　　「生命靈術學」是一門研究數字特性的統計科學，在經過長期的觀察與驗證，這門學問主張：「不同的數字擁有不同的能量特質和個性，同時也具備能量迥異的振動影響力。」

　　一般將數字分成「陰」、「陽」兩種，其中「陰性數」，也就是我們習慣稱的「偶數」，如 2、4、6、8。而「陽性數」，就是我們所稱的「奇數」，如 1、3、5、7、9。

　　在「希臘占數學」的意義中，數字 1 ～ 9 被分成四大氣質數字屬性：分別是**身體的、情緒的、智慧的、靈性的**，每個數字的代表意義則同時包含了「正面」及「負面」的能量。關於這四大屬性後面有詳細說明。

　　這裡我先簡單舉例，如果某人 1998 年 11 月 23 日出生，那麼從生日中（23 日；2 ＋ 3 ＝ 5 生日數）可以得知，他是屬於比較感性且大多靠情緒來判斷事物的人。

　　總括來說，其出生年、月、日的數字（1998.11.23）中：有四個「智慧」數（數字 1、8），二個「靈性」數（數字 9），和二個「情緒」數（數字 2、3）。由此我們可以大略知道，這個人屬於比較智性、理性的人，而他可以依此判斷來面對自己的人生。

　　看看你的出生年、月、日哪些數字出現最多，就表示你比較偏向哪一方面的感知；反之，你缺乏哪些數字，也可以透過學習來補強這方面的不足。簡單說，學習如何平衡個性能量，可以協助你達到較圓滿的身心靈狀態。

　　至於在「生命靈術學」中所談及的，關於一個人的「命運數字」與「天賦數字」，則類似「占星學」中所提及的「太陽星座」與「月亮星座」等等，前面已有詳細剖析，讀者可以往前再回顧。

特 別 提 醒

判斷一個人的性格特質和個性，也就是「別人眼中的你」，其實最簡單又最重要的參考來源就是「生日數字」，而生日數字就像是星座中我們談到的上升星座。

以內文提到的案例，某人 1998 年 11 月 23 日出生：

———生日數是：5（2 + 3 = 5）

———那麼 5 就如同「上升星座」的解釋意義

———2 和 3 就代表著「上升星座」的組成因素

　　我們從數字的個別意義到命盤的圈數解讀，快速掌握了每個人天生所具備的各種能量、天賦與如何發展潛能；而我們所擁有的生日數字，也揭露了我們是屬於哪一種屬性的人。

　　從這些數字中還可以發現，它們各自代表了「**身體**」、「**情緒**」、「**心智**」和「**直覺**」的氣質屬性；比如，代表靈性屬性的數字圈數越多，表示在直覺能力及傾向就越強。接下來，我將依序解說這四種氣質屬性的數字能量。

四大氣質數字屬性表

代表的氣質屬性	主要數字	能力與能量
「身體」屬性	4、5	對於身體、感官層面的知覺（像是味覺、視覺、嗅覺、聽覺、觸覺）特別具能量的數字。
「情緒」屬性	2、3、6	對於體察情緒反應，或不同層次的心理感受等，特別具有能量的數字。
「心智」屬性	1、8	對於思想、智慧與智商等方面，特別具有能量的數字。
「直覺」屬性	7、9	對「自我對話」或「別人的心靈相通」，特別具有能量的數字。

● **身體的反應層次（數字 4 和 5）**

　　所謂身體的層次，是指外觀、身體、動物性的直覺等方面，基本上，它是要被看得到、觸摸得到的。通常，身體層次的程度非常強烈時，顯示了你在情緒、感覺、想像力等方面反而會比較弱。

　　一般而言，屬於身體層次這方面討論的事情，都得先被證明出來，然後才會被相信；換句話說，只有那些真實的物體、可以被觸摸到的，可以吸引你身體反應的，這些才算真真實實地存在。這也解釋了為什麼身體層次程度強烈的人，在生命中的表現比較偏向保守、警覺性較高。

　　當你這方面的程度高於其它層次時，它會提供你相當多的精力，讓你可以忍受非常困難的境遇。此外，你擁有非常堅強且務實的天性。對於生命來說，你是一個保守又苦幹實幹的耕耘者。

● 情緒的反應層次（數字 2、3 和 6）

所謂情緒性的層次，是回應了我們內心的感覺，它主要是和想像力、靈感、熱情、創意的思維有關。

當你的情緒層次高於其它層次部分時，它顯示出你擁有很強烈的情緒，豐富的同情心，對生命是抱著無限熱情與正面的態度。這是一個十分溫暖、具有愛意的天性。而這個層次的強弱度，還顯示出你在藝術方面是否具備了十足的潛力。

● 心智的反應層次（數字 1 和 8）

所謂心智的層次，它主要表現在心思、智慧方面；著重在合理性、邏輯性的解釋。意志力和決斷力也反應了心智層次的狀況，它同時代表著擁有能力去收集所有的事實。換句話說，凡是那些可以被你用智慧證明、挑戰、分析、研究的事情，對你就具有相當特別的意義和重要性。

當你的心智層次很強烈的時候，你會具備尋找和剖析細微事情的能力。同時，你也會擁有強大的意志力和決斷力，去推動所有困難複雜的事情，一直到得出結論為止。在心智層次這方面，所有的「理由」和「原因」是生活目標的起源，它同時操控了所有情緒的好壞變化。

● 直覺性的反應層次（數字 7 和 9）

所謂直覺性的層次，主要是反映我們的心靈以及形而上、抽象的感知。通常，它代表揭露一些啟示，一些超乎時空、宇宙的想法。它高過合理性、邏輯性的思維，也高過我們的感覺和想像力。

所有的事情發生在這個層次裡面，主要是靠著直覺、天賦異稟的智慧

及深刻的冥想組合而成。當你這方面的程度很強烈的時候，它會提供你一個很寬廣的心靈認知，並且有能力去瞭解、洞見一些凡人所看不到的事情。此外，你也很有機會在這個層次中完成一些偉大的成就。

● 關於你的氣質與性情

你是否擁有人人稱羨，且無往不利的良好性情呢？

我們從許多成功的人身上看到，他們大部分都擁有平衡良好的性情和氣質。換句話說，你天生的性情和氣質，多少可以看出你是否能在感情、事業、家庭和工作上，成為一位出色的佼佼者。

擁有平衡的身心靈狀態，才是成就健康及一切大事的最佳保證。那麼，平衡的性情氣質到底意謂著什麼呢？在各種變化的環境中自我控制，在神智與情緒方面穩定成熟，這兩樣是我們在激烈競爭的社會下最需要的特質，也是最珍貴的資產。

基本上，我們的性情氣質整合起來，可以分為四大項：即前面所提到的「身體」、「情緒」、「心智」與「直覺」四種屬性。這四種特性與表達層次的強烈程度組合，形成了我們成為**「偏向哪一種反應層次」**以及是**「何種個性氣質的人」**？由這四種特質與表達層次的強烈程度之結合，就形成了我們本身的性情氣質、對他人的反應、對環境的認知、個人性向的偏好等等。

我們從生日數瞭解個人天生的個性特質，不論是優點或缺點，都可以靠後天的環境和教育多做訓練和補強。同樣的，我們與生俱來的氣質和性情，也可以在我們後天的努力下獲得平衡。

從命盤看你各反應層次的強度

你想知道自己到底是比較偏向哪一層次的人嗎？換句話說，你認為自己是情緒多於理智，或是以邏輯理性判斷事情呢？又或是讓天生的直覺決定你的言行舉止，一切跟著感覺走呢？

這些問題的原始答案，都可以從我們「靈數命盤」上看得一清二楚。命盤上所圈選出的數字，以及數字圈數多少的組成和連線搭配，完全顯示了這四大反應層次的強弱程度。

簡言之，數字 1 到 9 除了各自代表的意義和振動力以外，同時也反應了身體、心智、情緒、直覺的特性，這是意識的四個層次，我們又稱為「反應層次」，在與數字搭配後共分成四大部分：

● 「**身體**」的反應層次（**數字 4、5**）：代表我們的身體部分。

● 「**情緒**」的反應層次（**數字 2、3、6**）：代表我們的情緒部分。

● 「**心智**」的反應層次（**數字 1、8**）：代表我們的心智部分。

● 「**直覺**」的反應層次（**數字 7、9**）：代表我們的直覺反應，即心靈與內在認知。

接下來，我將簡單說明何為四大反應層次。

數字 4 和 5——代表「身體」反應的程度

數字 4 代表一個建設者，一個工作者。對身體的外觀和形態有很好的認知。相當重視經濟結果，而且非常的務實。

數字 5 代表對生命與許多事情感到好奇。對金錢物質有興趣，想從中獲得安全感。沒有那麼務實。

數字 2、3 和 6——代表「情緒」反應的程度

這三個數字都代表一個人的內心部分，他們所有的感覺、想像力和敏感度都會回應在情緒上，並以此直接指揮所有的事物。

　　其中 2 數的直覺、敏銳與同理，容易過度進入他人情緒和善感。3 數對於華麗活潑的外在環境變化，容易產生亢奮情緒。6 數在意外表形象，所以壓抑的情感更為激烈。

數字 1 和 8──代表「心智」反應的程度

　　數字 1 代表堅強的意志、決斷力以及想像力，所有的基礎都是建立在心智方面的事實根據。

　　數字 8 代表心智的力量、邏輯性的推論、講求速度效果，並且控制實際與情緒方面的表現。數字 8 由依據和理性來統領一切。

數字 7 和 9──代表「直覺」反應的程度

　　數字 7 涉及分析與技巧的事實，並對隱而未現、難以明瞭的事做深入的研究探索，同時會運用內在的指引達到目標。

　　數字 9 不受理性的依據和情緒的影響，它是受到更高於簡單情緒的境界統領（比如宇宙萬物的神祕力量）；它理想化又抽象，相當敏感並具有幻想力，容易受到外界的影響和感動。

《身體層次的反應圖》　　　　　《情緒層次的反應圖》

《智能層次的反應圖》　　　　《直覺層次的反應圖》

你內心世界的祕密

　　從四大層次的表現程度研究一個人，對我來說就像是閱讀一個人的自傳，其中充滿了高潮迭起，讓人欲罷不能呀！從中我們看到一個人顯露於外的體魄，他的內心波動、他的思維起伏、他的感受和他的想像，就像是千片分散的精緻拼圖，又被重新排列組合起來！

● 你知道自己擁有什麼力量嗎？

　　生命是無限美好的經驗，任何人都有其獨有的個性特質，絕對無法複製再版，而每一個人擁有的不同程度的能量、勇氣、才華與能力，都是決定通往成功幸福道路最好的指標。

　　即使我們無法在某一個反應層次中找到足夠的能力和天分，也不代表

我們在另一個層次中缺乏這些改變組合的能量。不論是誰，我們都能發現那一片潛在力量的大海，只要深入探勘挖掘，就會有驚人的寶藏源源不斷地冒出來。

　　從四大反應層次的程度中，可以讓我們瞭解一個人最佳的「**個性指標**」！最重要的是，這些反應層次的強弱程度，是無法只看「幾個圈圈」來清楚計算它們個別代表多少能量。所以，**各種屬性的層次程度是一種「比較級」的概念**，可以形容哪一個層次的程度強（高）一點，哪一個層次的程度弱（低）一點。但最終每個人「靈數命盤」所呈現的生活與人生結果，仍須透過各反應層次相互推動與學習，而後才能看見其影響。

　　從我個人多年實際研究的案例來看，**缺乏某些數字，不表示我們就沒有那些數字的能量，而是代表著那兒有一塊未開發的處女地。無論如何，我們都可以透過生活學習去加以開發改造它！**

　　接下來，我將說明各數字屬性的層次反應強弱度所代表的意義。

● 身體反應的程度（數字 4 和 5 的圈數）

當命盤的身體指數很低時

　　這意謂著在身體方面較缺乏可靠的特質，或者說，對身體方面缺乏危機意識與價值觀。若是長時間得忍受或需要使用肉體方面的勞動，很容易引起身體方面的問題。

　　如果完全沒有數字 4 和 5 這兩個身體數字，顯示這個人所有的能量並非由此產生的。你若發現有一些人拒絕或避開勞力方面的工作，那麼他們的原始命盤上的數字 4 和 5 大多就沒有被圈選到。

　　你要慢慢地培養建立身體的價值觀，如此，其它方面的天賦才會逐漸發展起來，並得到更多的自我滿足與成功的機會。

當命盤的身體指數很高時

這顯示了肉體上擁有強大的忍耐度和持續力，可以承受相當困難的狀況，但也因此，他在肉體方面容易招致病痛。這一類的人相當警覺，且想法強烈正面，對實際的物質要求得很多，能從中獲得滿足。他有能力維護系統和次序的完整性，也往往能夠相當專注。

如果身體數字的總數量超過其它屬性的數字，這表示具有更多的靈感，只是較缺乏耐性及專注力。不過，他始終是一個勇於追求生命中實際物質和地位的人，絕不會是只做白日夢而已！

● 情緒反應的程度（數字 2、3 和 6 圈數）

當命盤的情緒指數很低時

這會影響一個人在表達情感方面的能力，或者此人根本不太重視個人情感的表現；就好像一個人可以不斷地提供家人物質上的需要，卻不曾表達其內心對家人的愛意一樣。

如果情緒數字比其它的數字要多，那麼此人的心思與情感會受邏輯性與合理化所控制。情緒數字主要是提供一個快樂的意向，對美的愛好，具悲天憫人的天性與藝術感覺和天賦。

當命盤的情緒指數很高時

這種情況顯示出這個人可能會浪費過多的精神，缺乏自我方向，有太多的想像力和過度興奮的狀態。如果他的情緒能被正確當成一種天分去運用和訓練，將會轉化為美與溫暖的力量，能幫助安撫所有人的心靈！

● 心智反應的程度（數字 1 和 8 的圈數）

當命盤的智能指數很低時

這並不代表此人毫無腦袋哦！其實，有許多相當出色的人，在他們的命盤上都沒有智能數字，這狀況說明了，就算此人擁有極高的智商，但他卻不是「智能型的人」，這一類人通常不太問原因也不問為什麼！

就好像有些人一向不去解釋，為什麼會做一些事情去造成別人的傷害，但事實上他的內心是存著一份想幫助別人的善意。這一類的人如果沒有心智數字，通常在情緒反應的指數上會顯得特別的高。

當命盤的智能指數字很高時

這提供了一個相當具有說服力的能量，以及堅強的意志力、決斷力與執行力。然而，在面對一個擁有如此強悍振動的數字時，一切都必須以事實為行動的根據，絕不是空穴來風和異想天開就可以進行任何活動。換句話說，有根據才能掌控一切，它同時控制了愛與敏感的天性。

心智屬性的數字 1 和 8，一般會將事情的結果推向邏輯化與合理化。如果心智數字太多，會擁有相當倔強、頑固與任性的個性特質。此外，他必須隨時注意身體方面的健康問題。

● 直覺反應的程度（數字 7 和 9 的圈數）

當命盤的直覺指數很低時

每一個命盤上，至少都會有一個直覺屬性的數字（除了西元 2000 年後出生的人，可能會出現沒有任何直覺屬性數字的例子），為了生活更具有智慧，大家或多或少都需要這個「對天感應」的數字振動，以提供生活的引導方向與保護。

　　如果一個人的直覺數字很少時，顯示出他的個性容易失去平衡，行事反覆無常或常會感到困惑。

當命盤的直覺指數很高時

　　當直覺數字與其它數字平均時，表示我們不會過度感情用事，有能力用感情去深入瞭解人性。直覺屬性數字的振動力，會帶領我們體驗到對生命之愛，賦予我們在面臨大災難時心靈的穩定感。

　　當我們擁有過多的直覺屬性數字時，它會產生心靈方面的敏銳度，這個人將擁有相當高的戲劇性天賦，比如文學、宗教、預言、發明這方面，他會有別於一般人的思考與表演方式。但要特別注意身體方面的疾病。

四大氣質反應層次命盤解說

　　我們所擁有的各種能力，比如思考、工作、戀愛等，都不是只屬於一種反應層次而已，有些人之所以給別人某種強烈的印象，如：「好情緒化唷！」、「太酷了吧！」、「簡直不通人情！」、「嚴肅極了！」等等形容，無非是因為我們生活在某一種特定的思維模式或生活態度下，很難有人在各種表達反應上一模一樣。

　　也因為每個人的表現不同，才顯現出特殊的個性特質。有些人在私人感情上一路長紅，卻在工作職場上一敗塗地。或有些人在投機取巧時特別機伶，但要他做點正事就一竅不通……這些不同的反應，正說明了人類無論在思考和行為表現上，都受控於各種反應層次上的不同而有差異，瞧瞧那些容易造成衝動的惡棍，與異常冷靜的智慧型罪犯差別在哪裡，就明白我的意思了。

　　再來，我們一起看看幾個例子，瞭解幾個四大屬性反應層次程度上的不同，以及對人的影響到底有多大！

【範例 1】

身體屬性數字（4、5）——共有三個（數字 4 有一圈，數字 5 有二圈）

情緒屬性數字（2、3、6）——共有五個（數字 2 有三圈，數字 3 有二圈）

心智屬性數字（1、8）——共有一個（數字 1 有一圈）

直覺屬性數字（7、9）——共有三個（數字 9 有三圈）

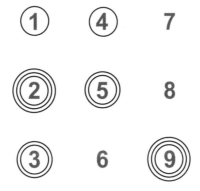

案例解說

　　這是一位著名畫家的命盤，其中心智指數最低，相反地，在情緒指數上就特別高。這名畫家的創作動力大部分都是透過天生的敏銳觀察，以及直覺與情緒的直接反應而產生。

【範例 2】

身體屬性數字（4、5）——共有三個（數字 5 有三圈）

情緒屬性數字（2、3、6）——共有四個（數字 2 有二圈，數字 3 有二圈）

心智屬性數字（1、8）——共有一個（數字1有一圈）

直覺屬性數字（7、9）——共有四個（數字7有二圈，數字9有二圈）

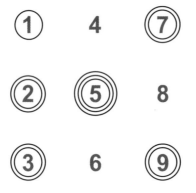

案例解說

　　這是一位傑出的舞台演員的命盤，其中以情緒與直覺的指數最高，而最低的是智能指數。命盤顯示出這名舞台演員，大多用感覺、特殊的心靈方式和具有韌度的肢體與人溝通，個性上不太問原因為何！

【範例3】

身體屬性數字（4、5）——共有五個（數字4有四圈，數字5有一圈）

情緒屬性數字（2、3、6）——共有一個（數字2有一圈）

心智屬性數字（1、8）——共有二個（數字1有二圈）

直覺屬性數字（7、9）——共有三個（數字7有1圈，數字9有二圈）

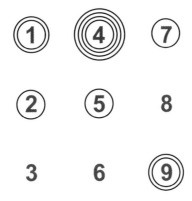

案例解說

　　這是一名相當狡黠的經濟罪犯的命盤，由各反應指數的程度看出，此人的思考邏輯與行為表現，主要是受到身體數字的影響，而非情緒與智能方面的掌控。他具有直覺以及對人性的瞭解雙重天分，再加上超級的專注力，因而得以其冷靜縝密的計畫，在法律邊緣遊走多年。

【範例 4】

　　身體屬性數字（4、5）──共有 0 個

　　情緒屬性數字（2、3、6）──共有六個（數字 2 有三圈，數字 6 有三圈）

　　心智屬性數字（1、8）──共有四個（數字 1 有三圈，數字 8 有一圈）

　　直覺屬性數字（7、9）──共有四個（數字 7 有一圈，數字 9 有三圈）

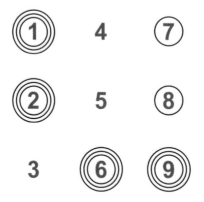

案例解說

　　這是一位相當有自信的上班族人士，他天性開朗樂觀，對生命永遠充滿希望，而且時常以實際行動幫助和照料他人。最重要的是，他知道自己的生活目標，努力工作，懂得藉由培養藝術方面的興趣來平衡身心的壓力。比較不在意物質生活的追求，樂於探尋心靈方面的滋長。他是一位快樂的上班族，也是一位充滿理想的生活家。

【範例 5】

　　身體屬性數字（4、5）──共有四個（數字 4 有三圈，數字 5 有一圈）

　　情緒屬性數字（2、3、6）──共有四個（數字 2 有二圈，數字 6 有二圈）

　　心智屬性數字（1、8）──共有四個（數字 1 有三圈，數字 8 有一圈）

　　直覺屬性數字（7、9）──共有一個（數字 9 有一圈）

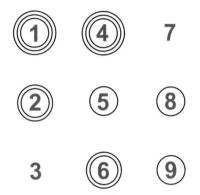

案例解說

　　這是一名位高權重的政治家的命盤，如此平衡的反應程度，顯示此人在處理事情與待人接物上四平八穩，又能順利完成其政治的目地。總的來說，此人是一位難得裡外合一、言行一致的政治家。因為具有優良的政治特性，所以在政界較能如魚得水。

【範例6】

　　身體屬性數字（4、5）──共有一個（數字5有一圈）

　　情緒屬性數字（2、3、6）──共有 八 個（數字2有四圈，數字3有二圈，數字6有二圈）

　　心智屬性數字（1、8）──共有二個（數字1有二圈）

　　直覺屬性數字（7、9）──共有二個（數字9有二圈）

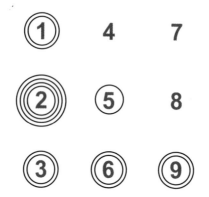

案例解說

　　這是一位才華洋溢的音樂家命盤，從中能明顯看出，他在情緒指數最高，其他的反應程度都偏低。可以這麼說，這位音樂家是以豐富的情感和高超的想像力，來詮釋他的音樂，以此傳達人生美好的一面。他同時擁有極高的能量，會透過音樂去安撫人心、治療他人的憂傷，能給予極大的溫暖。

　　總結來說，不論我們天生擁有哪些屬性特質，一個人的生活成功與否，最重要的仍是平均發展我們天賦潛力，並適當地修正與改進我們先天的個性缺失。

　　因此，深入學習、解讀命盤四大反應層次的強度與彼此之間產生的互動能量，是最快速瞭解自己的方法，也就是說，一個人的四大屬性反應層次的程度發展得越平衡，成功幸福的機會比率就越高。

CHAPTER

你的靈數命盤
連線意義

　　我們的命盤上數字 1～9 各自代表不同的特性、能量和頻率，那些被圈選的數字，只能解釋我們每一個人天生所擁有的「顯性」特質，然而在認識了沒有被圈選的數字，知道它的「隱性」的特質後，再來只要用對方法，不只顯性數字，包括「隱性」數字的潛在能量和能力也都能發揮出來。

　　你一定注意到了，從不一樣的命盤上會看到許多不一樣的連線組合，這些代表著我們個人的精力能量、感情能量等等；其中，有長的連線（如 1－2－3 連線、1－4－7 連線、4－5－6 連線等），我們稱之為「**主線**」。另外，較短的連線（如 2－4 連線、2－6 連線、4－8 連線和 6－8 連線），我們稱之為「**副線**」。

　　命盤上這些連線，就好像我們手掌上的紋路一樣，有生命線、感情線、事業線等等，它們各自代表著每一個人不同的過去、現在和未來。不過，

在占數學的研究結果，又比手紋更為詳細、更加精確。

各主線所代表的能量和意義

● 當你有 1 － 2 － 3 體能主線時（又稱藝術線）

　　我們從這條 1 － 2 － 3 主線看出**「體能的力量」**在你我的生命中所扮演的角色，它反應一個人的身體知覺意識。當你擁有這條主線，每個數字都被圈上，而且圈數相較特別多時，表示你擁有一個知覺相當強的身體。若 1 － 2 － 3 主線沒有連線時，就表示你對身體的知覺意識並不是太在意。

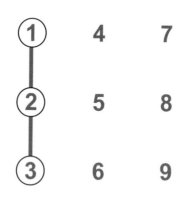

體能主線（藝術線）

【特別提醒】

　　當 1 － 2 － 3 有連線時，代表了你很在意自己的身體是否健康，也很注意身體功能方面是否健全。

　　我們又稱 1 － 2 － 3 連線為「藝術線」，數字 1 本身強調開創性的能量，數字 2 代表了下意識的直覺，數字 3 具有表演行動的溝通力。所以，從這

三個數字的連線看來，就算你不是從事藝術方面的工作，最好在生活中也要培養一兩樣與藝術方面有關的興趣，比如欣賞繪圖、聆賞音樂、製陶雕塑等，這些都能為你的精神帶來平衡與喜悅。

● 當你有 4 － 5 － 6 知能主線時（又稱組織線）

這條 4 － 5 － 6 主線代表了個人在**知性、智力的能量發展**。也就是說，當你擁有此線，且線上數字的圈數特別多時，表示你很重視運用理性和智能處理事情。但如果沒有這條主線或是線上的圈數極少時，則代表你在行事作風上比較少運用知性的能量，大部分是以直覺和感覺來判斷並決定事情。

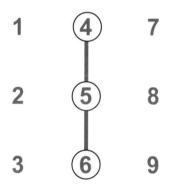

知能主線 （組織線）

【特別提醒】

當 4 － 5 － 6 有連線時，表示我們理性和知覺的智能部分較強。從具有邏輯性思維或直覺感應的數字 4，連到善於運用各種感官的數字 5，以及對較為抽象的想像力、務實理論與創造意念更為高超的智能數字 6，三

者合成一氣。

　　讓擁有 4 － 5 － 6 這條主線的人，對大小事物都要求完美，排位也要井然有序。可以說，一切都講究規矩、次序和道理。擁有此線的人，給人一種安全感，不過有時會顯得缺乏生活的幽默和彈性。但仍非常適合做為一個團體中最佳的召集人選。

● 當你有 7 － 8 － 9 心靈主線時（又稱貴人線）

　　當你擁有這條 7 － 8 － 9 主線時，表達了相當強烈的心靈世界；從對物質的境界數字 7，經過非意識形態轉換權勢的力量數字 8，到達創造內在心靈認知潛能的數字 9。也就是說，這條線主要是強調個人在自我鍛鍊與對宿命的認知（這和無意識心智有關），以及對於內在的天分有所注意。它反應了個人所關心的事物，乃透過無意識心智的程度有多強，不過此人對身體或智能方面比較不那麼注意。

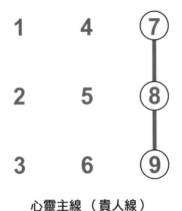

心靈主線（貴人線）

【特別提醒】

　　擁有 7 － 8 － 9 主線的人，往往比一般的人來得好運。如果能夠配合 8 數的商業眼光，善於運用時機和當下運氣，並且能全力以赴，很容易成為大亨級的人物。不過，因為常受到他人的協助，所以可能很容易掉以輕心，有好逸惡勞和過度依賴的傾向。

　　若擁有此線，表示此人相當重視心靈狀態的發展和精神生活的內容。所以，盡量多與人接觸，從事和大自然有關的服務性工作，比如環保、綠化等，不但能充實心靈，還可能從中有意外獲利呢！

● 當你有 1 － 4 － 7 物質主線時（又稱運動線）

　　自我認定的數字 1，結合邏輯性思考的數字 4，再與設定極限的數字 7 連成 1 － 4 － 7 主線時，會強烈地察覺到物質世界的現實面。這一類的人對於自我的身分認定相當要求；比如，他們清楚知道自己是誰，知道我們生活的現實世界就像它所呈現出的樣子，也知道物質世界可以發展延伸到多遠的地步。如果沒有這一條線，通常對物質世界沒什麼留戀。

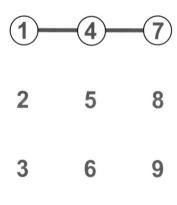

物質主線（運動線）

【特別提醒】

當命盤上有 1－4－7 連線時,表達了一種對物質世界的追求和渴望。這類人對於運動健身方面特別感興趣,他們若非自己酷愛運動,就是相當關心運動方面的消息。此外,對身體接觸的性生活也相當能夠享受。而此連線的人,對自己在團體和社會的地位要求非常明確,也就是「不在其位,不謀其利」,絕少會做出超過能力和本份的事。

整體來說,擁有 1－4－7 主線的人都比較務實,對金錢物質較為重視,所以必須小心成為金錢的奴隸。社會地位的認可,對他們來說是一種身分的表徵,可以滿足心理上的需要和安全感。

● 當你有 2－5－8 情緒主線時（又稱感情線）

從有身體意識的知覺數字 2,與具有感官智能的數字 5,以及可以轉換無意識能量的數字 8,串連成 2－5－8 主線,表示相當在乎個人的生活情緒,以及如何回應情緒的各種方式。如果在此線上的圈數特別多,便顯示此人一切都以情緒來主導生活的方向和決定,而且常常會在表達情感時失去控制。至於無 2－5－8 此線的人,比較會壓抑自己的感覺。

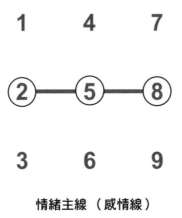

情緒主線 （感情線）

【特別提醒】

　　擁有 2－5－8 此線的人，比較容易反應出內心的感覺，所以在表達上比較活潑外向，與他人的交流溝通自然直接。但是，有時因為對事情的反應有太多情緒，說了過多而有口不擇言的情況發生，很容易不知不覺地傷害人而不自覺。

　　另外，此線表現出極佳的表演天分，在演說、繪畫、書寫、歌唱、舞蹈等方面，都有相當好的發揮。如果能夠隨時注意控制自己的情緒，在人際關係上可以得到更多的協助。

● 當你有 3－6－9 創意主線時（又稱空想線）

　　從個人行動創意的數字 3、智能創意的數字 6 與心靈創意的數字 9，串連而成一條 3－6－9 主線，顯示了在某方面強而有力的創造能量，但並不保證一定有超高的創意表現和對創意的認識瞭解。一切還是要靠實際地行動，才會有創意的成果，要不就會變成不實際的空想。

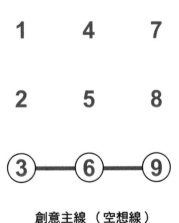

創意主線 （空想線）

【特別提醒】

　　擁有 3 － 6 － 9 此線的人，相當聰慧且時常陷於思考的情境當中，好像是個天生的夢想專家，腦子裡總會冒出一堆又一堆的夢幻符號。這一類的人很容易東想西想，為自己製造各種生活上的假設立場，別人也許覺得那是庸人自擾，但他卻自我陶醉、感到滿足。

　　因為這類人太重想像的發揮，常會忽略了實際的需要，往往想得多做得少，甚至也不太在意身體與情緒方面的照顧。如果能學習集中精力，每個階段認真完成做一件事情就好，其成就便能大於其他人了。擁有此線的人，務實執行夢想後，比較容易成為大富豪。

● 當你有 1 － 5 － 9 溝通主線時（又稱事業線）

　　從個人力量的數字 1，五種感官意識的數字 5，到心靈創意的數字 9，一線串連為 1 － 5 － 9 主線，顯示出在溝通方面的能量。個人的溝通能力是否良好有效，全視此線的能量有多少。如果此線上的圈數很多，代表此人在各種方式的溝通上，有極大的能力且具有影響力。從另一個角度看，一個不善與人溝通的人，其實也不善與自我溝通。

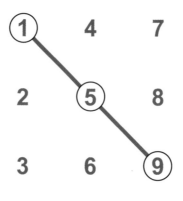

溝通主線（事業線）

【特別提醒】

　　這條斜切的主線 1 － 5 － 9 是穿越了物質、心智和創造三種層次，以及身體、智能與心靈三個世界。所以是所有主線中，主宰身心平衡的重心。命盤中有此線的人對於生命充滿熱情，對各種不同的工作具有應對的挑戰能力，並且有濃烈的興趣。此線圈數過多的人，極有成為工作狂熱的傾向，要特別小心身體功能的失調，最好要多培養休閒娛樂的嗜好。

● 當你有 3 － 5 － 7 成效主線時（又稱影響線）

　　由身體行動的創意數字 3，感官意識的數字 5，與設定限制的數字 7 一氣呵成為主線 3 － 5 － 7，顯示出個人管理上的能量。如果 3 － 5 － 7 線上有許多的圈數，代表此人不但在自我管理與自我訓練上，比他人擁有更多的能力，而且作風較為強悍，無論要付出多少血汗，都會設法達成目標，求取所要的東西。

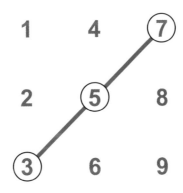

成效主線 （又稱影響線）

【特別提醒】

擁有 3 － 5 － 7 此線的人，很容易以各種方法去說服別人，以獲得認同。因為本身就具有得天獨厚的表演天分，所以無論是私生活也好，或是與他人相處也好，很會創造出一種生動又具有戲劇性的情境。

3 － 5 － 7 這一條主線，非常適合從事流行的、表演的、行銷方面的工作；在一切與人有直接互動接觸的行業，都會有十分傑出的表現。雖然表演的目的總是為了獲得掌聲，不過，如果活在別人的掌聲中太久，會容易迷失自我初衷，不知道未來的明確方向為何。所以，隨時停下腳步，獨自靜心思考是必要的。如果平衡得好，在從事任何的計畫上，可以事半功倍、極有成效。

各副線所代表的能量和意義

● 當你有 2 － 4 連線時（又稱靈巧線）

具有邏輯思維的數字 4，與身體知覺與情緒感覺的數字 2，兩者相互產生連接交疊的影響，會產生一個相當機伶敏銳的頭腦。一般來說，2 － 4 這條連線就像精靈般變化多端的心思，和懶於改變的保守行為糾結在一塊兒。但因為太聰明，所以特別喜歡鑽漏洞和掌控。

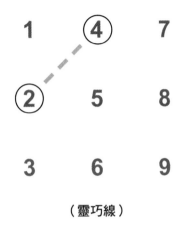

（靈巧線）

【特別提醒】

　　擁有 2 － 4 此線的人，基本上在處理事情的態度和方法上，有著一種令人著迷的特質，好像什麼事情一到了他的手中，都可以不費吹灰之力地輕鬆把玩。如果此人能多一些耐性，將心思花在成就大事上，並勇於接受挑戰、做改變，在財務上將會有不錯的收獲，不但利己也能利人。

● 當你有 2 － 6 連線時（又稱和平線）

　　當智能創意的數字 6 和情緒感覺的數字 2 相連時，它會組成一個富有愛心又極度敏感的性格。一般來說，這是非常溫暖寬厚的連結，但有時因為自覺付出過多而獲得太少，心理無法獲得平衡，內心很容易受到傷害。

（和平線）

【特別提醒】

　　擁有 2 － 6 此線的人，有種令人想要親近的特質，很容易與人打成一片。無論對誰都會平等視之，講求公平，又喜歡主動伸出援手，協助他人，所以一旦受到不公平或被欺騙的待遇，內心會比其他的人更易感到沮喪。基本上，這是一個絕對要求和諧、平等對待的人。

● 當你有 4 － 8 連線時（又稱穩定線）

　　當務實邏輯的數字 4，與開發能量的數字 8 結合在一起，有一種比較紮實的穩定作用。而數字 8 轉換各種無意識的能量特別地強大，是相當堅忍又有持續力的號碼。

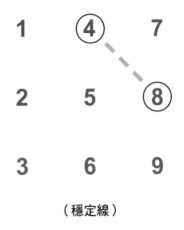

（穩定線）

【特別提醒】

　　擁有 4 － 8 此線的人，是位值得信賴的朋友。因性情趨向保守穩定，需要全力以赴，一點一滴的累積耕耘，自然能大有收穫。而且這條主線還提醒著，一定得秉持「誠信」的態度處事，千萬不可玩弄詭計。當外在環境有所變化時，很容易引起內心的不安。

● 當你有 6 － 8 連線時（又稱誠懇線）

　　一個屬於愛的數字 6，與一個屬於誠實的數字 8 連在一塊兒，可想而知這個人在人際關係上追求奉獻和保護他人的強烈特質，命盤上擁有這條線的人，相當在乎他人的感受。

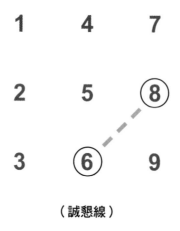

（誠懇線）

【特別提醒】

擁有 6－8 此線的人，有時因為過度在意對方，常常委屈求全，或者壓抑感受，容易造成內心極大的壓力和神經緊繃。又因為不願說出內心真實的感受，所以時常招致他人的誤解。在精神層次與實際生活上，擁有這條線的人是一個正直可靠的最佳夥伴。

命盤連線與數字圈數的加乘效果

許多人的命盤看起來雷同，但是仔細一看還真是不一樣。比如說，同樣有 1－2－3 體能連線的命盤，但是在數字 1、2、3 上面的圈數就有多寡的不同。所以在解盤的時候，雖然說兩個命盤上頭都有 1－2－3 體能連線，但是程度和層次卻有不同的詮釋。以下，我們來簡單解說幾個案例：

● 1－2－3 體能主線

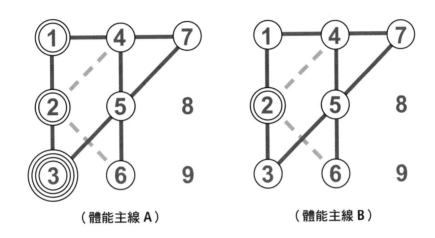

（體能主線 A）　　　　　　　（體能主線 B）

　　圖（體能主線 A）中的三條主線，其中以 1－2－3 最強，尤其是數字 3 的圈數最多，這說明了大部分的能量是由這一個代表身體創意的數字 3 啟動。這個人適合在表演與行動上有特殊的展現。數字 1 和 2 的圈數相同，可以獲得不錯的內在和諧度。另外，陽性數字圈數（1、3、5、7、9）總和超過陰性數字（2、4、6、8）圈數甚多，是一個相當陽剛的命盤。

　　圖（體能主線 B）有 1－2－3 主線、1－4－7 主線與 4－5－6 主線，但是它們都勢均力敵，並無什麼特別強或弱。但是在 1－2－3 線上的數字 2 卻有二圈，顯示此人在一切都平衡的能量狀態下，個性會比較敏銳甚至善感。也就是說，此人的所有行為和決定，主要還是由數字 2 推動。

　　圖（體能主線 C）上，雖然沒有 3－6－9 連線，但是仍能看出其創意與 1－2－3 主線的體能認知一樣強。數字 1 的圈數特別多，是主宰整個命盤圖相最大能量的起始點。1－4－7 物質線圈數的總和比 3－6－9 創意線的圈數總和多，所以此命盤在實際的物質能量方面高於創意力。

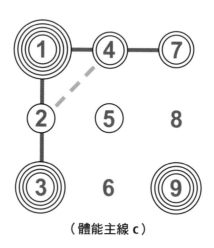

（體能主線 c）

● 4－5－6 知能主線

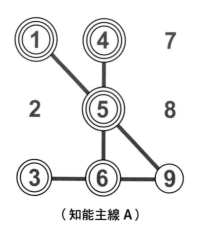

（知能主線 A）

　　圖（知能主線 A）清清楚楚是 4 － 5 － 6 主線貫穿，表示一切都由控制邏輯思考的頭部開始，還好有數字 6 這麼充滿性感和人類大愛的能量，它柔軟了原本過度的理性。當然，數字 1 有三圈代表極強的自我意識，這在自我認定上有一個明確的社會指標。

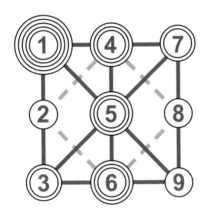

（知能主線 B）

　　圖（知能主線 B）上，每個數字都被圈選到了，這就是所謂的 FULL HOUSE 圓滿型命盤。雖然具備了每一條主線，但是其影響力不如數字 1 的力量大。其中若以主線上圈數的總和多寡來看，最多圈數總和的是 4 － 5 － 6 主線，它呈現出一個運用智能多於情緒的 2 － 5 － 8 主線命盤。另外，1 － 4 － 7 線的圈數總和又多於 3 － 6 － 9 主線的圈數總和，所以是物質要求多於創造力。再從 1 － 5 － 9 主線上的圈數來看，又比 3 － 5 － 7 線的圈數總和多，所以這個人的溝通力要比效益力來得大。

● 7 − 8 − 9 心靈主線

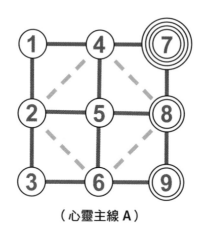

（心靈主線 A）

　　圖（心靈主線 A）又一個 FULL HOUSE 圖型的例子，其中以 7 − 8 −
9 心靈線最強，由於數字 7 圈數最多，顯示在自律的要求與物質世界極限
的認知較強，以及對宗教也有別於他人的投入。另外，數字 8（對宿命的
認知和轉換能量）與數字 9（內在的天分）有相同圈數，因此可以獲得平
衡。因為 7 − 8 − 9 主線的關係，擁有此命盤的人，常被認為是一位意志
相當強悍的人。

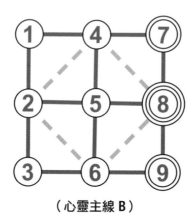

（心靈主線 B）

　　圖（心靈主線 B）乍看來與圖（心靈主線 A）相似，但事實上卻有極大的分別。（心靈主線 B）這個命盤主要是由數字 8 所操控，8 這個數字已被多次討論，具有鬼譎多變的數字 8，可以正面地實現夢想，同時也具有極度的摧毀力量。在 7 － 8 － 9 心靈主線上，是由擁有 3 圈的數字 8 來主導一切能量的流動，擁有此命盤的人，一生極有可能會有戲劇化的收場。

● 1 － 4 － 7 物質主線

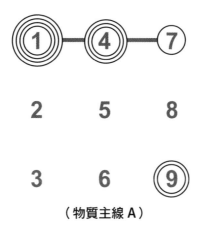

（物質主線 A）

　　圖（物質主線 A）上，清楚的 1 － 4 － 7 線與單獨的數字 9，組成一個相當有意思的能量互動。此命盤由 1 － 4 － 7 物質線掌控所有的力量，加上 9 數的心靈創造力，這個人你若能運用天分，集中身分認定與個人精力於一身，那麼他在物質方面會有相當大的收穫。

　　圖（物質主線Ｂ）明顯乾淨的兩條主線，以１－４－７主線較為強勢，其中又以數字１（掌管個人精力與認知）和數字４（重邏輯分析）的圈數同居於首位。而３－６－９創意線上的數字３（主管行動）和數字９（主管心靈目標），則同樣擁有兩圈，由此可知，這是一個有創造力又相當理想化的命盤，它集個人精力、智能與心靈於一身。不過，由於缺少情緒線２－５－８上任何一個數字，所以這個人常會令人質疑，到底他用什麼來平衡心靈與物質的追求。

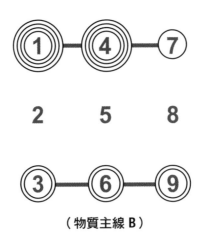

（物質主線Ｂ）

● ２－５－８ 情緒主線

　　圖（情緒主線Ａ）上，除了缺少數字４，不能連成１－４－７主線外，其它主線都囊括了。若以圈數總和來看，又以２－５－８情緒線上的數字被圈選最多，因此能量也最強。整個命盤以數字５的圈數最多，而它又正好在樞紐的中心位置，所以就整個命盤圖相的力量，是以５為主，然後向四方流竄推動，它影響了３－６－９創意線、１－２－３體能線與７－８－９心靈線的變動。換句話說，一切的能量都是從感官知覺的數字５而來，

它比數字 2 強，所以是官能強於感覺。

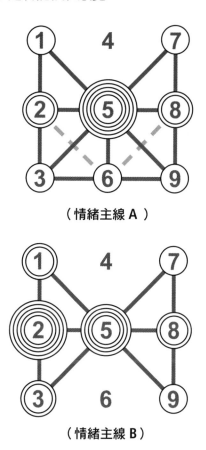

（情緒主線 A）

（情緒主線 B）

　　圖（情緒主線 B）上的兩條主線，以 2 − 5 − 8 較強於 1 − 2 − 3，但是兩線的交會點上圈數最多的數字 2（掌個人感覺）。因此我們可以說，這命盤的主要決定能量是從數字 2 開啟，在如此強的體能線與情緒線中，此人的一切行為是以個人感覺出發。如果這個人是從事音樂藝術方面的工作，能量自然強於他人。但是若從事科學方面的工作，就必須加強邏輯思考方面的訓練了。

● 3 - 6 - 9 創意主線

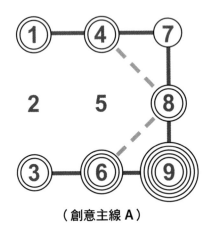

（創意主線 A）

圖（創意主線 A）有百分之七十五的能量是在 3 - 6 - 9 創意線上，其中又以數字 9 的圈數最多，可以說是擁有超強的天分與想像力。這個命盤中唯一可以連接 3 - 6 - 9 與 1 - 4 - 7 連線的，是需要再度轉折的數字 8，這反應了一個富於心靈和宗教的本性。

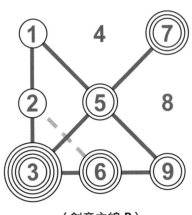

（創意主線 B）

　　圖（創意主線 B）中，主線 3 － 6 － 9 與 3 － 5 － 7 主線上的數字圈數總和一樣多，所以能量的擴散是勢均力敵的。其中又以數字 3 的圈數最多、影響力最大，它代表著個人身體的創意，在許多藝術表演者的命盤中，會找到雷同的部分。擁有這類命盤，會讓人重視創意甚於物質的追求。

● 1 － 5 － 9 溝通主線

　　圖（溝通主線 A）上 1 － 5 － 9 主線的圈數最多，所以此命盤最具代表的主力是它的溝通能力。有趣的是，數字 3（主掌個人的行動創意）、數字 5（主掌感官的意識）和數字 9（主掌天賦）都同樣擁有三圈。讓他在溝通和表現上積極有活力，而且是個多才多藝型的人，不過由於創意線 3 － 6 － 9 並未連線，讓他的成就得自內在的天分要多於後天的創造力。

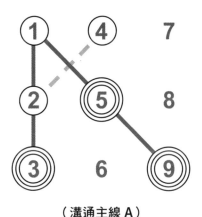

（溝通主線 A）

　　圖（溝通主線 B）上，主線 1 － 5 － 9 三個數字都有相同的三個圈數，這代表了這三個數字的力量相等，正因為如此，這個人常常會浪費一些精力，不知道該以哪一個數字力量為主力。不過這條 1 － 5 － 9 主線也肯定了這個命盤主人在溝通上的能力。其他，由於數字 3（主掌個人行動）有兩圈，因此在溝通方面他會加上個人的表現能力（比如用表演或演說），來增強溝通的效果。

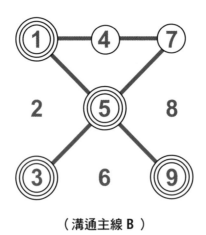

（溝通主線 B）

● 3 － 5 － 7 成效主線

　　圖（成效主線 A）最強的 3 － 5 － 7 線上，數字 7 圈數最多也最具力量。3 － 5 － 7 線代表自我控制、自我訓練和講究效果，是一個相當嚴格自律的代表線。因為缺少了數字 4，所以是一個比較沉默寡言的人，一切以實際的行動來證明！另外，他因為缺少數字 1（**尤其在西元 2000 年後出生者容易發生**），所以沒有清楚的自我認定，在溝通上可能會有一些缺憾。

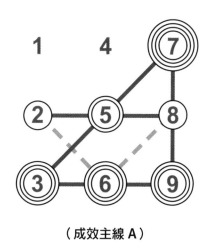

（成效主線 A）

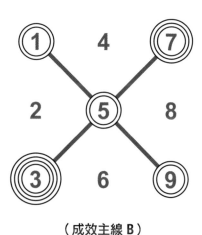

（成效主線 B）

　　圖（成效主線 B ）是一個有趣的命盤圖形，由 1 － 5 － 9 溝通線與 3 －
5 － 7 成效線組合而成。其中以 3 － 5 － 7 線上數字 3 的能量最強，其次
是數字 7。此命盤的另一個特點是，被圈選的數字都是陽性數字 1、3、5、

7、9（外向積極的個性），若女性擁有此命盤，在情感與生活經營上會相對比較辛苦（但是這不代表人生的成就大小），另一方面，因為缺少了陰性數字2、4、6、8（主掌內心的情感），在感覺與靈性上會比較需要由他人來提供以獲得平衡。

占 數 心 理 測 驗

5）測試看看，何處可以覓得好姻緣？

我們用1、2、8排列出六種不同的數字組合，請依直覺選出下列一個組合：128、182、218、281、812、821。（答案請參考附錄一）

CHAPTER

12

靈數命盤的
進階解讀

　　前面幾章，我們已經分別學會了如何使用「生命靈數」繪製我們自己
的命盤，也瞭解命盤上各個數字圈數與各種主線副連線的意義。有些圖型
的圈數若過於混亂，無法集中成型，我們還可以將之歸類成其它種類，如
之後要介紹的**「陰陽數字分布圖」**與**「小能量分布圖」**。

　　相信有許多人已經開始為親友們繪製「生命靈數」命盤，從中也認識
了許多不同的命盤圖像，在繪製越多的命盤後，你就會發現許多不可思議
的命盤，所呈現出的不同的生命特質內容與發展方向。

　　事實上，「生命靈數」繪製的命盤有兩大方向與圖像呈現，除了出生
年、月、日與星座代碼等基本參考數字外，另外就是依據每一個人後天名
字的英文字母代碼換算繪製出的靈數命盤，依此做為我們運用後天數字能
量開發，得到完成天命的基礎藍圖。因此，要瞭解一個人完整的「生命靈

數」，除了「畢氏三角黃金數」能量圖外，另一個參考就是每一個人出生時的命名了。

當然，你一定會感到好奇，歐美各國使用英文字母名字換算標準，是否也可以用在亞洲姓名系統？

事實上，無論是哪一個民族或國籍的人，必定都有自己的名字，而且每個名字都有其發音，只要能夠將其發音轉換成國際通用的羅馬拼音法（註1），就能得到該姓名的英文字母排列結果；比方每個人護照上的英文姓名拼音，但如果你的護照英文名字翻譯不是採用羅馬拼音，而且已經使用超過四十年之久，那麼你就繼續沿用該英文字母的拼音。但自二〇〇九年後的，我們護照上的中文翻譯名字，都是使用羅馬拼音。

最後我仍要提醒，或許有人會透過改名來使他的生命及生活有所變化，而更改的名字也許會讓你的能力和能量有些改變，**但是不管名字改變之後一切如何變化，我們仍要記住，更改了名字也不會更改我們出生年、月、日所帶來原生能量的事實**。也就是說我們的出生年、月、日是固定的，不會有任何改變，而每個人出生的這天所產生的數字振動，對我們的一生有著決定性的影響，希望人生有真正的轉變，端看我們如何成長和學習。

註1）
現今台灣使用的是中文羅馬拼音系統，為國際上較流通的漢語拼音（二〇〇九年以後）。在二〇〇九年以前，政府曾採用國語羅馬字（一九二八年－一九八五年）、國語注音符號第二式（國音二式，一九八六年－二〇〇二年）、通用拼音（二〇〇二年－二〇〇八年），與上述幾個官方系統並行的，是大體上已使用數十年的威妥瑪拼音（韋式拼音）。

如何計算姓名的靈數

● 畢氏英文字母數字換算表

　　所有的英文名或特別代號直接用「希臘占數學」換算規則，將字母換算成數字，比如 A＝1，B＝2，C＝3……依次類推。二十六個字母排開，每到第九個就再次從頭循環。列表如下：

1	2	3	4	5	6	7	8	9
A	B	C	D	E	F	G	H	I
J	K	L	M	N	O	P	Q	R
S	T	U	V	W	X	Y	Z	

　　當然，我們的中文姓名也可以用**「英文字母數字換算表」**，將英文字母對照其數字，算法就跟我們計算出生年、月、日的方式一樣，將其加總至個位數即可。

　　「範例」美國前總統歐巴馬（**Barack Obama**）為例，他的姓名靈數計算，與其姓名靈數命盤如下：
　　‧Step1：將姓名全部列出，並分別將母音與子音標示出來
　　‧Step2：將所有字母換算成數字
　　‧Step3：計算 Barack Obama 全部字母所換算成的數字，加總後得到 32 ／ 5

（母音）　１９１　　６　　１　　１　＝ 19 ／ 10 ／ 1 ～ B
　　　　　Ｂａｒａｃｋ Ｏｂａｍａ　　（＝ 19 ＋ 13 ＝ 32 ／ 5）～ A
（子音）２　　　３２　　２　　４　　＝ 13 ／ 4 ～ C

・Step4：將全名包含的英文字母數字，並繪製成「**姓名靈數命盤**」，
圖示如下。

Barack Obama
２１９１３２　６２１４１

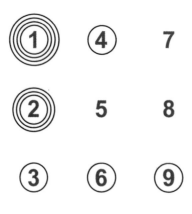

（**Obama** 的姓名靈數命盤）

你的名字是哪個類型命盤

　　有關名字的靈數與命盤是一個相當有趣的課題，其所代表的意義和對
我們人生所帶來的影響甚巨。

　　在知道如何繪製自己的「**姓名靈數命盤**」後，以下，我將一些姓名命

盤的分布圖，分成幾種不同的類型，你可以透過這些類型瞭解自己的名字
對你產生的影響。解讀「姓名靈數命盤」的方式，比如該圖的數字圈數多
寡、主線副線所造成的能量強弱，都與前一章介紹相同。

　　您可以將自己出生年、月、日與姓名所繪製出的兩份「靈數命盤」做
對照，看看這個代表天生能量的「生命靈數命盤」與後天取名的「姓名靈
數命盤」，兩者間有什麼差異？

　　因為我們先天的出生日無法改變，但姓名是後天所得，加上可以更改，
因此有許多人會特別在取名字的時候，尋找可以彌補天生缺乏的特質和能
量數字，甚至會以「改名」來達到改命的目的。

　　在進一步瞭解自己之前，請先在下圖畫上自己的姓名命盤，方便你參
照底下各種命盤類型的說明：

1　　　**4**　　　**7**

2　　　**5**　　　**8**

3　　　**6**　　　**9**

（自己的姓名靈數命盤）

● 實際成效型 1－2－3－4－5－7（無 6、8、9）

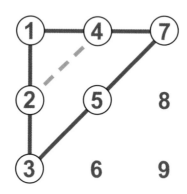

（實際成效型命盤 1）

　　上圖「實際成效型 1」這個三角形，包含了數字 1－2－3－4－5－7 所組成的能量。擁有這種形狀命盤的人，會發現這三角形上的能量都很容易使用。

　　擁有「實際成效型」圖型的人，主要是學習增進溝通方面的能力，以及對創造方面的意識和知覺，還有對心靈力量的瞭解掌握。而這些已察覺到的能量，並不表示就一定全然擁有這些能力，不管在哪一方面它們都尚有開發的空間。

　　下方兩個圖，均為「實際成效型」的命盤圖樣。

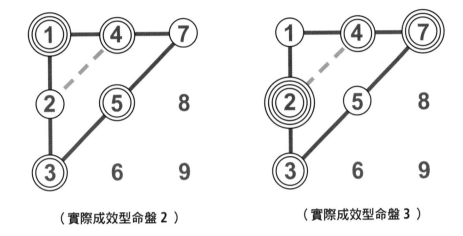

（實際成效型命盤 2 ）　　　　　　（實際成效型命盤 3 ）

● 創意溝通型 1 － 2 － 3 － 5 － 6 － 9（無 4、7、8）

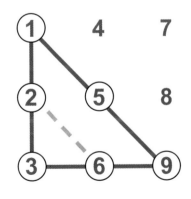

（創意溝通型命盤 1 ）

「創意溝通型 1」這個三角形包含數字 1－2－3－5－6－9 所組成的能量，擁有這種命盤的人，會發現這三角形上的能量都很容易使用。「創意溝通型」的人在溝通上很在行，特別是在演說與表演方面。不過，其能量必須正確使用，也有需要多多加強其他的部分，像是務實與實際方面，切勿過於天馬行空，心靈要能夠盡求滿足，還有要多方面瞭解真實的自己。

下方幾個圖，也都是「創意溝通型」的命盤圖樣。

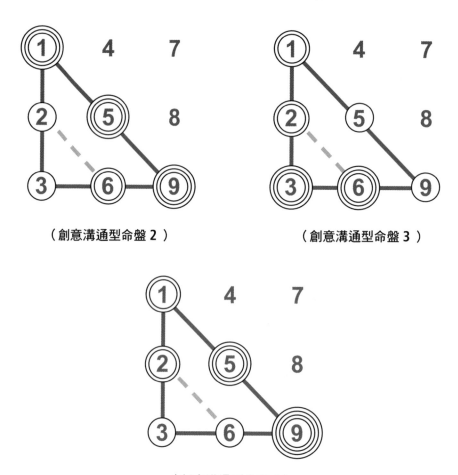

（創意溝通型命盤 2 ）　　　　　　（創意溝通型命盤 3 ）

（創意溝通型命盤 4 ）

● 心靈溝通型 1－4－5－7－8－9（無 2、3、6）

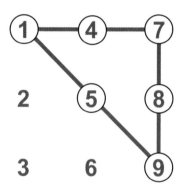

（心靈溝通型命盤 1）

　　「心靈溝通型命盤 1」 這個倒三角形包含數字 1－4－5－7－8－9 所組成的能量，擁有這種形狀命盤的人會發現，這個三角形上的能量都很容易使用。

　　命盤為這類圖型的人，在發展體能方面的知覺、意志力的控制，以及對物質世界的沉迷，與對細節過度的計較等方面，需要學習找到如何平衡與抒發的方法。

　　下方兩個圖，均為「心靈溝通型命盤」的命盤圖樣。

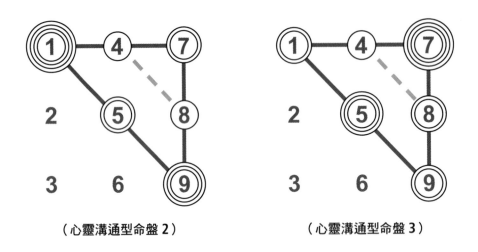

（心靈溝通型命盤 2）　　（心靈溝通型命盤 3）

● 有效創意心靈型 3 － 5 － 6 － 7 － 8 － 9（無 1、2、4）

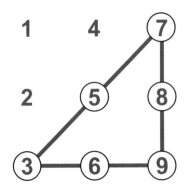

（有效創意心靈型命盤 1）

　　「有效創意心靈型」命盤的人，含有數字 3 － 5 － 6 － 7 － 8 － 9 所組成的能量，擁有這種命盤的人，會發現這三角形上的能量都很容易使用。

　　「有效創意心靈型」命盤圖型的人，非常具有原始創意，他們不喜歡體能方面的勞務和活動，大多比較重視精神層次的交流，傾向擁有較高的靈性生活，對於名利的追求比較隨緣被動，因此對金錢物質的態度不夠務實，缺乏現實感。

　　因為缺乏 1 數自我認知的能量，所以需要強化對個人身分地位的意識與精神體力方面的鍛煉，才能展現生氣勃勃，讓處事更有效率。同時要學習如何面對日常生活的財務管理，比如花錢要有節制，要有預算計畫，或學習如何開闢財源的方法等等。

　　下方兩個圖，均為「有效創意心靈型」的命盤圖樣。

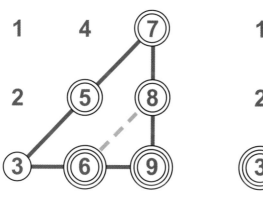

（有效創意心靈型命盤 2）

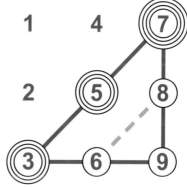

（有效創意心靈型命盤 3）

● 身體思考型 1 − 2 − 3 − 4 − 5 − 6（無 7 − 8 − 9）

「身體思考型命盤」的矩形包含了數字 1 − 2 − 3 − 4 − 5 − 6 所組成的能量。除了姓名命盤，出生於 2000 年後或 1600 年前的人，才有可能產生這種命盤。擁有這種形狀命盤的人，會發現這矩形上的能量都很容易使用。

擁有這類命盤的人，體能意識很高，智能的發展也很平均，但必須學習如何增強他們對心靈價值的肯定，比如追求心靈方面的知識，以及對自己在察覺宿命方面的責任。否則在其他事務溝通上，會容易產生阻撓與困難。其問題的關鍵在於，這類型命盤的人對於未來時常感覺迷惘，不是很清楚到底該往何處去？

下方兩個圖，均為「身體思考型命盤」的命盤圖樣。

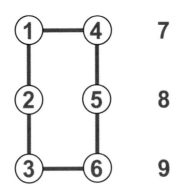

（有效創意心靈型命盤 1）

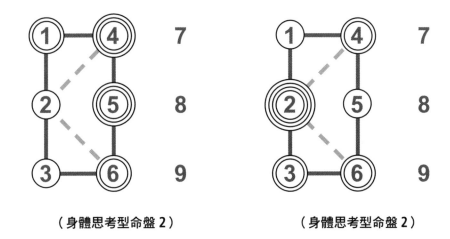

（身體思考型命盤 2）　　　　　　　（身體思考型命盤 2）

● 心靈思考型 4 － 5 － 6 － 7 － 8 － 9（無 1 － 2 － 3）

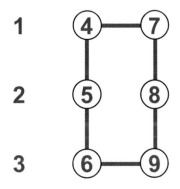

（有效創意心靈型命盤 1）

「心靈思考型命盤」上這個矩形，包含了數字 4 － 5 － 6 － 7 － 8 － 9 所組成的能量。除了姓名命盤，出生於西元 1000 年前的人才有可能產生這種命盤。擁有這種形狀命盤的人，會發現這矩形上的能量都很容易使用。

這類圖型的人通常沒有太強的自我認定，因此比較不能獲得他人的尊敬。在意志力上，也較為薄弱的情況，傾向受他人的操縱。總的來說，這類人缺乏控制自己創造的衝動，也因此減低了活動的層次。還有，他們對自己和他人的身體都不甚注意和尊重。

下方兩個圖，均為「心靈思考型命盤」的命盤圖樣。

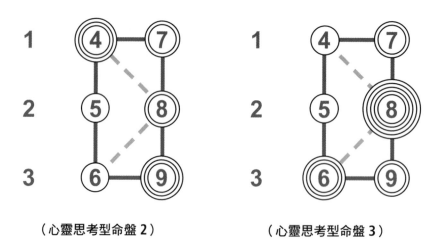

（心靈思考型命盤 2）　　　　（心靈思考型命盤 3）

● 情緒務實型 1 － 2 － 4 － 5 － 7 － 8（無 3 － 6 － 9）

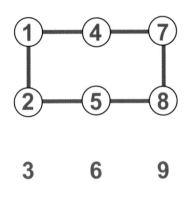

（情緒務實型命盤 1）

　　「情緒務實型命盤 1」上的矩形，包含了數字 1 － 2 － 4 － 5 － 7 －
8 所組成的能量。擁有這種形狀命盤的人，會發現這矩形上的能量都很容
易使用。

　　這類圖型的人對於無法控制的衝動和刺激，常常不知該如何掌握，儘
管他們對所謂的物質世界有一股強烈的慾望衝動。他們是標準見樹不見
林，只看得見眼前的事物，卻不問自己處於何種狀況的人。他們對追求心
靈的目標特別困難。這類人雖然努力在發掘個人潛在的天分，但仍會比其
他人遇上更多的煩擾。

　　下方兩個圖，均為「情緒務實型命盤」的命盤圖樣。

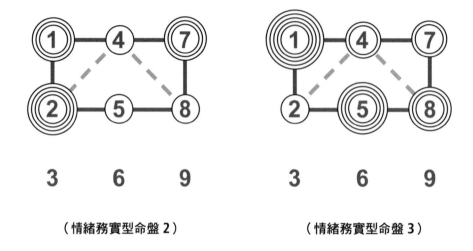

（情緒務實型命盤2）　　　　　　（情緒務實型命盤3）

● 情緒創意型 2－3－5－6－8－9（無1－4－7）

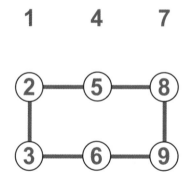

（情緒創意型命盤1）

在「情緒創意型」命盤上的矩形包含數字 2－3－5－6－8－9 所組成的能量，除了姓名命盤以及出生於 2000 年後的人，才有可能產生這種命盤。擁有這種形狀命盤的人，會發現這矩形上的能量都很容易使用。

有這類型命盤的人，對於現實世界缺乏實際的認識，常常是夢想得多、務實得少。雖然對自己的內心世界和潛在的天賦相當明瞭，卻無法評估自己的力量有多少。最重要的是，必須努力學習將所有的創意發想，都要能轉換成實際的結果。另外，這類的人很難確定自己的社會價值，對於自己的慾望也不知如何設定一個標準或目標。

下方兩個圖，均為「情緒創意型」的命盤圖樣。

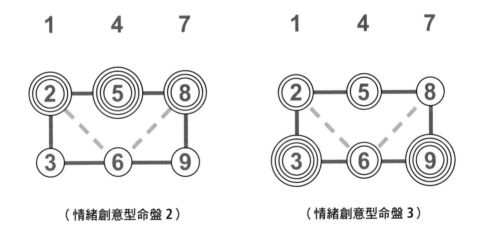

（情緒創意型命盤 2）　　　　　（情緒創意型命盤 3）

陰性數、陽性數與特殊靈數命盤

數字從 1 到 9 可以分為兩大類，所有的單數 1、3、5、7、9 為「陽性數字」，所有的雙數 2、4、6、8 為「陰性數字」。

陰陽數	數字	能量
陽性數字	1、3、5、7、9	主動的、外向的
陰性數字	2、4、6、8	被動的、內省的

　　並非男性就一定擁有陽性數的能量，也不是女性就一定擁有陰性數的能量。陰陽數字所產生的能量與性別毫無關係，它只會特別產生所謂內向、外向和主動、被動的能量特質而已。

　　舉個例子：假如一位男性在他的靈數命盤上缺乏 1 － 5 － 9 三個數字的能量線，那麼他在溝通的能力和表現上就會產生困難度，可能會詞不達意，無法正確選擇辭彙來表達看法，或常常會說錯話而造成誤解等狀況。另外，如果女性缺少數字 1、3、5、7、9 這些比較自覺、理性、感知的能量數字，她會比較難控管自己的心情，容易情緒化，許多事都會以感性的方式去做決定，而非以理性的方式思考。

　　所以，**從一個人的「靈數命盤」上所顯示的單數（陽性）與雙數（陰性）多寡，大致可以看出一個人是否比較偏重感性或理性**。如果你想說服一個人，那麼你可以快速地從一個人的基本數字查看是單數多於雙數，或是雙數多於單數；如果單數較多的人，你必須以許多證明或數據來說之以理。但如果是一個雙數較多的人，你可以用比較感性的方式去「博感情」，因為這類的人最容易、也最挑剔別人用什麼樣的方式來接近他們，如果待之以親，第一印象往往就能打動他們，那麼接下來的事就好辦多了。

　　下面章節，我將介紹「陰性命盤」與「陽性命盤」各別所產生的不同能量及其特質。

● 陽性能量分布圖（以單數 1、3、5、7、9 為主）

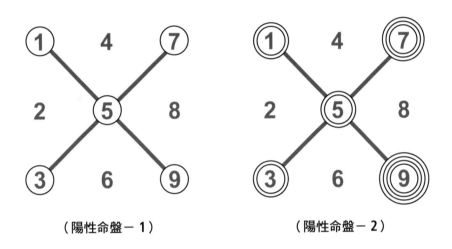

（陽性命盤－1）　　　　　　（陽性命盤－2）

在「陽性命盤1」，陽性數字1、3、5、7、9都被圈選，並盤據整個命盤的位置，這樣的圖形代表此人具備了強大的精力和力量，其體力與耐力也都是高人一等。

在「陽性命盤1」與「陽性命盤2」中，命盤圖上我們沒有看到任何陰性數字，只有陽性數字1、3、5、7、9在其中，只是兩個的數字圈數多寡不同，但都同樣有兩條主線：即 1－5－9 的溝通線和 3－5－7 的成效線。

上述二張圖同時表示，如果某人擁有這種陽性命盤的能量分布圖，他必定能恰如其分，積極而完美地管理自己的人生。但另一方面，他也需要承受強大的痛苦或情緒壓力。特別是一位女性若擁有這樣的命盤，則必須依賴他人來獲得情緒上的滿足。這樣的女性都會過度忙碌，疏忽如何排解壓力，甚至活到中老年後都沒發現自己的問題。

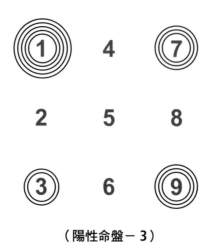

（陽性命盤－3）

　　從「陽性命盤3」上可以看出，陽性且具有意識的數字 1、3、7、9
都被圈選，但缺少中間的數字 5，因此無法連成任何主線或副線。而命盤
上的 1、3、7、9 四個數字各佔四角一方，形成有趣的圖形。所有代表無
意識能量的陰性數字，完全沒有被圈選到。這是一個擁有強大自尊和自我，
並且具有行動力的能量圖。

　　因為 1、3、7、9 四個被孤立的數字，整個命盤的能量也因此產生極
大的分散。這樣的命盤分布圖、我們稱之為「缺陷圖」。

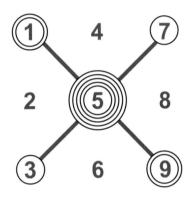

（陽性命盤－4）

　　「陽性命盤4」與「陽性命盤1」數字分布相同，但是其中的數字5圈數極多，可說是整個命盤上最霸氣最有力的數字；無論是3、5、7的「成效線」，或是1、5、9的「溝通線」，都從中心點數字5朝外推動開來。

　　擁有這樣能量命盤的人，不知道會如何管理他的情緒感覺（數字2和8是控制情緒感應的）和思考（數字4和6是代表一個人的智能管理與創意）！因為，此命盤缺乏所有的陰性數字2、4、6、8，所以此人勢必會缺乏良好的判斷（數字4掌管邏輯）和敏銳的直覺（數6字掌管智能的創意）。

　　擁有「陽性命盤4」這類命盤的人會呈現一種「極度陽剛」的態勢，不只擁有強大的能量和精力，也不在意別人怎麼看他。也可以說，這樣的命盤相當「傳統古老」，信奉一切以男性（陽性）為主的社會價值觀。再加上他因為缺少2、4、6、8這些代表柔軟內省的數字能量，從另一個角度看，他是完全被智性與情緒所控制（因為沒有數字2和8平衡能量的緣

故），他必須想辦法從別人身上尋找到這樣的能量，來幫忙自己釋放過度的陽剛之氣和壓力，並且從中獲得刺激他增加創意的方法，比方從數字2、4、6、8的能量上，找到更溫柔和諧的方式愛自己和他人。

● 陰性能量分布圖（以雙數 2、4、6、8 為主）

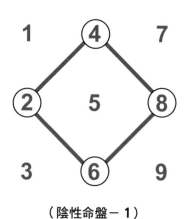

（陰性命盤－1）

從「陰性命盤1」上由四個陰性數字2、4、6、8盤據占領，形成一個菱形的分布圖，其中沒有任何一個陽性數字1、3、5、7、9被圈選。擁有此類型命盤的人，屬於極度內省的、人道的，以及對情感與思考方面都相當易於感受和接納。

除了姓名命盤外，只有出生於西元1000年前或西元2000年以後的人才會出現這樣的靈數命盤。這樣的命盤也透露出此人可以輕易地用各種方法宣洩情緒和壓力，他們很會善用並表達自己內心的感受，即使第一次與他見面的人都可以輕鬆自在、不會感到壓力；他看起來也不會咄咄逼人，所以很容易「以柔克剛」開啟他人的心房。

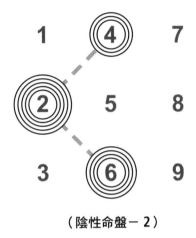

（陰性命盤－2）

　　從「陰性命盤2」上，只有2、4、6三個陰性數字，明顯表示命盤主人缺乏溝通的能量，並且缺少了積極的力量，行事比較被動消極。從多圈的數字2（掌控感覺）和多圈的數字6（掌控創造性的智能）看來，命盤主人的年紀越大，他的直覺與透視的能力會越來越強。

　　另外、因為能量連結到數字4（掌管實際與邏輯），但缺少數字8（掌管無意識的意志能力），這顯示了命盤主人會保留他最堅強的能量，而不會招致太多混亂卻不自知的問題。

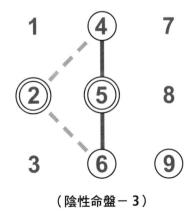

（陰性命盤－3）

　　「陰性命盤3」這樣的圖形相當特殊，除了姓名命盤外，因為它沒有數字1，這種情況當然也只有在西元1000年前與西元2000年後出生的人才有這樣的生日靈數命盤。能量分布圖上有三個陰性數字2、4和6，與兩個陽性數字5和9、形成了4－5－6的「知能主線」。這樣命盤的主人擁有相當多的陰性能量與特質，所以，女性會比男性要來得更為適合這種命盤。

　　「陰性命盤3」圖上，數字2和5各有二圈，所以在感覺與感官上的能量較強。若是男性，他必須透過對自我的肯定和認知，才能獲得社會上的認同。而女性則需要透過合夥的伴侶，彼此能量交換（比如結婚後從夫姓等），才可獲的他人的認同。因為缺少數字1的關係，所以命盤主人要學習認定自我的價值和社會認同感。

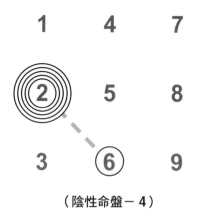

（陰性命盤－4）

　　「陰性命盤4」這個少見的特殊命盤，是我在歐洲遇見的一個小女孩所擁有的生命靈數命盤，她出生於2000年2月2日。光就命盤能量分布狀況來分析，她的一生將會面臨相當大的挑戰與無盡的學習。假使某人擁有類似這樣的靈數命盤，上面只集中在陰性數字2與6，而且數字2擁有

這麼多的圈數，這顯示此人的一生都要在不斷地「自我確認」和「自我懷疑」之間鬥法，很困難評定自我的能力和價值在哪裡？如果是男性擁有如此強烈的情緒和智能創意的陰性數字能量，該如何正確使用它，可能將會是個大問題。

當然，我們如果能越早瞭解自己所擁有的性格特質與天賦能量，我們就能在成長學習路上，找出關鍵的改進方法。比方，為平衡「生命靈數命盤」所缺乏的能量，或許可以在取名字時花些功夫，組合出與生日合相的名字，以彌補出生數字中所缺失的能量。

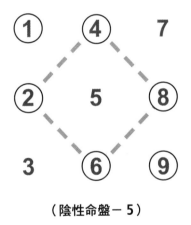

（陰性命盤－5）

「陰性命盤5」是一個和諧與凝聚的能量分布圖，被圈選的是2、4、6、8四個陰性數字及1和9這兩個陽性數字，而且每個數字都只有一圈；它包含了情緒數字2和8，智慧數字4和6。但卻顯示出命盤主人個性並不積極（因為沒有數字3），也缺乏感官的知覺（因為沒有數字5），還有不夠嚴肅（因為沒有數字7）之故。

● 大滿貫靈數命盤（涵括數字 1 ～ 9 的能量分布）

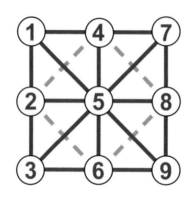

（大滿貫命盤）

　　「大滿貫命盤」上所有數字都被圈起來，這是所謂的 FULL HOUSE 命盤。圖上，每個數字可以相互連成所有的主線和副線，也就是說，他該有的能量都擁有了。然而，從另一個角度來看，因為每一個數字能量互相推動的影響，每一個數字的特質都會顯現出來，卻因為目標太多，而削弱了彼此的力量和整個命盤的能量。當然，擁有這類命盤的人也有可能成為所謂的「大師級」人物，但首先他必須設定自己真正的人生目標，瞭解如何在所有的能量中，恰如其分地善用並選擇最適合的能量，而不受到其他能量雜音的影響，避免不知所措的情況。

　　所以，如果某人擁有「大滿貫命盤」，他在生活中比較容易面臨迷惘，會有不知何去何從的諸多困擾，也常茫然於事情輕重緩急的取捨。「大滿貫命盤」的優缺點是一體兩面的，它涵蓋了所有數字能量，卻也受困於這些數字的互相牽引。「大滿貫命盤」不似那些也許僅有幾個數字出現的命盤，相較之下，後者反而比較容易看出其命盤主人的性格與表現。

通常擁有「大滿貫命盤」的人，除非有某些數字的圈數特別多，即該數字能量特別強時，就可以引導並推動其他的數字能量而產生集中的力道，否則此人常在行動和表現上易處於不清不楚的狀況，同樣也會令人對他的一舉一動感到迷惑。

換個角度想，當我們手上什麼都有的時候，也等於什麼都沒有。

「大滿貫命盤」擁有所有數字能量的互相推動，其實也是互相牽制。因此，擁有此類命盤的人，若不是變成「萬事通」便是「博而不精」的人。建議此類命盤的主人，必須專注在某一特定的事物與目標設定，如此才會有好的成就，特別是在性格上必須訓練自己果決清楚，才不會給人有「雙面人」的印象，讓人無法猜測，這其實也會讓自己常深陷於不知所以的迷惘情境中。

● 小能量靈數命盤

所謂小能量是指在命盤分布圖上，僅僅只有幾個數字被圈起，而這些數字呈現也許分散也許集中，但就是無法構成完整的「靈數命盤」。所以在詮釋這一類命盤時要謹慎小心，仔細找出其最大的問題所在。「小能量命盤」剛好和全部數字都被圈起的「大滿貫命盤」相反，它很難尋求完整的面貌，缺少可以一氣呵成的主線或副線來突顯能量的產生和流向為何。

在命盤上如無連線的地方，就是問題產生的所在。換句話說，當你的「靈數命盤」上，沒有很清楚的主線時，那麼在溝通和效率上就會出現問題；如果要有很好的邏輯與有效的溝通能量，命盤上至少要有二個以上陽性數字。如果需要良好的感覺及思考相關能量，命盤上最好有二個以上的陰性數字。

至於問題大小，要看你用什麼樣的方式去加強，讓這個缺陷可以被彌補與改善。我透過經驗和許多命盤的研讀，熟悉所有的數字都有它基本的

定義和能量，所有命盤上的主線固然有其重要意義，但是命盤上所有數字的圈數多少，對我們的能量影響非常大，因此這些「小能量」靈數命盤上被圈起的數字如果能被善用，並以其他方式來補足沒有被圈起的數字能量，比如透過教育學習、工作經驗、生活陶冶等方法，強化補足那些數字各自所缺少的代表能量，一樣可以讓這個命盤豐富完整。

我發現在許多的個案中，不少作家、音樂家、藝術家朋友的「靈數命盤」一攤開來看，真是令人訝異；因為這些擁有才情創意的國際知名人士，他們的命盤中竟然沒有「創意」、「音感」或「色彩」等與藝術相關的數字能量，這不免讓人好奇，為何他們可以在這些行業與工作表現上如此出色？

關鍵就在他們從小可能有良好的專業教育，或是他們花了很多時間研讀學習並從事相關的工作等。另外，我也在其中一些人的命盤上看不到任何主線副線，但偏偏他們能夠在所缺少的數字能量那部分發揮的淋漓盡致，這的確值得玩味。由這些案例看來，無論你的命盤呈現出什麼樣貌，或對自我感到困惑和絕望的人，都可以透過正向的思想行為，努力找出修正的方法和改變的希望啊！

● 缺陷（短線）能量命盤

「缺陷能量」的命盤上只出現二個到四個數字而已，命盤的能量由這些數字互相推動產生，圖上找不出任何主線和副線。以這樣的圖型來看，這些出現的數字完全掌控了所有能量的流向和結果。短時間內，你無法分辨它的好壞，**因為除了數字本身，它擁有多少圈數則是相當重要的參考值。**

當然我們也明白，太多或太少都不理想，但如何讓它的能量轉變成不多不少恰恰好，那還真的是一門人生功課。一般來說，所有的能量全操控在某一個數字上的情形，相當特殊也極少見。**但要提醒的是，這類「缺陷**

能量」並不意謂人格的缺陷，它只是需要更仔細的解讀，看看它到底需不需要什麼修正和改變！

（缺陷能量命盤－1）

　　「缺陷能量命盤 1」的分布圖相當罕見且特殊。圖上僅有三個數字，其中又以智能的創意數字 6 掌控全局，**因為數字 6 的圈數過多，代表它的力量比一條主線還要強。**

　　「缺陷能量命盤 1」是顯示一個充滿關愛與迷人特質的能量命盤，因為數字 6 代表絕佳的理論基礎，對有源有據的東西感到興趣，同時擁有高智慧的創意。但因為沒有數字 4 的關係，所以缺乏實際的力量去推動和執行所有的創意。

　　有趣的是，因為這命盤上沒有數字 2 和 8，此人言行舉動，很容易被預料和猜測。換句話說，他的情緒和感覺都太容易被人掌握而不自知。從另一個角度來說，此命盤因為沒有數字 2 和 8 的關係，所以不夠敏感，很難想像別人的情緒是什麼，因此在關係建立上，常被抱怨不夠敏感體貼，或者太過白目不懂看人臉色。除非，此人瞭解了自己的缺點並加以改進，否則人際關係方面恐怕會一蹋糊塗。

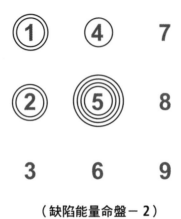

（缺陷能量命盤－2）

　　「缺陷能量命盤2」上，四個數字1、2、4、5組成了一個小矩形，其中圈數最多且能量最強的是數字5，顯示此命盤的主人在身體與感官上是十分敏銳的人。

　　此命盤也代表了一種無拘無束、追尋自由的意願和想望。再加上「缺陷能量命盤2」上沒有受限制的能量數字7，因此在個性上完全可以不自我設限，能自由飛翔。由於受到數字1和4的影響，加強了務實的性格特質，表示此人想法無論多麼天馬行空，最後都會回歸務實，一切以現實面的結果做考量。

　　「缺陷能量命盤2」沒有任何主要連線，比如創意連線3－6－9和心靈連線7－8－9等等，所以在這兩方面還有足夠的空間和潛力可以發展成長。

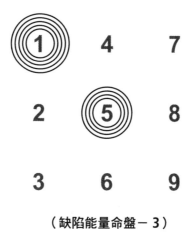

（缺陷能量命盤－3）

　　「缺陷能量命盤3」的圖形非常奇特，除了名字以外，只有出生於西元 1000 年的人才有這樣的命盤。它無法顯示出任何特質，兩個陽性數字 1 和 5 代表超強的力量和精力，在表達上相當直接而且實際，但因為缺乏陰性數字的關係，也自然少了點感性和知覺。擁有此命盤的人，在他的人生中必須付出不少的努力去追求各種能量，才能彌補缺少的能量，這是一個相當艱巨的人生。擁有這種「靈數命盤」的人，如果沒有及早尋求正確的方式生活，很可能就在籍籍無名中渡過一生。

● 原型（拱門）能量命盤

　　這一類缺陷圖形上的數字能量較分散不能集中，像是有被圈選的數字呈點狀式散開，各自獨立，或其中有個被分開的獨立數字、一組可以形成正三角形圖，或是一條可連成線的數字組群的情況，同時在一個命盤上出現時，這類小能量靈數命盤稱為「原型分布圖」。

　　在這樣的圖形中，我們會發現，它的組成不算是一個集中的整體，部分能量甚至不知道該流向何方，但是它看起來又好像遍佈在整個命盤上。如果命盤上出現所有的陰性數字 2、4、6、8，那麼它就會顯現出較為被動的特質；如果命盤上都是陽性數字 1、3、5、7、9，那麼它就會反應出相當主動的個性特質。

　　要注意的是，那些被分開來的獨立數字，它的能量在命盤上是不被封鎖和牽制的，所以能量也相當自由地被運用，可以推動流竄到任何一個方向去，是不容小看的強大力量。所以研究這類的命盤，千萬不要忽略這些被遠遠隔離，卻又擁有獨立能量的數字。

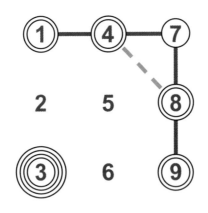

（原型能量命盤－1）

　　「原型能量命盤 1」上，明顯看到數字 3 是如此強大且被獨立地排開在角落裡，但數字 3 的圈數又是本命盤中最多的，因此它是此命盤上最有力的能量數字，幾乎控制了這個命盤的主人。數字 3 本身代表藝術方面的創意以及良好的溝通能力，特別是在表演方面與口語的傳達。如果此人是一位藝術家，他將會是一位相當出類拔萃的人，又如果他是從事音樂或表

演方面的人，只要善用這個數字 3 的能量與潛力，他一生會擁有極為特殊又令人稱羨的成就與生活。

「原型能量命盤 1」包含了物質線 1 － 4 － 7 與心靈線 7 － 8 － 9 兩條主線，這顯示了此人在物質世界與心靈的追求上，都能夠掌握，也能平衡得宜。

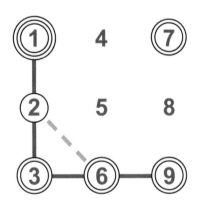

（原型能量命盤－ 2）

「原型能量命盤 2」上數字 7 被獨立開來，數字 7 強調自我訓練，和透過不斷地探索，以尋找出不同的生活題目與生命答案，從不斷地測試與挑戰中，嘗試各種的可能性與極限。

「原型能量命盤 2」由充滿智性的創意線 3 － 6 － 9，與講求個人認同並主動出擊的身體線 1 － 2 － 3 兩條主線所組成，從中可以看出這個人很清楚自己要什麼，而且也能夠積極地去爭取一切，他以精確的行動配合想像力，來經營理想的未來生活。

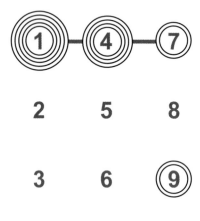

（原型能量命盤－3）

　　「原型能量命盤3」中，物質線1－4－7是唯一的主線，同時在線上的數字1和4有許多圈，所以這是一個相當在意社會認同，以及要求身分定位的圖形分布，同時顯示了在聲譽和地位上也容易獲得實際的收獲。

　　另一個孤立的數字9，代表內在的天賦潛力，如果善加運用，再與物質線1－4－7相輔相成，自然可以名利雙收。但是，這個命盤主人必須加強人際關係上的經營，因為缺乏雙數2、6、8，所以要去學習付出更多關懷和放下身段，也因為缺少1－2－3連線，必須加強身體健康方面的自覺與照顧。

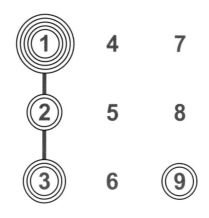

（原型能量命盤－4）

從「原型能量命盤 4」上看，簡單有力的 1－2－3 連線，表達了強烈的自我意識。其中最多圈數的數字 1 直通數字 2 及數字 3，連成強而有力的身體主線，與遠遠被孤立的數字 9，共同組成一個原型能量分布圖。

很明顯地，它缺少了 4－6－5 主線上的任何一個數字能量，亦即缺乏了數字 4 的邏輯性思考與直觀天賦、數字 5 的感官擴張能量、數字 6 的智性與洞察力，而只有單一的 1－2－3 主線。因此，我們可以說擁有此命盤的人，他是用絕對的直覺和靈感來判斷事物，而不是靠理性來處理事情。如果他能夠發揮充滿靈性的內在天賦數字 9，配合充滿個人目標傾向的 1－2－3 連線，那麼他在遇到任何困難時，便能努力克服並達成目標。

特別值得一提的是，**當我們的命盤上缺乏數字 7 時，代表本身不受任何包袱所局限**，在人生的學習和經驗感受上，可以任意馳騁於無邊無際的浩翰大海裡，世上任何事情對他來說，沒有什麼限制束縛可言的，只要他努力集中所想所望，一路追求理念並能貫徹始終，「夢想成真」絕對指日可待。

心靈地圖的探索

人的外在行為表現，到底反應了多少程度的內心世界？對於命運之說，你是抗拒，還是順其自然地接受它呢？

透過我們對命盤的解說對照，你會發現每一個生命的外觀與深入研讀其命盤後，竟然與想像有如此大的差異！事實上，生命乃因它的獨一無二、無法複製，才顯現出它的變化和力量之美，不是嗎？我們都握有自己一方數字組合的命運地圖，我們在其中上下移動，尋找方向……即便是同一張命運地圖，也會因為不同的意念、不同的心思變化影響，最終產生不同的結果。

「**命運，掌握在我們自己的手中！**」許多人都聽過這句話，但有多少人依舊陷入自我懷疑與恐懼的陰影中生活？我們出生來到世界就是一個生命奇蹟，未來要往哪裡去，終得由無數的經歷才能到達目的地。

在經過多年的案例研究與自我成長中，我發現人的潛能的確大得驚人，它可以在一個短暫的凝視中產生燃燒的火花，也可能在一個念頭的轉變中墮落沉淪。誠如，愛是一種力量，恐懼也是一種力量，所有的歡樂與悲愁、光明與黑暗也都是我們自身可以產生的力量。

我堅信，無論人生面對多大的挑戰，只要我們願意開放心靈與思維修正，生命航道必會釋放契機訊息，一路花朵盛開迎向未來。

CHAPTER

善用生活數字，
找到幸運密碼

數字的基本意義永遠不變動，變動的一直是我們面對的不同情境。

一個好的占數師要能將數字意義，轉化為適合情境的解釋，其良好的功力自然也需要長期的經驗累積與知識學習，才能將數字意義靈活運用，並在人事物和各種變化上做出精準的詮釋與預測。

前面我們談過，希臘數學家畢得哥拉斯在數字方面的成就，而哲學家蘇格拉底和亞里斯多德也都曾傾心於占數術的研究。畢氏認為：「**數字是宇宙運行的法則，宇宙萬物皆有其數。**」換句話說，除了你的出生年、月、日，你住的房子、吃的食物、開的車子以及使用的任何物件等等，都有其對應的數字振動能量與代表的靈數性格，學習了數字基本意義後，你都能從這些數字中解讀含義，找到你需要的答案。

我們將 1 至 9 的數字為萬物賦予特殊意義，而每一個「標的物」被賦

予的所有數字逐項相加到最後的個位數，即是該標的物的代表數（又稱靈數）。「**標的物**」可以是人、事、時、地、物等各種情況和情境，特別是在做「**數字占卜**」時，任何顯示的數字或是英文字母都可以在轉換成數字後，成為占卜問事的基本資料。

接下來，我提供幾個占卜方法，作為大家在日常生活中趨吉避凶的參考囉！

善用「生日數」與「幸運數」結合

關於幸運數字，計算方式十分簡單，把你的生日數相加後，取至個位數即可。一般來說，你的生日數為 1，你的幸運數字就是 1。生日數為 7，幸運數字就是 7。

幸運數簡易計算公式：「幸運數字」＝你的「生日數」

範例：
· 黛安娜王妃生日為 1961 年 7 月 1 日→**生日數為 1，幸運數字就是 1**。
· 「貓王」的生日為 1935 年 1 月 8 日→**生日數為 8，幸運數字就是 3**。

■ 4 號人與 8 號人的幸運日特例

由於 4 跟 8 這兩個數字容易受到不同磁場的振動影響而改變，所以出生數為 4 和 8 的人，所要面臨的挑戰也較其他人來得多，因此其幸運數便與其他數字產生方式不同，**4 號人必須選擇 1 為其幸運數，而 8 號人的幸運數則為 3**。

幸運日對照表

生日數	幸運數	幸運日
1 號人	**1**	每月的 1 日、10 日、19 日、28 日
2 號人	**2**	每月的 2 日、11 日、29 日
3 號人	**3**	每月的 3 日、12 日、21 日、30 日
4 號人	**4**	每月的 1 日、10 日、19 日、28 日
5 號人	**5**	每月的 5 日、14 日、23 日
6 號人	**6**	每月的 6 日、15 日、24 日
7 號人	**7**	每月的 7 日、16 日、25 日
8 號人	**8**	每月的 3 日、12 日、21 日、30 日
9 號人	**9**	每月的 9 日、18 日、27 日

生日數影響重大變化年

以「占星學」（Astrology）來看，人生遇到的第一個重大變化年約在 28 歲的時候（28 = 4×7）。而「占數學」（Numerology）是從每一個人的生日振動中，獲得更為準確的指標，且每一個人都不相同。

凡是對我們的生活造成極大影響的，如結婚、離婚、出生、死亡、分娩、畢業、升遷、搬家、新工作、旅遊、戀愛、意外等，都是人生中的大

事和變化。透過「希臘占數學」，可以從個人的生日數振動，獲得準確的指標，讓人可以預見這些重要變化的時間。

對於未來，我們目前尚未能夠驗證，但是你可以就過去幾年所發生的大事，或擴大參考周遭親朋戚友的大事件，配合當事人的生日數字做基本參考，再對照書中提供的數字數據，你會發現這些指標精確的令人訝異。

尤其，**指標年如果剛好與你的年齡歲數是同一年，那麼所得到的準確度不但驚人，同時該年所發生的變化，也將對日後造成相當大的影響！**

想知道你的重大變化會發生在哪一年嗎？請對照參考以下表格。

「重大變化年」指數對照表

1 號人	出　生　日：每月的 1 日、10 日、19 日、28 日的人 **當你的年齡在**：10、13、19、28、31、37、40、46、55、58、64、67、73、76、82、85、91、94 歲 **重大變化年**：1963、1966、1972、1975、1981、1984、1990、1993、1999、2002、2008、2011、2017、2020、2026、2029、2035、2038、2044 年
2 號人	出　生　日：每月的 2 日、11 日、29 日出生的人 **當你的年齡在**：11、16、20、25、29、34、38、43、47、52、56、61、65、70、74、83、88、92、97 歲 **重大變化年**：1964、1969、1973、1978、1982、1987、1991、1996、2000、2005、2009、2014、2018、2023、2027、2032、2036、2041 年
3 號人	出　生　日：每月 3 日、12 日、21 日、30 日出生的人 **當你的年齡在**：12、18、21、27、30、36、39、45、48、54、57、63、66、72、75、81、84、90、93、99 歲 **重大變化年**：1965、1968、1971、1974、1977、1980、1982、1986、1989、1992、1995、1998、2001、2004、2007、2010、2013、2016、2019、2021、2024、2027、2030、2033、2036、2039 年

4 號人

出 生 日：每月 4 日、13 日、22 日、31 日出生的人
當你的年齡在：13、17、19、22、26、28、31、35、37、40、44、46、49、
53、55、58、62、64、67、71、73、76、80、82、85、89、
91、94、98 歲
重 大 變 化 年：1963、1966、1970、1972、1975、1979、1981、1984、1988、
1990、1993、1997、1999、2002、2006、2008、2011、2015、
2017、2020、2024、2026、2029、2033、2035、2038 年

5 號人

出 生 日：每月 5 日、14 日、23 日出生的人
當你的年齡在：14、15、23、24、32、33、41、42、50、51、59、60、68、
69、77、78、86、87、95、96 歲
重 大 變 化 年：1967、1968、1976、1977、1985、1986、1994、1995、2003、
2004、2012、2013、2021、2022、2030、2031、2039 年

6 號人

出 生 日：每月 6 日、15 日、24 日出生的人
當你的年齡在：15、20、21、24、29、30、33、38、39、42、47、48、51、
56、57、60、65、66、69、74、75、78、83、84、87、92、
93、96 歲
重 大 變 化 年：1964、1965、1973、1974、1977、1982、1983、1986、1991、
1992、1995、2000、2001、2004、2009、2010、2013、2018、
2019、2022、2027、2028、2031、2036、2037 年

7 號人

出 生 日：每月 7 日、16 日、25 日出生的人
當你的年齡在：11、16、20、25、29、34、38、43、47、52、56、61、65、
70、74、79、83、88、92、97 歲
重 大 變 化 年：1964、1969、1973、1978、1982、1987、1991、1996、2000、
2005、2009、2014、2018、2023、2027、2032、2036、2041、
2045 年

8 號人

出 生 日：每月 8 日、17 日、26 日出生的人
當你的年齡在：13、15、17、22、24、26、31、33、35、40、42、44、49、
51、53、58、60、61、67、69、71、76、78、80、85、87、
89、94、96、98 歲
重 大 變 化 年：1966、1968、1970、1975、1977、1979、1984、1986、1988、
1993、1995、1997、2002、2004、2006、2011、2013、2015、
2020、2022、2024、2029、2031、2033、2038 年

9號人	出 生 日：每月 9、日 18 日、27 日出生的人
	當你的年齡在：12、18、19、21、28、30、36、37、39、45、46、48、54、55、57、63、64、66、72、73、75、81、82、84、90、91、93、99 歲
	重大變化年：1965、1971、1972、1974、1980、1981、1983、1989、1990、1992、1998、1999、2001、2007、2008、2010、2016、2017、2019、2025、2026、2028、2034、2035、2037 年

【舉例說明】

如果你是 1 號人，西元 2006 年時剛好 29 歲，那麼在你 31 歲時將有重大的事件會發生。仔細對照一下，當你 31 歲時，正好也碰上西元 2008 年。

如此看來，西元 2008 年是「正當 31 歲的 1 號人」重大變化年，在一生重要的「關卡」歲數和西元年兩者都撞在一起時，這一年將發生重要事件與巨大變化，對 1 號人的未來有舉足輕重的影響，這結果提供了一個極具戲劇性的轉捩點，我們可先行做好心理準備。

巧妙運用數字，幫你找好運

「希臘占數學」究竟如何跟我們的成功產生聯繫呢？

如前面提到的，將你的出生年、月、日與幸運數結合便是祕訣之一。

舉例來說，出生日 26 號的 8 號人就應該多利用幸運數 3（請參考第 463 頁的生日數與幸運數對照表），並且可以將簽約、面試、遷移等重大事件，安排在每月與 3 相關的幸運日（3 日、12 日、21 日與 30 日）這幾天，就能提高成功機率、事半功倍。

再來，你更可以結合所有的「希臘占數」，從日常生活開始執行，踏上順利的第一步！仔細看看生活周遭，無處不充滿數字，這些數字也都會在特定時候與特殊情況透露出端倪。

在知道希臘占數的計算方法和基本意義之後，可以怎麼靈活運用生活數字，並從數字占卜得到一些解決方向呢？

其實「希臘占數」在生活上的運用甚為廣泛，如同易經有卦，占數一樣可以協助我們解釋生活中的困惑與茫然，並提供指引。只要你有興趣，來回演練，必定熟能生巧，總有一天你可以歸納出你自己生活中的數字心得。

◉ 關於「電話號碼」的靈數

與其他靈數算法一樣，「電話靈數」便是將它一長串的數字，逐一相加到最後為個位數即可。比如電話為：22776378（2 ＋ 2 ＋ 7 ＋ 7 ＋ 6 ＋ 3 ＋ 7 ＋ 8 ＝ 33 → 33；3 ＋ 3 ＝ 6），6 便是這個電話號碼的靈數。

■ 靈數 1 的電話號碼

靈數 1 的電話號碼顯示主動積極的大能量，最適合具有開創性與獨立性的人使用。這個數字在加強個人能力與能量上有所增長。如果身為領導人，比如企業公司的老板、團隊的領導者，很適合使用這樣的號碼。要注意，這個數字不適合跟別人合夥，但非常適合獨立作業或是從事獨立工作的 SOHO 族群，也適用一般商業生意的執行，或是為未來生涯追求創業的人。靈數 1，不適合不喜歡單身的人。

■ 靈數 2 的電話號碼

電話數字是 2 的人，對於想尋求桃花、戀愛或尋找工作夥伴的人非常適合，因為這個號碼會吸引好的工作同伴出現。2 數有纖細敏感，有高技巧性的外交社群能量，可以幫助使用者增強合作關係上的緊密度。

這個號碼最適用於從事服務工作的個人，或是專注於服務的企業體，

比如說餐飲業、空服人員或是醫療護理團隊、保險直銷業等這一類人來使用。最不適宜的是銷售類的領域，以及具有強烈變革跟領導想法的行業或個人。

■ 靈數 3 的電話號碼

當你的電話靈數是 3 時，它象徵著使用者可以從數字振動得到歡樂跟啟發式的影響和能量，這個數字比較適合具有創造性、創意性，且期望能時時提供歡樂的人使用，是非常適合從事戲劇工作、廣告業、演藝人員，還有舞蹈、演奏這一類的行業使用。靈數 3 會是一個非常受歡迎的號碼，如果你希望在生活裡獲得靈感和激勵，可以使用這個數字。

■ 靈數 4 的電話號碼

當電話號碼總數加起來是數字 4 的時候，它會吸引比較穩固、足以依賴的持續能量。

這一個號碼適合從事於證券業、銀行業、律師事務所，以及建築、會計事務等大型企業，或一般的財務理專人員、會計師、銀行家等，因為這個數字重在需要互信與值得信賴的穩定感。靈數 4 非常不適合個人使用，尤其當你的工作需要得到團隊支撐與互相照應的時候，數字 4 能在團隊中發揮特殊的作用。

■ 靈數 5 的電話號碼

當電話號碼加總是 5 的時候，它比較容易產生變動，因為它是變化、冒險、自由等因素的結合。這個號碼非常的活潑，而且無所不包，但缺點就是不安定。換句話說，靈數 5 可以為你帶來許多意想不到的驚喜，它有助於銷售員得到意料之外的生意上門。

所以，靈數 5 對從事旅行業、銷售業、媒體傳播、電視、電腦網路等

行業特別靈動，尤其非常適合挑戰大而且具有彈性的工作。如果你使用了這個數字，就必須加強你的自律性和責任感，否則很容易失去那些依靠穩定工作來獲得收益的結果。

■ 靈數 6 的電話號碼

當電話號碼加總至個位數字是 6 的時候，這個數字容易帶來溫暖關懷、公平正義與特殊保護的能量，非常適合從事護理醫療、兒童事業或和老人、親子照料方面的工作，同時也很適合醫院、研究人員、社工等工作人員或機關團體使用。

靈數 6 也與法院、律師、醫生有很大的連結，如果你是從事美容業、醫療生技或是與美感色彩有關，比如說裝潢類、化妝品類、服裝設計類等工作就很適合，其中也包括了出版業。唯一缺點是，可能容易引起是非和八卦。這個數字並不適合一心想要找到伴侶的單身者。

■ 靈數 7 的電話號碼

當你的電話號碼靈數是 7 的時候，它很容易吸引強調身心靈以及對宗教哲學類相關的行業。這個數字非常適合從事教學研究人員、出版編輯、心靈指導這一方面的人使用，也非常適合宗教集會處，如廟宇、教堂和宗教家、命理人員、哲學家及靈修道場所等機關單位的號碼。

這個號碼不適合使用在商業行為或企業團體，但對作為一個教授、教師或專門從事研究工作，甚至於對哲學方面有特別興趣的教學者是非常適合的。

■ 靈數 8 的電話號碼

當電話號碼靈數是 8 的時候，它比較容易幫助一個想要從事商業或企業行為的人，因為這個號碼的振動力非常強，是個可以為老闆們爭取很多

的賺錢機會的號碼。這個數字很容易吸引忠誠跟金錢，不過它也會帶來許多負面能量，因此在使用這個數字的時候要非常小心。

企圖心很強的人，或是對未來願景有大計畫的人，非常適合使用這個號碼。這個號碼可以協助改善你的財務管理計畫。但是 8 數具有固執、實際的能量，也很容易讓人誤用它。特別要提醒，有許多使用這個數字的人，如果對物質和金錢沒有太多執念和慾望，反而有助於他們身心靈的成長。

■ 靈數 9 的電話號碼

電話號碼是靈數 9 時，它很容易吸引幸運和同理心。基本上，靈數 9 是一個理想化的代表，善用它就可以獲得很大的收穫。由於 9 是所有數字裡最幸運的數字，如果使用在服務跟健康類方面，比如一般的服務業、生機飲食、健康事業或是非營利組織，都很適合用它來作為主要的聯絡號碼。

靈數 9 很容易為你帶來意想不到的財務豐收。但特別要注意，靈數 9 還有另外一個面向，就是你越不期待金錢就越能夠有意外收穫，如果你過於貪求，反而一無所有。靈數 9 強調順其自然。

■ 電話數字占卜 DIY

應徵找工作

假設你準備應徵一份工作，在沒有人給你提出意見時，你可以在應試前做一個簡單的數字占卜。

如果你擁有對方詳細的資料，這些對你的數字參考會有很大的幫助；比如，應徵公司的名稱、地址和電話；這些基本的資料，可以先逐項轉換數字代碼，以此作為自我數字占卜的參考。得到的結果，能夠幫助你對應徵的工作預先做好心理準備和因應。

　　【範例】失業已久，你終於等到機會要去應徵工作，要如何解除困境，爭取到這個機會呢？

　　應試前也許可以做一個簡單占卜。除了對方的電話號碼外，我們也能以自己電話號碼卜算一下。假設自己的電話號碼是 337889357（3 ＋ 3 ＋ 7 ＋ 8 ＋ 8 ＋ 9 ＋ 3 ＋ 5 ＋ 7 ＝ 53；5 ＋ 3 ＝ 8），看看「靈數 8」提供我們什麼提醒。

靈數	電話號碼的占卜訊息重點
1	一定要主動出擊，一切都要靠自己的力量，不能依賴他人。
2	切莫單打獨鬥，暫時避開創業，請朋友幫忙，開口就可等待好消息。
3	貴人在一般社交場合間出現，努力展現你的才華與表達能力。
4	生活伴侶或知己會是最大支柱，兩人要一起計畫就可突破困境。
5	人際網絡是最佳的資產和工具，先做兼差，只要開始就有下一步機會。
6	無須過度憂心，多聽從父母與長輩的安排，好消息很快就來。
7	宜先做短期的進修或旅遊，在學習的過程中意外獲得靈感機會。
8	一支草一點露，成敗全仗你是否有專業累積，挑戰雖大，必有佳音。
9	可主動參與慈善義工的行列，會為你找到合適的工作方向。

● 關於「門牌號碼」的靈數

不同的物件有相對應的數字能量和不同情況下的詮釋方式。好比居住的地址，也有它的靈數振動，只要我們懂得活用數字的特質能量，就能在生活中趨吉避凶，招來好運。

■ 靈數 1 的門牌號碼

適合獨立自主、行動積極的領導型人物居住。適合創業者。

1 數的房子容易吸引獨立自主、驅動力與領導力強盛的能量。所以非常適合單身或是熟齡的家庭成員居住，因為這些人比較會想全力拼博事業，追求高薪和高位階，而且對工作具有很強的企圖心。此外，對於一般 SOHO 族、自我創業的創作藝術家，或是想把住家當成工作室的人都非常適合。這房子非常不適合沒有紀律、毫無目的，只想悠閒過日子的人。比較遺憾的是，住 1 數房子的人比較沒有桃花運。

靈數 1 房子的裝潢，必須注意隨時保持空間感和整潔俐落，在房裡放一些有生命的東西，像是綠色植物或者水族箱養魚等等，這些不但能創造好心情，還能帶動能量運轉。牆壁的色彩以紅、藍、綠主要的色系為佳，千萬不要把房子搞得亂七八糟。

■ 靈數 2 的門牌號碼

適合注意細節、喜愛和諧、合作，又重整齊乾淨的人居住。

當房子為靈數 2 時，最能吸引具有敏感、同情、浪漫這些能量。所以最好能夠居住年輕一點的成員，或者是一般兩人世界的夫妻；它可以為居住成員製造和諧感，也很容易讓大家產生和平與濃郁的愛意。靈數 2 的房子，最適合邀請朋友聚會和一般社交活動，簡言之，2 號的房子是需要有訪客來帶動熱鬧的場所。若是單身者住在 2 數房子時，容易覺得生活沮喪、

無聊，或常出現有氣無力的樣子。

靈數 2 的房子，裝潢的重點是將房子佈置出溫暖感，在色彩方面盡量採用柔和色系或粉色調性，可以多放些柔軟的抱枕坐墊，把空間整理得柔性一點。

■ 靈數 3 的門牌號碼

適合羅曼蒂克、娛樂人生與從事藝術工作的人居住。

靈數是 3 的房子，基本上跟創意、樂觀、彈性與開放的能量有關。所以 3 數的房子很適合從事藝術工作，或者是對傳統想法比較不拘泥的人居住。對於生活採取比較開放心態的人很適合。無論是單身或者是家庭，也都能帶來輕鬆正面的氣氛。對於老年人可以產生溫暖舒適的氣場，對年輕人可以產生特殊而有創造力的能量。

靈數 3 的房子生氣勃勃，具有很強的朝氣和活力，很適合作為畫室、攝影棚等，但不適合當做家庭工作室。3 數的住宅容易讓人產生愉悅和輕鬆感，也比較容易讓人分心，所以這個地址不適合工作狂或企圖心很強的人，也不適合太嚴肅或者對宗教信仰過於熱誠的人。3 數房子會吸引比較開放的人居住，在房子裝潢上盡量採用明亮的色彩，或藝術前衛的裝潢，可以放一些壁飾，設計不要太傳統保守，多點時尚以增加不同的生活趣味。

■ 靈數 4 的門牌號碼

適合需要穩定感、實際又努力工作的人居住。

靈數 4 的房子，它代表了責任感、強化內在穩定，與依賴的能量。因此它可以產生更多的集中力，以及對傳統規矩的維護能量，同時還能加強居住者持續努力學習的精神。

靈數 4 的房子，對未來事業和工作會產生強烈企圖的共振力；對於擅長規劃的人來說，這是一個非常好的發展地點。同時 4 數住宅對有小孩的

年輕家庭，是一個很好的住家環境。因為 4 號的房子，不但可以帶來安定和諧的力量，同時也能增進責任感的培養。4 數房子還能有助財務金錢上的成長。但對於搞藝術創作的人就不那麼適合了。

關於 4 數房子的裝潢，可使用如咖啡色、灰色系列這些比較沉穩的顏色，在這空間也盡量保持低調安靜，若想添購運動器材相關用品，也盡量選擇耐用持久且厚重的家具，比如像櫸木材質所製的古董式家具。

■ 靈數 5 的門牌號碼

適合年輕人、熱愛生命、喜歡旅遊、移動與熱鬧的人居住。

靈數 5 的房子，會受到冒險、自由、創造、心靈想望與機智變動有關的能量影響。對於從事自由創作，希望能從工作和生活裡尋找冒險刺激，期待有意想不到收獲的人，是非常適合居住在 5 數的房子。

此外，居住在 5 數房子的人，因為吸引力多，所以集中力也較易分散，雖然桃花運方面會比較好，卻難以持久。還有機會雖多，卻不能聚財，容易旅行外出或社交聚會，在金錢上較易有揮霍情況，造成漏財的可能。值得留意的是，因為 5 數容易產生自由無度，缺乏紀律，沒有次序的能量，所以對於容易因為藥物、酒精或尼古丁成癮的人並不適合居住。

靈數 5 的室內裝潢，可以運用豐富的色彩，搭配特殊設計、獨特創意的家具，創造出新潮風格的能量。甚至針對一個開放空間，做各式混搭，這對於 5 號的住宅都有不錯的效果。

■ 靈數 6 的門牌號碼

適合大家庭居住，是兒童與寵物的快樂天堂。

門牌靈數為 6 的房子，容易吸引跟美感、慈愛有關的能量。6 數的居住空間，幾乎是完美無瑕的，算是所有房子數字裡比較不會產生負面影響的，它非常適合家居，特別是有青少年孩童的家庭，會讓彼此之間的關係

會更為緊密，家人間也會非常在意彼此感受。居住在靈數 6 的房子，家人會共同合作、互相成長和依賴，並一起擔負責任。所以這是一個非常好的居家環境號碼。

靈數 6 受到美感振動的關係，它容易產生和諧的美感、發揮創造力及個人的風格，所以非常適合視覺藝術方面的發展，比如雕塑家、攝影師、畫家等都很適合居住。6 數房子在裝潢上要使用比較明亮、淺色系的色彩。在家具方面，多使用舒適度高的物件，可以在裝潢陳設上添加藝術感，或者是一些可以帶來開心娛樂的小飾品。身處在靈數 6 的房子當中，會有種隱身於喧囂之外的寧靜感。

■ 靈數 7 的門牌號碼

適合研究思考、愛好安靜與獨處的人居住。適合許多身心靈與宗教場所地點。

門牌靈數 7，很容易創造並產生自我反省的能量，適合喜歡獨處，但又不會覺得寂寞孤獨的人居住。對於激發心靈成長的宗教團體，這個靈數能夠讓大家產生更深層的思考能力，尤其在閱讀、寫作和冥想上都有極大的幫助和影響。

靈數 7 的房子，通常很容易成為教堂、寺廟和身心靈修持的地點，或是外觀上也容易呈現具隔離隱祕感的居所。如果你是住在 7 數房子的人，裝潢重點上盡量避免太多複雜的色彩與家具擺設，建議盡量採用白色系的極簡主義，減少不必要的裝飾。因為 7 這個數字，重點在自觀內省，而不是外求表象。

■ 靈數 8 的門牌號碼

適合事業有成、具有名望與成功者居住。8 號房子常作為展示場所或政府機關。

門牌靈數 8 的房子，容易跟錢財、權力、企圖心和穩定感等能量融合在一起。它擁有一種不屈不撓、毫無妥協的性格，適合擁有社會地位或物質生活較為富裕的人居住，8 數是個容易接受強大考驗的力量。

靈數 8 產生的振動力，可以幫助居住在這個房子的人強化身體，以及尋求更好的身心平衡的生活方式，也有助圓融性格上的躁動不安，它是所有房牌號碼數字裡，最適合那些專注於工作與商業交易為目地的人居住，同時也非常適合大家族的成員一起居住。

裝潢 8 數的房子，適合厚重濃烈的色彩，比如綠色和棕色，它可以帶來強烈的影響力。同時盡量採用大型、厚重，甚至有點古典豪華的家具跟擺飾。

■ 靈數 9 的門牌號碼

適合作為提供救助、庇護的場所，或作為服務處使用。

門牌靈數是 9 數時，對於那些內在需要加強自信心，以及尋求理想主義與個人色彩的人來講，是非常好的所在。適合單身女性或是剛畢業的年輕人，以及那些沒有太強商業企圖心的人居住。9 這個數字著重在服務跟分享，所以這個地址很適合作為參與社區服務、義工團體等機構的服務處，對只注重目的性或是短期專案工作的人並不適合。

靈數 9 是財運極好的數字，比較容易在樂透，或者是繼承祖產這方面得到意外之財；對財務規劃慎密的人來講，也會有極佳的收獲。裝潢靈數 9 的房子，盡量運用較柔和清淡的色彩，粉彩色系就非常適合，加點古怪的造型設計家具也不錯。基本上以簡單舒適、低調隨性的裝潢為主，室內可以放一些綠色植物跟花草，還有，要隨時保持窗明几淨和通風。

■ 門牌數字占卜 DIY

約會的時刻

　　當你準備與心儀的對象第一次約會時，你想先做一些心理上的準備，或得到什麼提示呢？

　　首先，你可以將約會的「地點」作為占卜標的參考；看看占卜結果，提醒你當天該以何種心情態度來應對！？同時，你可將結果建議，作為準備當天見面時可以採取的策略和技巧。

【範例】與心儀的對象約會看電影，地點在某家電影院（xx 路 18 號），我該如何做準備？

　　Step 1：

　　可以將約會「地點的門牌號碼」做為參考。先計算門牌號碼的代表靈數為何？

　　Step 2：

　　該電影院的門牌號為 18 號，所以其代表靈數為：18；1 ＋ 8 ＝ 9 ～ 此為此電影院「門牌靈數」。

　　請參考以下「靈數 9」的占卜內容與建議。其它依此類推。

靈數	占卜訊息重點
1	本次約會，你是適合積極主動，讓對方感受到你的熱情。
2	表現體貼溫柔，多聽少說，扮演傾聽的角色，能助戀情更上一層樓。
3	盡量保持歡樂的氣氛，有助於你們的戀情加溫。

4	本次不適宜積極進攻，一切按部就班，打好基礎為上。
5	注意打扮，談笑內容天南地北，可增加魅力，彼此會產生強烈吸引力。
6	營造優雅美感的氣氛，你們就像小夫妻般恩愛，特別溫暖。
7	保有某種距離神祕感，雙方會有心靈上的交流溝通。
8	如果你的計畫很完整，早就有備而來，主動出擊一定成功。
9	請客掏腰包，你會有意外的豐收。

生活數字的神奇妙用（案例解讀）

了解數字 1～9 的意義後，就可以靈活應用了。讓我們一起來解讀以下的例子：

「例 1」電話號碼 27473835 的靈數代表是 3，

$2 + 7 + 4 + 7 + 3 + 8 + 3 + 5 = 39 ; 3 + 9 = 3$

靈數 3 的意義為：擴張、創造、想像力……

那麼，這個號碼就非常適合藝術工作者、表演者、廣告人使用，能為創意的工作帶來特別的能量。

「例 2」帳號 028521254372 的靈數代表是 5，

$0 + 2 + 8 + 5 + 2 + 1 + 2 + 5 + 4 + 3 + 7 + 2 = 41 ; 4 + 1 = 5$

靈數 5 的意義為：變動、不安定、新奇……

因此，這個帳戶可以作為一個很好的流通帳戶，

若你想利用 5 數的帳戶存錢，金錢待在這個變動不安定的帳戶裡很難累積。

「例 3」因公出差時，旅館房間 827 的代表數字意義是 8，

$8 + 2 + 7 = 17$；$1 + 7 = $ **8**

靈數 8 的意義為：成功、財富、權勢、敗部復活、永不放棄……

因此，你如果進行商務談判，可能有兩種極端的結果；合作會有突破性的進展，可能會賺進大把鈔票或者完全破局。如果破局，可以調整策略，使其敗部復活。但千萬不要短視近利，眼光放遠，成功機率大。

■ 你適合開什麼車子？

想知道你開哪種車子最適合嗎？你可以參考汽車的廠牌，它是車子的命運靈數。而車牌則代表車子的性格靈數。為加強大家記憶，這裡再次提供「英文字母數字對照表」如下：

1	2	3	4	5	6	7	8	9
A	B	C	D	E	F	G	H	I
J	K	L	M	N	O	P	Q	R
S	T	U	V	W	X	Y	Z	

「例 1」廠牌 TOYOTA

$T = 2$；$O = 6$；$Y = 7$；$O = 6$；$T = 2$；$A = 1$；

（$2 + 6 + 7 + 6 + 2 + 1 = 24$；$2 + 4 = $ **6**）

　　命運靈數代表是 6，6 數與家庭和愛有關，是個「溫馨接送情」的車子，非常適合家庭與一般用房車。

「例 2」車牌 I Z－6537

　　$I = 9$；$Z = 8$；

　　$9 + 8 + 6 + 5 + 3 + 7 = 29$；$2 + 9 = 11$；$1 + 1 = 2$

　　車牌性格靈數代表為 2，此車擁有 2 數的性格細微、敏感、和諧、具外交手腕；這個車牌在公關與社交方面很順利，談合作容易圓滿。

特 別 提 醒

隨手占卜只適用於隨機的、臨時的數字，適用在他人的地址、電話、面試房間號碼、臨時證件號碼等等。你如果用在自己的交通工具，那是常態性的數字，不適宜用於隨手占卜，你日常物件上的常態性數字，只能依每次占卜之目的不同，來得到不同解釋。不過，數字的基本意義始終是不會改變的。

■ 生活實用篇

「面試」

當你要去面試時，數字會給你什麼提示？

　　如果你對面試方沒有太多資料可以參考，可以在當天前往面試乘坐的交通工具的車牌作為預先的參考。假設，你搭乘的計程車車牌為 AIO－076（$A = 1$，$I = 9$，$O = 6$；$1 + 9 + 6 + 0 + 7 + 6 = 29$；$2 + 9 = $

11；1 + 1 = **2**）。看看「靈數 2」要告訴你什麼訊息？

靈數	訊息重點
1	你該展現你超強的企圖心、以及你能獨立完成工作的能力。
2	將你的合群、和諧性當作你的優點表現出來。
3	得讓主試官知道你是個具有創意的人，記得適時展現你的幽默，不需太嚴肅。
4	拿出你的真誠，讓對方看得到你的忠心，表現你願意全心投入工作。
5	多跟對方分享市場的動態，展現你溝通方面的長才；最重要的，你能做的工作很多哩！
6	秀出你的責任感，強調你大小事都能一手包辦的能力。
7	具有剖析能力、能有效解決問題的人才，特別對主試官的味。
8	這份工作需要具備市場的敏銳度，你必須要能洞察商機才行。
9	展現無私、樂於助人的特性，特別容易為你的印象加分！

「出公差時」

當你要出公差洽商時，數字會給你什麼提示？

不妨以你居住的旅館房間為參考吧！

假若你居住的房間號碼為 2046（2 + 0 + 4 + 6 = 12；1 + 2 = 3）。

看看「靈數 3」要告訴你什麼訊息？

靈數	訊息重點
1	此趟行程，你必須好好展現你的長處，盡力説服對方。
2	這次的洽談雙方都以達到共識為目標，你們很容易能敲定協議。
3	雙方會有更進一步開發新產品或擴大計畫的想法。
4	初期的規劃會在本次會面大致確定。
5	彼此的變數還很多，還要多溝通很多次，你會忙翻了！
6	洽談過程挺順利的，氣氛也很融洽。
7	雙方的溝通容易發生誤解，最好再觀望一下，不要輕易下決定。
8	不是大成功，就是計畫告吹，最好是準備齊全後再召開這次會議。
9	眼前的問題都大功告成了，可以開始準備下一個合作了，很有可能會出現意想不到的驚喜。

活用數字，為人生找到好方向

閱讀至此，相信你對於生命靈數已有一些認識了。

無論你是初學或已經研讀生命靈數多年，肯定對「如何有效運用數字」之於我們的生活，依舊產生極大的興趣與好奇。畢竟，學海無涯，不是每一個人都能在有限的學習時間和知識中找到確切的答案。尤其，知識研究最終都需要獲得生活的認證才算是真的學習有成。

許多人好奇，我們該如何在生活中「活用數字」呢？又要如何在面臨某數字能量的制約和困境中，找到另一個數字能量來相互平衡解套呢？數

字之間的能量，能夠相互支援嗎？

這些年我對「生命靈數」的研究與實習，獲得巨大的影響和心得，主要是我在學習的過程中，一方面將數字學運用到實際的生活對照，有對大自然時令的觀察、對過去、現在、未來的預測、對自我成長的變化，還有我耗盡時間心力在上萬筆「一對一」諮商個案的研究，更給了我對數字如何影響我們的生活有相當豐富詳細的資料，它提供我將「生命靈數」靈活運用到個人成長與生活發展各方面的分析對照。

為什麼「活用數字」要從認識自己開始？

因為，了解自己永遠是我們追求美好人生最大的動力。「生命靈數」的確是認識自己最佳的工具；從我們的出生年、月、日各個數字開始，除了能知道自己的基本性格、潛能和思想行為外，也可透過簡單公式，計算出**「生命靈數命盤」**、**「畢氏三角能量」**、**「姓名靈數命盤」**等許多能了解自己一生的參考圖；當然，想進一步解開這些數字如何彼此共生共存之謎，需要熟知數字特性，並對照生活經驗來做詮釋和應證。

「宇宙，即是數」，除了我們的生日，所有萬物都與數字振動有連接關係，人與物、物與人之間的數字能量也相互影響著。其實，每一個人生活裡所面對的遭遇和成長困境，在心情感受上都是一樣的，只是處理的問題有大有小、有複雜或簡單而已。而數字既然可以用在了解人的性格行為上，也能運用在一般事務現象上，其代表的意義是一致相通的。因此，一個能夠熟知靈數了解自己的人，必定也能舉一反三地掌握數字能量，來平衡解決生活上所遇到的難題。

所以，我會鼓勵大家反覆熟讀本書裡所有的章節，並加以運用。**尤其我在「生命靈數命盤」、「畢氏三角能量」、「姓名靈數命盤」的每一個案例的說明，完整提出我是如何將某種數字性格的缺失，如何運用其他數字的能量，成功地找到更好的補救方法。**例子讀多了，讀熟了，就會對數字的能量如何轉換更有心得。

比方，我在前面章節中曾經提過，**假設一個人的出生日中缺乏 8 數，那麼他可以從 4 數（務實、基礎、安全）與 6 數（慈善、激發、鼓勵）及 2 數（敏感、直覺、資訊）的相互能量特質上提供需要，來啟動隱性的 8 數的能量（權力、意志、成功）。**

另外再舉個例子，假設你現在處於「驛馬星」強，遷移變動大的流年 5，但你偏偏不想被公司外調移居他處，那麼你就可以借 7 數的安定能量來平衡，比如去報名參加符合公司人資要求的語言晉升的研究專修班，以此向公司提出延遲或轉換的條件等等。此外，有人為了結婚嫁娶不成或工作不順等原因，為了改運而去改名，或者靠搬家換地址、換手機門號等，這些都是最常遇到數字能量轉移或互補的最佳例子。

其實，**能量轉移或互補的方式，沒有所謂的特定公式。**它也不是多麼深奧不可解決的問題，大部分都是靠所謂的「經驗法則」。但最重要的是，你必須對「數字能量」所能發揮的影響，有深入的了解與掌握，才能「靈活運用」這些數字來解決你所面臨的問題。如同前面所提出的例子，一旦你熟悉各個數字的基本意義和能量，就知道在什麼狀況下，運用什麼數字來支援解決問題。

占 數 心 理 測 驗

6）測試看看，你要如何搶得先機？

我們用 1、1、3 排列出三種不同的數字組合，請依直覺選出下列一個組合：113、131、311。（答案請參考附錄一）

【附錄一】 占數心理測驗解答

1）測試看看，何處可以覓得好姻緣？

理性之餘，還得相信直覺

人們在尋求姻緣時，難免會有期待與設限，但這個數字要提醒你，在理性篩選對象之時，要記得聆聽內心的聲音。

占數師要你注意，不論條件再怎麼符合、旁人再怎麼鼓吹，當你心裡感覺不夠時，就是不夠；你可以與對方做做朋友，若因覺得機會可惜而去談感情，反而只會傷感情。

工欲善其事，必先利其器

數字顯示，你這陣子的感情運勢不錯，若你要更近一步求得好姻緣，還得先打好其他的基礎。

占數師要提醒你，此時「人際關係」和「家庭關係」是你的利器，人際關係能為你拓展機會，家庭關係則會在往後為你帶來支持，這些都將是很有幫助的資源，會讓你在行事時無後顧之憂。

看得越多，挑得越準

感情也是生活的一部分，而你對生活的態度和要求，最近容易出現大翻新，你可以藉機思慮一下感情的走向，並做些改變。

占數師要提醒你，此刻新的事物較容易為你開展新氣象，在其他方面你可以大刀闊斧地改變，但在感情方面得要審慎一些，尤其要保持心態正確。建議你以多交朋友的方式多做比較，不論情況有什麼變化，感情事都要好好善後。

穩定心思，原地留守

有時一個漫不經心的機會，就會成就一段好姻緣；對此刻的你來說，姻緣就是適合慢慢琢磨。

占數師要告訴你，數字顯示的是「腳踏實地」，只要你按部就班、耐心耕耘，一切自會開花結果。提醒你要誠心待人，因為即使有些機緣已經發生，你卻可能還未意識到；此時多花心思維持你身邊的關係，會比向外開拓機會來得更好。

良緣，已在你的手中

其實，你已經遇到他／她了！

占數師要告訴你，如果你已經有交往的對象，只要你認真去經營，你會發現其實對方是很適合你的；若你還沒有固定的對象，不妨更深入去瞭解你已經認識的人，尤其是那些你有好感的對象，多給彼此一些機會吧！

歷經時間洗煉，真情才能沉澱

占數師要送你一句：「以時間換取姻緣」。

這個數字顯示平穩狀態下的甜美果實，反之，短暫的、動盪的事物雖令人印象深刻，但你的心卻經不起如此反覆的壓力，容易變得疲乏。建議你多用時間來看清事物的本質，尤其是人的優點，往往需要一段時間來顯現。

2）測試看看，最近你的舊情會復燃嗎？

無法主導情勢，就讓一切隨緣

這陣子你情運方面的波動非常高，這段期間你的情事可能出現大轉變！

不論你是不是想挽回舊日戀情，2－7－7這個數字顯示，此刻的機運實在沒有你插手的餘地，不論你做什麼努力，機緣還是會朝著原本設定的方向走去，你很難改變情況。

占數師倒是建議你將得失看淡一些，尤其不要為自己設限，否則此刻你的掙扎或不滿，只是增加風雨而已，並無法扭轉情勢。就等著運勢來引導你吧！這段期間你不適合主動改變現狀，等著看看你和誰有緣，跟著情勢走就對了。

桃花盛開，不代表吃得開

7－2－7的數字順序指出，最近你的魅力上揚，身邊頻頻有人示好，但是受歡迎並不代表你能做出合適的決定，尤其和舊情人之間的關係，要等到下一個月圓才能釐清。

這段期間你會面臨一些抉擇的時刻，占數師要告誡你，形體上的陪伴，不見得能真正消彌寂寞，其實一段關係有沒有長久發展的可能，你早就知道的，此時不適合任何短暫、新鮮的嘗試。若你和舊情人之間有不能解決的問題，那你更不能重蹈覆轍；這是一個會影響甚大的時機，建議你先想清楚未來，再多給自己一點時間，看看自己是否心意堅定。

一番沉澱，是為了走更對的路

你的心裡有所徬徨，數字 7 − 7 − 2 顯示心境上的律動，你的實際情勢不會有太大變化，但你的心境卻是上下不停起伏；這顯示你需要一個堅決的目標，你需要一點時間來確定什麼是「對的事」。

占數師要告訴你，就各方面來說，舊情人恐怕還是你的首選；你和舊情人有很大的機率重新來過，而這次若能順利再度開始，將會是一個全然不同的美好風貌。建議你重新思考一下兩人的關係，如此你才能確立兩人適合的原因，也才能擁有足夠的信心與動力去迎接全新的開始。

3）測試看看，你要怎麼說服客戶？

態度，才是你的最佳籌碼

小心你「勢在必得」的態度會為你帶來無窮後患，你所要推銷的產品擁有它自身的優勢，你知道不必多花力氣自會有它的市場；但你自負的態度很可能反而會壞了你的關係，當心有人刻意不買你的帳。

占數師要特別提醒你，做成眼前的生意時也別忘了自己的後路發展，你當然需要在業界培養好的名聲，千萬要注意自己的態度問題。

品質背書，如虎添翼

你正值工作能量上揚之時，會有許許多多的機會朝你走來，你千萬要把握這個時刻。

占數師要告訴你，機會多半靠運氣，但成敗就要看技巧了！這段期間你在提案之時，盡量提供相關客戶有力的背書或客觀的品質保證，你的生意會特別容易談成。此外，因他人介紹的機會也已經成功一半了，千萬要趁勝追擊、爭取到底。

機會不在天邊，就在你的周圍

這段期間你的工作能量實在不強，原本拿手的場面也容易變得不太靈光，談生意時最好多拉其他同事出席，以防有你無法處理的情況。

占數師要建議你，此時你的能量集中在家中，最好能多花時間在家人身上，並且越專注越好，有助於你能量的補充和累積，反而讓你在工作上會有另一番轉折喔。

規劃資源，彈無虛發

這個數字點出「集中」的重要性，不要為了求取最多的機會而亂槍打鳥；盡量多花時間作好規劃，將你的心力集中在幾個鎖定的客戶上，多進行較深入的耕耘，你的贏面會比較大。

從另外一個角度來看，占數師也要建議你整合公司的資源，不妨花點時間去想想其他部門可以給你什麼支援，有不同的專業分工，你的提案會更搶眼。

學習的收穫，比生意更大

暫時收起你的得失心與好勝心吧！這個數字顯示，此時集中在「思考」、「分析」、「學習」上，才是最大的效益，不妨把你敏銳的天線打開，多看、多聽、多學習。占數師要告訴你，最近你容易有一番徹底的領悟，將會讓你的行事作風更成熟穩重，帶領你走上更順遂的道路。因此，不妨將重心放在經驗的學習上，即使有小小的損失，只要你有新的體認，都會在往後為你帶來更大的成功和利益。

合則來；不合的，就去吧

有捨，才有得；經過篩選，你才能找到真正適合的合作夥伴，否則強求來的，盡是麻煩。

占數師要你再次思考「成功」的定義，一時的、表面上的輸贏，並不見得就是全部，不要輕易動搖自己的信心。這個數字要告訴你「原則」的重要性，不論你有多急，都不需要去刻意迎合客戶，更不需要連最初的立場都改變了，你的堅持自會有屬於你的群眾。

4）測試看看，最近你如何在工作表現上獲得重視？

鮮豔的色彩，不一定引來善意

或許你有很多不錯的想法，但數字顯示，此時並不是說話大聲的時候。

占數師要提醒你，保守、穩重的形象比較容易獲得重視，不須急在此時強求表現。尤其是面對公司和團隊既有的規矩，不要一味想突破創新，你還是要先展現對他人和環境的尊重，才能贏得他人對你的尊重，方有機會為自己贏得一席之地。

評斷自己，更要客觀

這是一個看似蓄勢待發、實則暗藏玄機的數字，此時你容易覺得自己處於最佳狀態，實際上你的能力、經驗以及他人對你的評價都不如你的想像，要當心過度膨脹自己而帶來慘痛的挫折。

不過占數師要告訴你，只要你不「說大話」、或是妄想「做大事」，運勢還是站在你這邊的。你只要好好掌握你有把握的事，成績一樣會讓人看見。

遠道而來，就是誠意

不論你是談生意或是找工作，這個數字要提醒你「距離」的重點，此時距離越遠的機會，越容易為你締造佳績，不要因一時的惰性而推辭，否則是很可惜的！

占數師要建議你打破「錢多事少離家近」的觀念，尤其是離鄉背景的工作，或是遠在國外的生意，都特別適合你發展，容易讓你因此闖出一片天，建議你朝這方面多留意。

5）測試看看，如何突破目前的成績？

會想，也要會做；此時不收成，自有收成時

數字指出的狀況不錯，但就怕你太急躁，在還未看到成果之時，就先舉手放棄了。

占數師要提醒你，整個數字顯示順利的運程，但不是立即就能看到成果。你除了要會設定目標，更要懂得按部就班實行，你常常有個不錯的開始，也有不錯的機緣準備要發生，但你卻因為心急而自己扼殺了它。建議你找出值得長時間耕耘的目標吧，只是滿足於你的一時興起，你的問題似乎無法改善。

時間越長，越嚼越有味

你是一個適合打持久戰的人，「臨時抱佛腳」或「衝刺」對你的用處都不大，所以，不論你有什麼目標，最好都趁早開始累積。

如果短時間內急需有所表現，建議你找出一套自己的方法，隨時隨地都能撫平情緒。你適合用穩定的方式表現優勢，如果對大小事都過於敏感，只會讓你陷入混亂金錢債中。

忙，不見得充實

2－1－8這個數字要破除你一個小小的迷思，你對所謂的「能者多勞」，可能有錯誤的解讀，你習慣攬很多事情在身上來證明自己的存在感。雖然這樣多方努力的結果，終會給你帶來一些收穫，但你實在也白費了不少力氣在一些不對的嘗試中。

占數師建議你，從此刻開始，除了那些強烈覺得非做不可的事情，否則就別白花力氣了，除此之外，切勿作保會喪失一筆金錢。

金錢收入，不是唯一標準

衡量表現的方法有很多，但你太看重金錢所代表的意義了。占數師要提醒你，改掉比較金錢和收入的習慣吧！你常常認為高薪等於好的能力，如果沒有得到金錢，就表示表現還不夠好。

這種看法實際歸實際，但是很狹隘，會限制你思考的方式，也影響到你的表現。最重要的，這不僅讓你變成一個難以滿足和取悅的人，也會讓旁人覺得很不舒服。

多從與他人的互動中得到你的成就感，金錢常常在你不刻意追尋時，自然降臨。

輕鬆，不等於鬆懈

想要有更好的表現，建議你先學會放輕鬆吧！這組數字顯示，你即使在事情完成之後，仍會東擔心西顧慮的，壓力很難徹底消除，你一直沒有真正的休息。

占數師要建議你將情緒放鬆至少 13 天，你不見得一定要放假，但要學習用另一種方式處理事務，否則你就算請再多假，心裡卻從不見得獲得休養。小心，賺得的錢會花在支付醫藥費上。

在意太多，反而增加束縛

你是一個懂得自我要求的人，也很在意他人給的評價，但是這種過分想取悅所有人、想追求完美的心態，反而讓你什麼都做不好。

占數師建議你學習設定目標，選定幾樣事情做好就好，沒有人能將所有功勞攬在身上；此外，也要懂得篩選訊息，當你什麼建議都接受時，你就失去自己的判斷和目標，只能當隻無頭蒼蠅。金錢小入，但勿花在投資上。

6）測試看看，你要如何搶得賺錢先機？

誰先卡位，誰就佔有優勢

這個數字順序點出「魄力」的重要性，告訴你要「先下手為強」，趁他人還未充分準備之時，你要懂得先做準備。

占數師提醒你，在金錢上隨時預留一筆投資的基金，以目前的運勢來說，這個階段會有不錯的進帳機會，只要你聞到賺錢的氣味，不妨給自己一次機會，無須等待他人試驗，有時適度的風險就是驚喜的來源。

好運，正等著你發號司令

此刻，你的運勢正要上揚，而你賺錢的野心也正被點燃，可說外在的環境將與你的心理期望相符，你要加緊把握機會。

占數師要建議你，不妨花點時間找出屬於你未來的方向吧！這組數字的能量震動相當強，若不善加利用，實在可惜，你可以計畫充分一些。

無事一身輕，就是進攻好時機

不妨相信你的直覺吧！這陣子若你對自己突然充滿信心，就放手去做，無須顧忌太多。

占數師唯一要提醒你的，就是你的「前債」事務，建議你先看看自己是否有未還清的債務，如果有未清的款項，恐怕你的直覺再準，做起事來還是會礙手礙腳的；若你沒有債務的糾纏，反而在金錢上可以展現不凡的氣勢喔！

【附錄二】 數字在命盤上的解釋筆記

1	**正面**：原始創意、領袖氣質、發明能力、開創性格、積極主動、獨立勇敢 **負面**：缺乏耐性、過於掌控、過度自我、自私自利、吹牛好表現 note：
2	**正面**：柔順和諧、體諒關懷、藝術氣質、羅曼蒂克、敏銳技巧、迷人具説服力 **負面**：易情緒化、害羞封閉、自憐自艾、善變懶散且無安全感 note：
3	**正面**：行動創意、樂觀自信、歡樂開朗、社交力強、青春活力、善於表達且正直誠實 **負面**：誇大其詞、揮霍浪費、虛假膚淺、多嘴饒舌、漫不經心或攻於心計 note：
4	**正面**：講求方法、踏實精確、組織力強、架構完整、具視覺性、重視次序、勤勉努力 **負面**：見識狹窄、固執守成、不易變通、行動緩慢或態度消極 note：
5	**正面**：聰明伶俐、適應力強、愛好自由、旅行專家、學習快速、文學悟性高、危機意識強 **負面**：猶豫徘徊、奢華無度、易被激怒或者對任何事物有容易上癮的傾向 note：

6

正面：同理心強、具吸引力、值得信賴、熱情關愛、負責任感並且具有藝術家氣息

負面：頑強固執、疑慮心強、宗教狂熱、不負責任或是毫不關心

note：

7

正面：分析力強、需要沉默、心靈直覺、尋求真理、熱愛自然、知識廣泛與瞭解權威

負面：於心計、冷嘲熱諷、神經緊張、自我懷疑或是思想偏頗負面

note：

8

負面：具人性化、活力十足、具啟發性、組織力強、關懷人類、可親可愛且有領導風格

負面：脾氣急躁、過於衝動、缺乏方向、見識狹窄、情緒化或愛做白日夢

note：

9

正面：分析力強、需要沉默、心靈直覺、尋求真理、熱愛自然、知識廣泛與瞭解權威

負面：於心計、冷嘲熱諷、神經緊張、自我懷疑或是思想偏頗負面

note：

我 的 靈 數 筆 記

FUTURE 46

倪端生命靈數全書

重新認識自我×開發內在天能×創造豐盛未來

作 者——倪 端
責任編輯——何若文
特約編輯——吳慧玲
美術設計——謝富智
版 權——黃淑敏、吳亭儀、江欣瑜、劉易萱
行銷業務——周佑潔、張婖茜、黃崇華、吳書慧

總編輯——何宜珍
總經理——彭之琬
事業群總經理——黃淑貞
發行人——何飛鵬
法律顧問——元禾法律事務所 王子文律師
出版——商周出版
　　　　台北市104中山區民生東路二段141號9樓
　　　　電話：(02) 2500-7008　傳真：(02) 2500-7759
　　　　E-mail：bwp.service@cite.com.tw
　　　　Blog：http://bwp25007008.pixnet.net./blog
發行——英屬蓋曼群島商家庭傳媒股份有限公司城邦分公司
　　　　台北市104中山區民生東路二段141號2樓
　　　　書虫客服專線：(02)2500-7718、(02) 2500-7719
　　　　服務時間：週一至週五上午09:30-12:00；下午13:30-17:00
　　　　24小時傳真專線：(02) 2500-1990、(02) 2500-1991
　　　　劃撥帳號：19863813　戶名：書虫股份有限公司
　　　　讀者服務信箱：service@readingclub.com.tw
　　　　城邦讀書花園：www.cite.com.tw
香港發行所——城邦(香港)出版集團有限公司
　　　　　　　香港灣仔駱克道193號超商業中心1樓
　　　　　　　電話：(852) 25086231傳真：(852) 25789337
　　　　　　　E-mailL：hkcite@biznetvigator.com
馬新發行所——城邦(馬新)出版集團【Cité (M) Sdn. Bhd】
　　　　　　　41, Jalan Radin Anum, Bandar Baru Sri Petaling,
　　　　　　　57000 Kuala Lumpur, Malaysia.
　　　　　　　電話：(603)90578822　傳真：(603)90576622
　　　　　　　E-mail：cite@cite.com.my

封面設計——copy
印刷——卡樂彩色製版印刷有限公司
經銷商——聯合發行股份有限公司 電話：(02)2917-8022　傳真：(02)2911-0053

2022年（民111）01月11日初版
定價580元　Printed in Taiwan　著作權所有，翻印必究　城邦讀書花園
ISBN 978-626-318-127-4

國家圖書館出版品預行編目(CIP)資料

倪端生命靈數全書：重新認識自我×開發內在天能×創造豐盛未來/倪端Ni Duan著.
-- 初版. -- 臺北市：商周出版：英屬蓋曼群島商家庭傳媒股份有限公司城邦分公司發行, 民111.01
504面；17*23公分. -- (Future；46)　ISBN 978-626-318-127-4(平裝)

1. 占卜 2. 數字　292.9　110021776

商周出版

| 廣 告 回 函 |
| 北 區 郵 政 管 理 登 記 證 |
| 台 北 廣 字 第 0 0 0 7 9 1 號 |
| 郵 資 已 付 ， 免 貼 郵 票 |

104台北市民生東路二段 141 號 B1

英屬蓋曼群島商家庭傳媒股份有限公司

城邦分公司

請沿虛線對摺，謝謝！

商周出版

書號：BF6046　　書名：倪端生命靈數全書　　編碼：

 商周出版

讀者回函卡

感謝您購買我們出版的書籍！請費心填寫此回函卡，我們將不定期寄上城邦集團最新的出版訊息。

線上版讀者回函卡

姓名：＿＿＿＿＿＿＿＿＿＿＿＿＿＿＿＿＿ 性別：□男 □女

生日：西元＿＿＿＿＿＿年＿＿＿＿＿＿月＿＿＿＿＿＿日

地址：＿＿＿＿＿＿＿＿＿＿＿＿＿＿＿＿＿＿＿＿＿＿＿＿

聯絡電話：＿＿＿＿＿＿＿＿＿ 傳真：＿＿＿＿＿＿＿＿＿

E-mail：

學歷：□ 1. 小學 □ 2. 國中 □ 3. 高中 □ 4. 大學 □ 5. 研究所以上

職業：□ 1. 學生 □ 2. 軍公教 □ 3. 服務 □ 4. 金融 □ 5. 製造 □ 6. 資訊

　　　□ 7. 傳播 □ 8. 自由業 □ 9. 農漁牧 □ 10. 家管 □ 11. 退休

　　　□ 12. 其他＿＿＿＿＿＿＿＿＿＿＿＿＿＿＿＿＿＿＿

您從何種方式得知本書消息？

　　　□ 1. 書店 □ 2. 網路 □ 3. 報紙 □ 4. 雜誌 □ 5. 廣播 □ 6. 電視

　　　□ 7. 親友推薦 □ 8. 其他＿＿＿＿＿＿＿＿＿＿＿＿＿＿

您通常以何種方式購書？

　　　□ 1. 書店 □ 2. 網路 □ 3. 傳真訂購 □ 4. 郵局劃撥 □ 5. 其他＿＿＿

您喜歡閱讀那些類別的書籍？

　　　□ 1. 財經商業 □ 2. 自然科學 □ 3. 歷史 □ 4. 法律 □ 5. 文學

　　　□ 6. 休閒旅遊 □ 7. 小說 □ 8. 人物傳記 □ 9. 生活、勵志 □ 10. 其他

對我們的建議：＿＿＿＿＿＿＿＿＿＿＿＿＿＿＿＿＿＿＿＿＿＿

＿＿＿＿＿＿＿＿＿＿＿＿＿＿＿＿＿＿＿＿＿＿＿＿＿＿＿＿＿

＿＿＿＿＿＿＿＿＿＿＿＿＿＿＿＿＿＿＿＿＿＿＿＿＿＿＿＿＿

FUTURE

FUTURE

FUTURE.

FUTURE